MARRIAGE TOXIN

Story: Joumyaku Art: Mizuki Yoda

4

INHALT

MARRiAGE TOXiN

Dieses Werk ist Fiktion. Ähnlichkeiten mit lebenden Personen,
realen Organisationen oder Ereignissen sind rein zufällig und unbeabsichtigt.

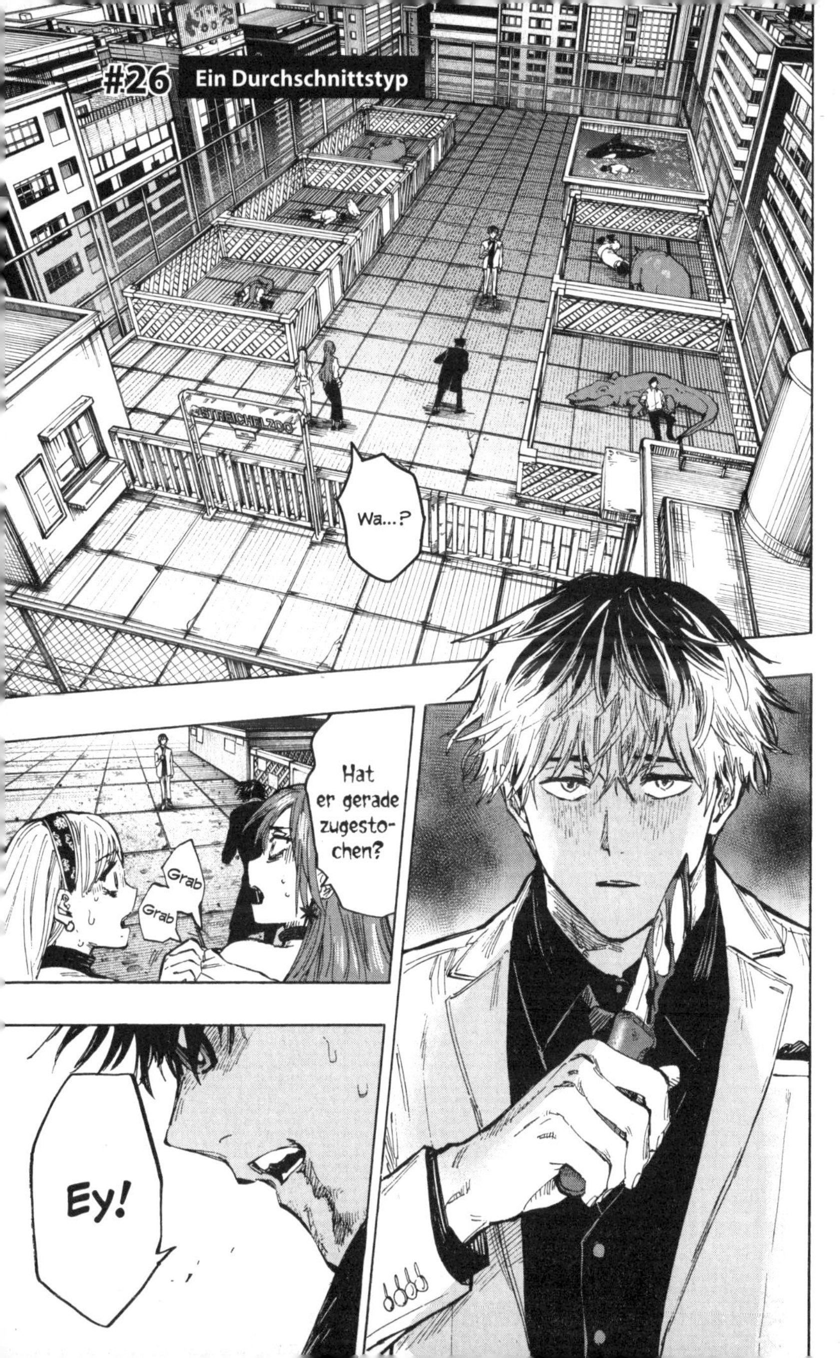
#26 Ein Durchschnittstyp
STREICHELZOO
Wa…?
Hat er gerade zugestochen?
Grab
Grab
Ey!

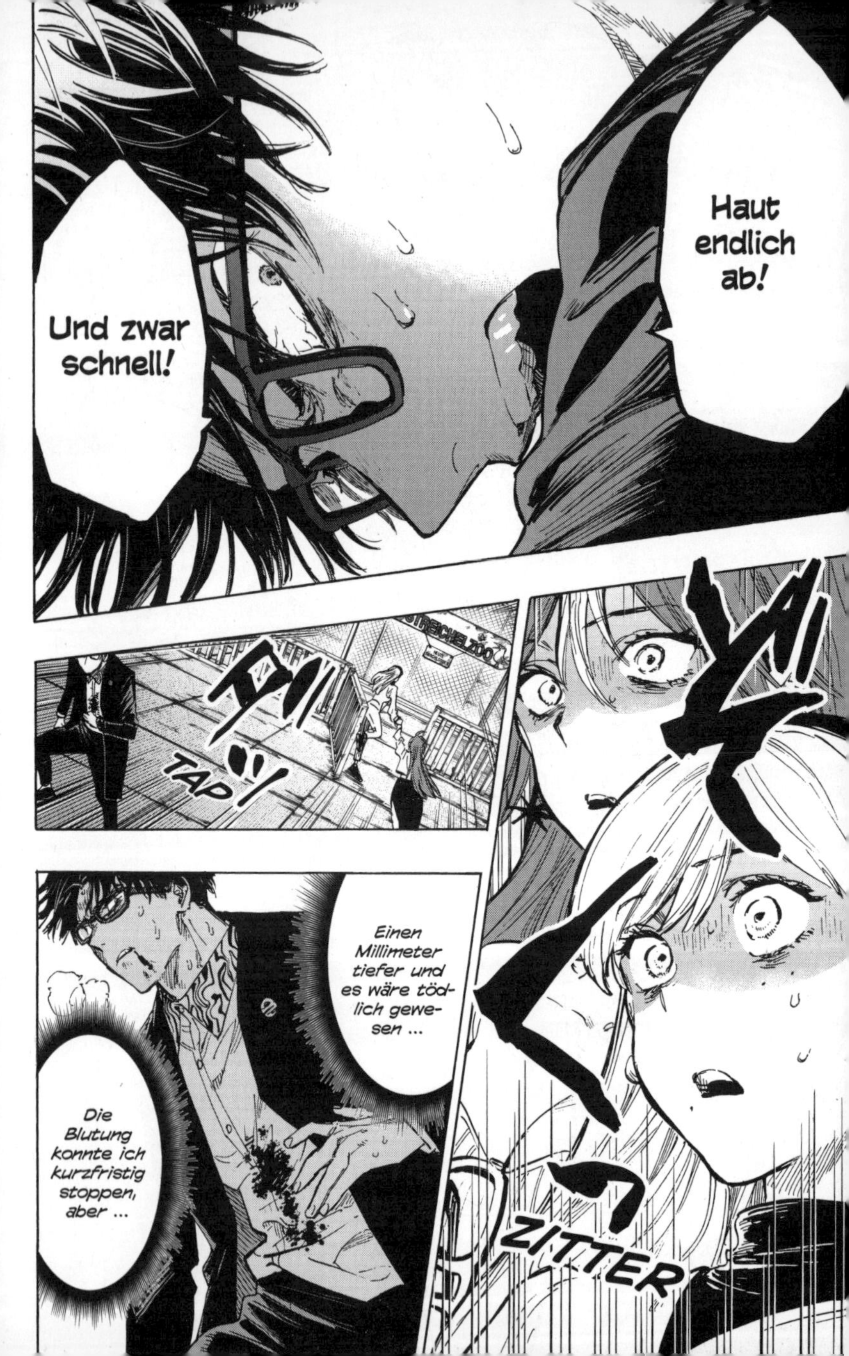
Haut endlich ab!
Und zwar schnell!
STREICHELZOO
TAP
ZITTER
Einen Millimeter tiefer und es wäre töd-lich gewe-sen ...
Die Blutung konnte ich kurzfristig stoppen, aber ...

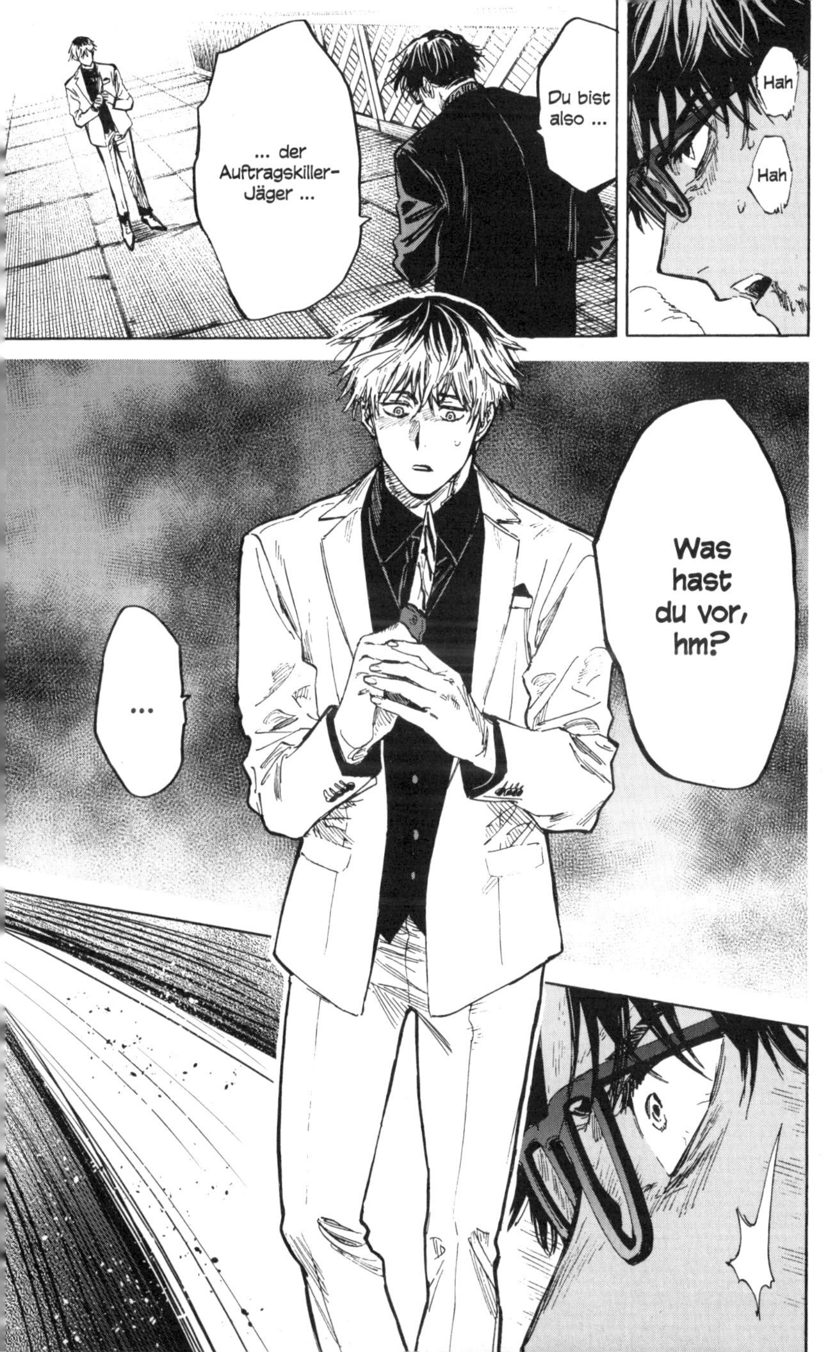
Hah
Hah
Du bist also ...
... der Auftragskiller-Jäger ...
Was hast du vor, hm?
...

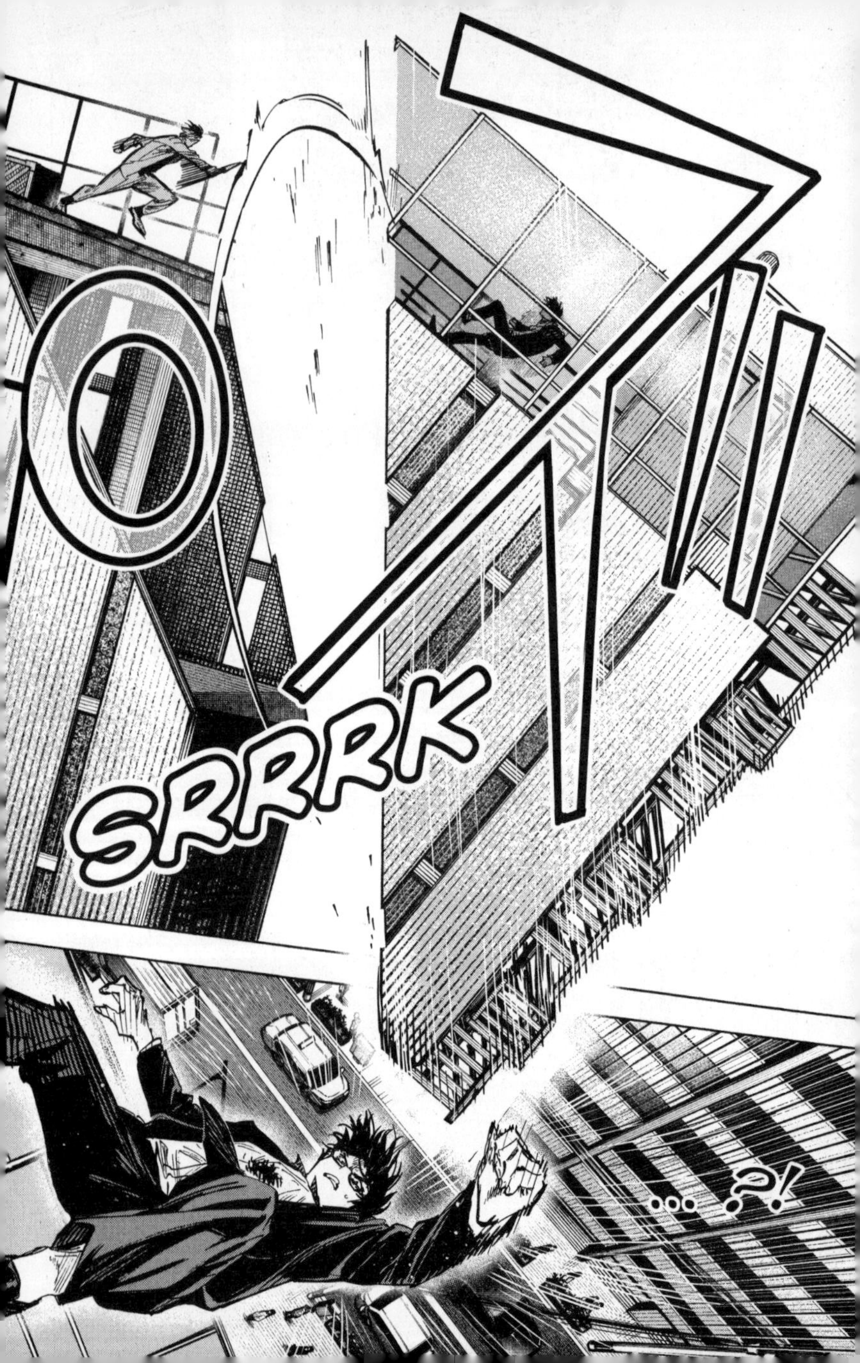
SRRRK
...?!

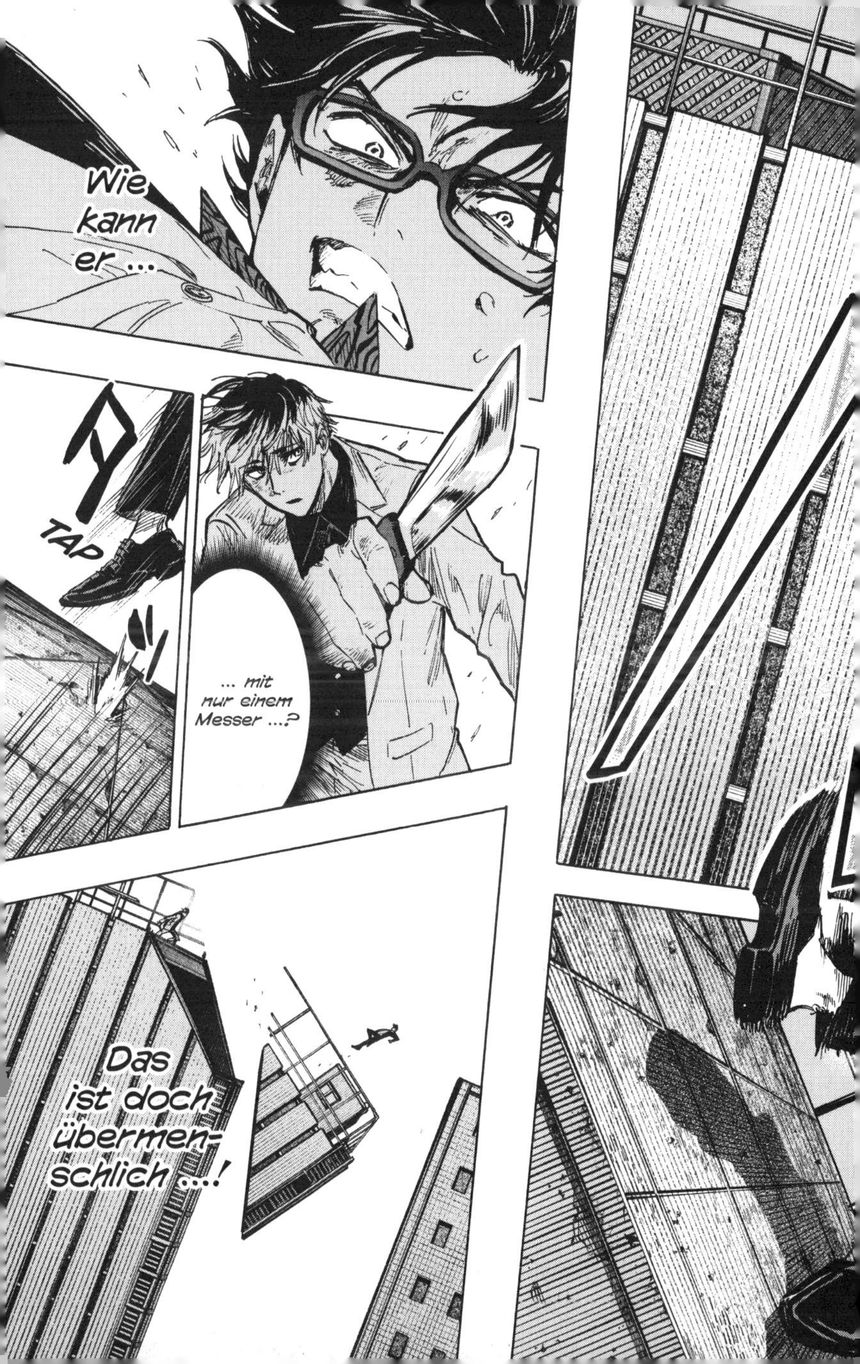
Wie kann er ...
TAP
... mit nur einem Messer ...?
Das ist doch übermen-schlich ...!

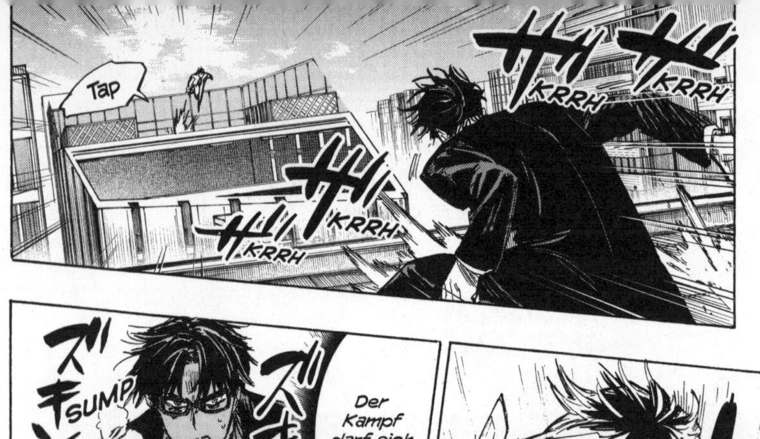

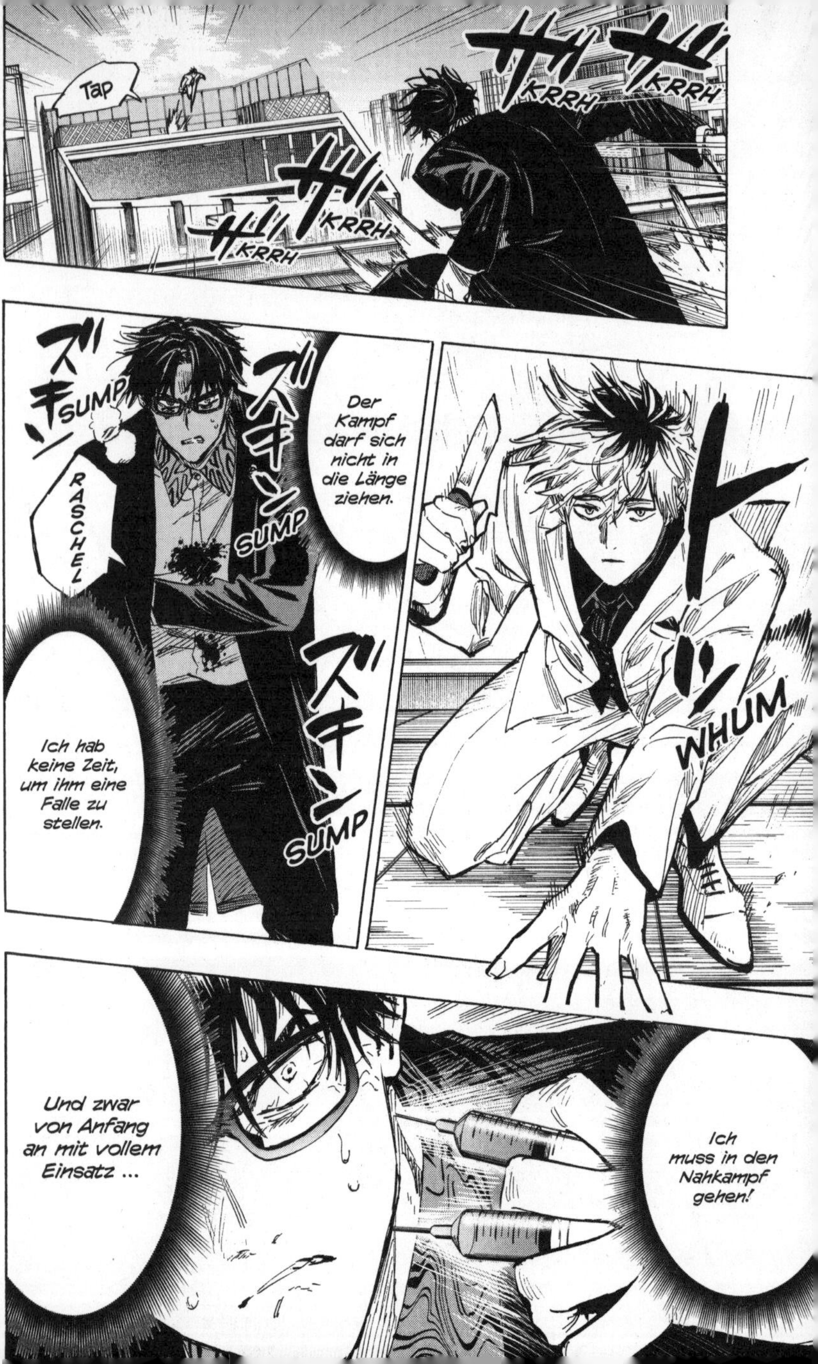

WHUM

Der Kampf darf sich nicht in die Länge ziehen.

SUMP

SUMP

SUMP

RASCHEL

Ich hab keine Zeit, um ihm eine Falle zu stellen.

Ich muss in den Nahkampf gehen!

Und zwar von Anfang an mit vollem Einsatz ...

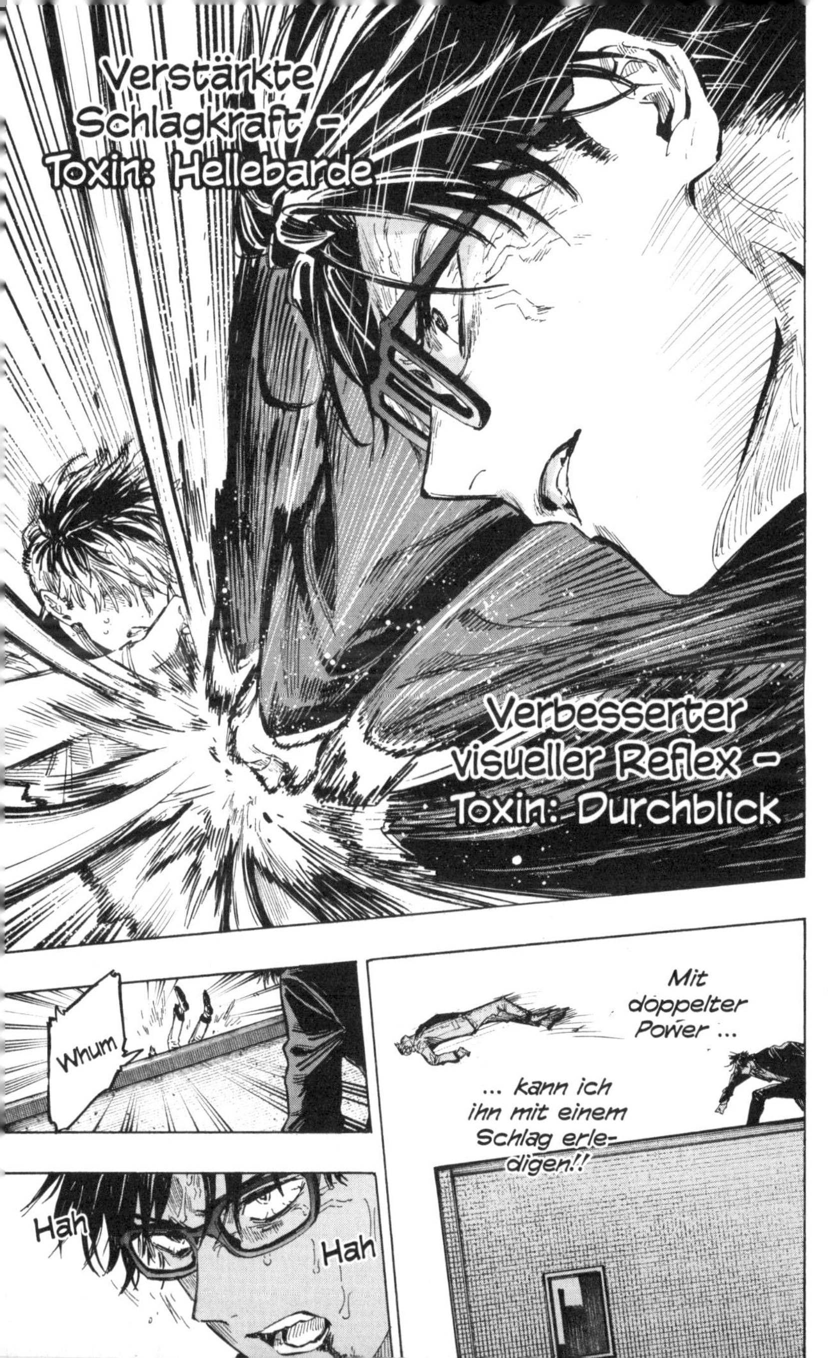
Verstärkte Schlagkraft – Toxin: Hellebarde
Verbesserter visueller Reflex – Toxin: Durchblick
Mit doppelter Power ...
Whum
... kann ich ihn mit einem Schlag erledigen!!
Hah
Hah

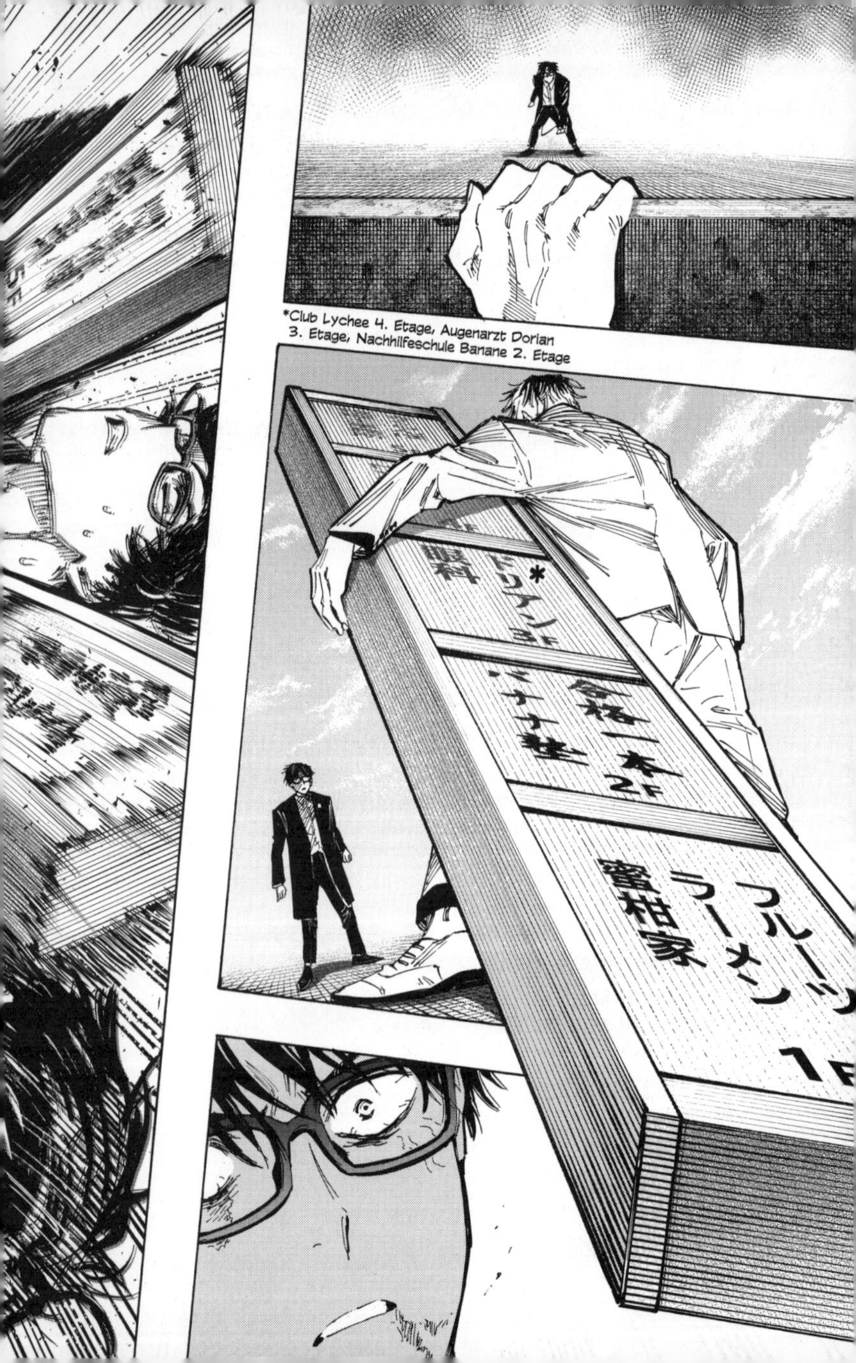
*Club Lychee 4. Etage, Augenarzt Dorian
3. Etage, Nachhilfeschule Banane 2. Etage
ドリアン眼科 3F
合格一本バナナ塾 2F
フルーツラーメン蜜柑家 1F

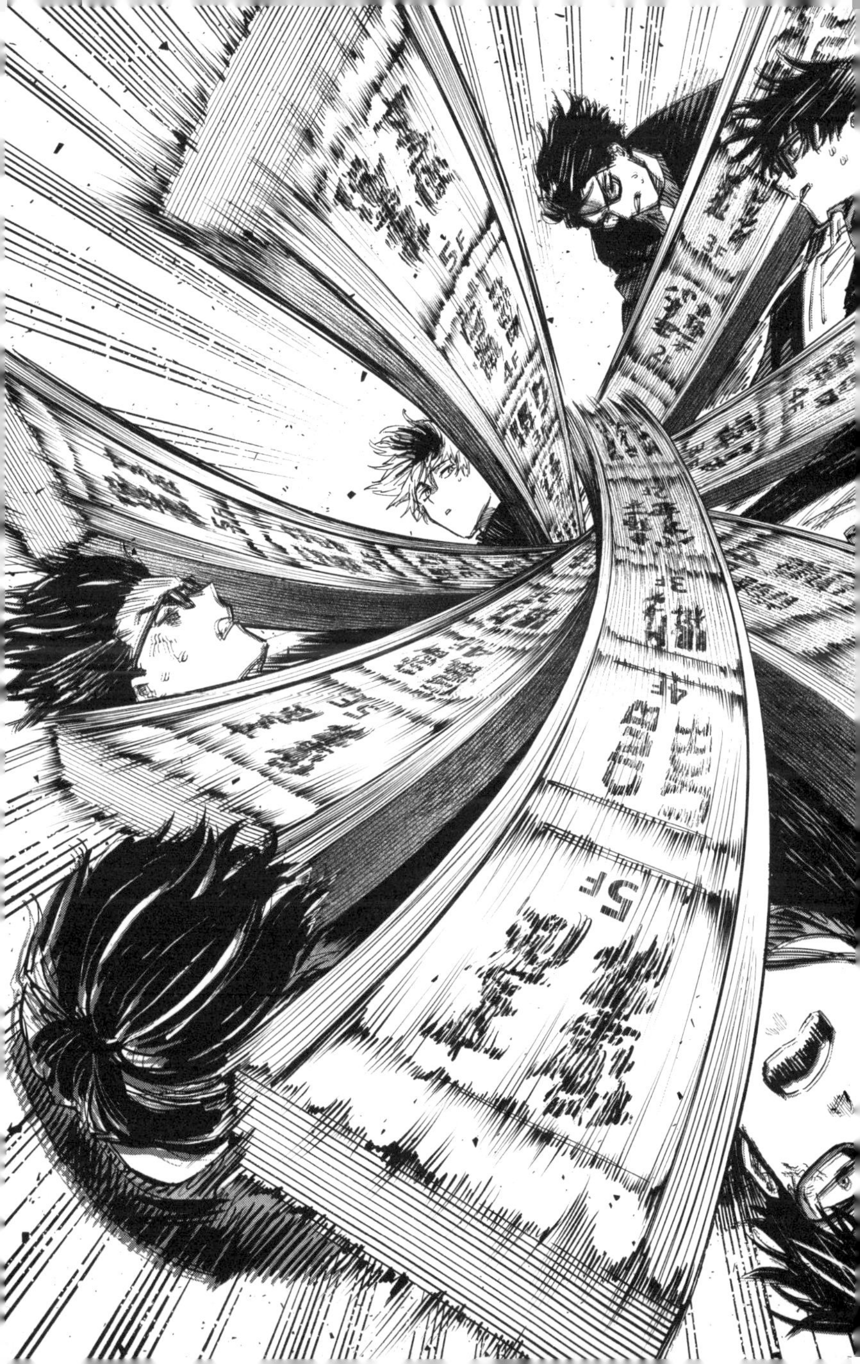

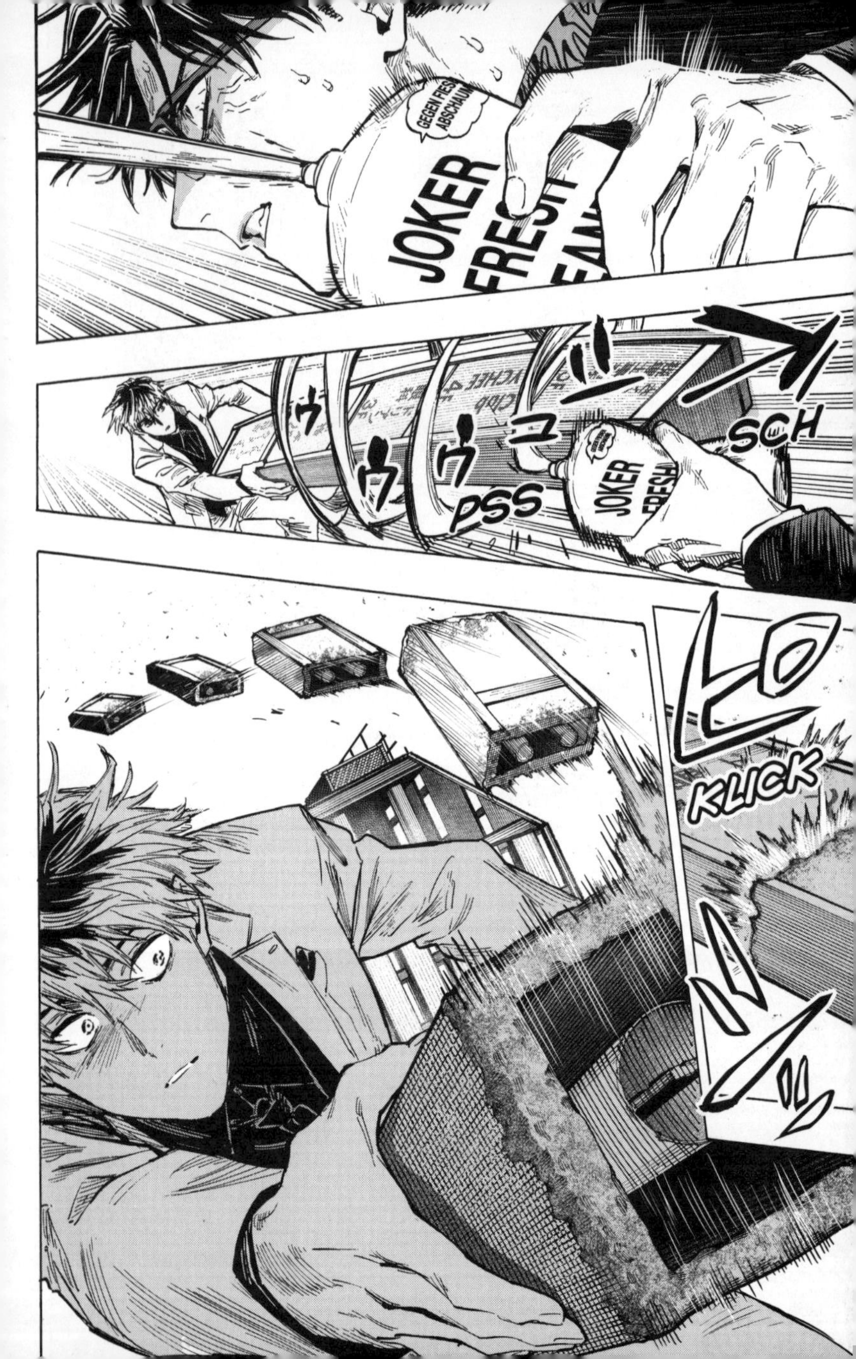
JOKER
SCH
PSS
JOKER FRESH
KLICK

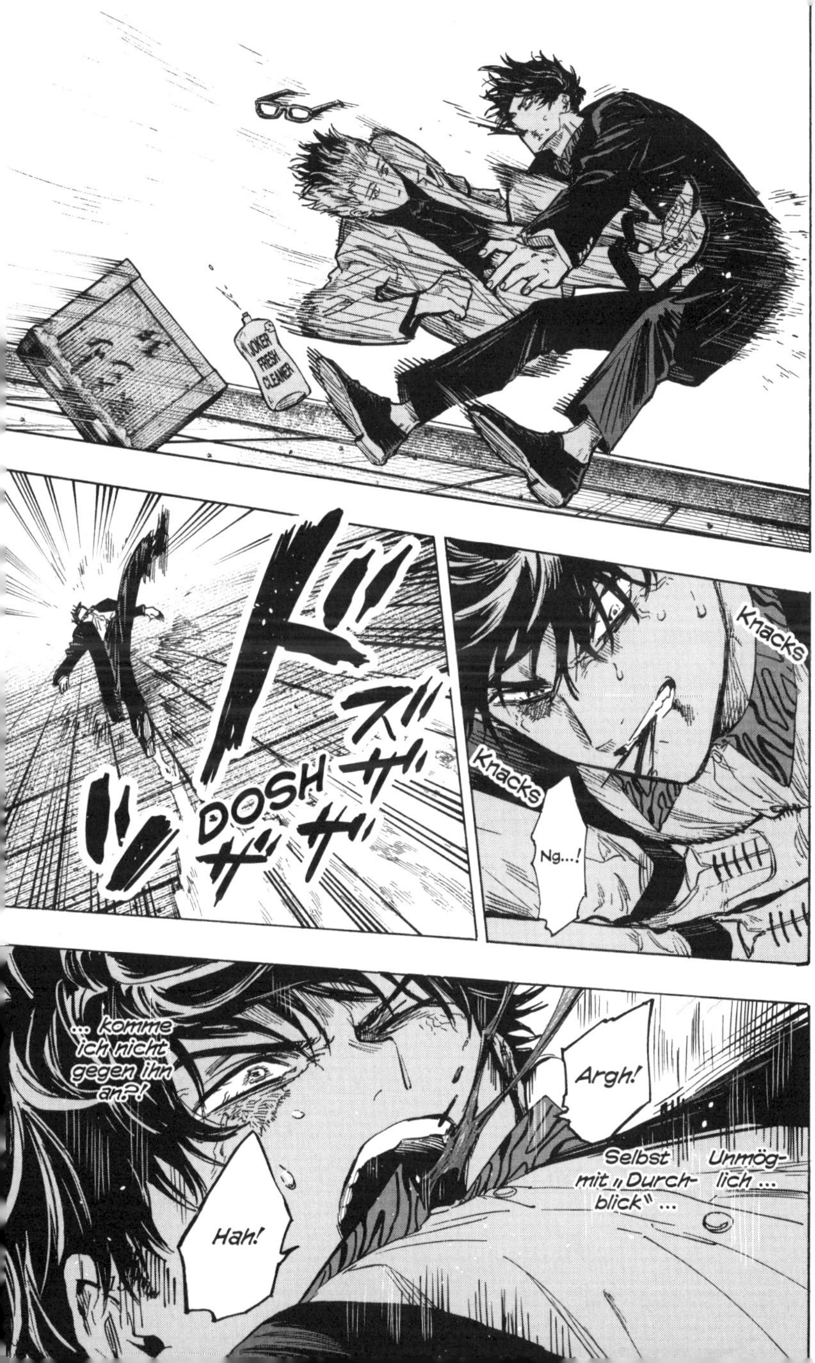

JOKER FRESH CLEANER

Knacks
Knacks
Ng…!
DOSH

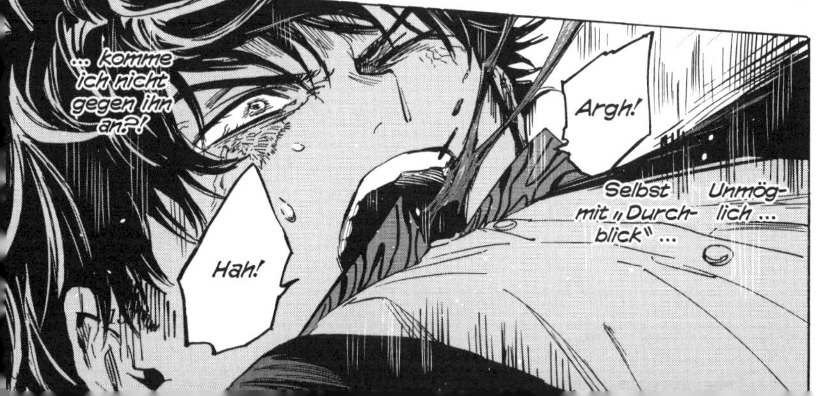

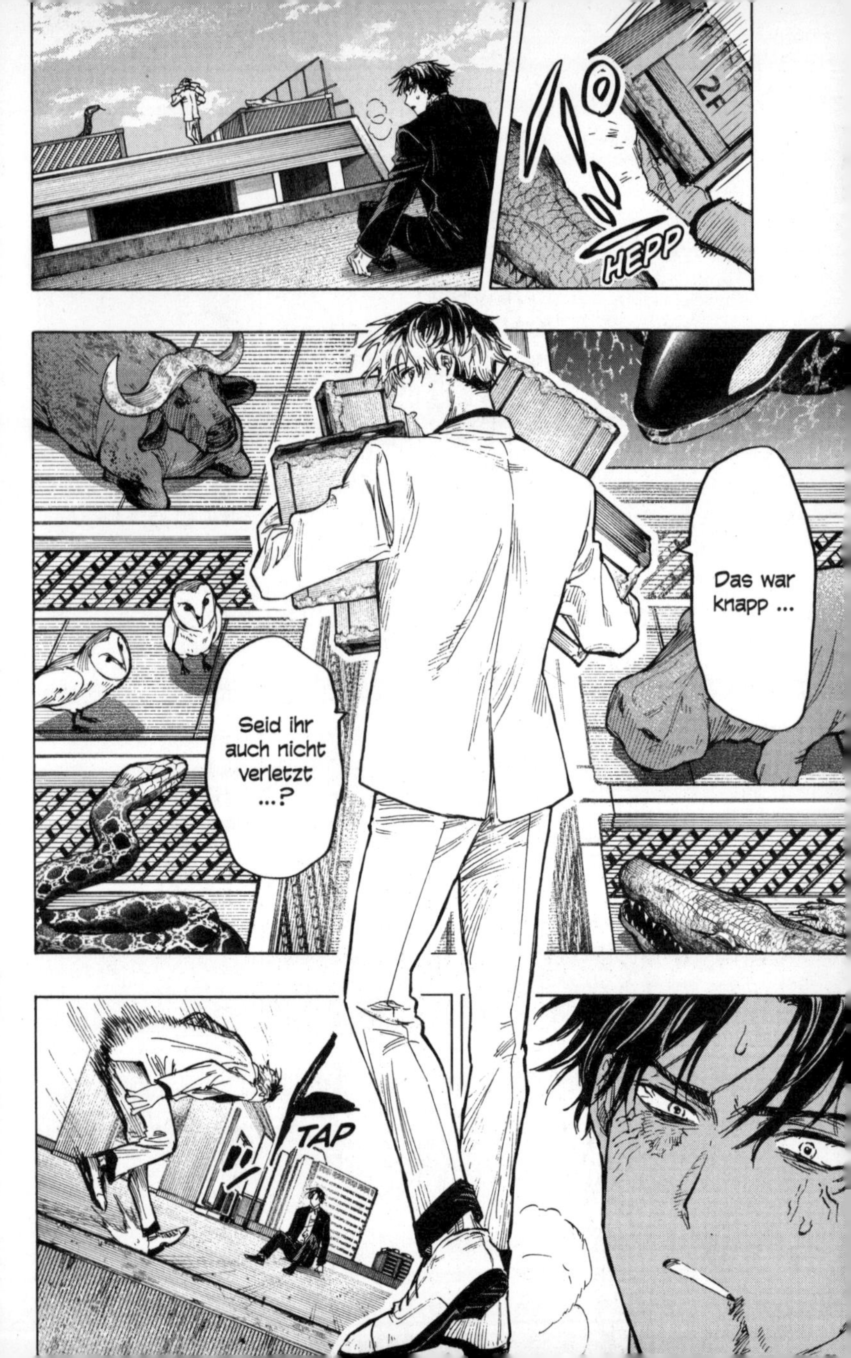
HEPP
Das war knapp ...
Seid ihr auch nicht verletzt ...?
TAP

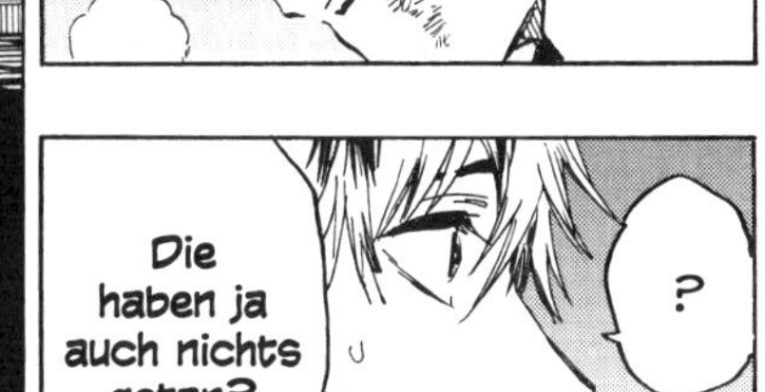
Zu Tieren bist du also nett.
Die haben ja auch nichts getan?
?

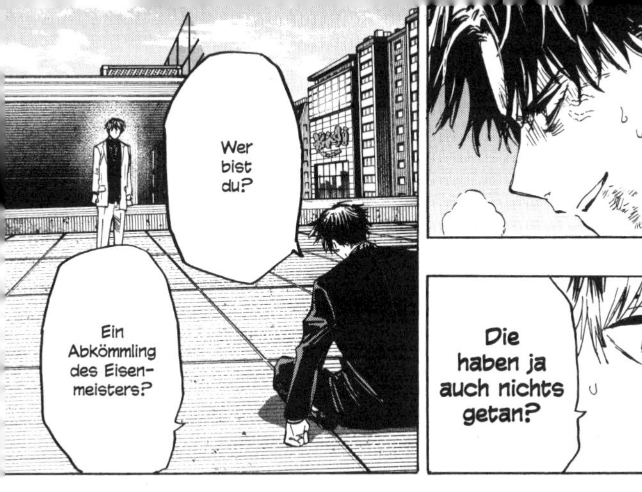
Wer bist du?
Ein Abkömmling des Eisenmeisters?

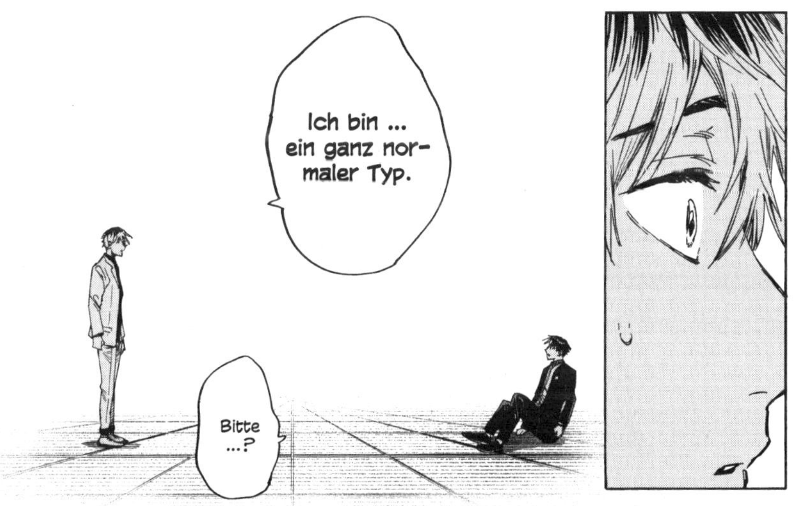
Ich bin ... ein ganz normaler Typ.
Bitte ...?

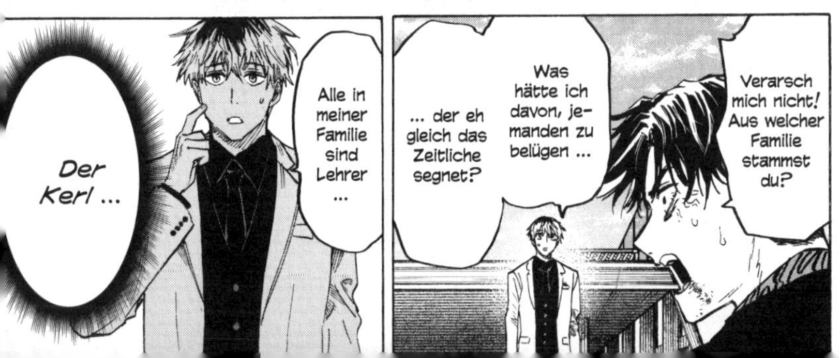
Verarsch mich nicht! Aus welcher Familie stammst du?
Was hätte ich davon, jemanden zu belügen ...
... der eh gleich das Zeitliche segnet?
Alle in meiner Familie sind Lehrer ...
Der Kerl ...

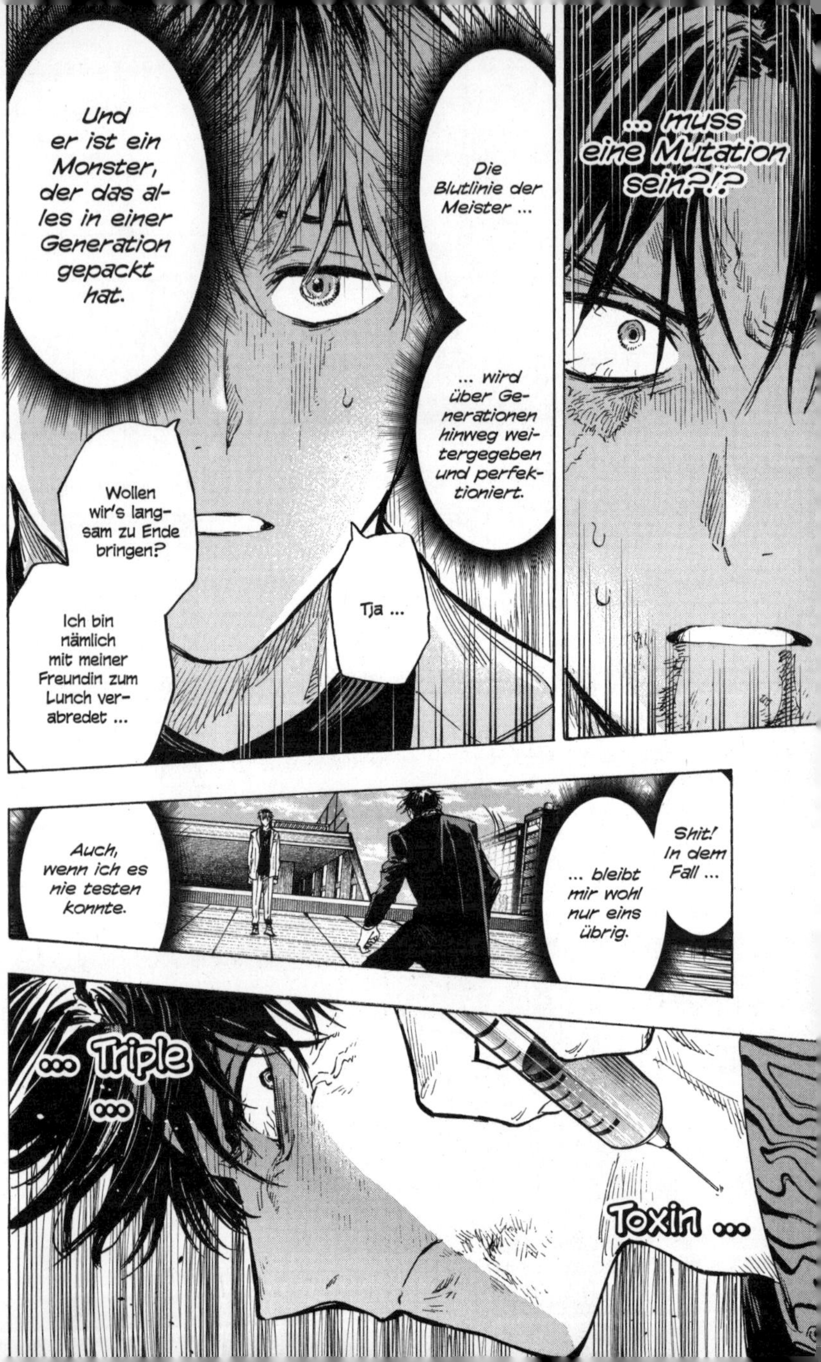

Die Blutlinie der Meister ...
... wird über Generationen hinweg weitergegeben und perfektioniert.
Und er ist ein Monster, der das alles in einer Generation gepackt hat.
... muss eine Mutation sein?!?
Tja ...
Wollen wir's langsam zu Ende bringen?
Ich bin nämlich mit meiner Freundin zum Lunch verabredet ...

Shit! In dem Fall ...
... bleibt mir wohl nur eins übrig.
Auch, wenn ich es nie testen konnte.

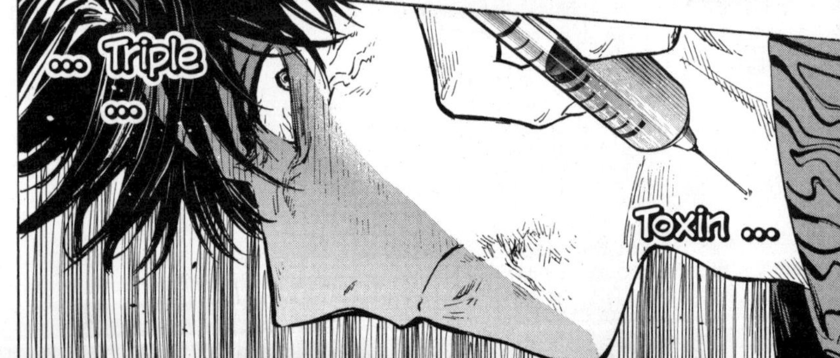

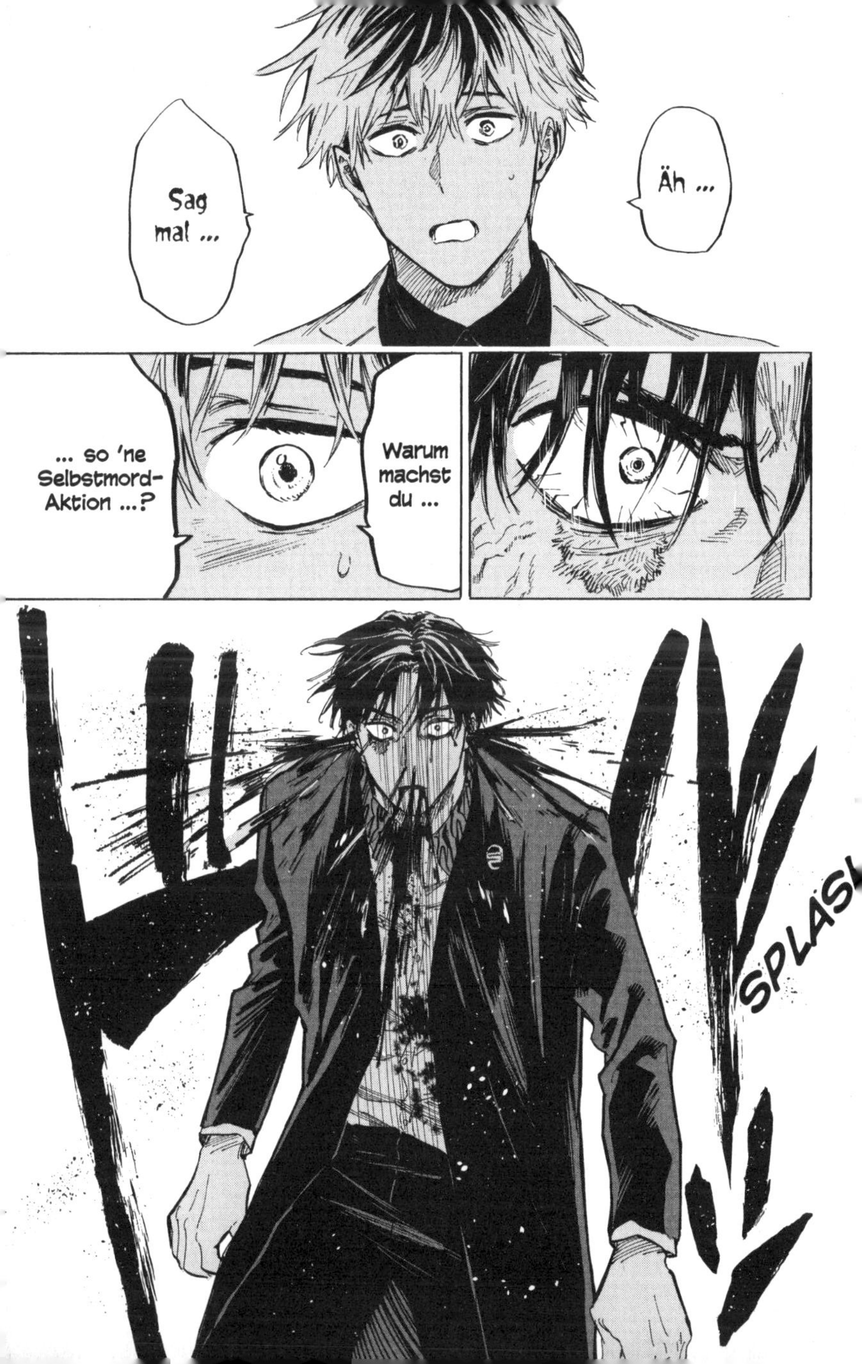

Äh ...

Sag mal ...

Warum machst du ...

... so 'ne Selbstmord-Aktion ...?

SPLAS

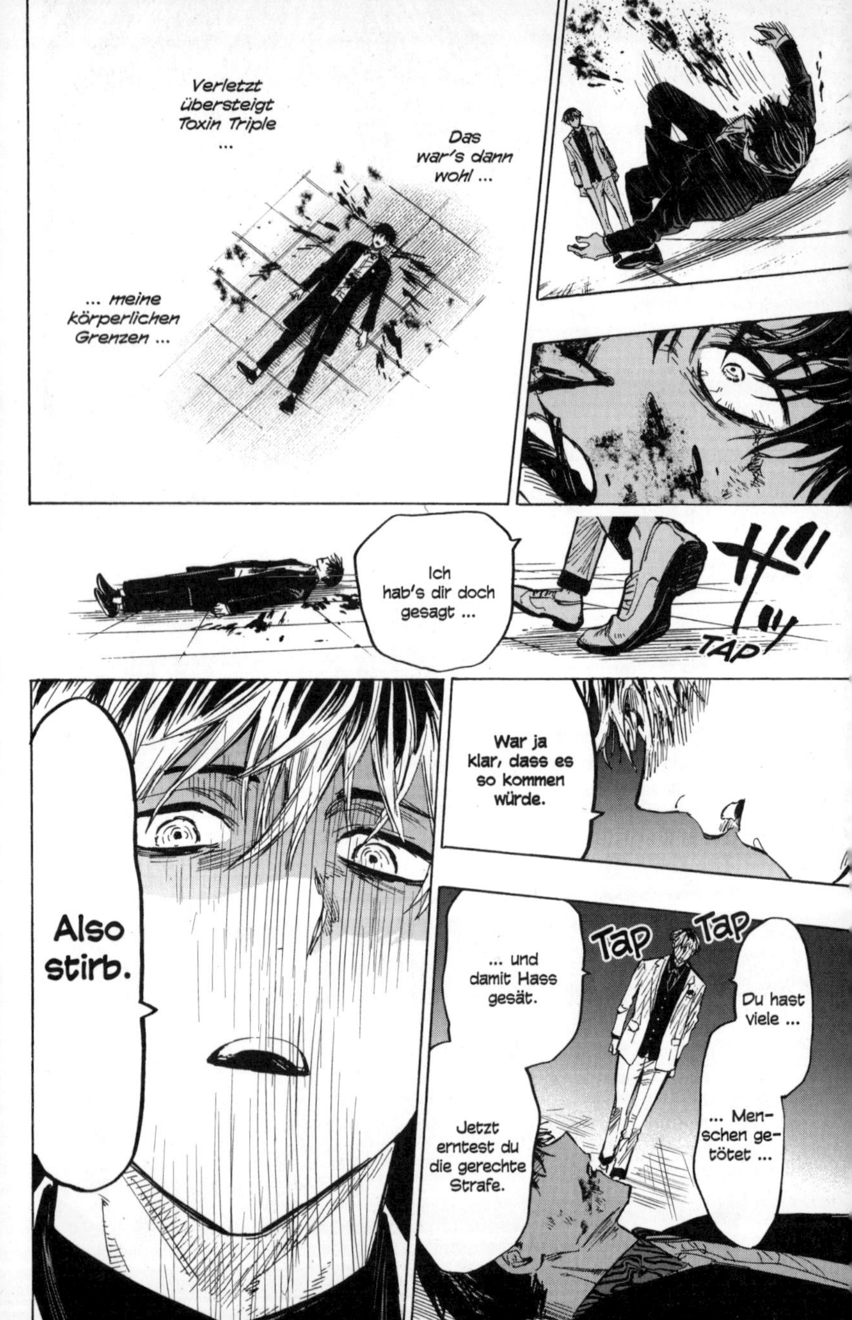
Das war's dann wohl ...
Verletzt übersteigt Toxin Triple ...
... meine körperlichen Grenzen ...
TAP
Ich hab's dir doch gesagt ...
War ja klar, dass es so kommen würde.
Tap Tap
Du hast viele ...
... Menschen getötet ...
... und damit Hass gesät.
Jetzt erntest du die gerechte Strafe.
Also stirb.

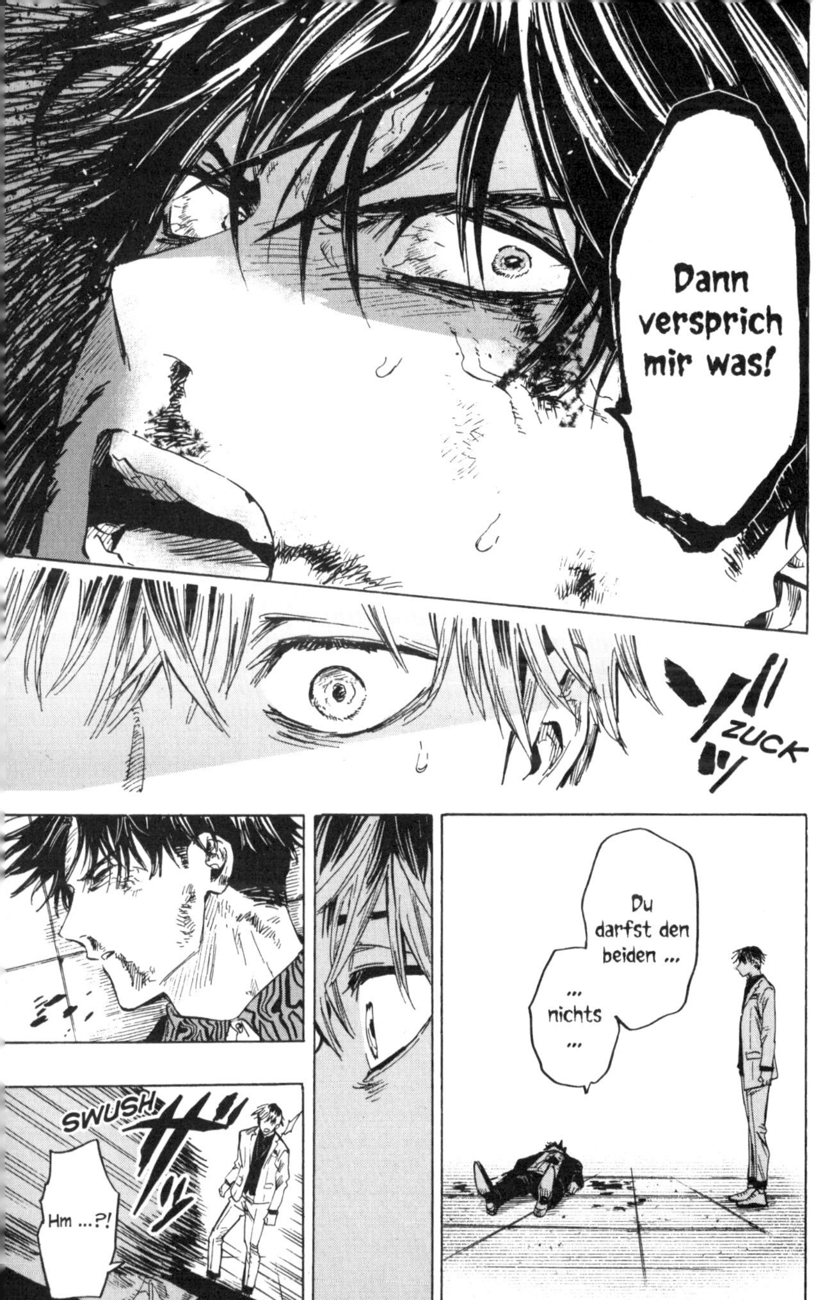
Dann versprich mir was!
ZUCK
Du darfst den beiden ...
... nichts ...
SWUSH
Hm ...?!

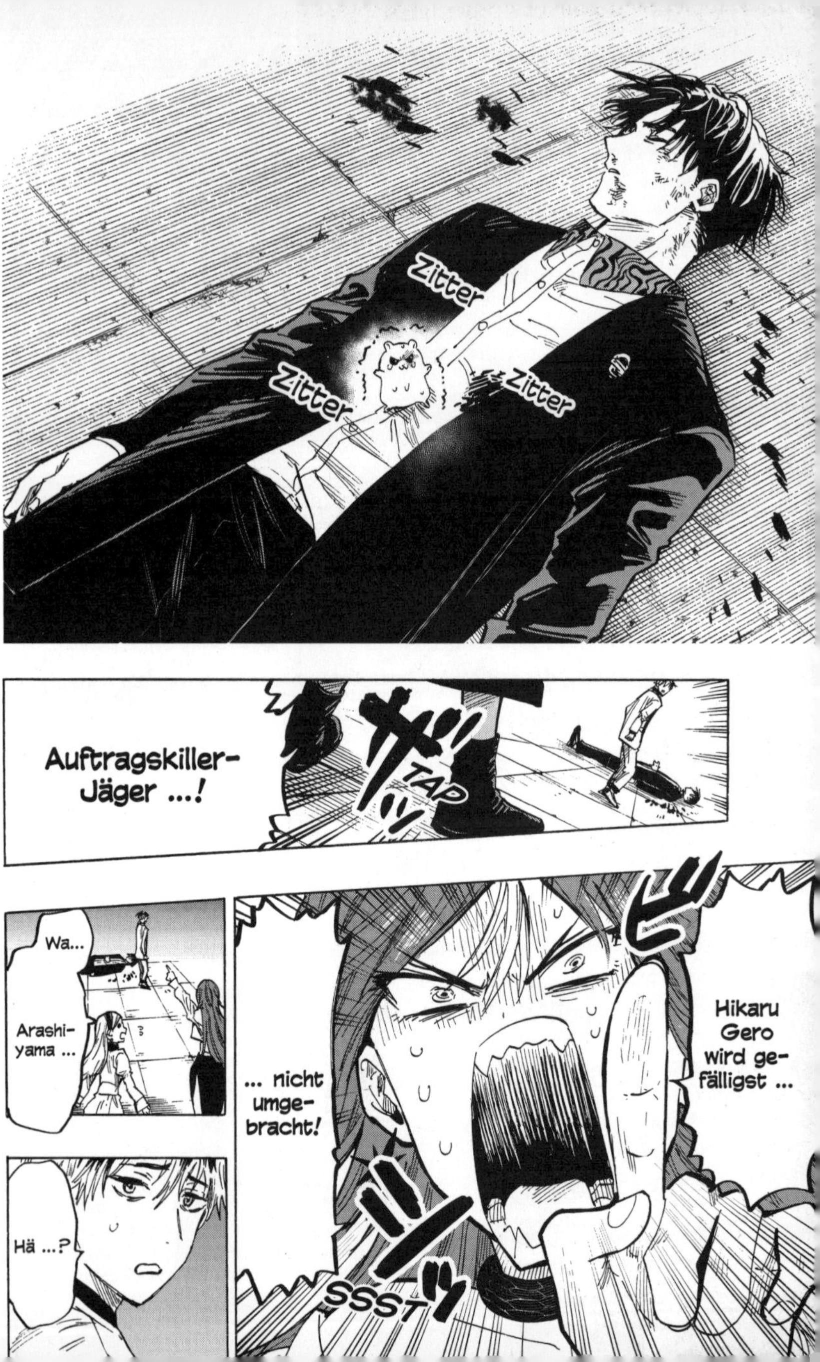

Zitter
Zitter
Zitter

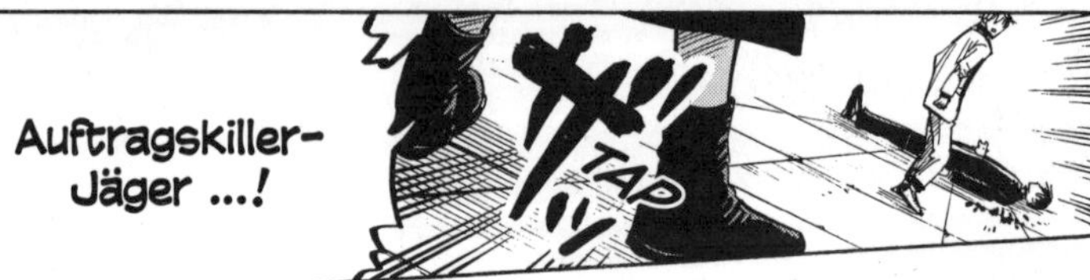

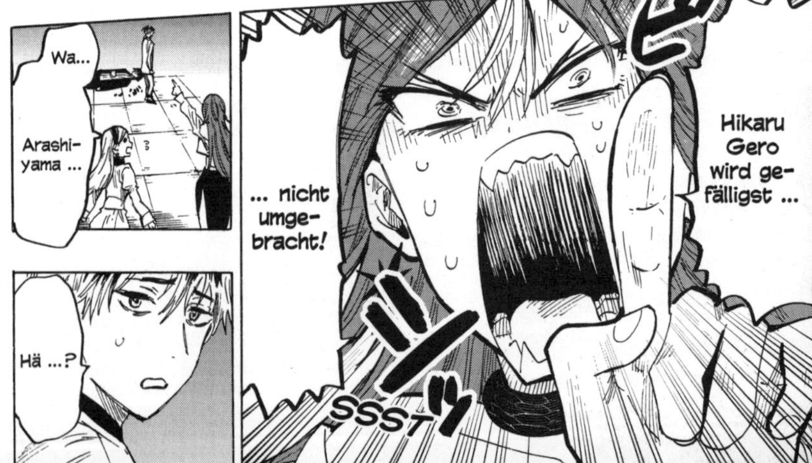

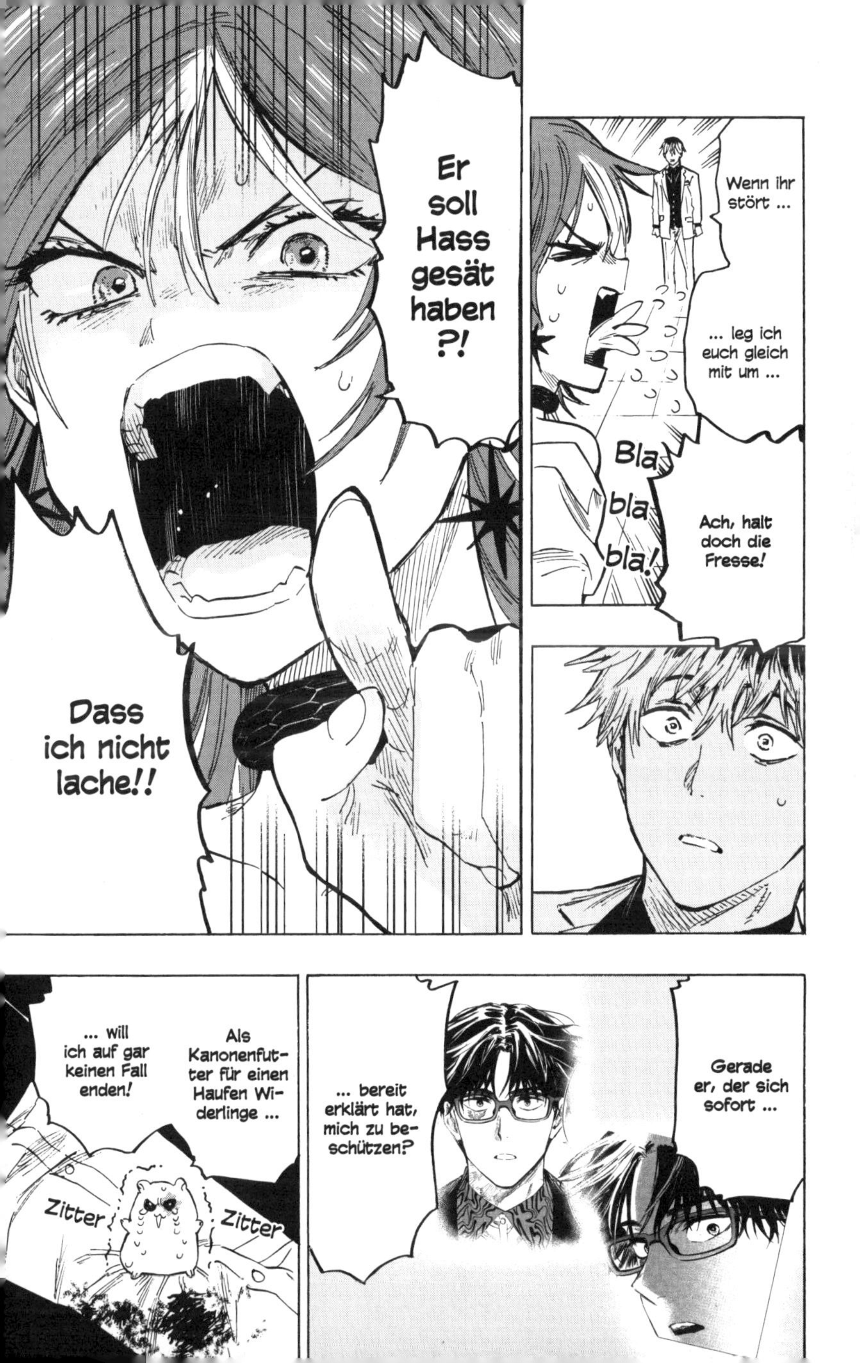

Wenn ihr stört ...
... leg ich euch gleich mit um ...
Bla bla bla!
Ach, halt doch die Fresse!
Er soll Hass gesät haben?!
Dass ich nicht lache!!

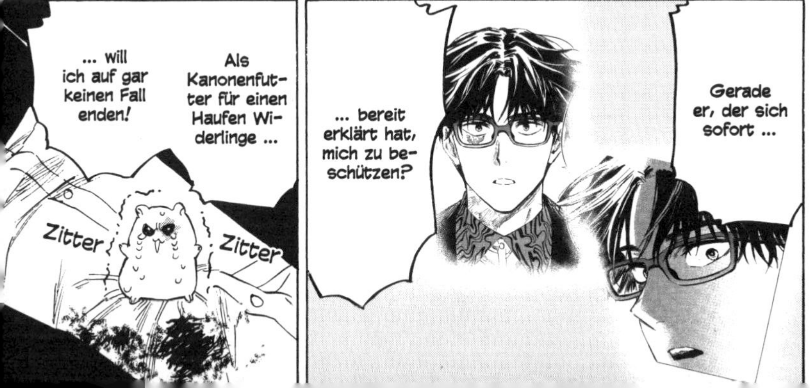

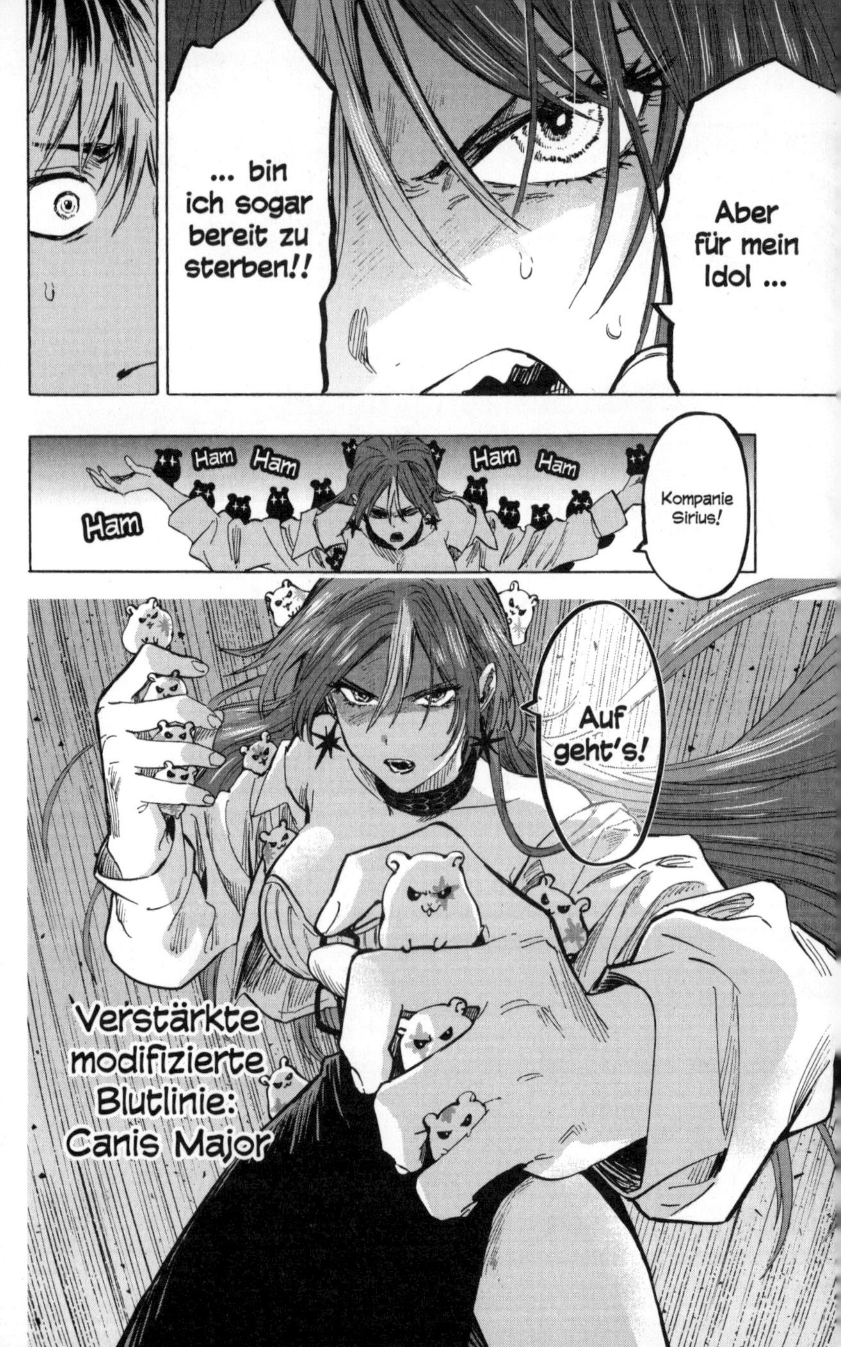
Aber für mein Idol ...
... bin ich sogar bereit zu sterben!!
Kompanie Sirius!
Ham
Ham
Ham
Ham
Ham
Auf geht's!
Verstärkte modifizierte Blutlinie: Canis Major

#27 Noch drei Tage

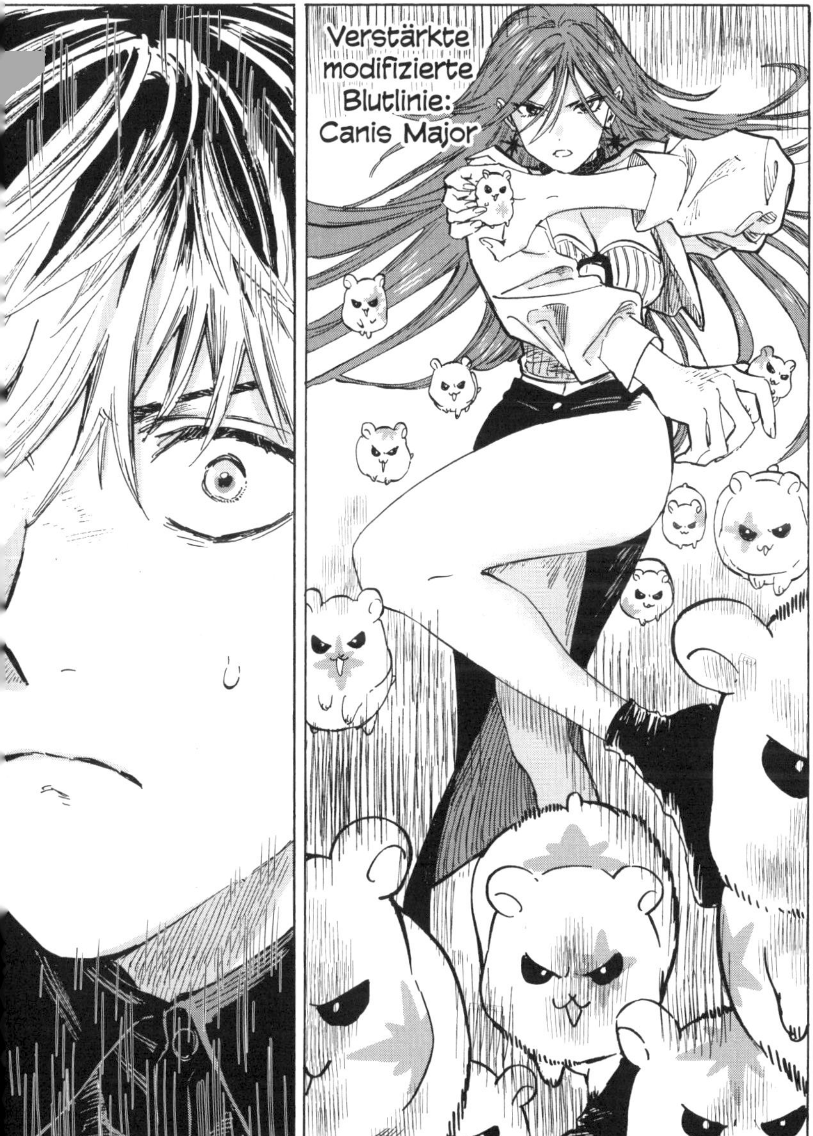

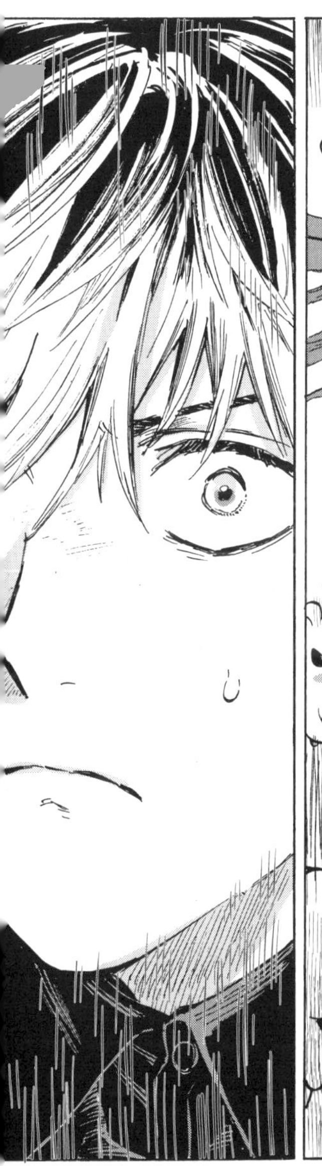

Verstärkte
modifizierte
Blutlinie:
Canis Major

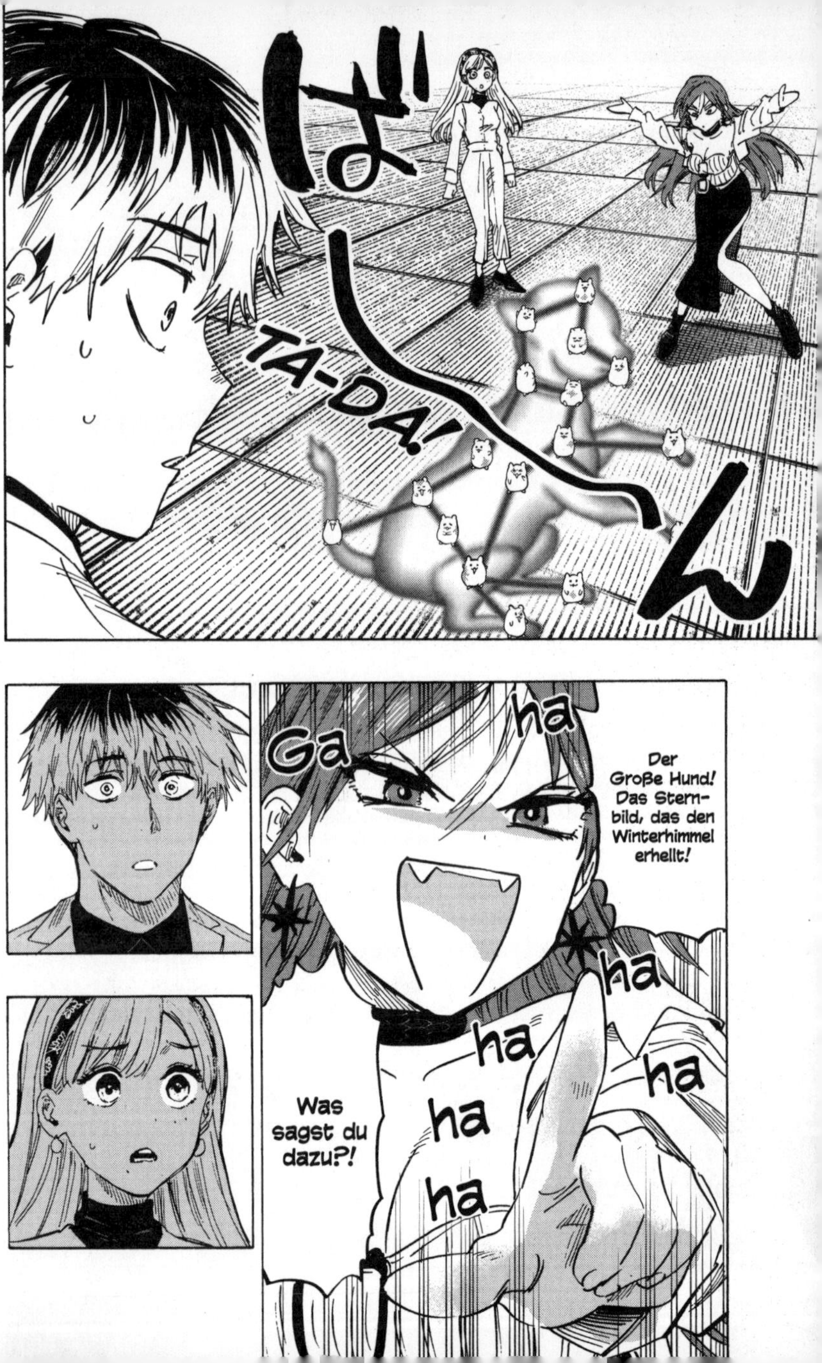

ばし〜ん
TA-DA!

Ga ha ha ha ha ha ha

Der Große Hund! Das Sternbild, das den Winterhimmel erhellt!

Was sagst du dazu?!

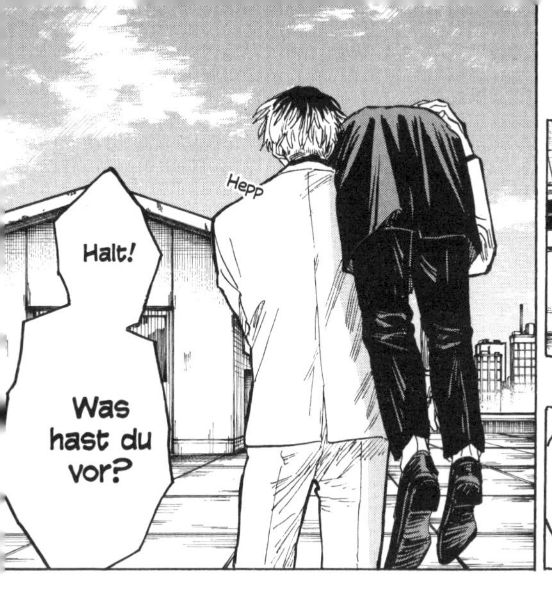
Hepp
Halt!
Was hast du vor?

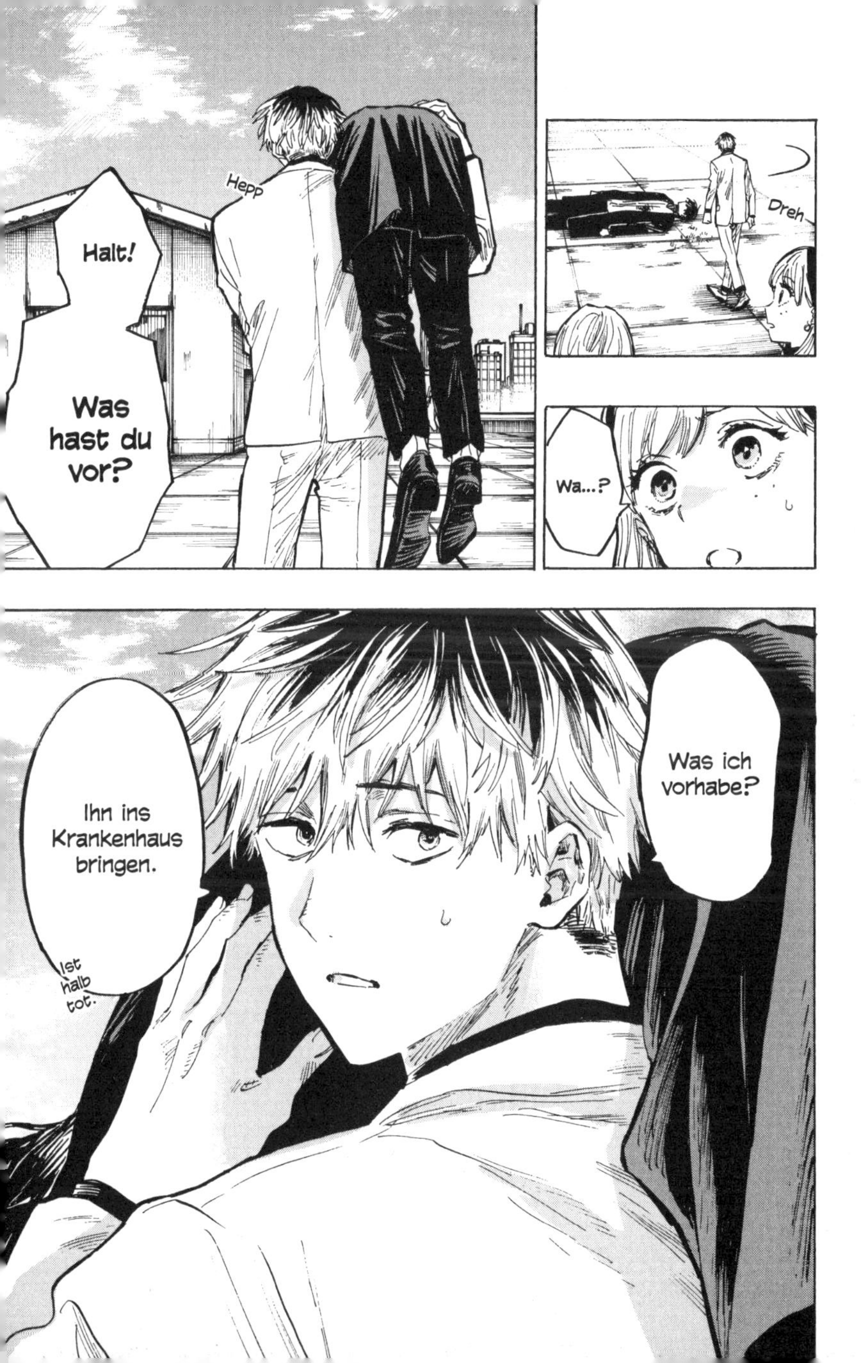

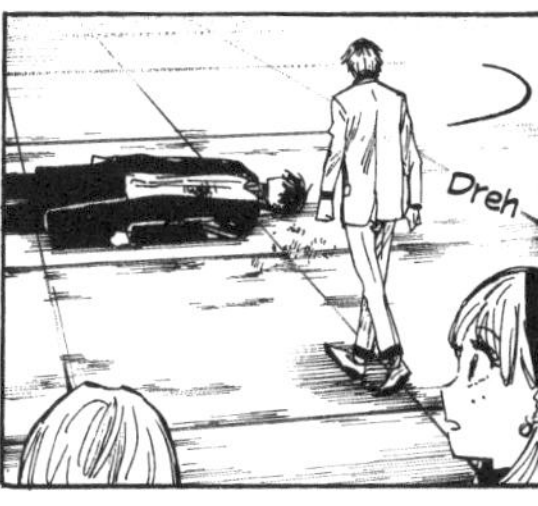
Dreh

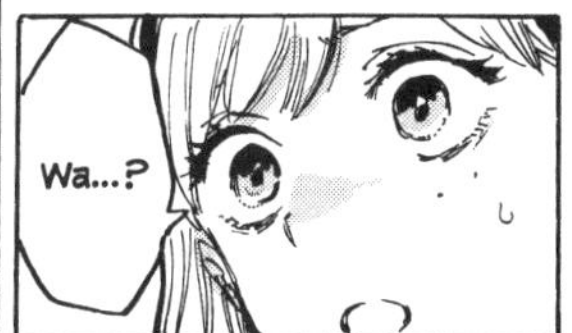
Wa...?

Was ich vorhabe?
Ihn ins Krankenhaus bringen.
Ist halb tot.

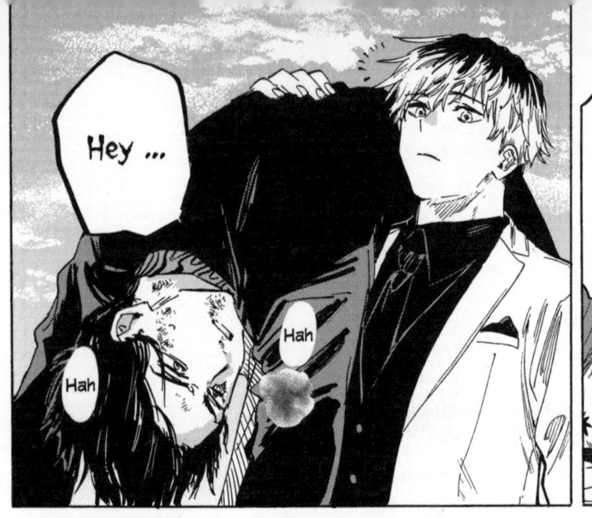
Hey ...
Hah
Hah

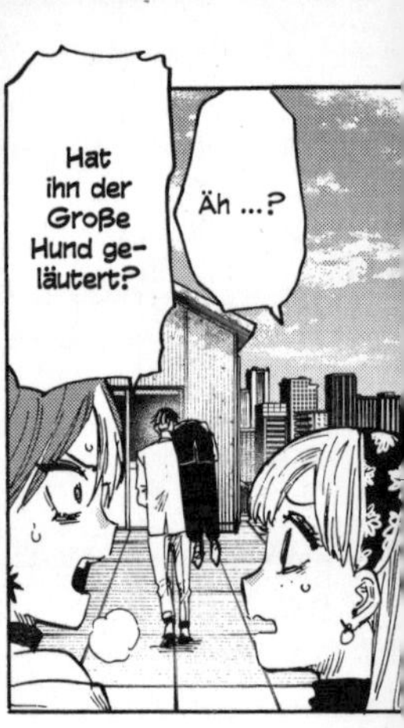
Äh ...?
Hat ihn der Große Hund geläutert?

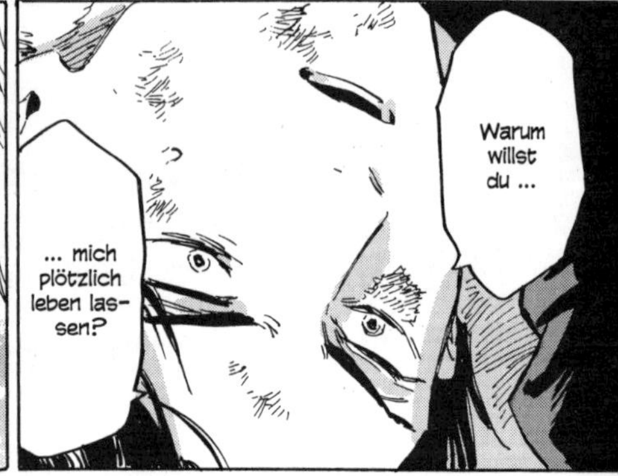
Warum willst du ...
... mich plötzlich leben lassen?

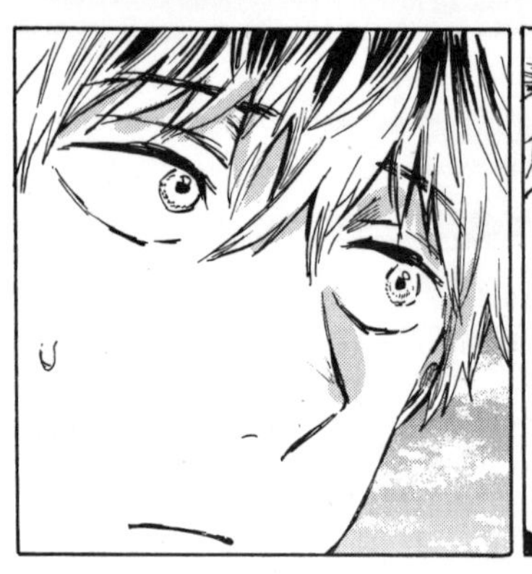

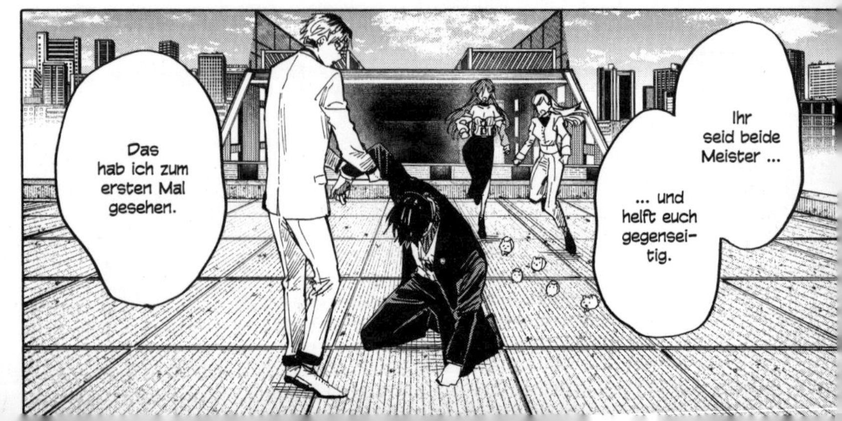
Ihr seid beide Meister ...
... und helft euch gegenseitig.
Das hab ich zum ersten Mal gesehen.

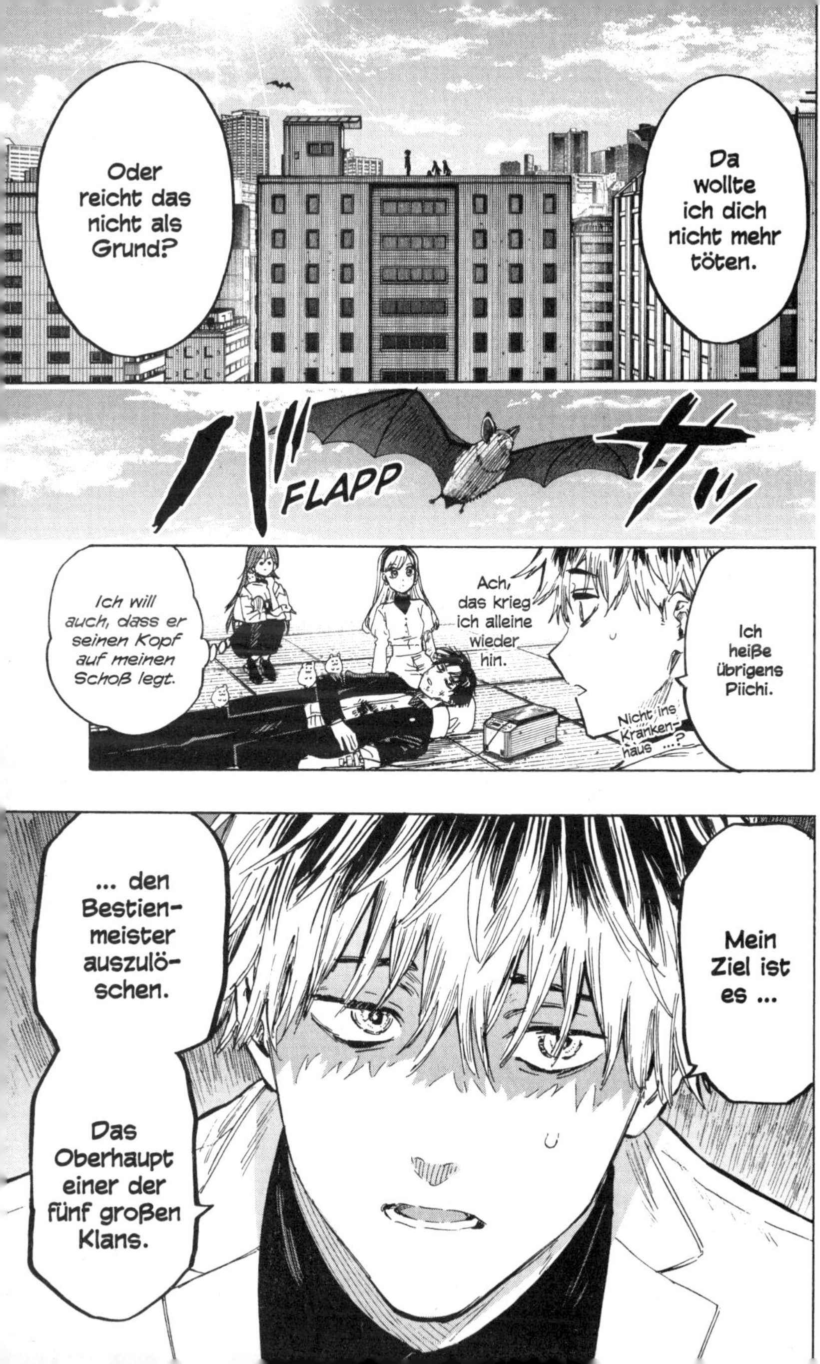

Da wollte ich dich nicht mehr töten.

Oder reicht das nicht als Grund?

FLAPP

Ich heiße übrigens Piichi.

Nicht ins Krankenhaus ...?

Ach, das krieg ich alleine wieder hin.

Ich will auch, dass er seinen Kopf auf meinen Schoß legt.

Mein Ziel ist es ...

... den Bestienmeister auszulöschen.

Das Oberhaupt einer der fünf großen Klans.

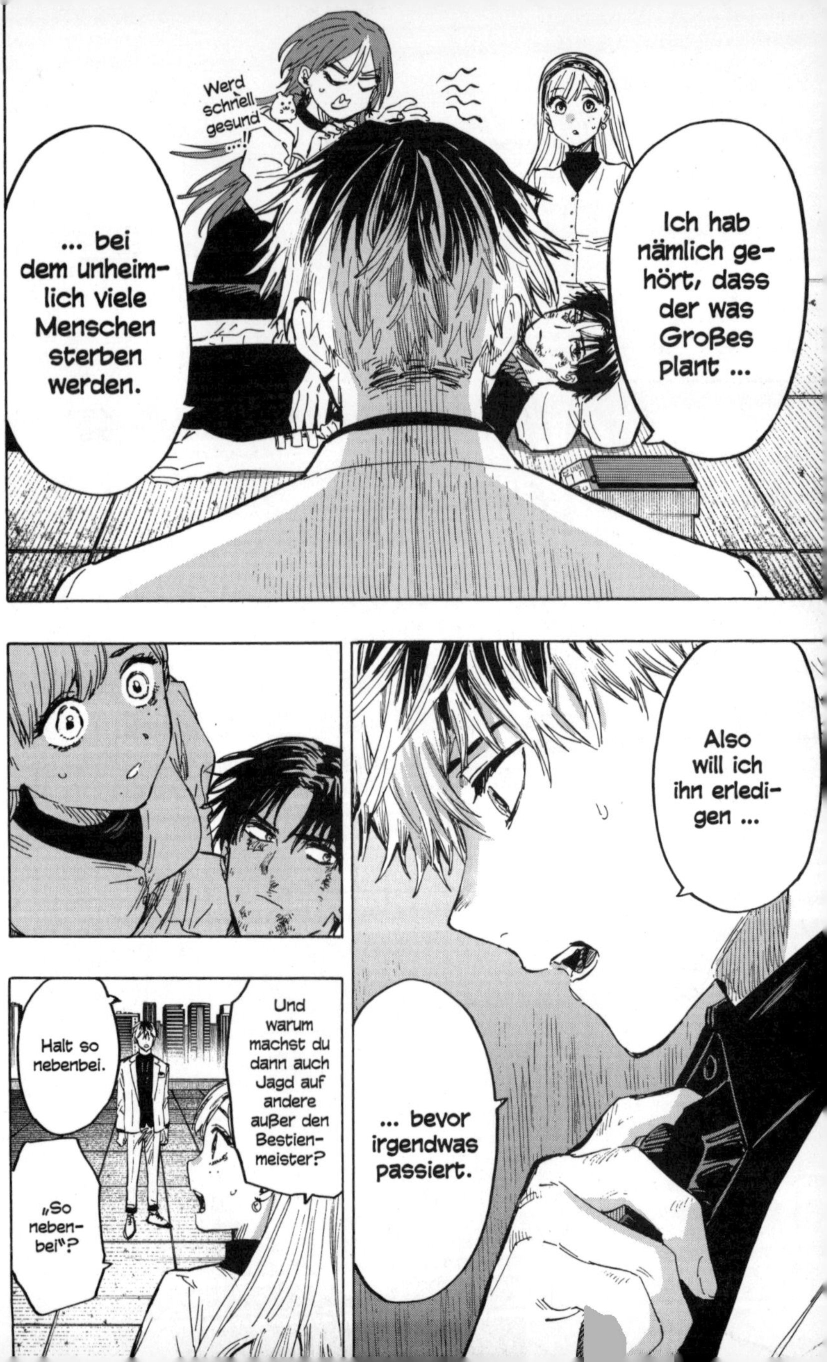

Ich hab nämlich gehört, dass der was Großes plant ...

... bei dem unheimlich viele Menschen sterben werden.

Werd schnell gesund ...!!

Also will ich ihn erledigen ...

... bevor irgendwas passiert.

Und warum machst du dann auch Jagd auf andere außer den Bestienmeister?

Halt so nebenbei.

„So nebenbei"?

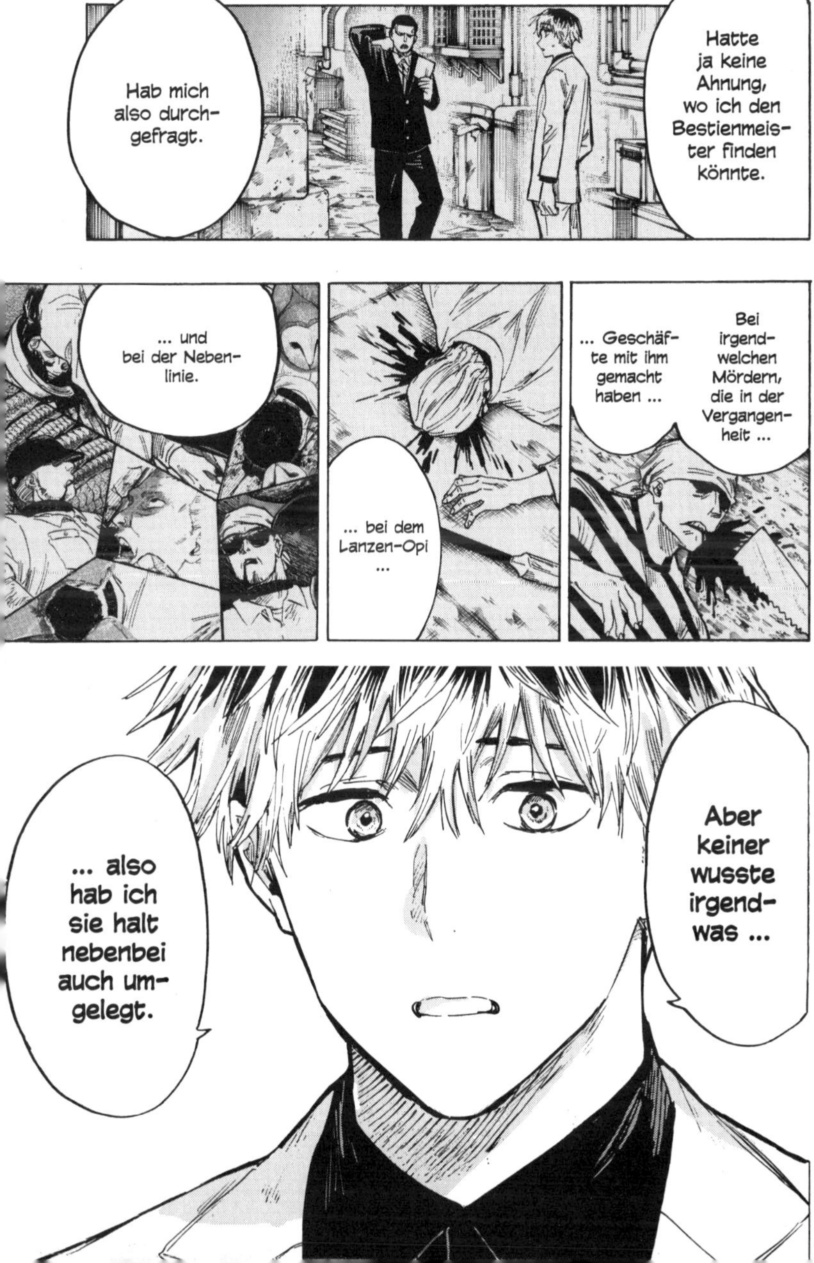

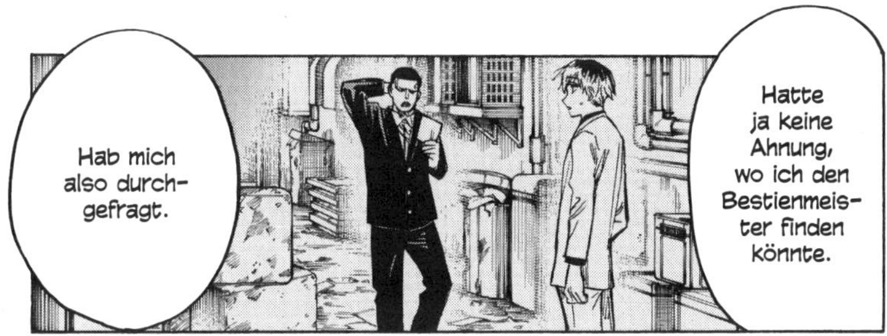

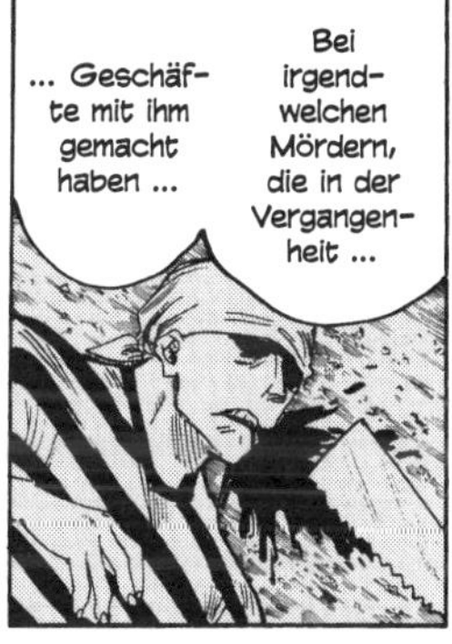

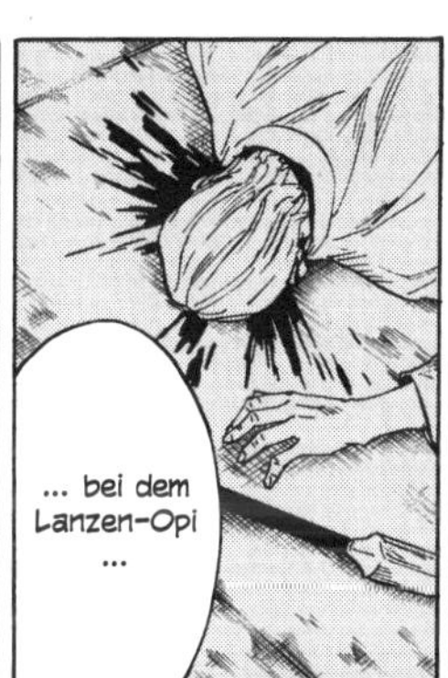

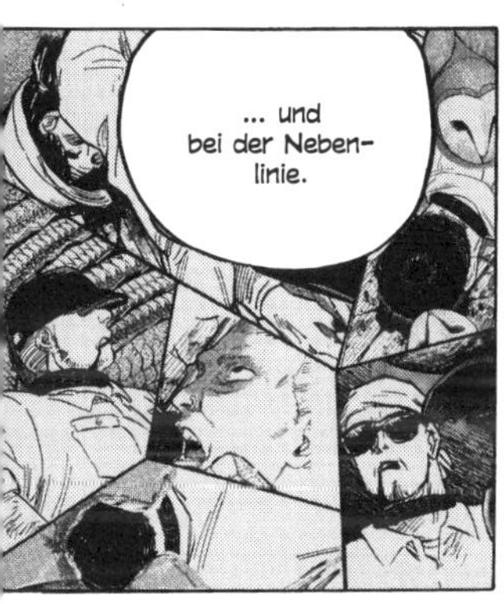

Aber keiner wusste irgendwas ...

... also hab ich sie halt nebenbei auch umgelegt.

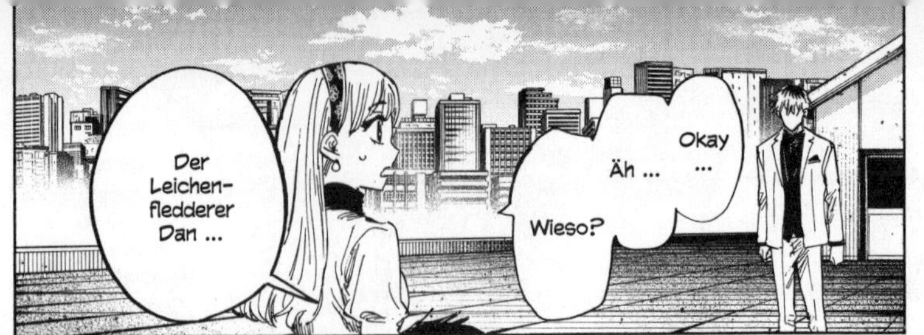

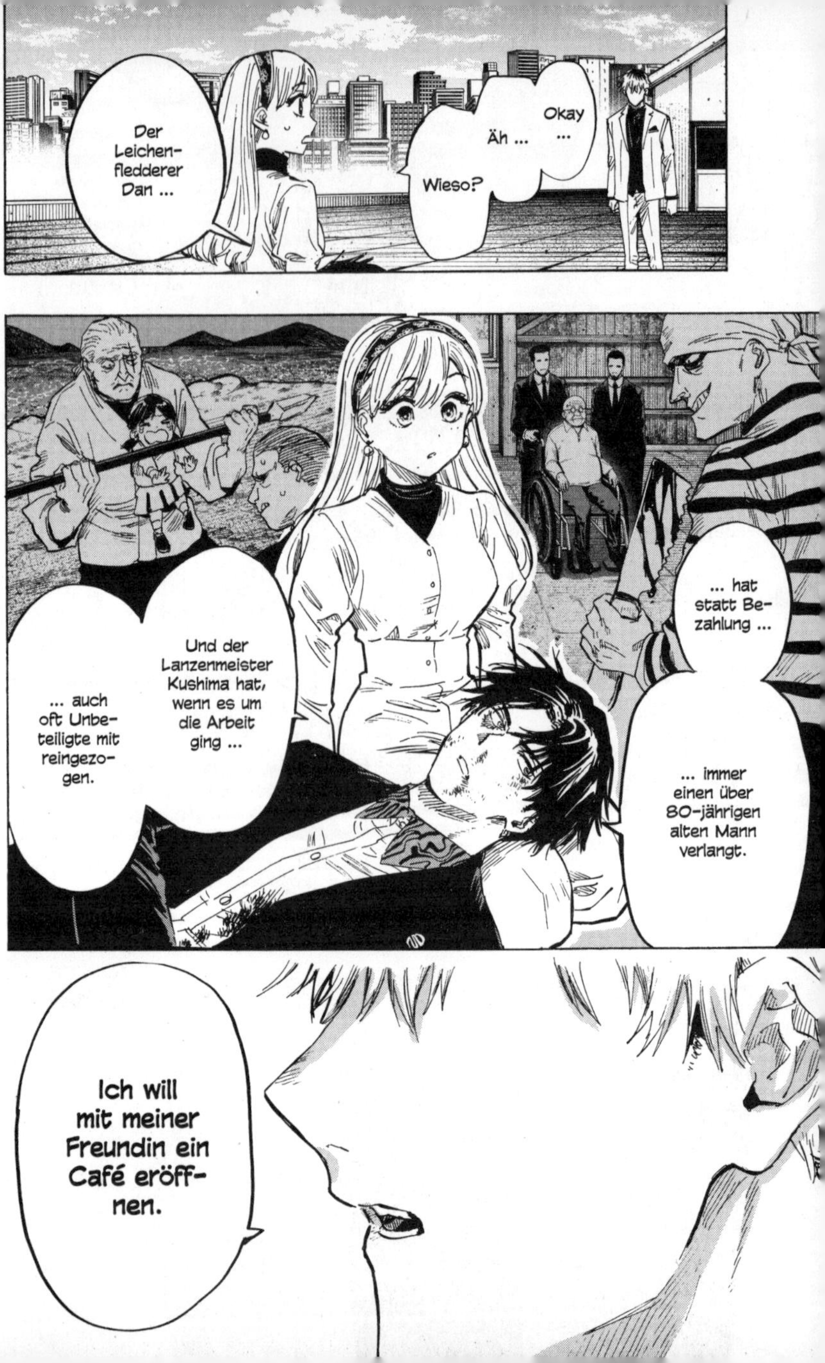

... hat statt Bezahlung ...

... immer einen über 80-jährigen alten Mann verlangt.

Und der Lanzenmeister Kushima hat, wenn es um die Arbeit ging ...

... auch oft Unbeteiligte mit reingezogen.

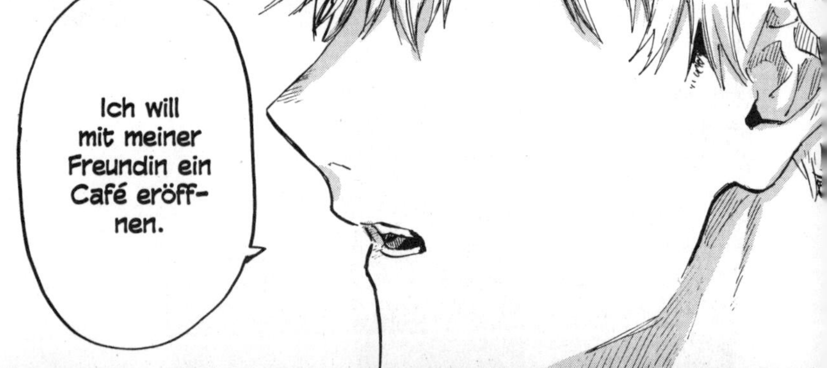

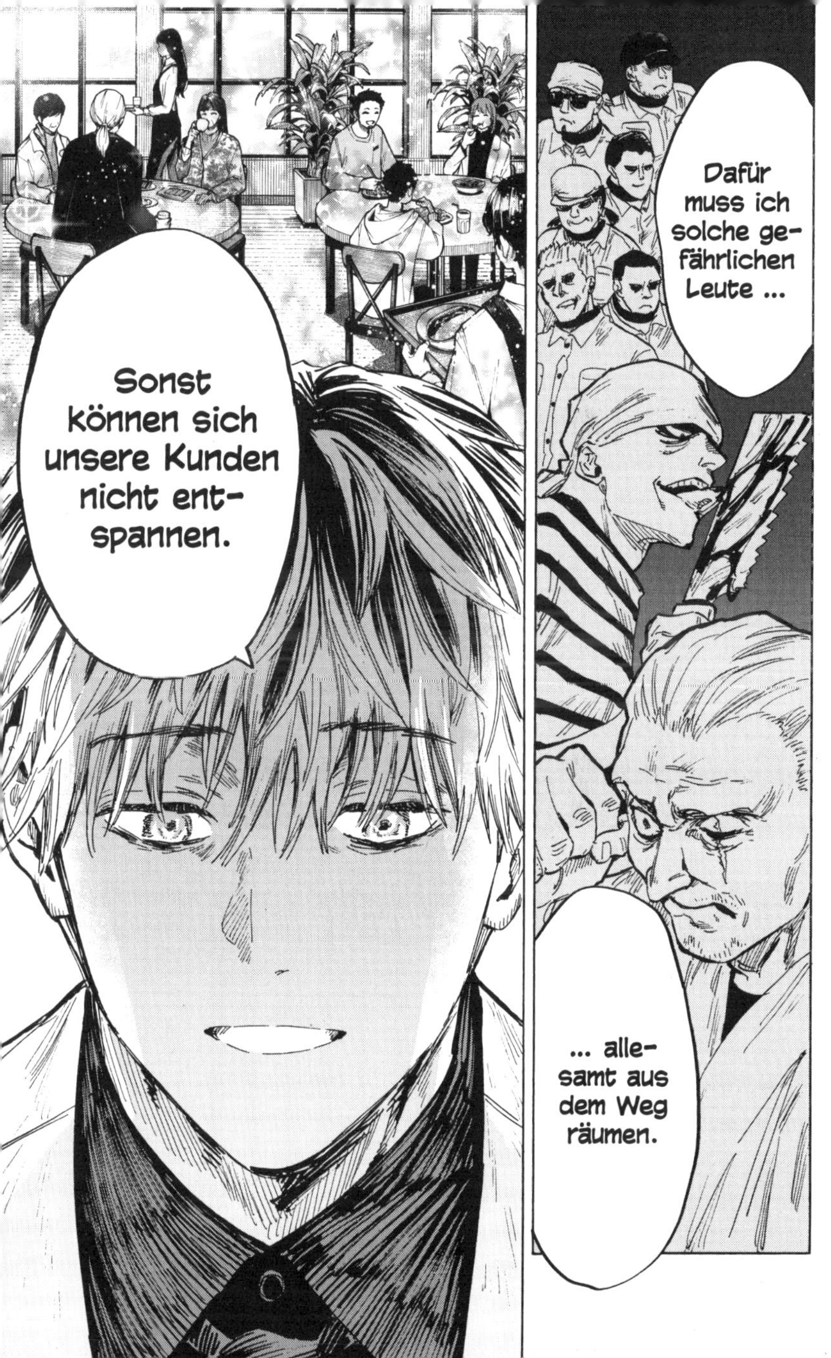
Dafür muss ich solche gefährlichen Leute ...
... allesamt aus dem Weg räumen.
Sonst können sich unsere Kunden nicht entspannen.

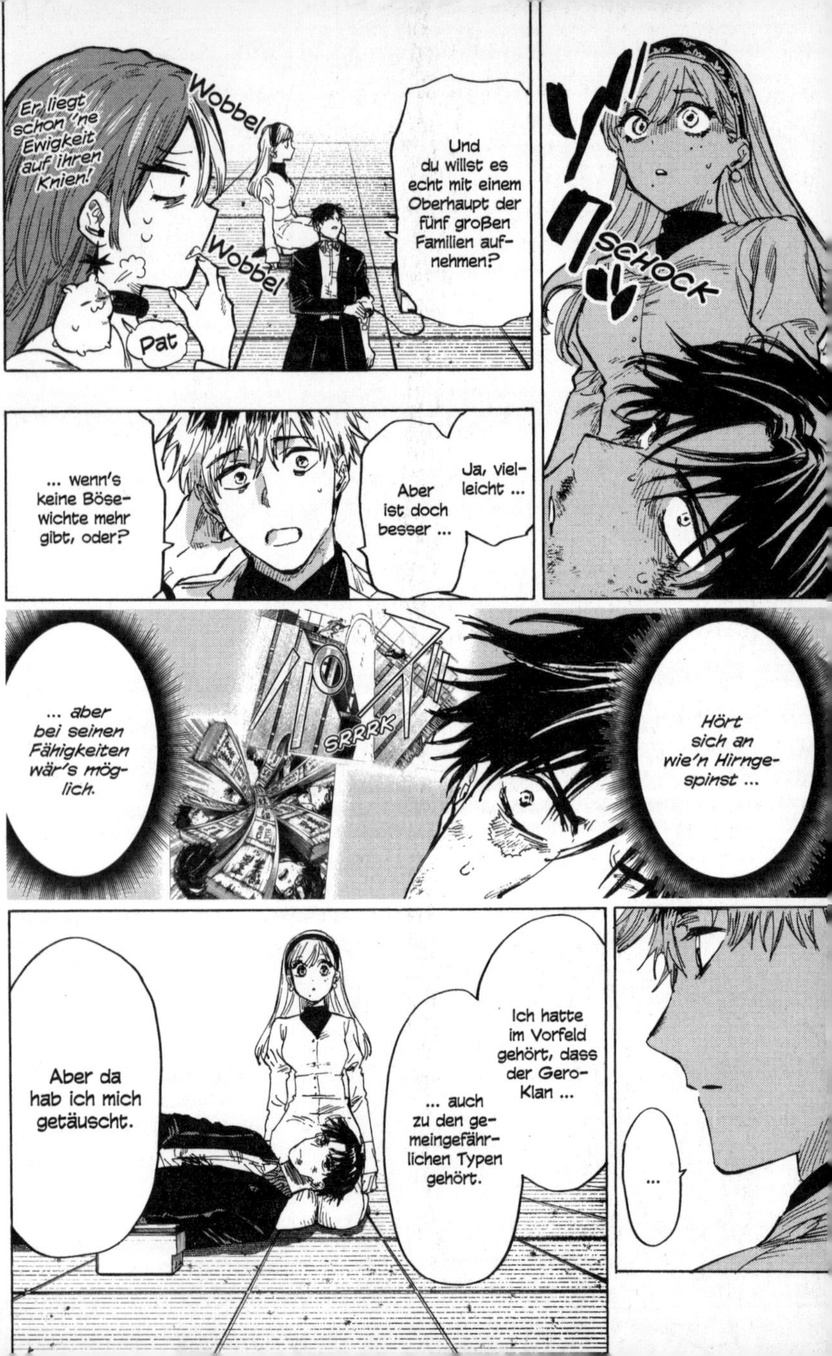

Und du willst es echt mit einem Oberhaupt der fünf großen Familien aufnehmen?

Wobbel

Wobbel

Er liegt schon 'ne Ewigkeit auf ihren Knien!

Pat

SCHOCK

Ja, vielleicht ...

Aber ist doch besser ...

... wenn's keine Bösewichte mehr gibt, oder?

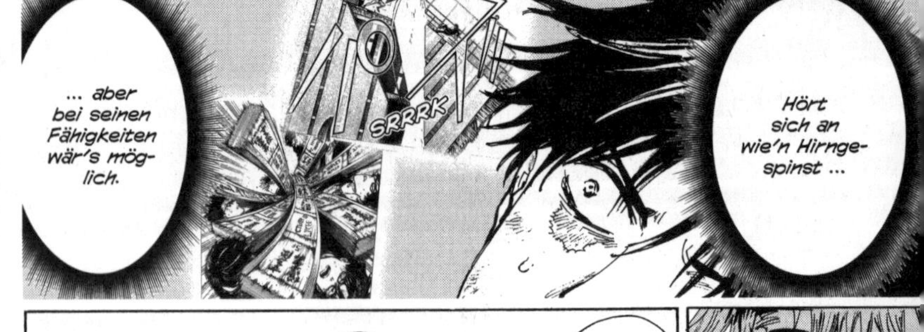

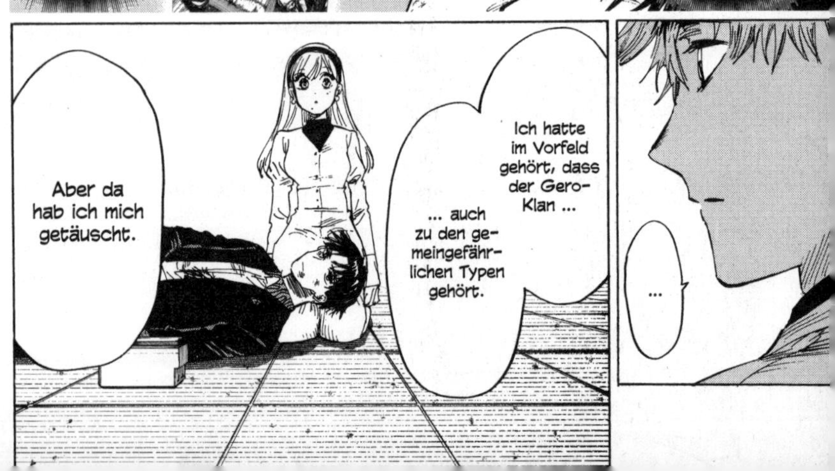

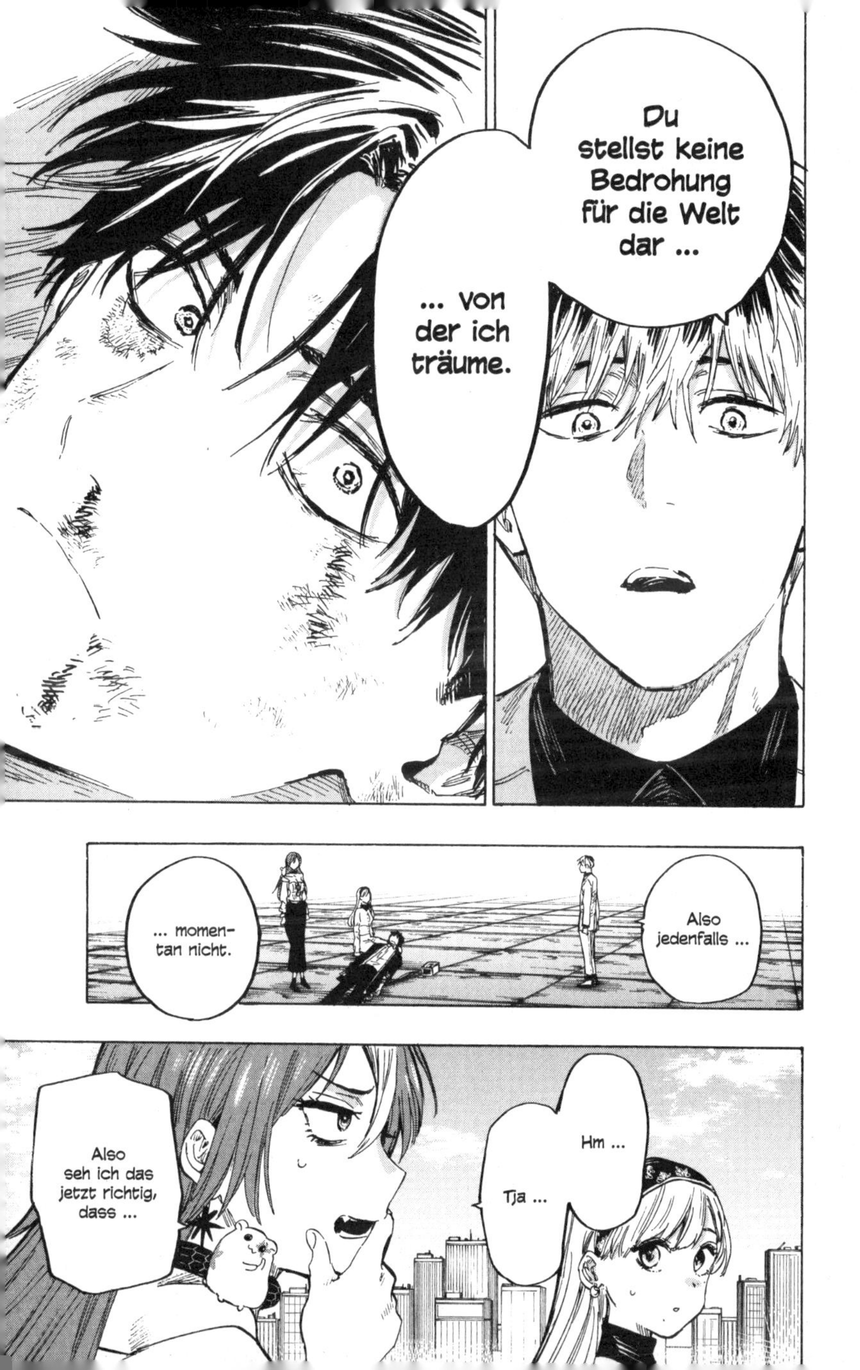

Du stellst keine Bedrohung für die Welt dar ...
... von der ich träume.

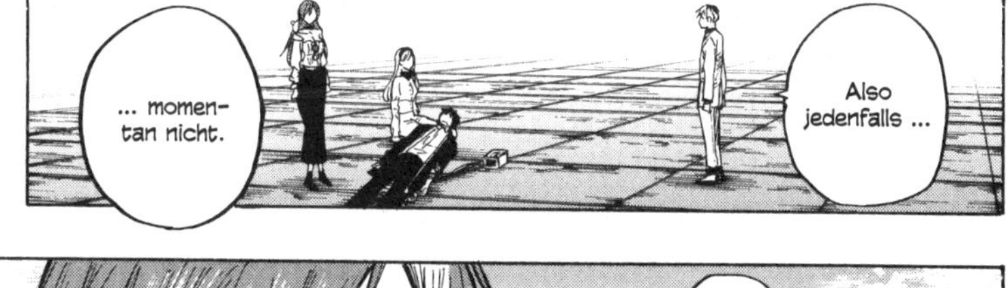

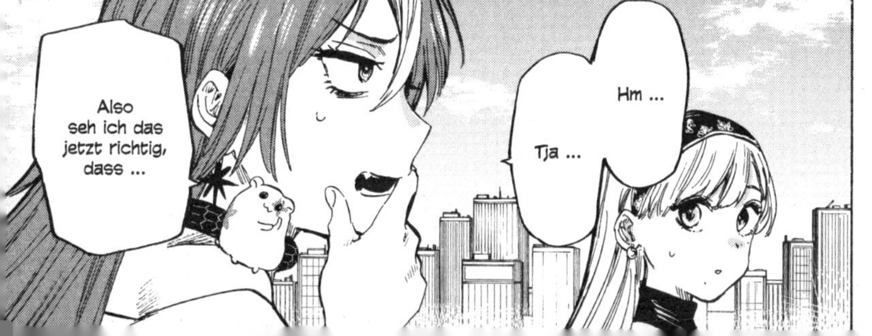

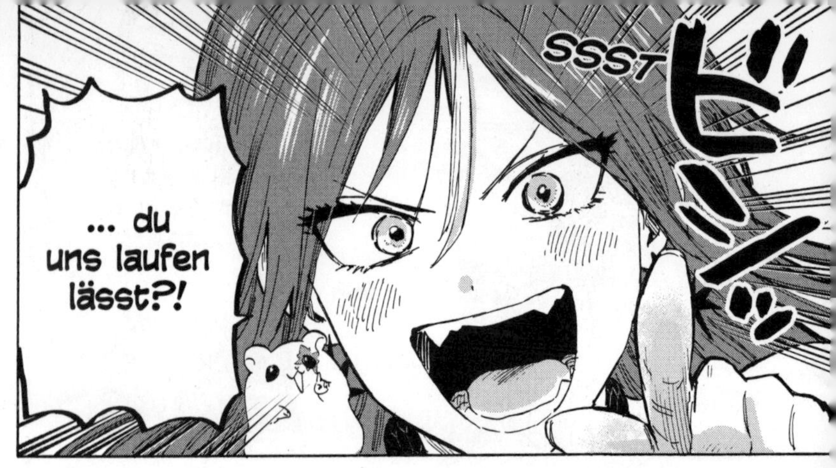

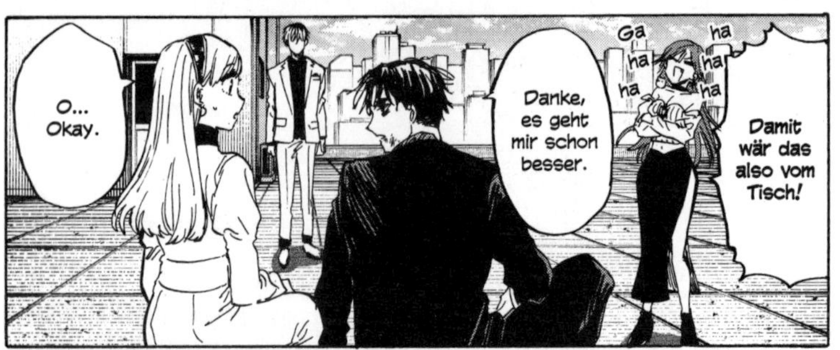

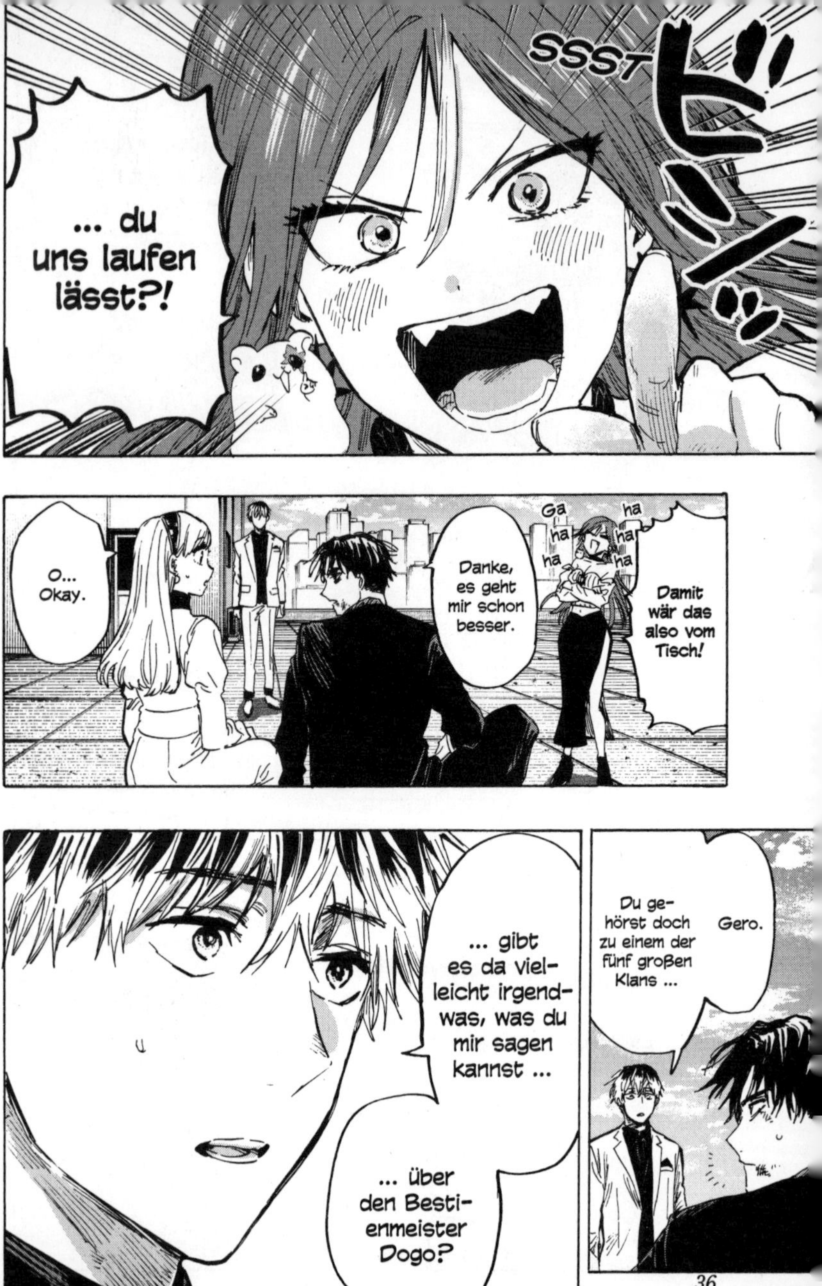

Gero.

Du gehörst doch zu einem der fünf großen Klans ...

... gibt es da vielleicht irgendwas, was du mir sagen kannst ...

... über den Bestienmeister Dogo?

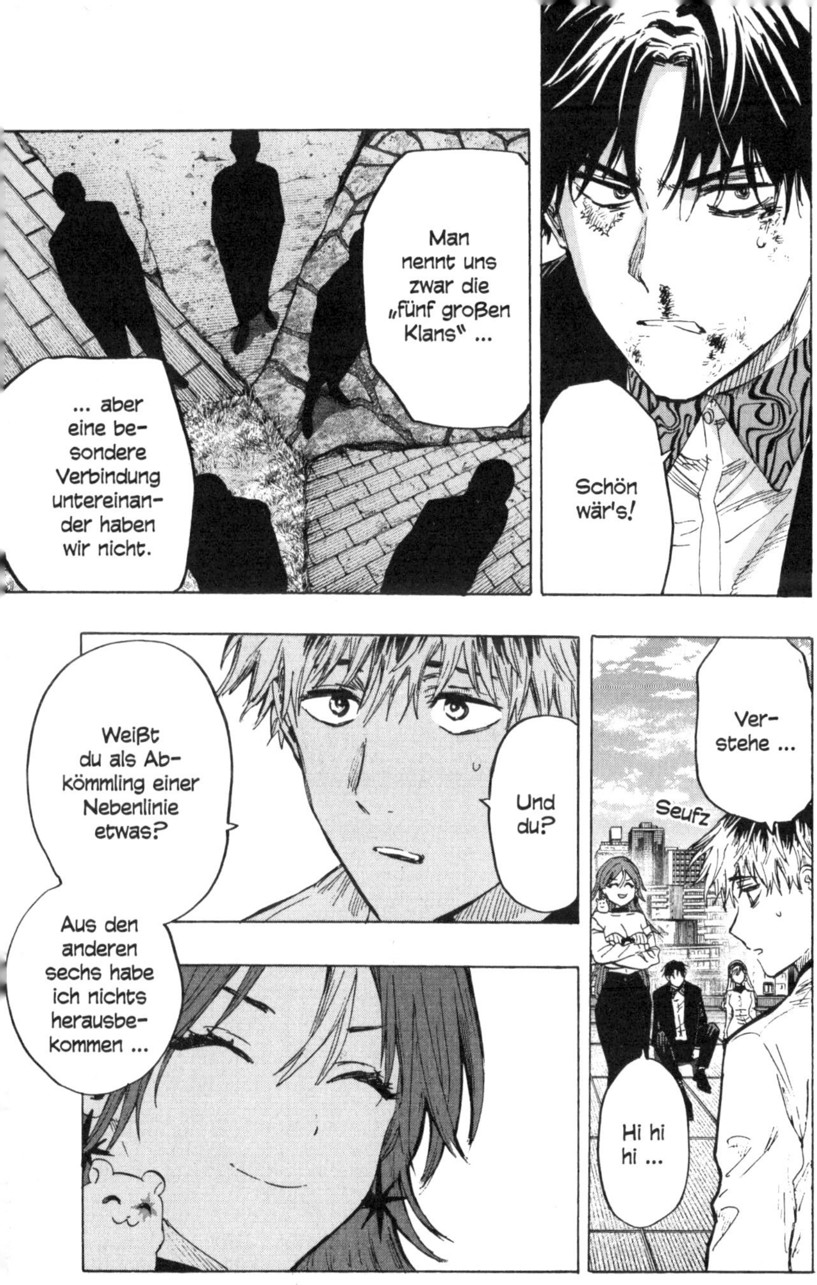

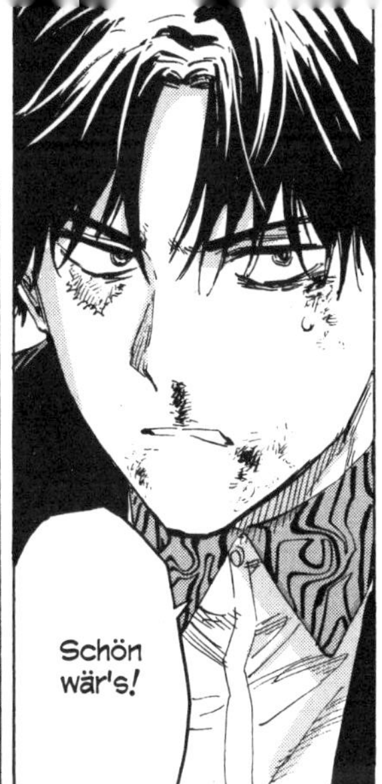

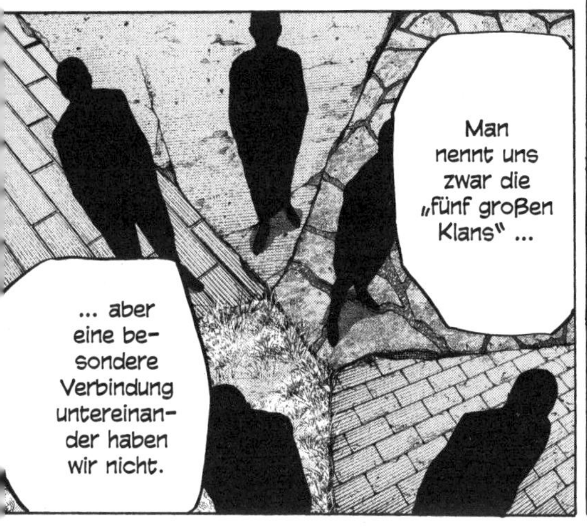

Verstehe ...

Seufz

Hi hi hi ...

Und du?

Weißt du als Abkömmling einer Nebenlinie etwas?

Aus den anderen sechs habe ich nichts herausbekommen ...

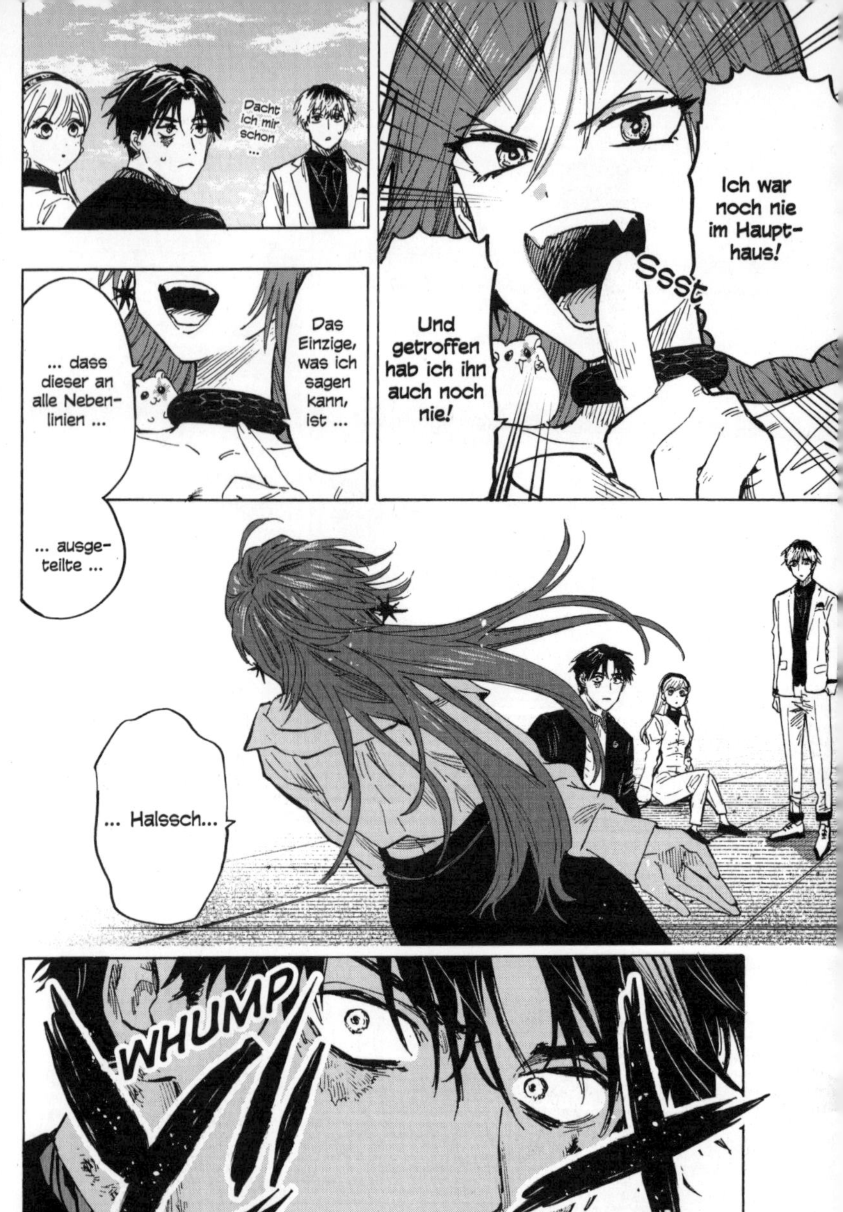
Dacht ich mir schon ...
Ich war noch nie im Haupt-haus!
Ssst
Und getroffen hab ich ihn auch noch nie!
Das Einzige, was ich sagen kann, ist ...
... dass dieser an alle Neben-linien ...
... ausge-teilte ...
... Halssch...
WHUMP

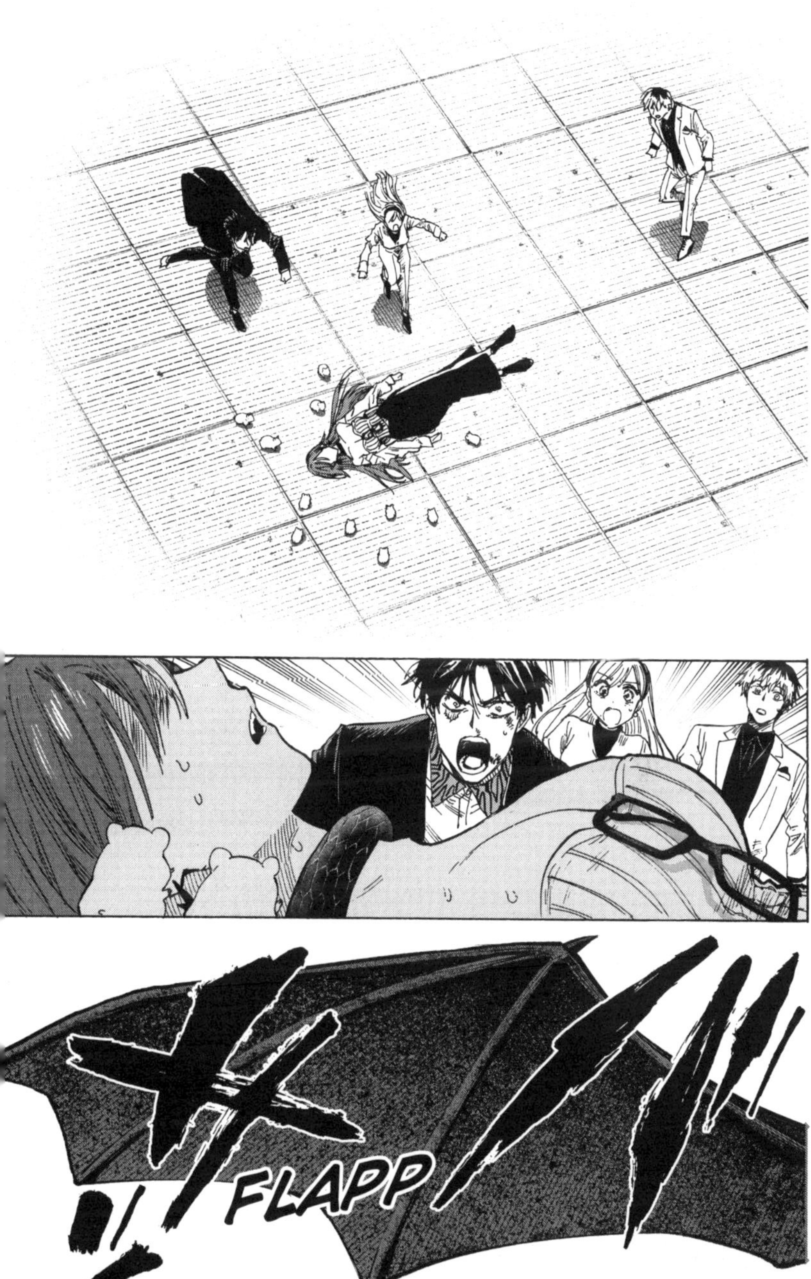

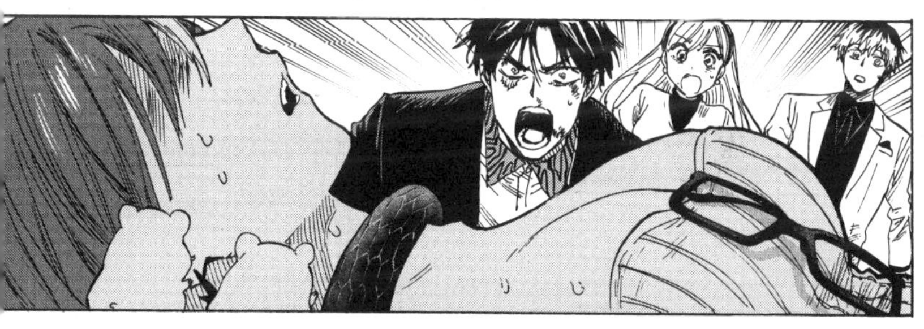

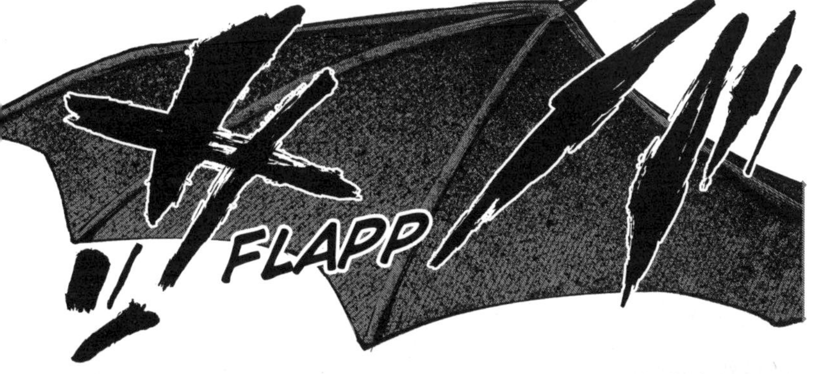
FLAPP

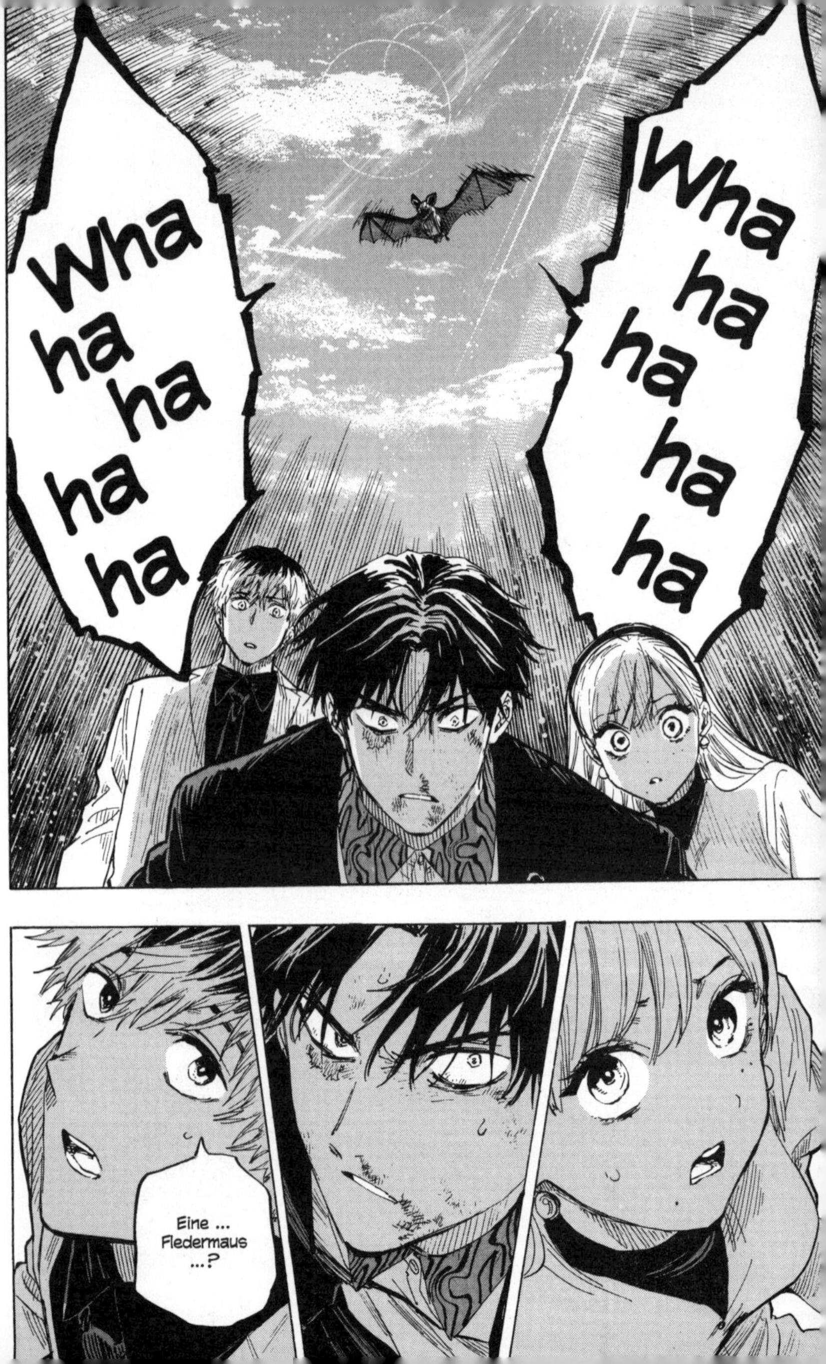

Wha ha ha ha ha ha

Wha ha ha ha ha

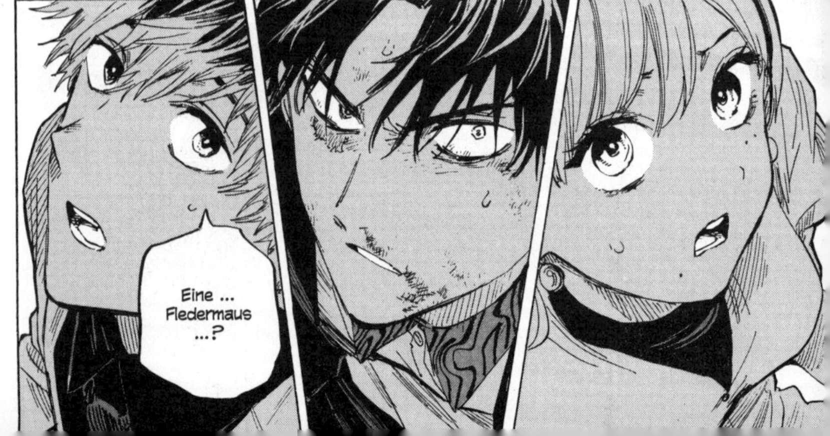

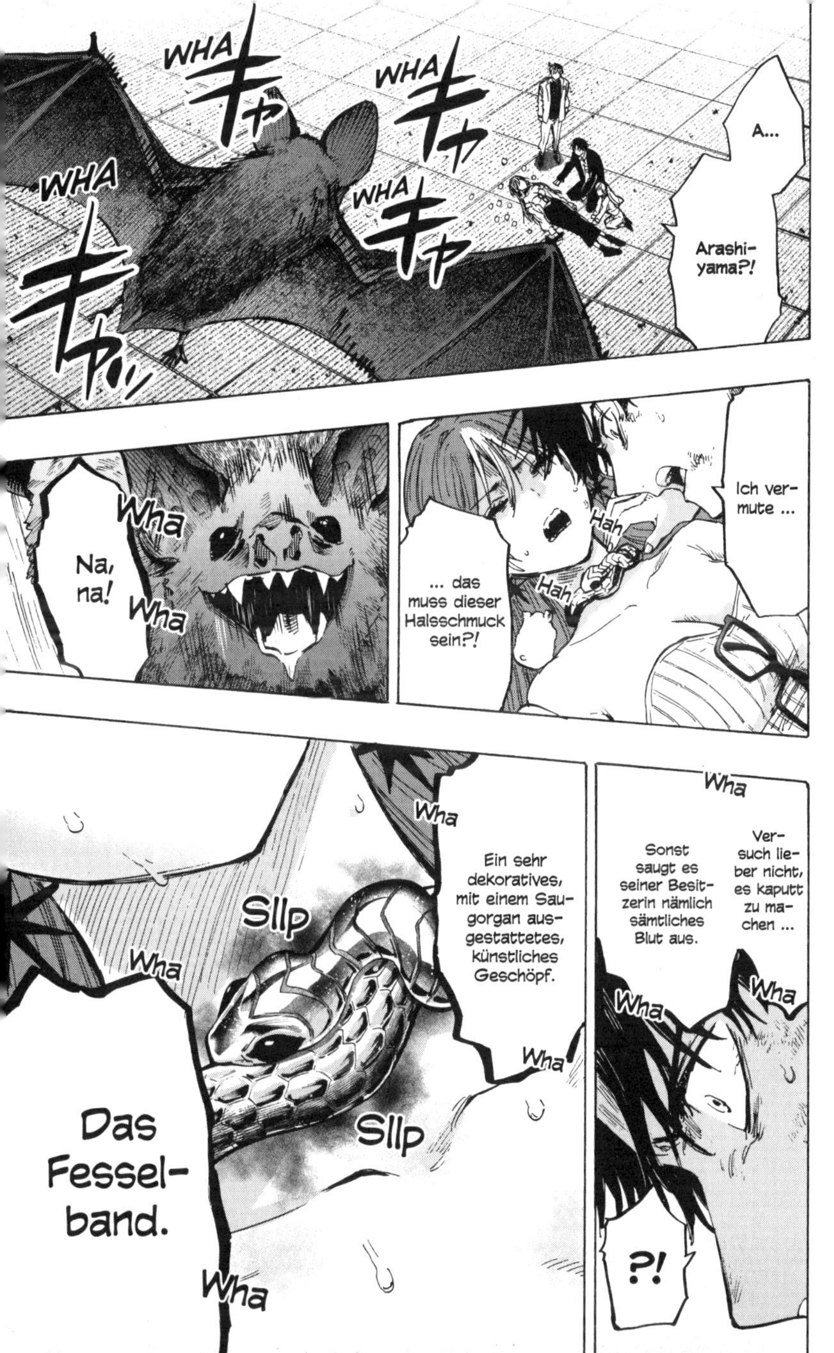
WHA
WHA
WHA
WHA
A...
Arashi-yama?!
Ich vermute ...
Hah
Hah
... das muss dieser Halsschmuck sein?!
Wha
Na, na!
Wha
Wha
Versuch lieber nicht, es kaputt zu machen ...
Sonst saugt es seiner Besitzerin nämlich sämtliches Blut aus.
Wha
Wha
?!
Wha
Ein sehr dekoratives, mit einem Saugorgan ausgestattetes, künstliches Geschöpf.
Sllp
Wha
Wha
Sllp
Das Fesselband.
Wha

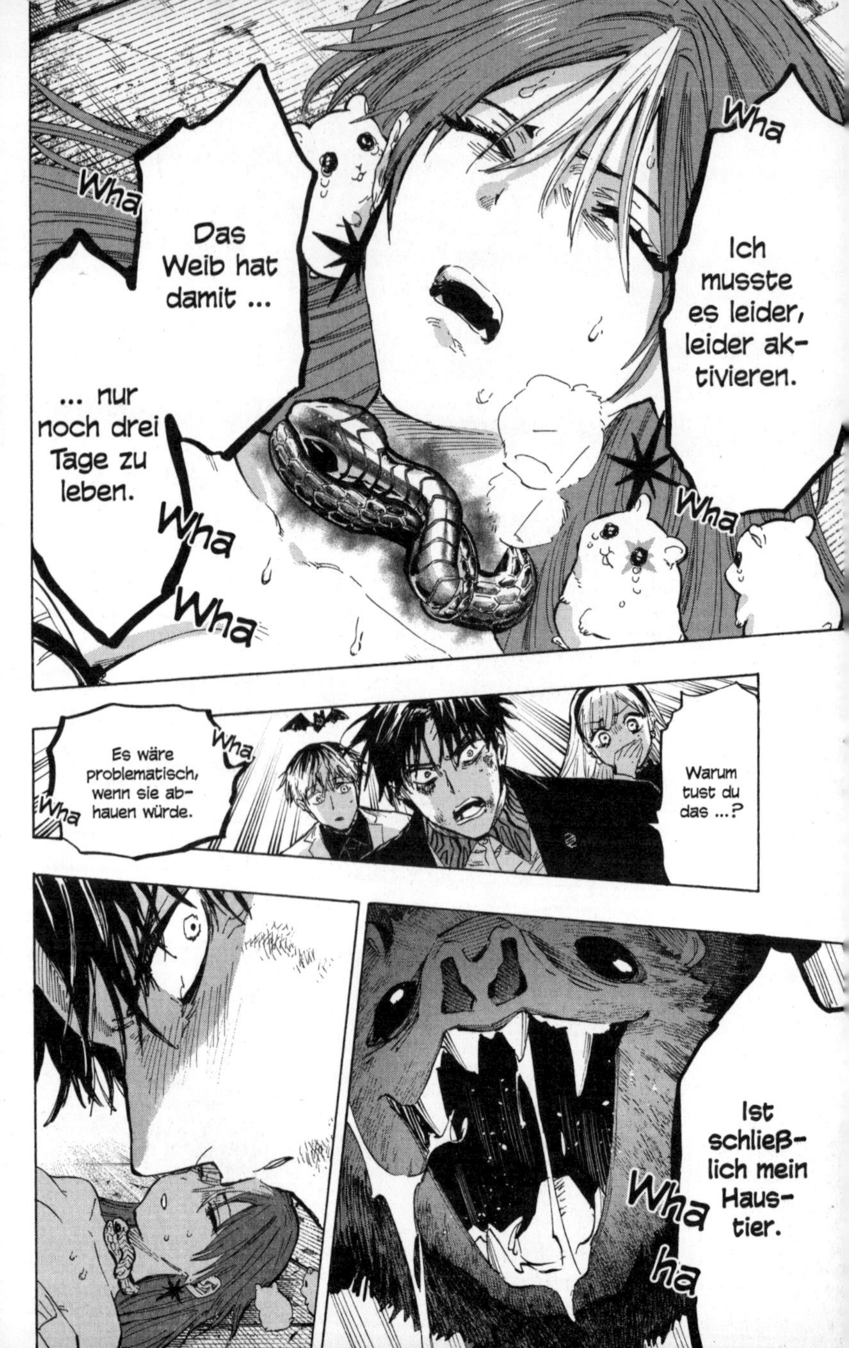
Wha
Ich musste es leider, leider aktivieren.
Wha
Das Weib hat damit ...
... nur noch drei Tage zu leben.
Wha
Wha
Wha
Warum tust du das ...?
Wha
Es wäre problematisch, wenn sie abhauen würde.
Wha
Ist schließlich mein Haustier.
Wha
ha

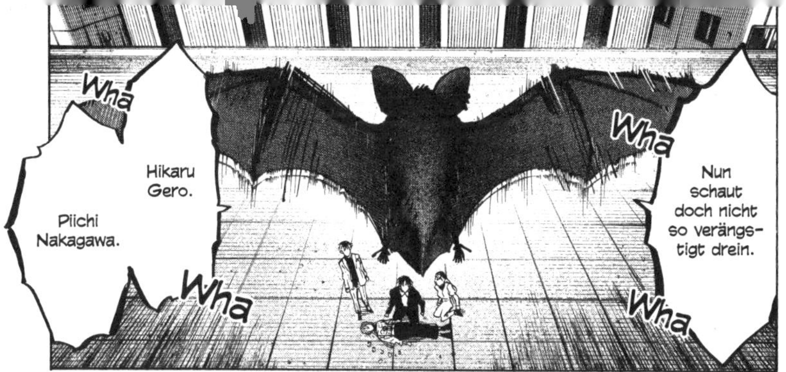

Wha

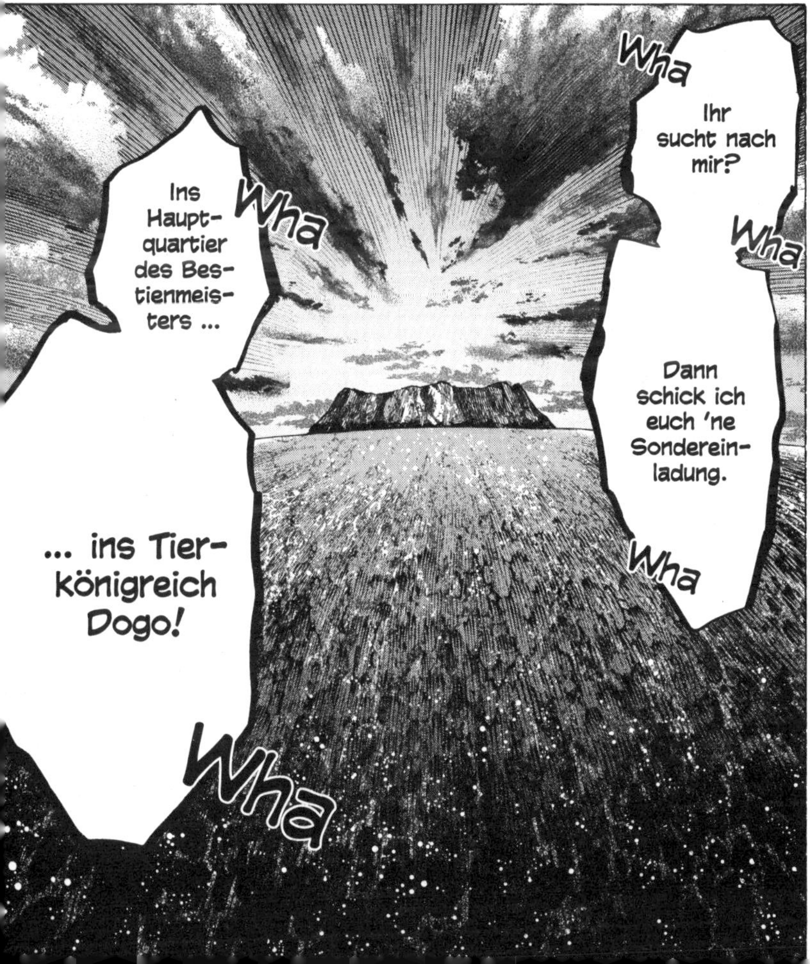

Ihr sucht nach mir?

Wha

Dann schick ich euch 'ne Sondereinladung.

Wha

Ins Hauptquartier des Bestienmeisters ...

Wha

... ins Tierkönigreich Dogo!

Wha

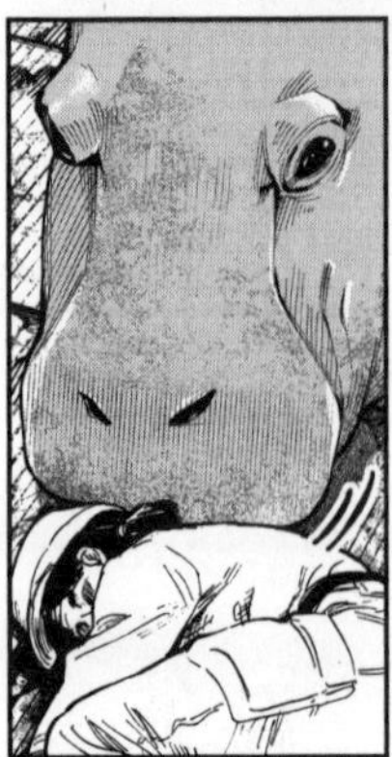

Yumiko Shibaseki.

(Geburtsdatum: 15. Februar, Blutgruppe: A)
Nilpferdmeister. Arbeitete im Zoo. Hatte immer ein Lächeln auf den Lippen, nahm es jedoch sehr genau, was Manieren anging.

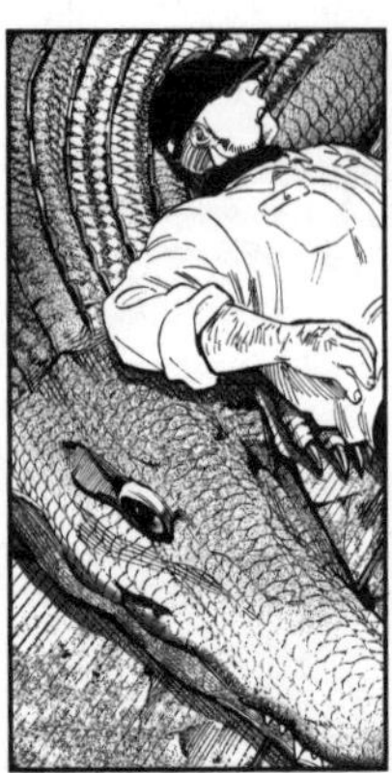

Hiromi Hamawaki

(Geburtsdatum: 2. August, Blutgruppe: A)
Krokodilmeister. Betrieb einen Geschenkeshop. Wirkt nach außen hin wie ein wirklich netter Ladenbesitzer, doch niemand, der bei ihm einen Ladendiebstahl begangen hatte, wurde je wiedergesehen.

Naoto Chojabaru

(Geburtsdatum: 9. Februar, Blutgruppe: A)
Eulenmeister. Betrieb ein Eulencafé. Normalerweise ein sehr ruhiger Mann, aber wenn es um Musik oder Filme ging, konnte er mit einem unheimlich großen Wissensschatz auftrumpfen.

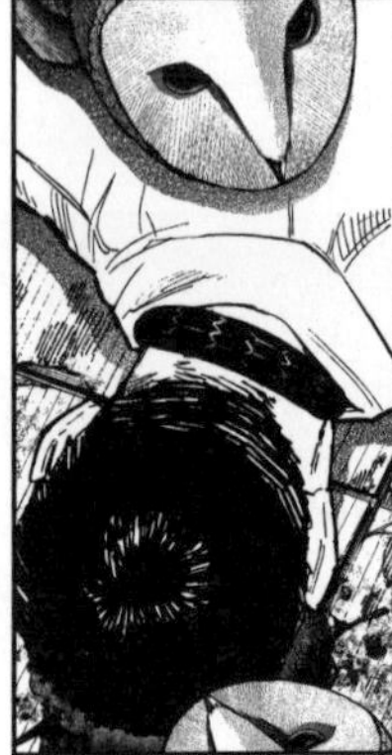

Masanori Horita

(Geburtsdatum: 26. Februar, Blutgruppe: 0)
Büffelmeister. Betrieb eine Farm und verdingte sich im Norden der Kanto-Region als Wrestler. Wollte sich immer ausziehen, wenn er Alkohol trank.

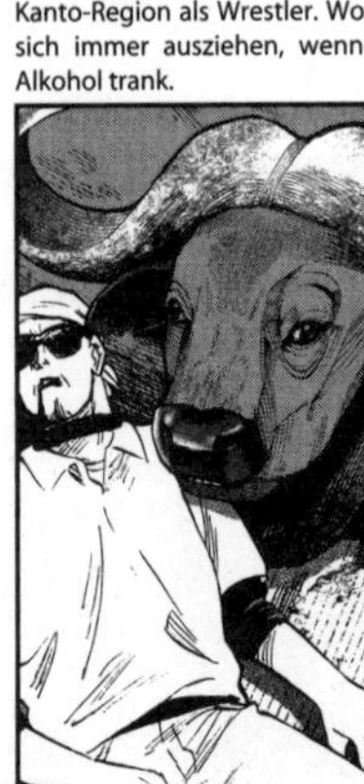

Takeshi Ryumon

(Geburtsdatum: 3. März, Blutgruppe: 0)
Boameister. Betrieb ein Fachgeschäft für Reptilien. War das Oberhaupt des Verbunds, dem auch Arashiyama angehört. Erzählte Storys über die eigene Großartigkeit in einer Lautstärke, in der alle Umstehenden mithören mussten.

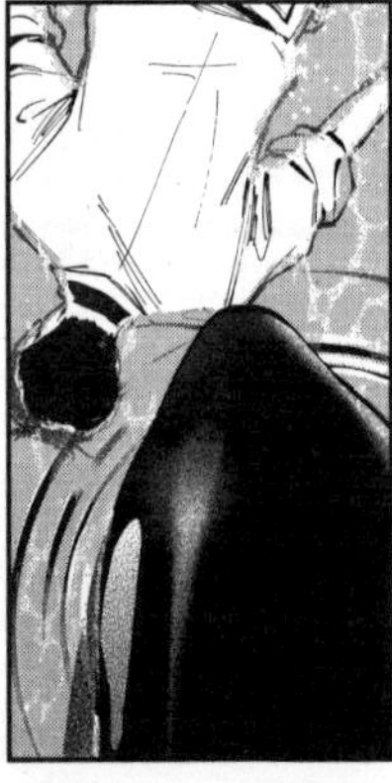

Yukihito Kankaiji

(Geburtsdatum: 22. August, Blutgruppe: B)
Orcameister. Tauchlehrer. Da er immer mit seinem tierischen Partner unterwegs war, hatte er horrende Transportkosten.

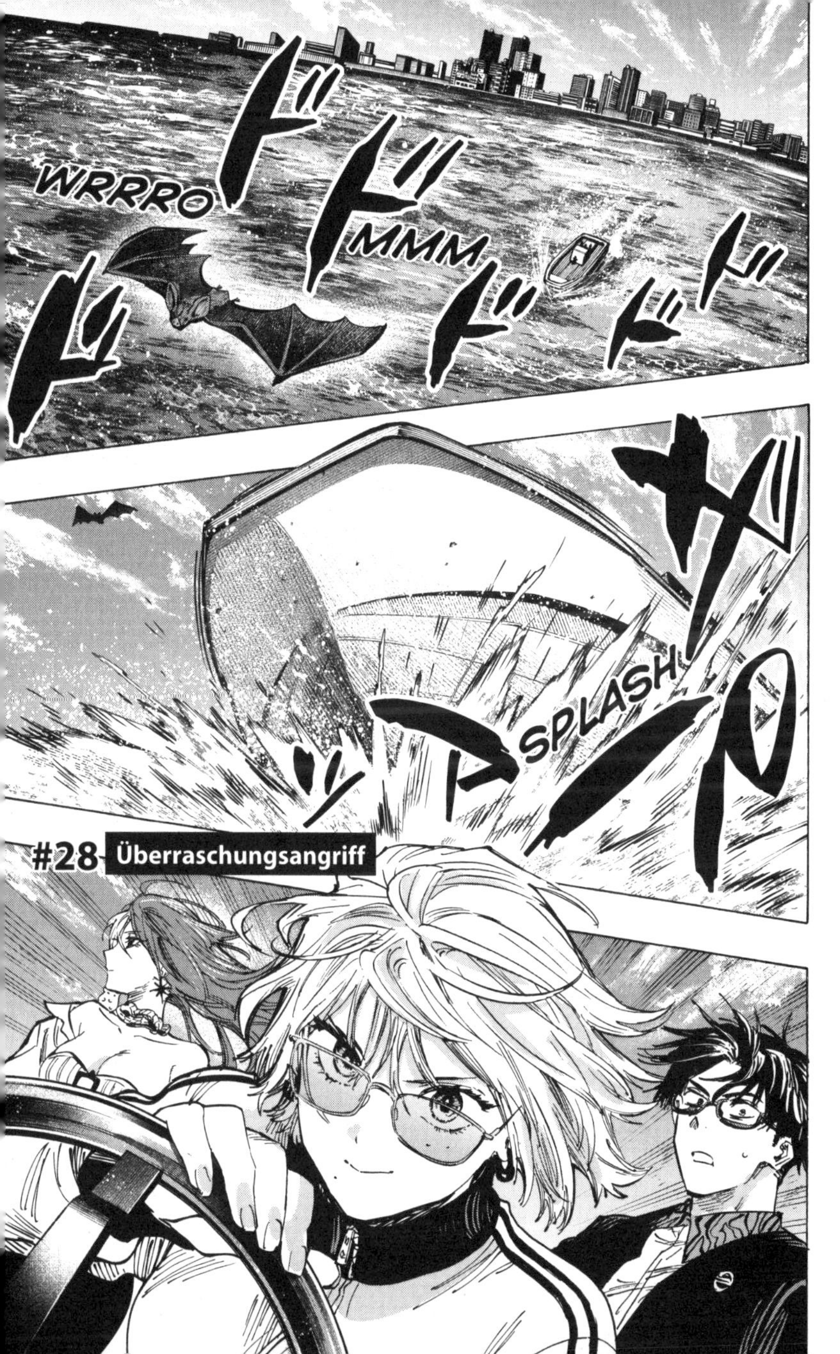

WRRRO MMM
ドドドドドドド
SPLASH
#28 Überraschungsangriff

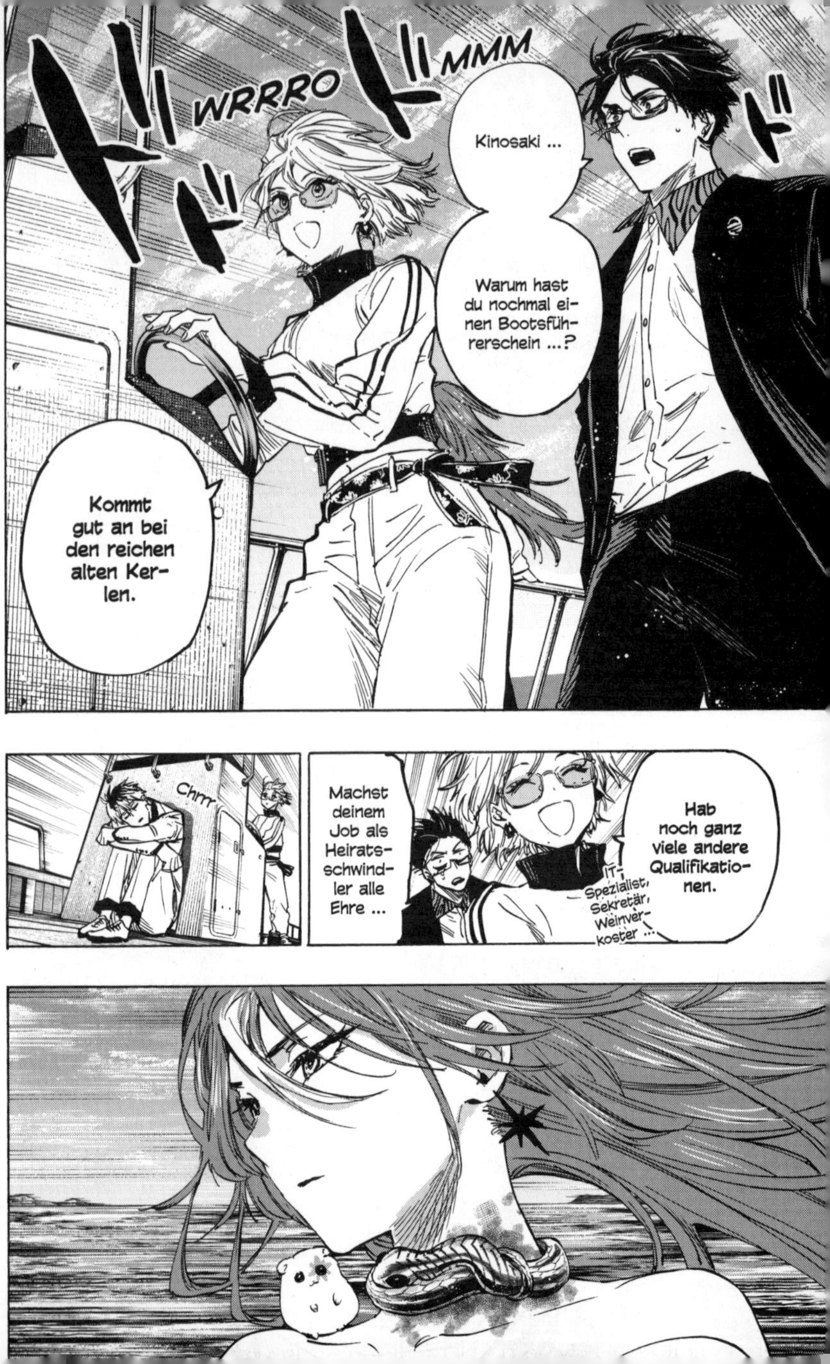

WRRRO MMM

Kinosaki ...

Warum hast du nochmal einen Bootsführerschein ...?

Kommt gut an bei den reichen alten Kerlen.

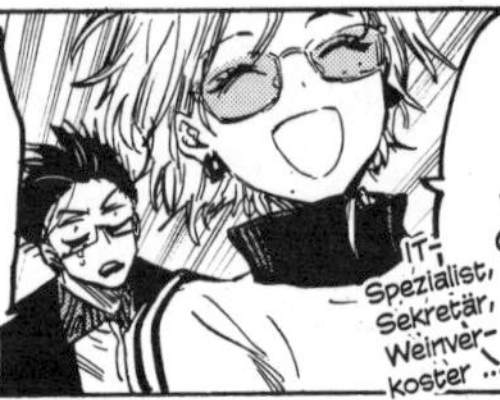

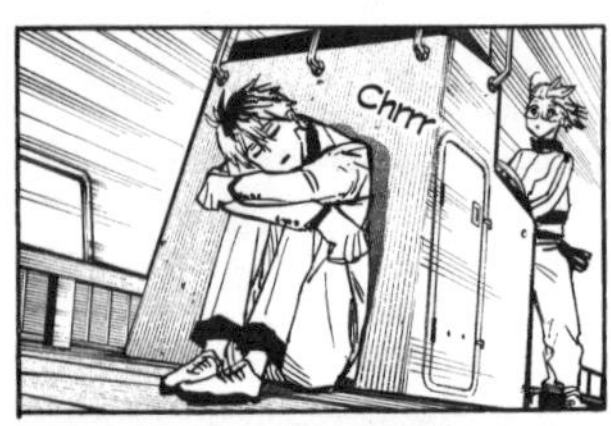

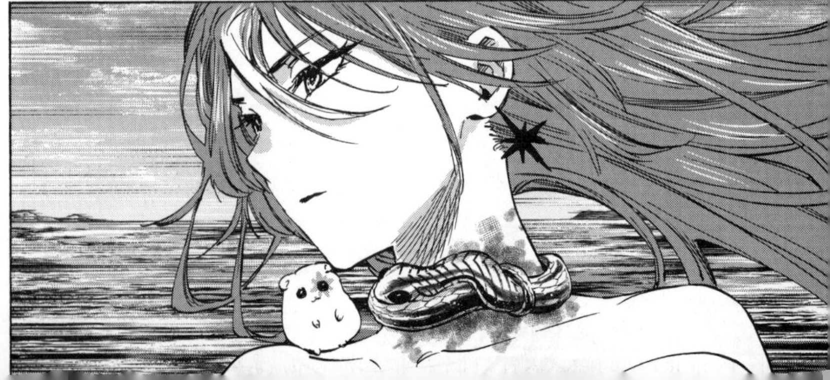

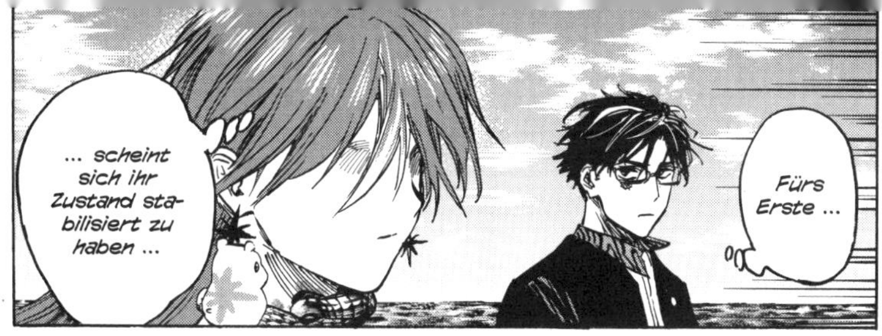
Fürs Erste ...
... scheint sich ihr Zustand stabilisiert zu haben ...

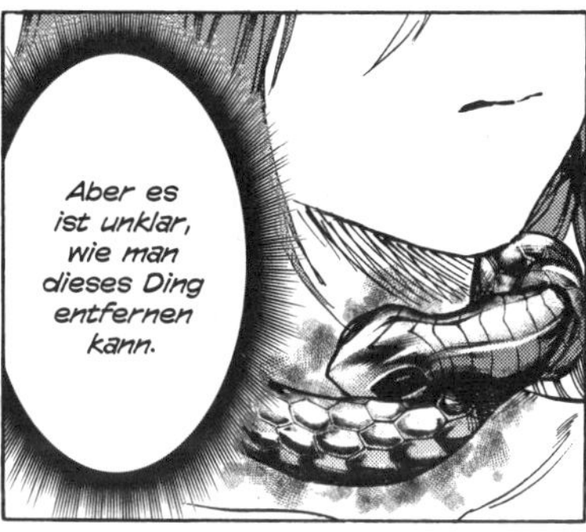
Aber es ist unklar, wie man dieses Ding entfernen kann.

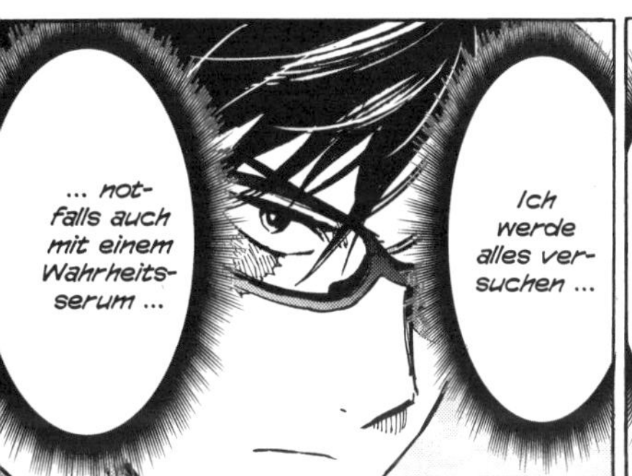
Ich werde alles versuchen ...
... notfalls auch mit einem Wahrheitsserum ...

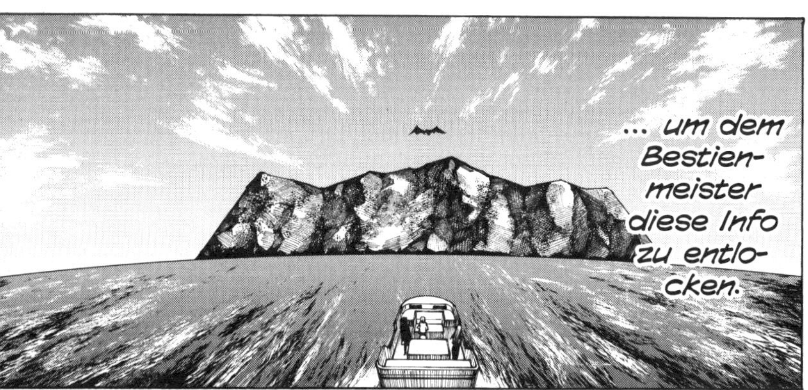
... um dem Bestienmeister diese Info zu entlocken.

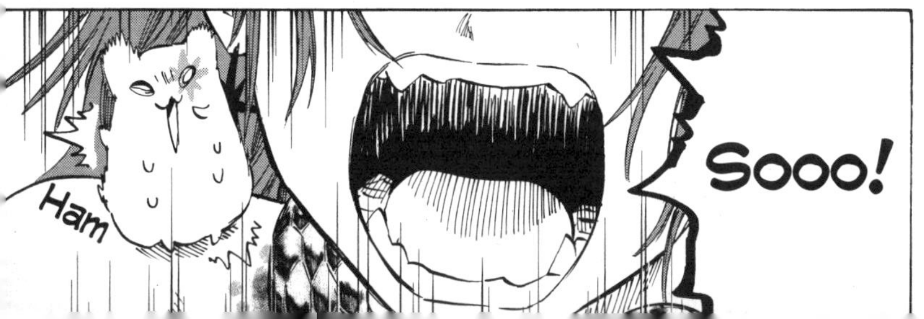
Sooo!
Ham

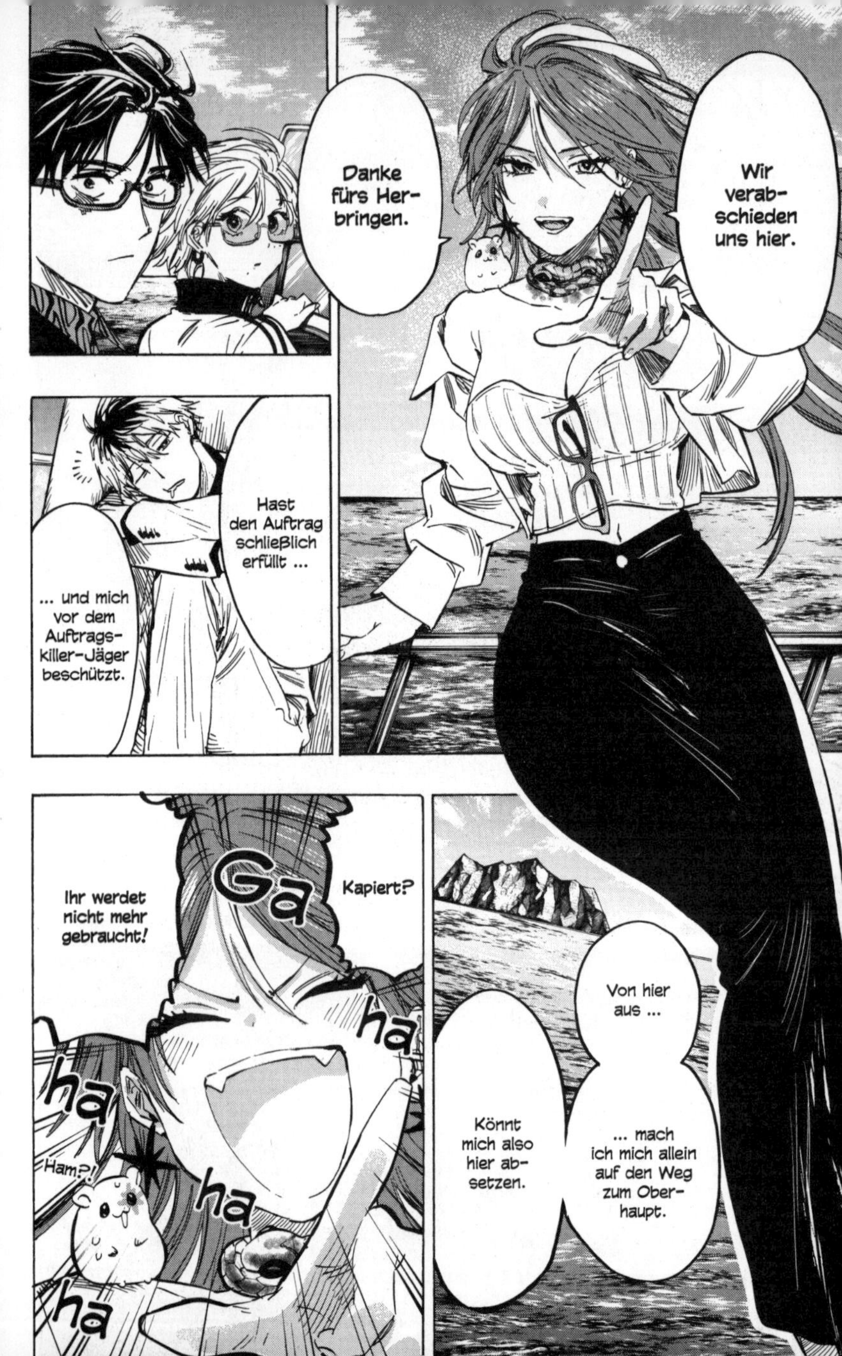
Wir verab-schieden uns hier.
Danke fürs Her-bringen.
Hast den Auftrag schließlich erfüllt ...
... und mich vor dem Auftrags-killer-Jäger beschützt.
Von hier aus ...
... mach ich mich allein auf den Weg zum Ober-haupt.
Könnt mich also hier ab-setzen.
Kapiert?
Ga
Ihr werdet nicht mehr gebraucht!
ha
ha
ha
ha
Ham?!

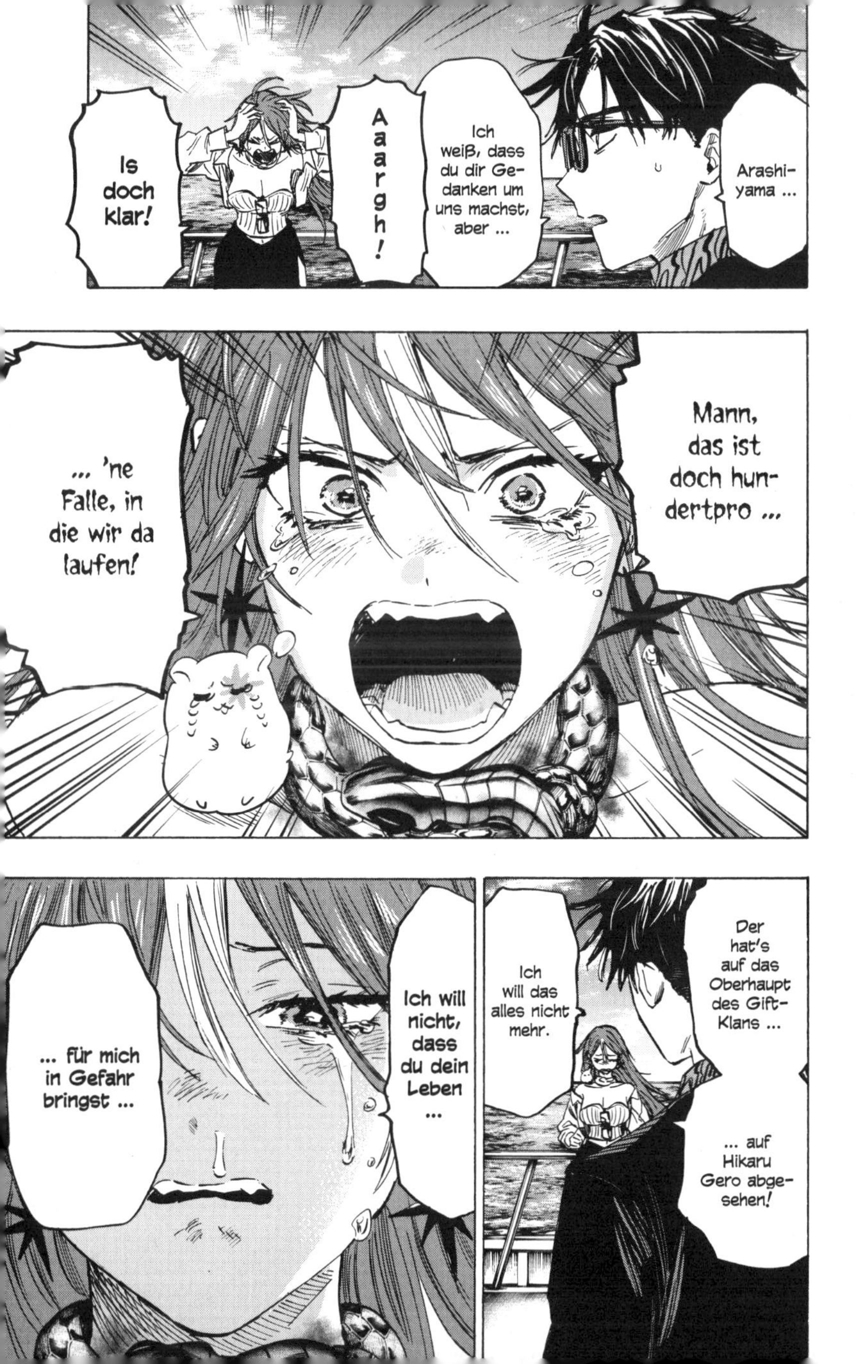

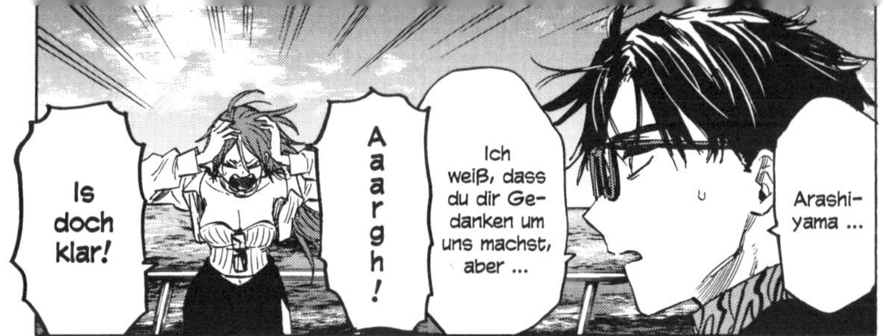

Mann, das ist doch hundertpro ...

... 'ne Falle, in die wir da laufen!

Der hat's auf das Oberhaupt des Gift-Klans ...

... auf Hikaru Gero abgesehen!

Ich will das alles nicht mehr.

Ich will nicht, dass du dein Leben ...

... für mich in Gefahr bringst ...

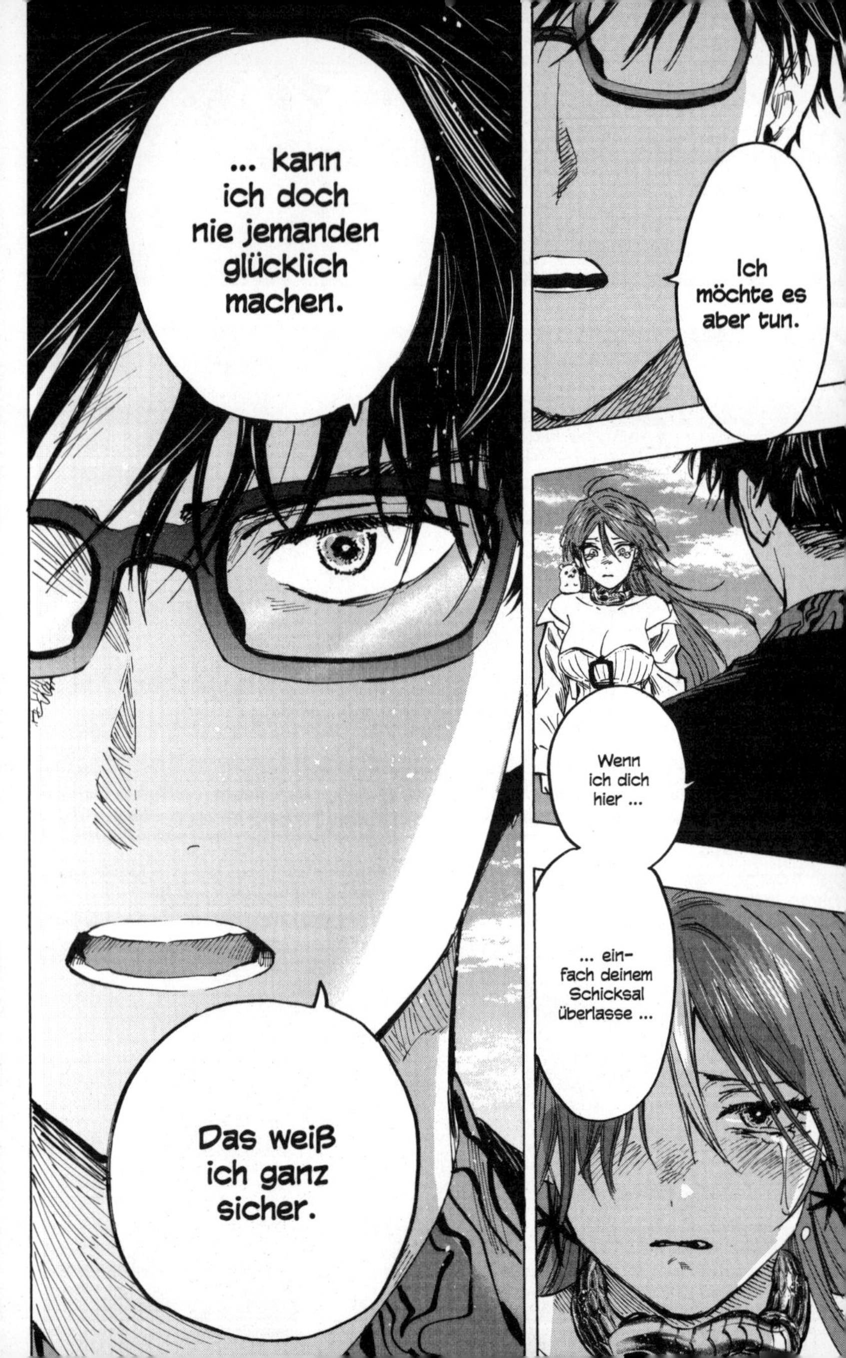
Ich möchte es aber tun.
Wenn ich dich hier ...
... ein-fach deinem Schicksal überlasse ...
... kann ich doch nie jemanden glücklich machen.
Das weiß ich ganz sicher.

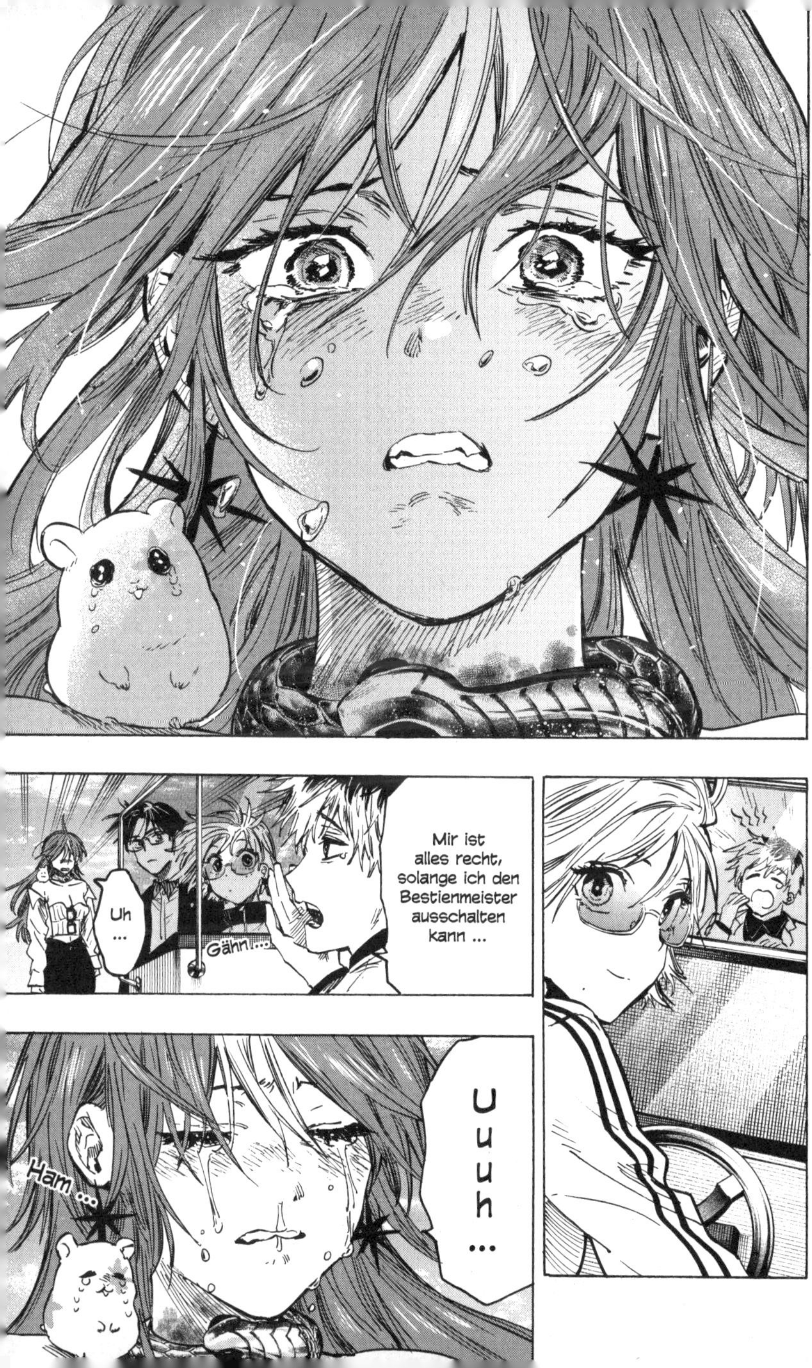

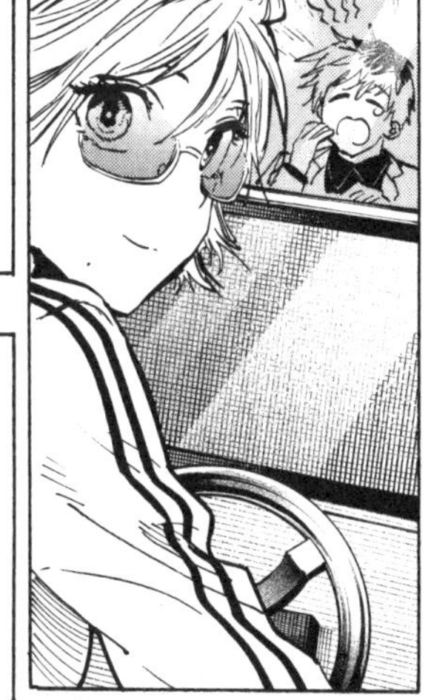

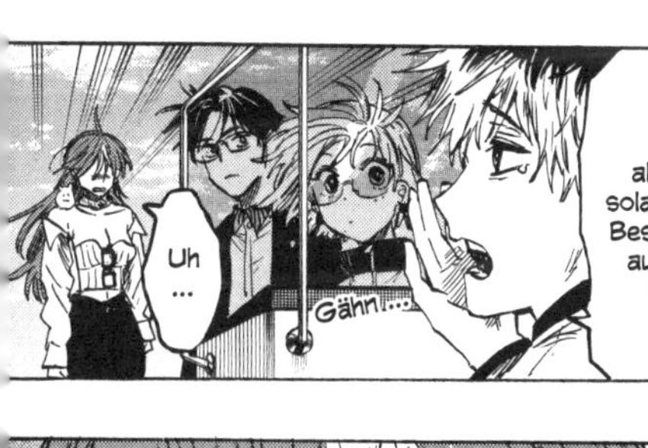
Mir ist alles recht, solange ich den Bestienmeister ausschalten kann ...
Gähn ...
Uh ...

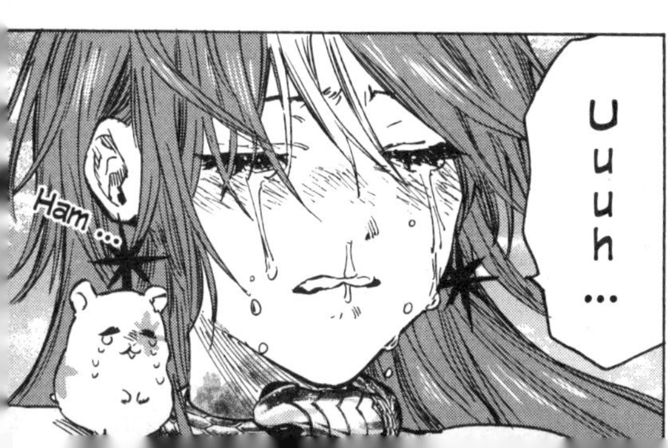
Uuuh ...
Ham ...

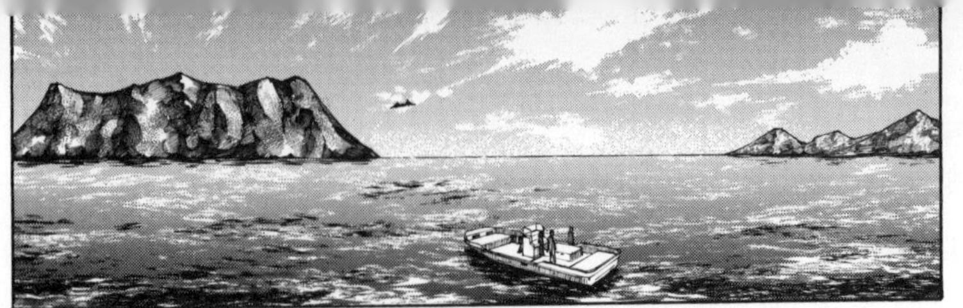

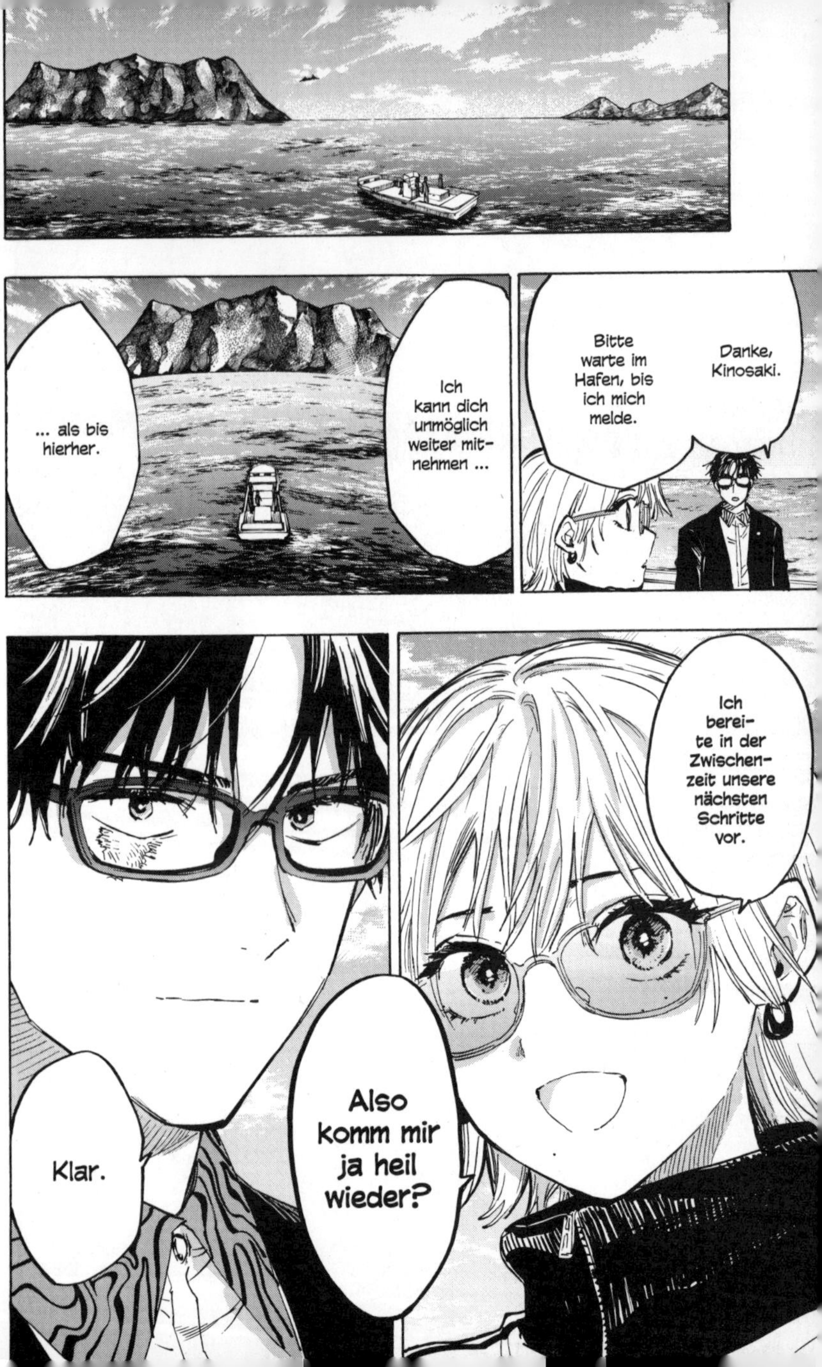

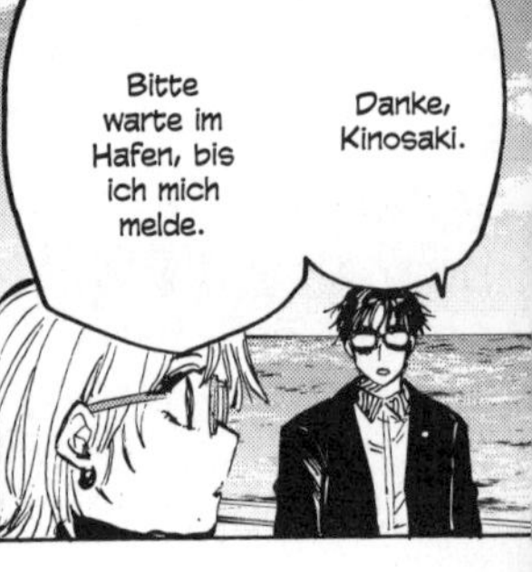
Danke, Kinosaki.
Bitte warte im Hafen, bis ich mich melde.

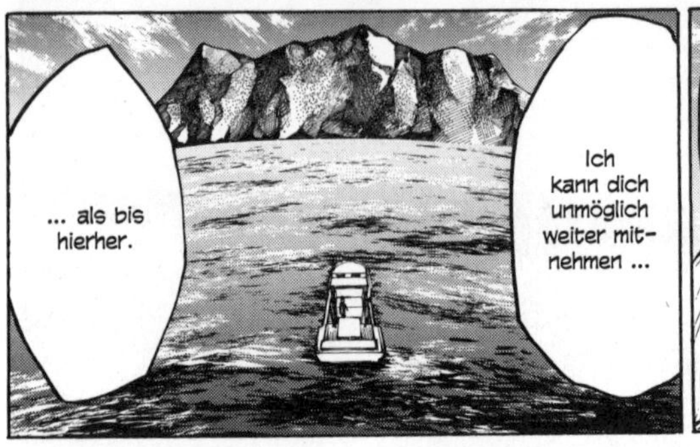
Ich kann dich unmöglich weiter mitnehmen ...
... als bis hierher.

Ich berei-te in der Zwischen-zeit unsere nächsten Schritte vor.
Also komm mir ja heil wieder?
Klar.

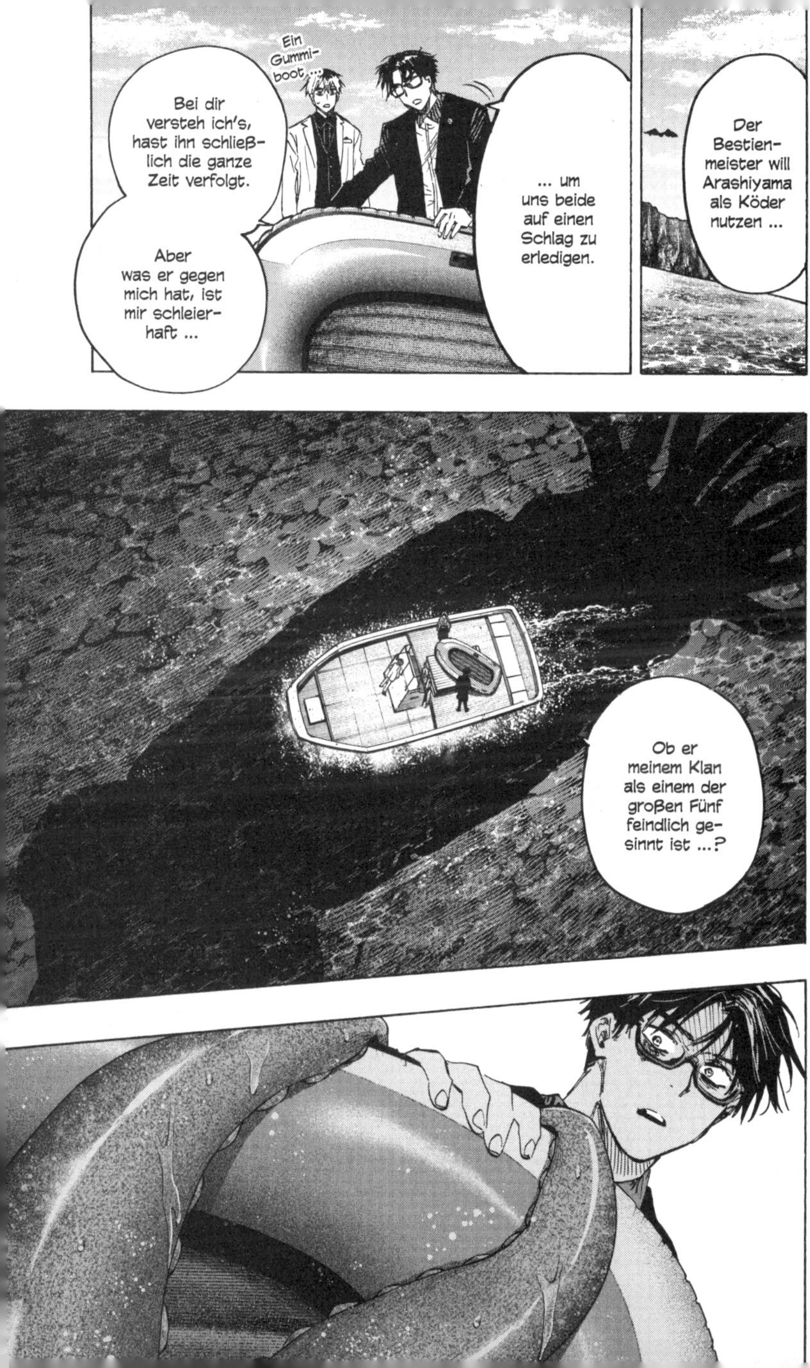

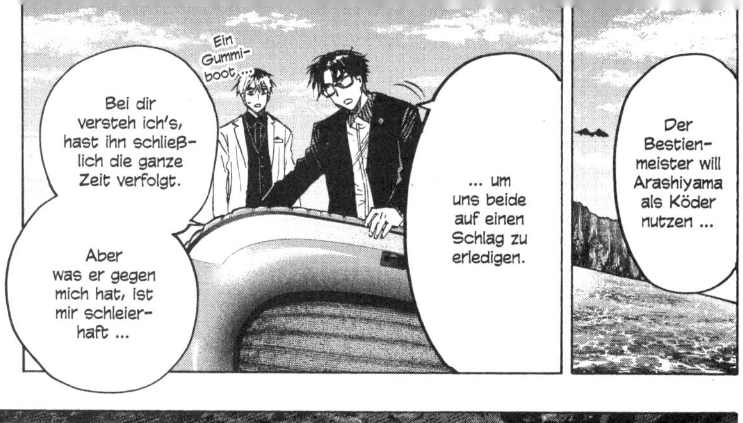

Ob er meinem Klan als einem der großen Fünf feindlich gesinnt ist ...?

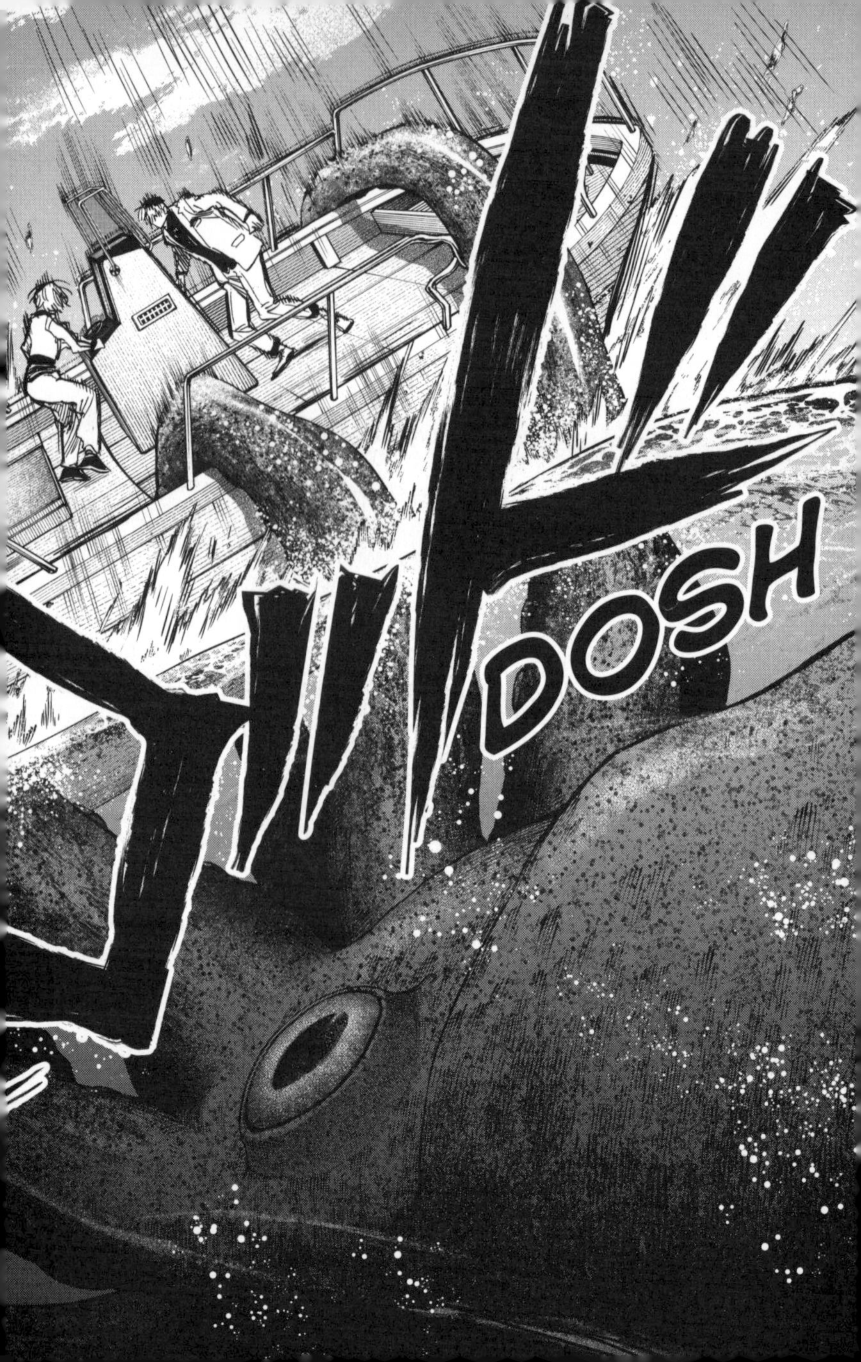
DOSH

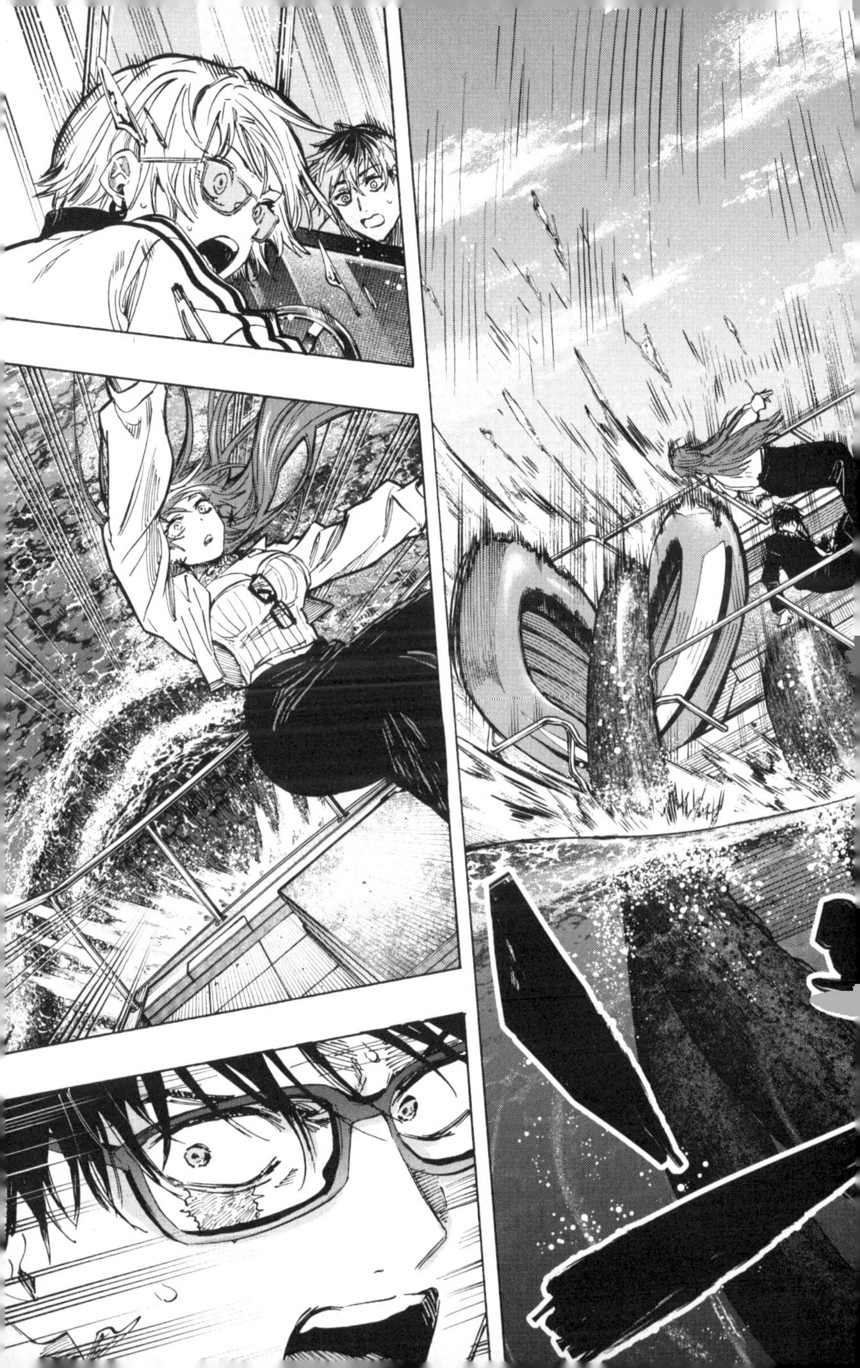

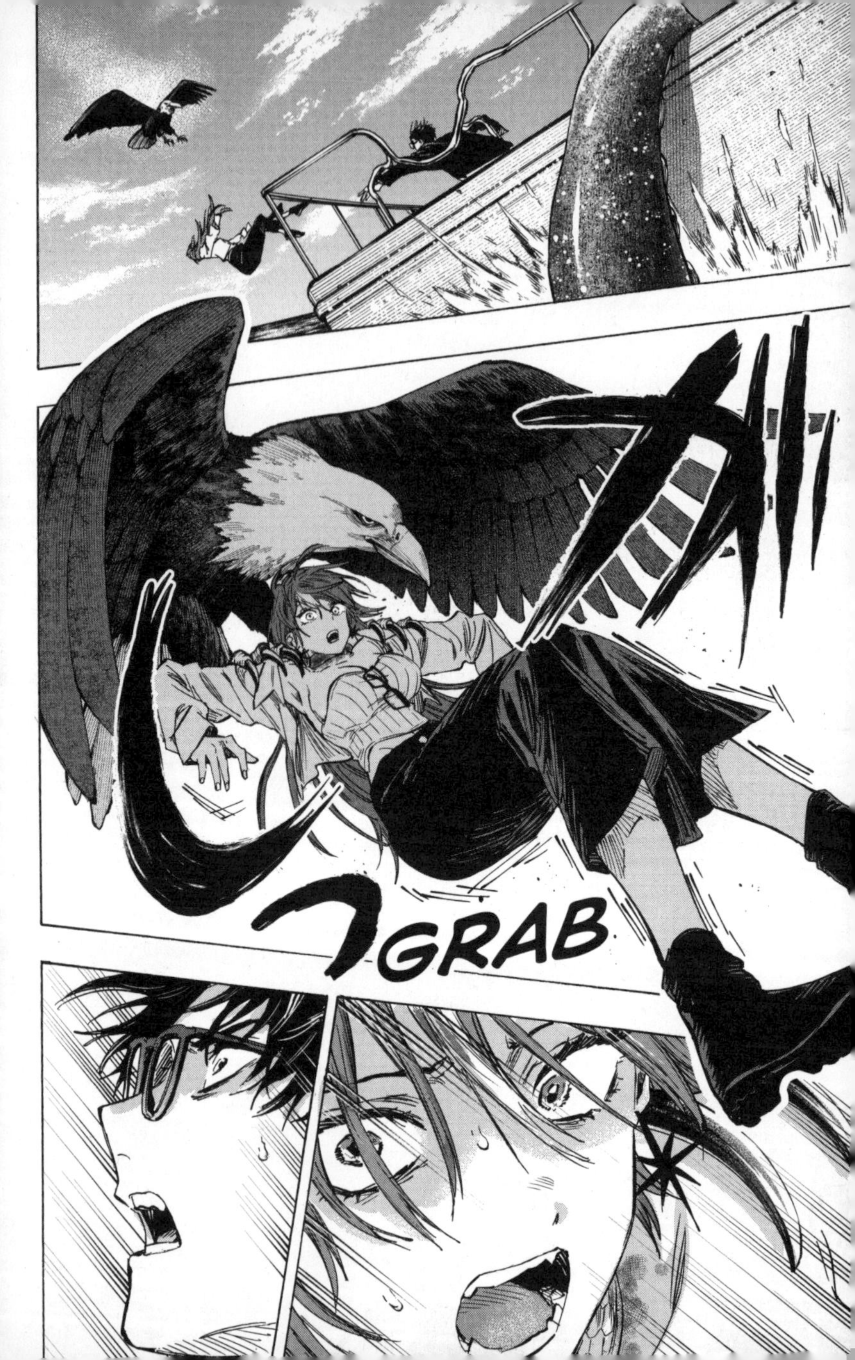
GRAB

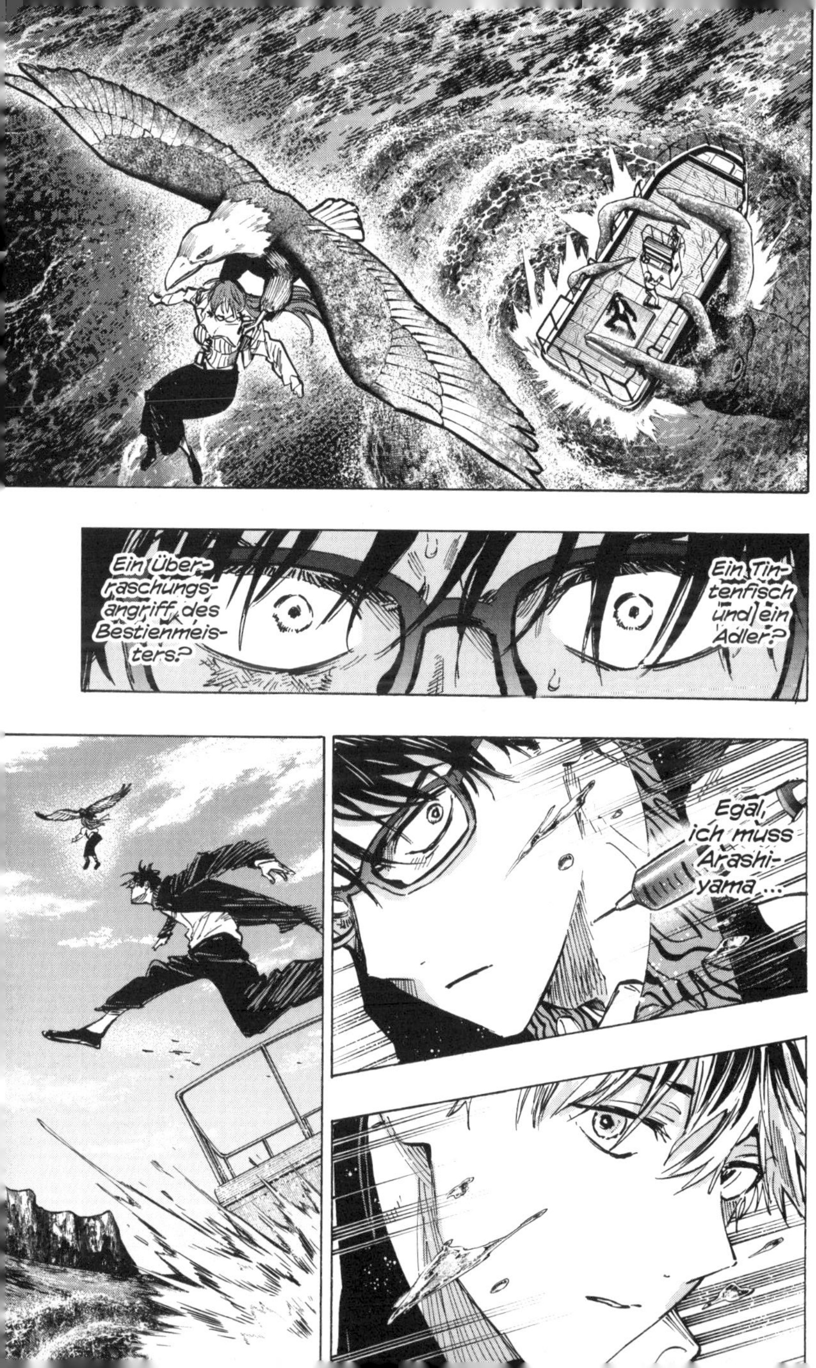

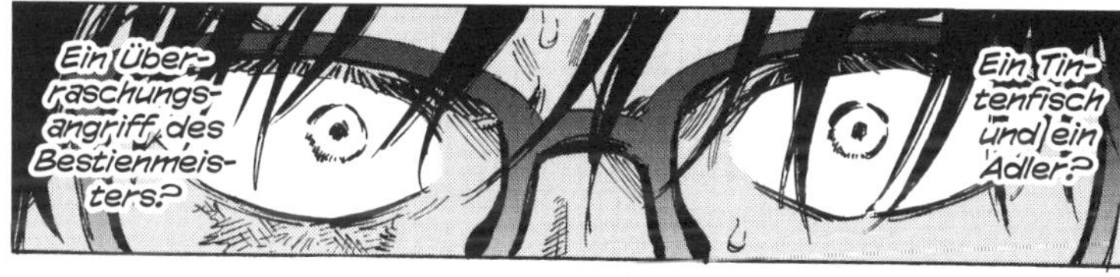

Egal, ich muss Arashiyama ...

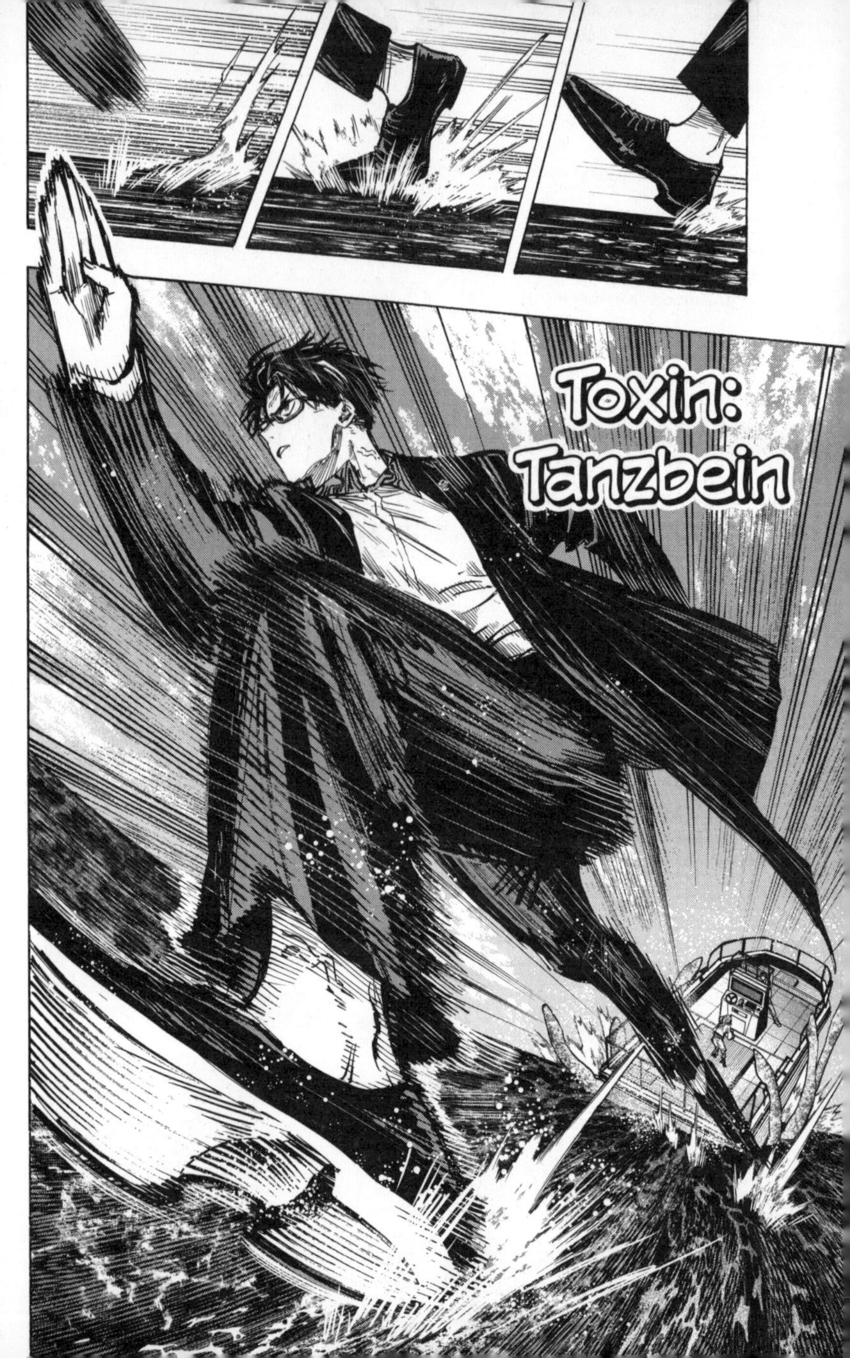
Toxin:
Tanzbein

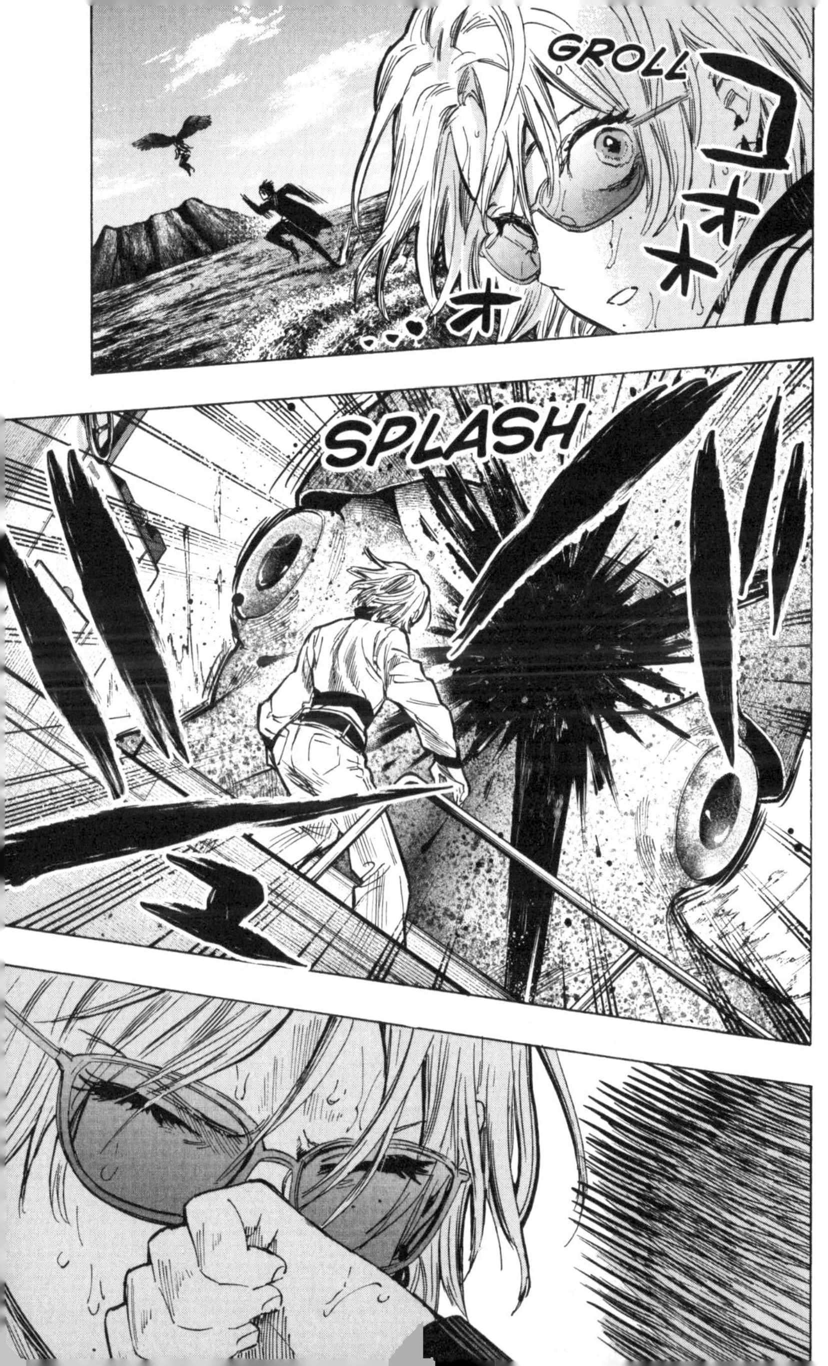

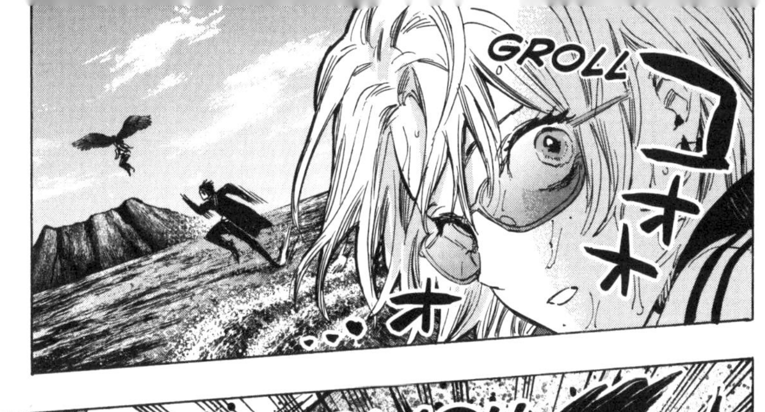
GROLL
SPLASH

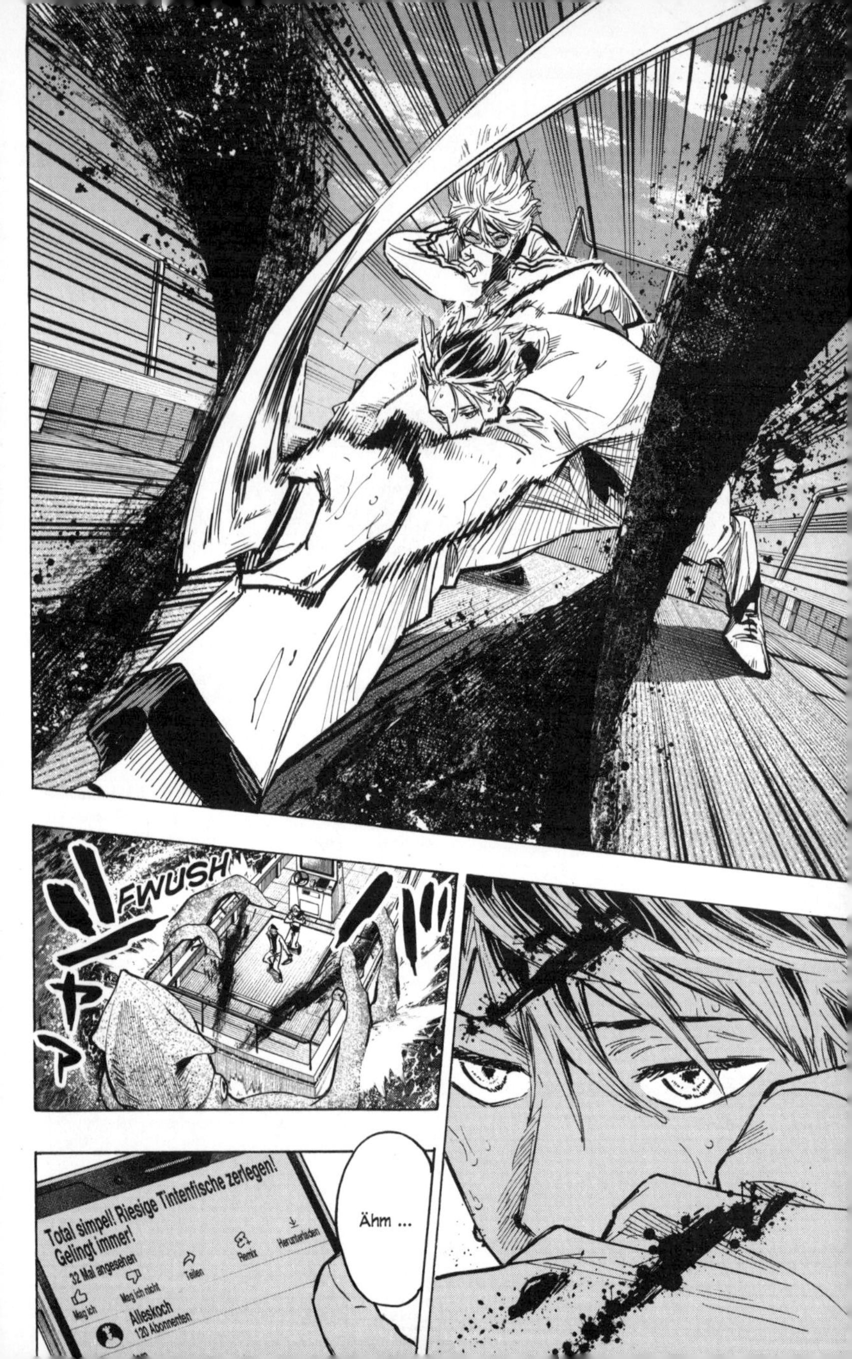
FWUSH
Total simpel! Riesige Tintenfische zerlegen! Gelingt immer!
32 Mal angesehen
Mag ich
Mag ich nicht
Teilen
Remix
Herunterladen
Alleskoch
120 Abonnenten
Ähm ...

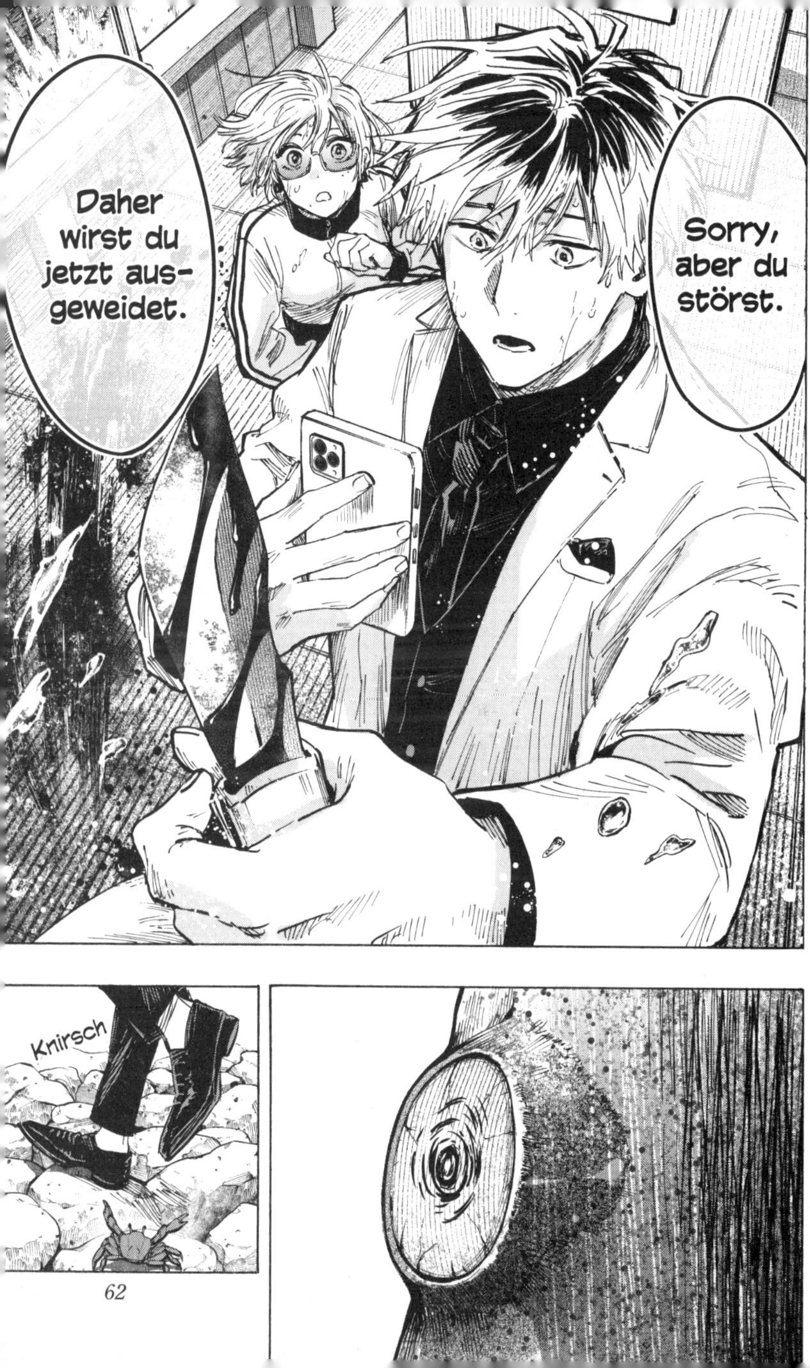

Sorry, aber du störst.

Daher wirst du jetzt ausgeweidet.

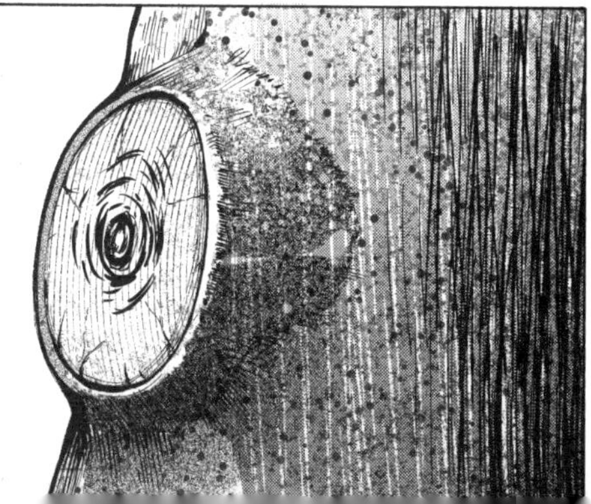

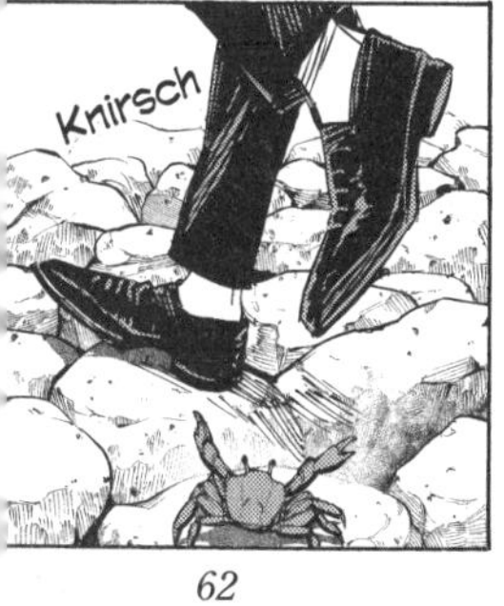

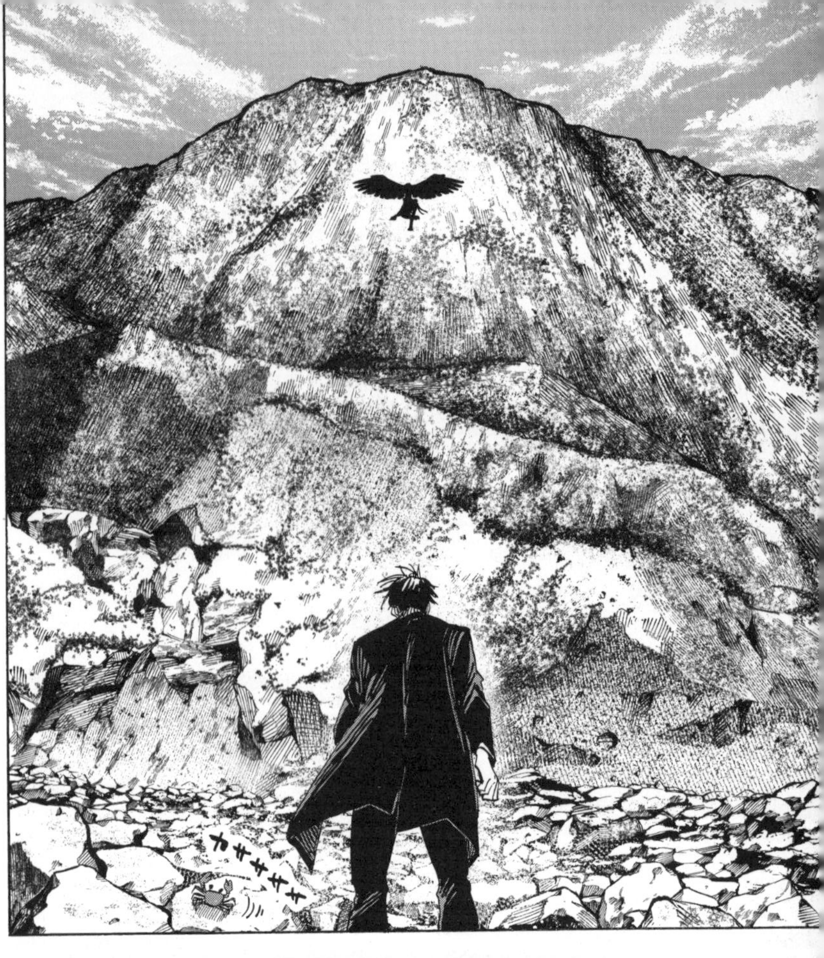

カササササ

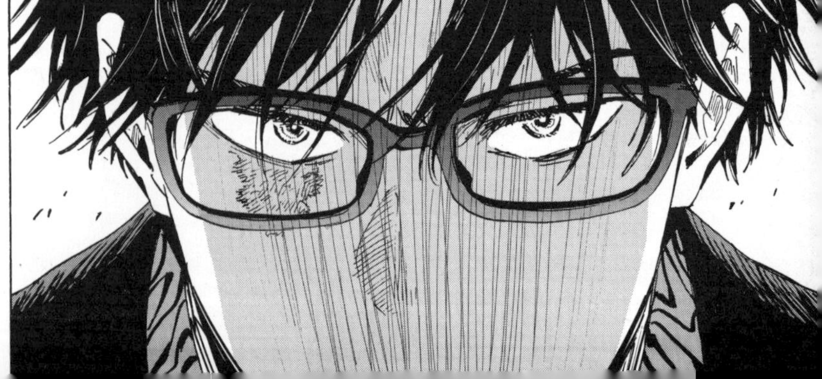

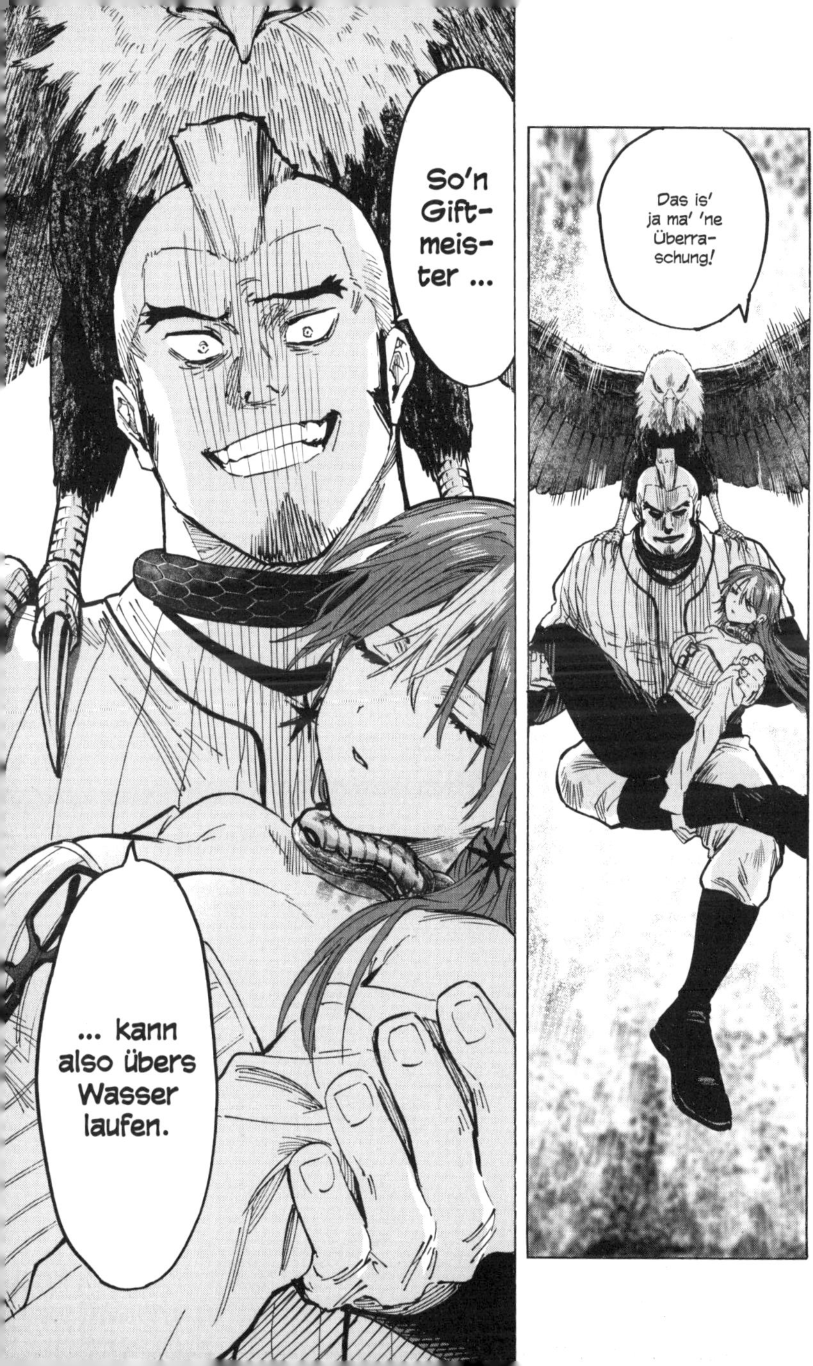

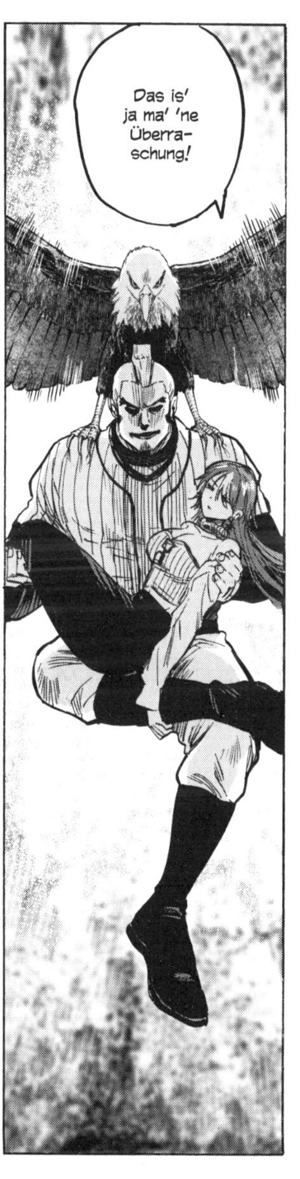

So'n Giftmeister ...

... kann also übers Wasser laufen.

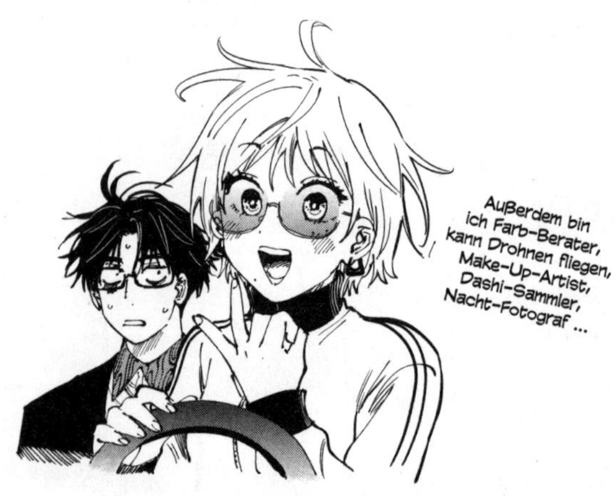
Außerdem bin ich Farb-Berater, kann Drohnen fliegen, Make-Up-Artist, Dashi-Sammler, Nacht-Fotograf ...

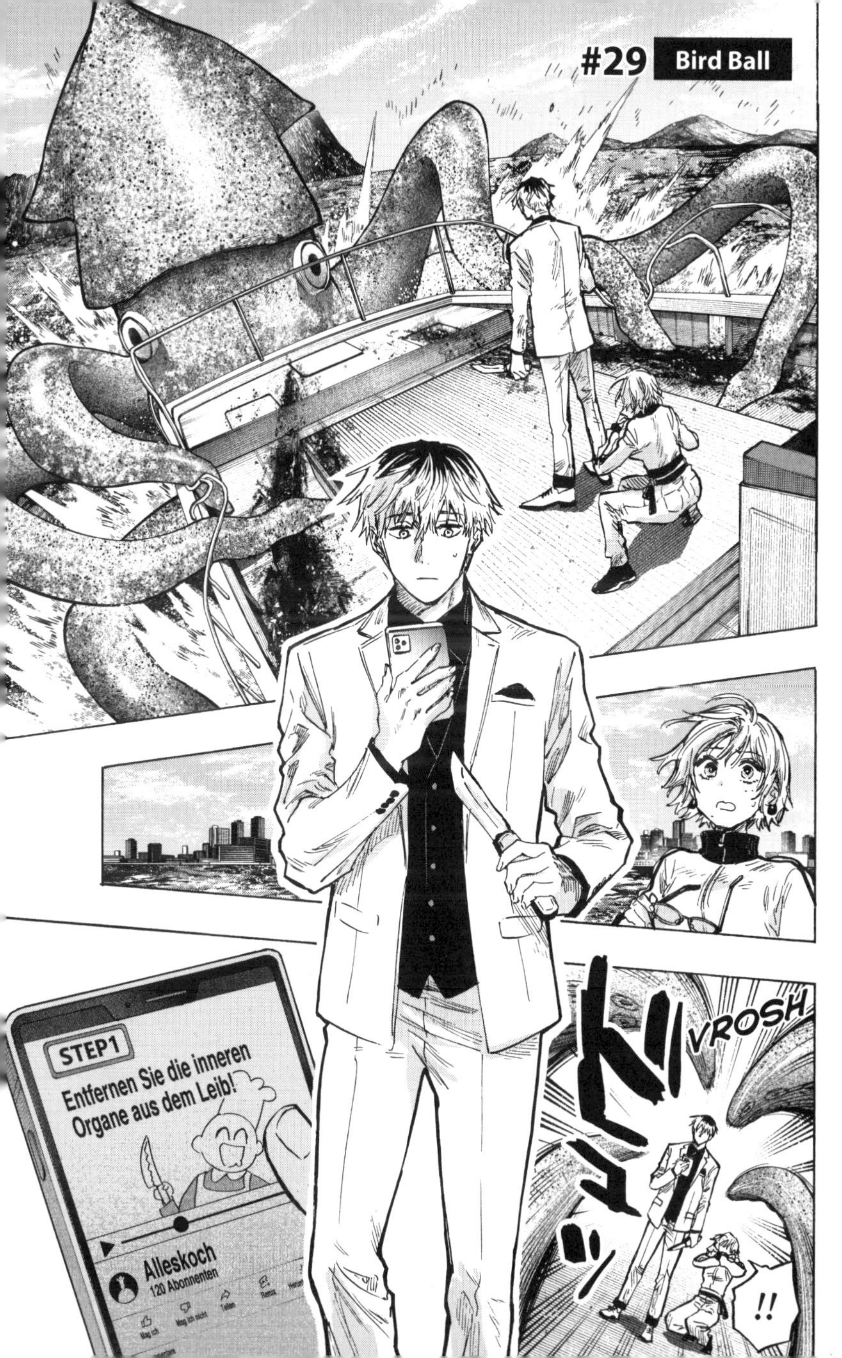
#29 Bird Ball
STEP1
Entfernen Sie die inneren Organe aus dem Leib!
Alleskoch
120 Abonnenten
VROSH
!!

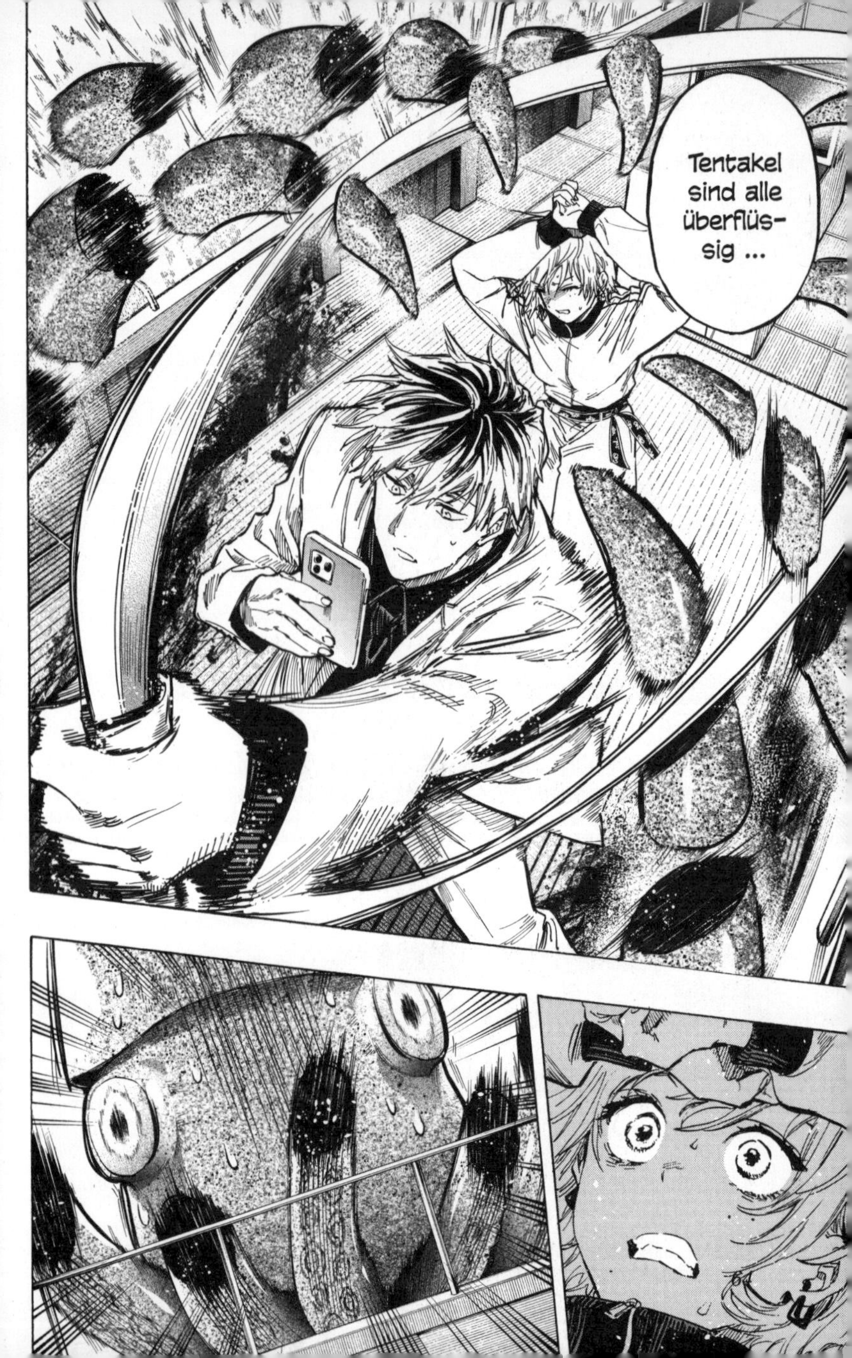
Tentakel sind alle überflüs-sig ...

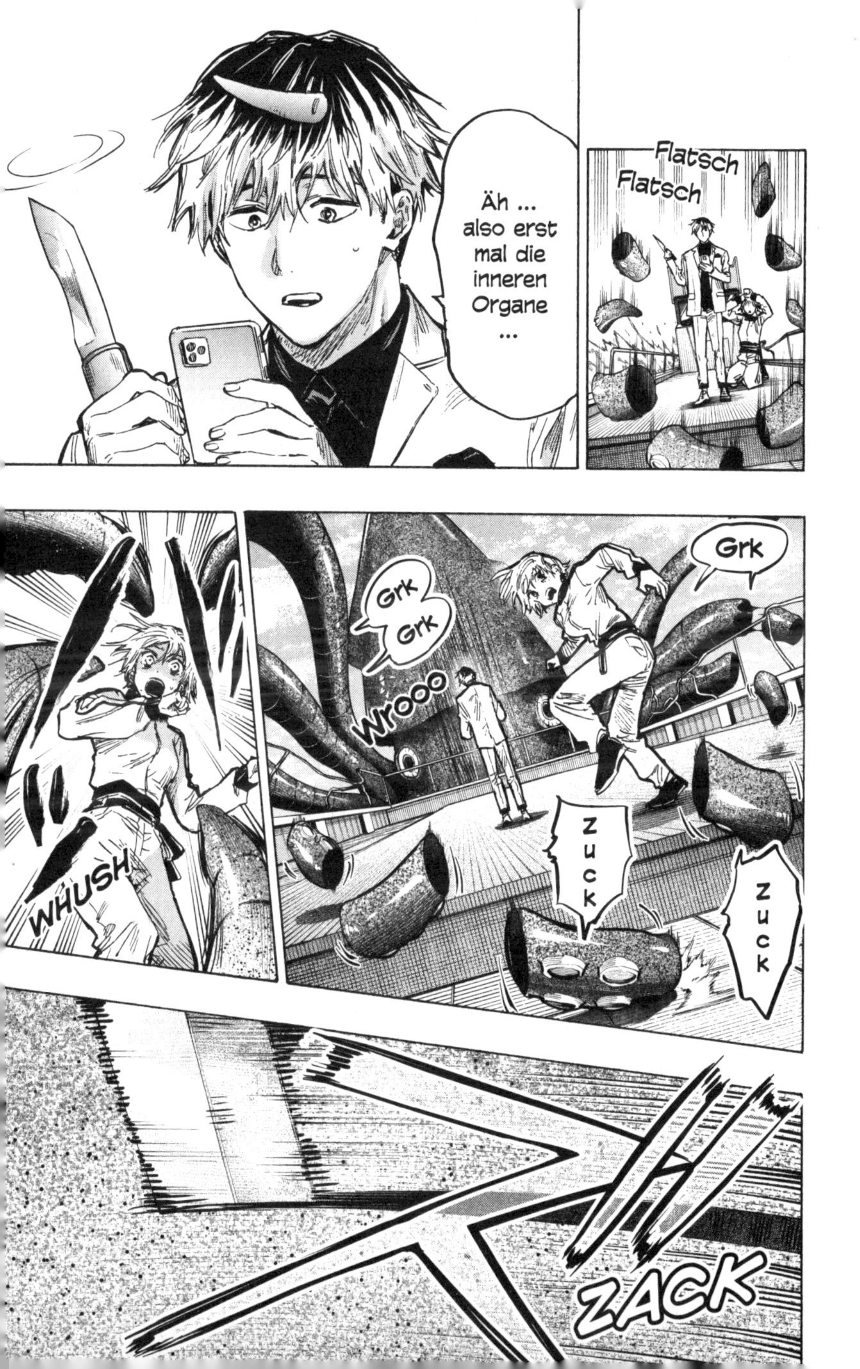

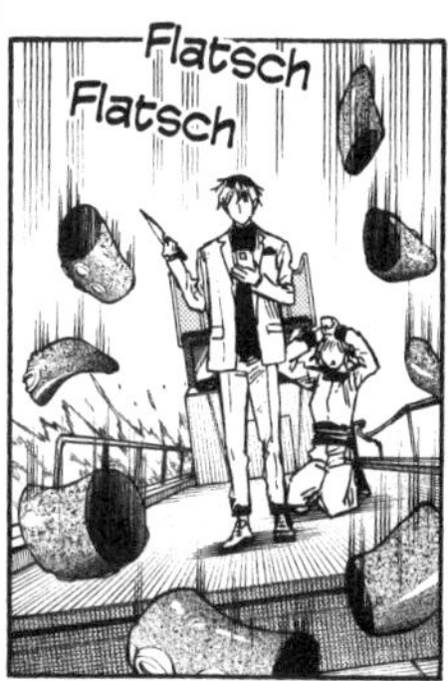
Flatsch
Flatsch

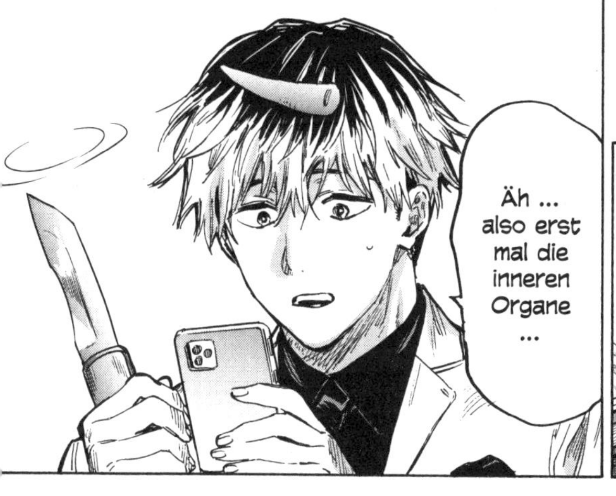
Äh ... also erst mal die inneren Organe ...

Grk
Grk Grk
Wrooo
Zuck
Zuck
WHUSH
ZACK

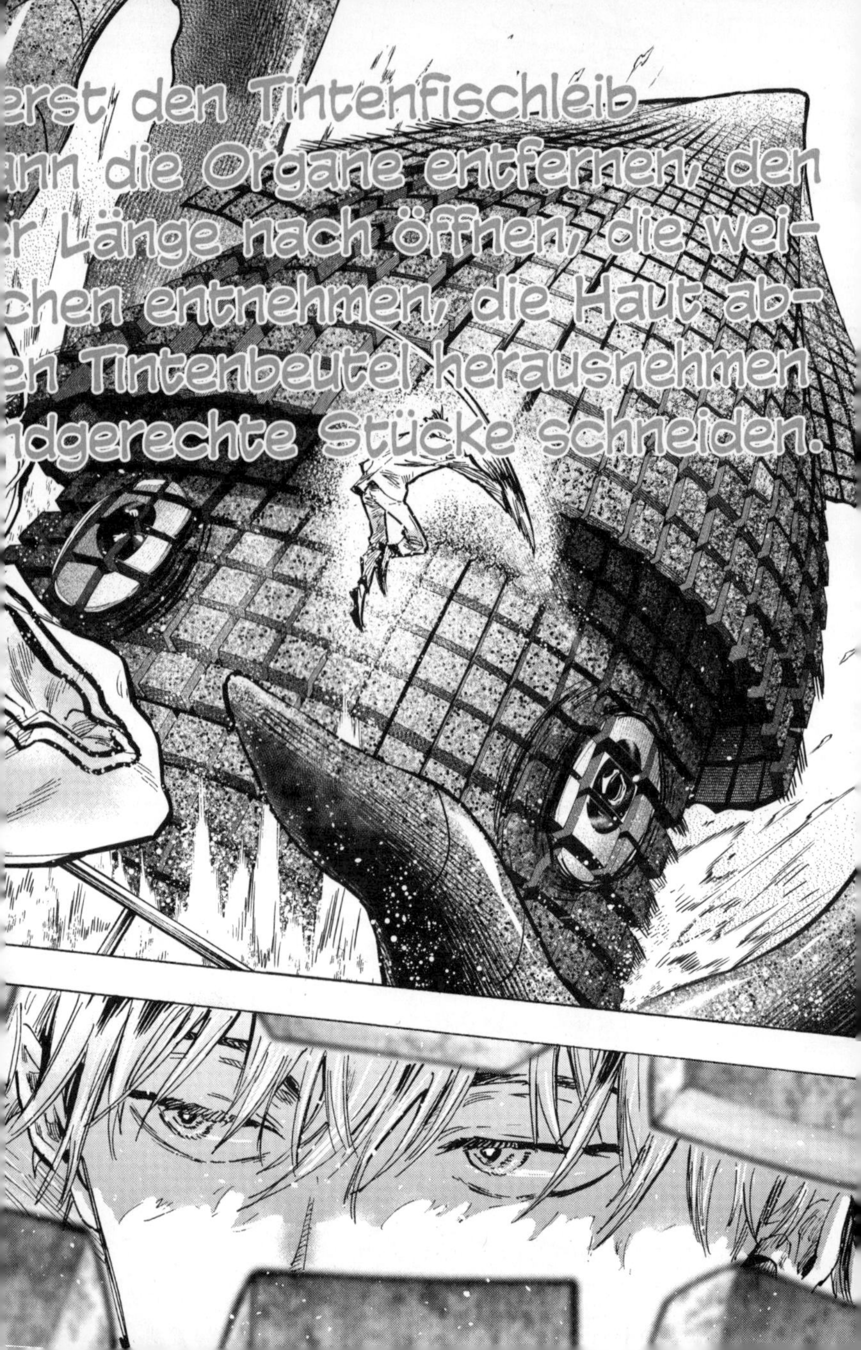
erst den Tintenfischleib
ann die Organe entfernen, den
r Länge nach öffnen, die wei-
chen entnehmen, die Haut ab-
en Tintenbeutel herausnehmen
ndgerechte Stücke schneiden.

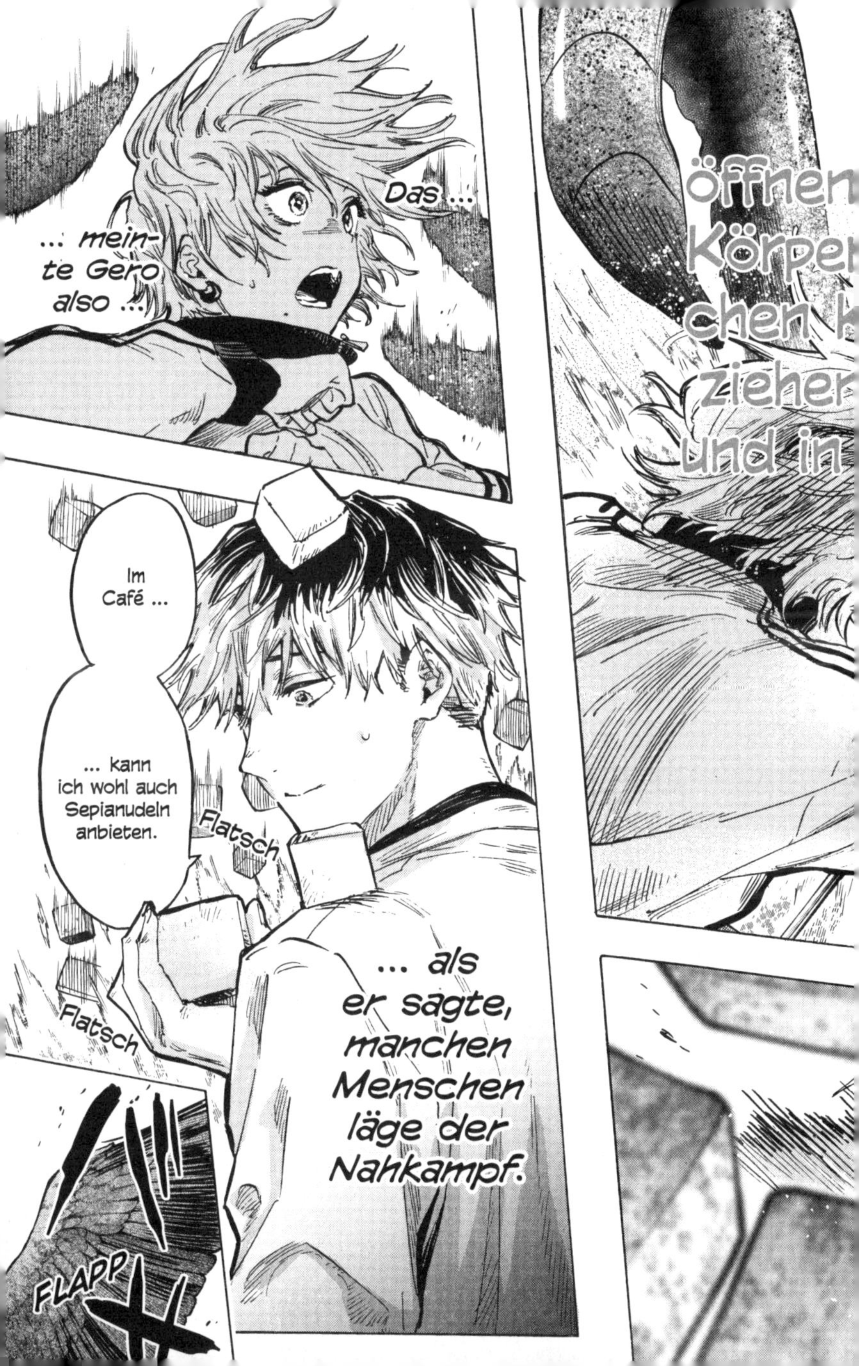

öffnen Körpe chen k ziehe und in
Das ...
... mein-te Gero also ...
Im Café ...
... kann ich wohl auch Sepianudeln anbieten.
Flatsch
Flatsch
... als er sagte, manchen Menschen läge der Nahkampf.
FLAPP

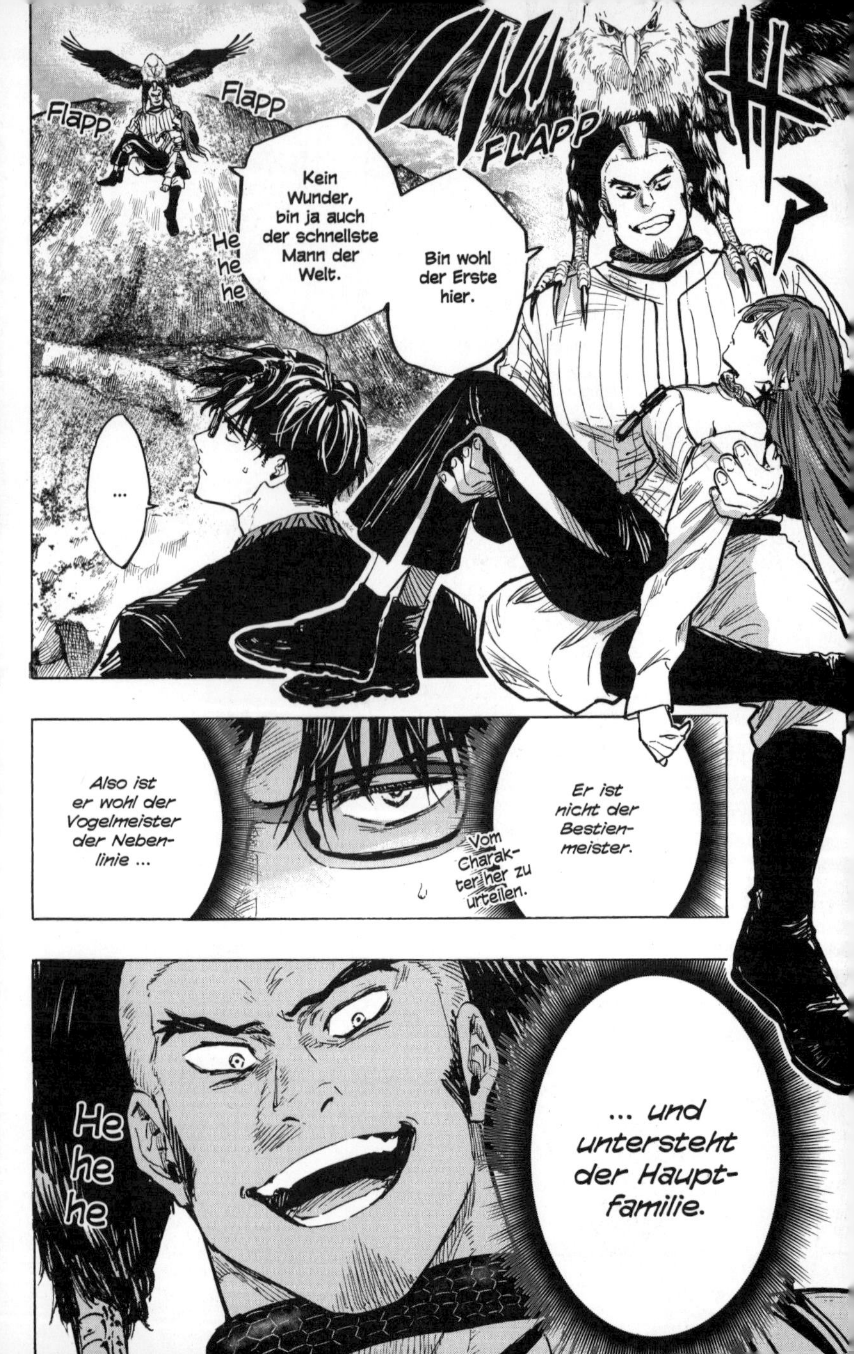

FLAPP
Flapp
Flapp
Bin wohl der Erste hier.
Kein Wunder, bin ja auch der schnellste Mann der Welt.
He he he
...
Er ist nicht der Bestienmeister.
Vom Charakter her zu urteilen.
Also ist er wohl der Vogelmeister der Nebenlinie ...
... und untersteht der Hauptfamilie.
He he he

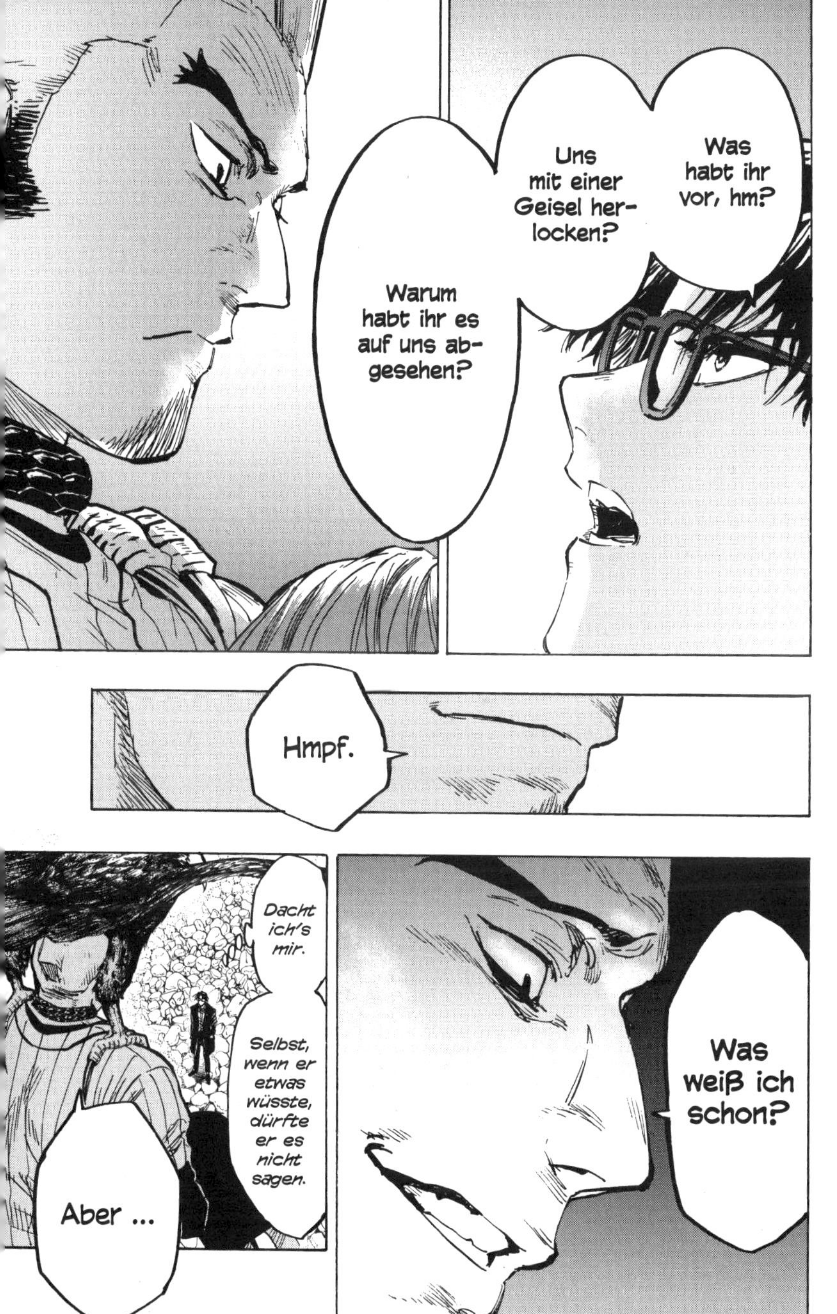
Was habt ihr vor, hm?
Uns mit einer Geisel herlocken?
Warum habt ihr es auf uns abgesehen?
Hmpf.
Was weiß ich schon?
Dacht ich's mir.
Selbst, wenn er etwas wüsste, dürfte er es nicht sagen.
Aber ...

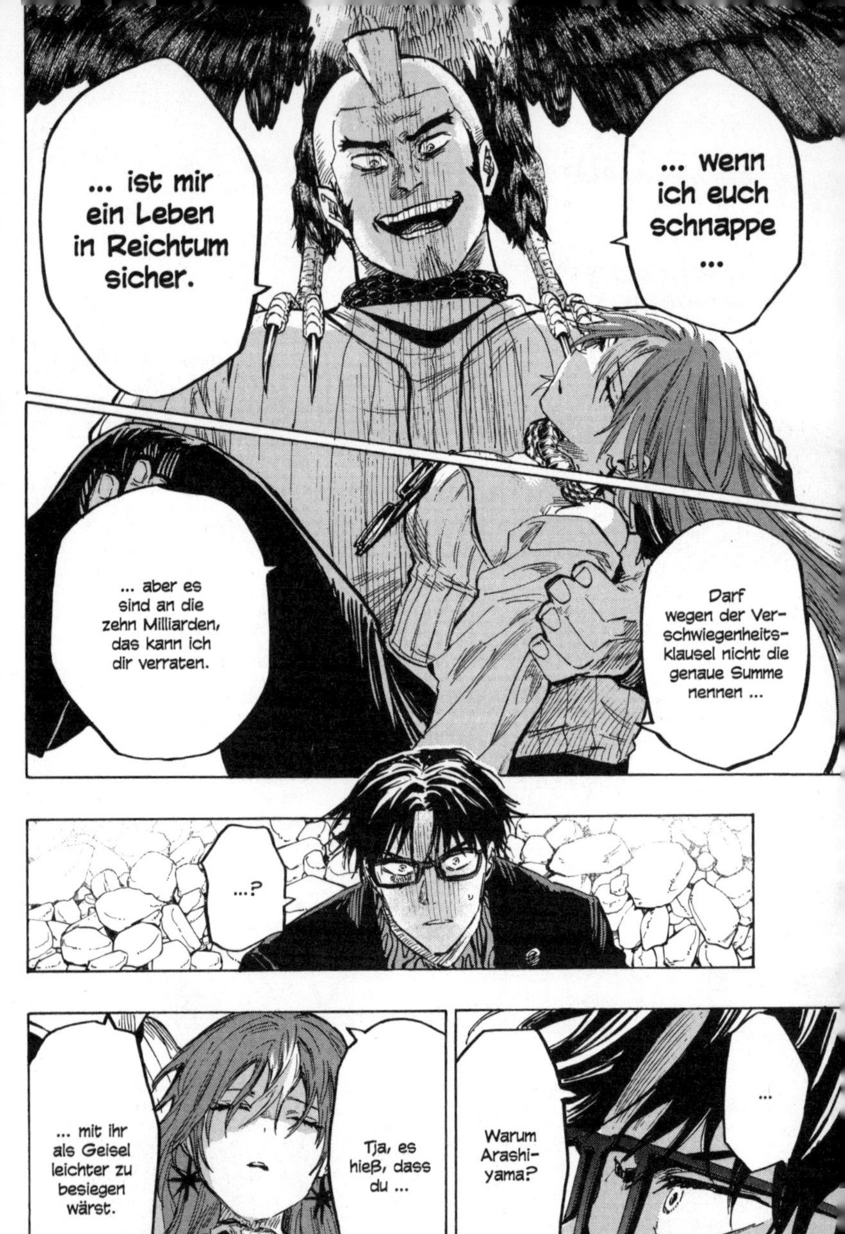
... wenn ich euch schnappe ...
... ist mir ein Leben in Reichtum sicher.
Darf wegen der Verschwiegenheitsklausel nicht die genaue Summe nennen ...
... aber es sind an die zehn Milliarden, das kann ich dir verraten.
...?
...
Warum Arashiyama?
Tja, es hieß, dass du ...
... mit ihr als Geisel leichter zu besiegen wärst.

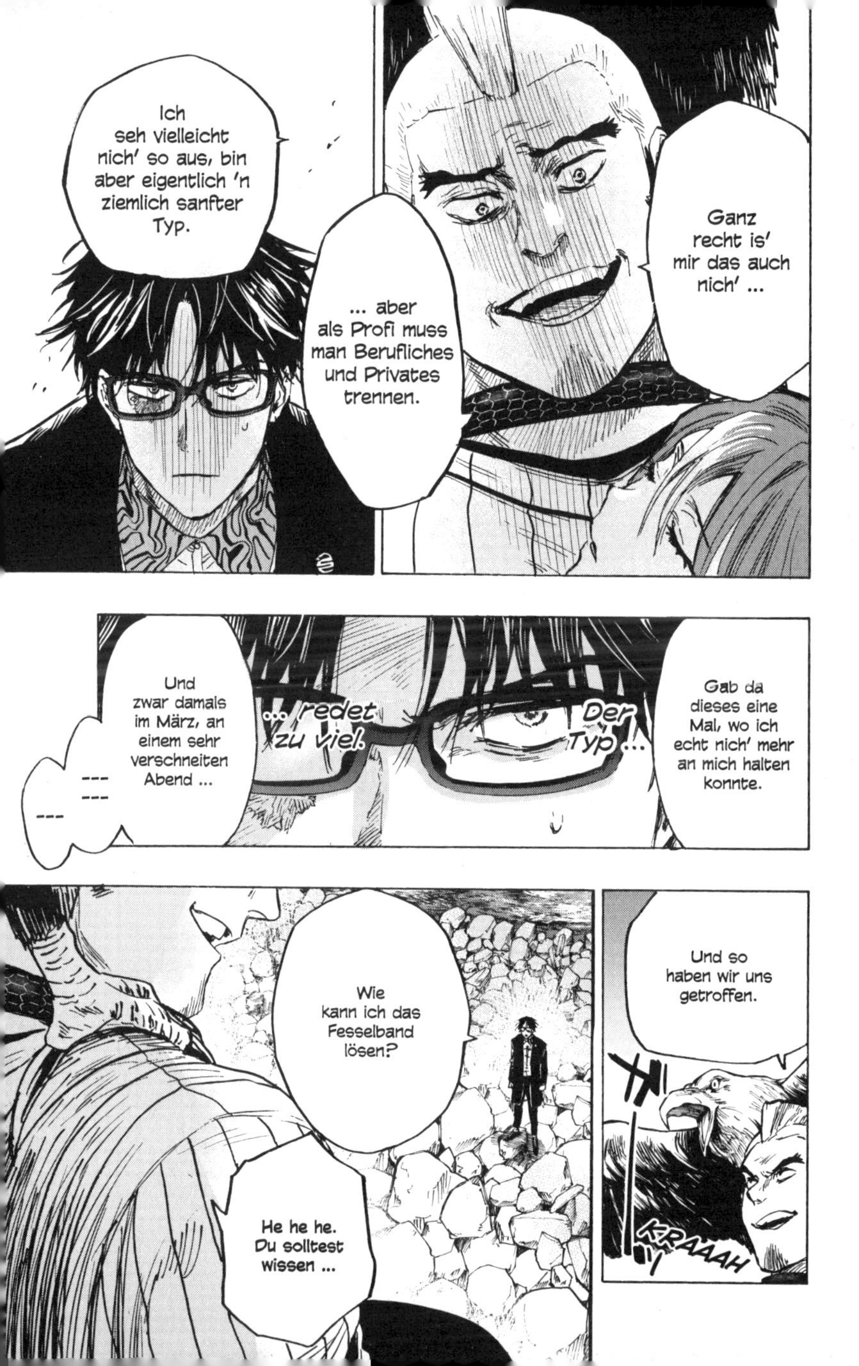

Ganz recht is' mir das auch nich' ...

... aber als Profi muss man Berufliches und Privates trennen.

Ich seh vielleicht nich' so aus, bin aber eigentlich 'n ziemlich sanfter Typ.

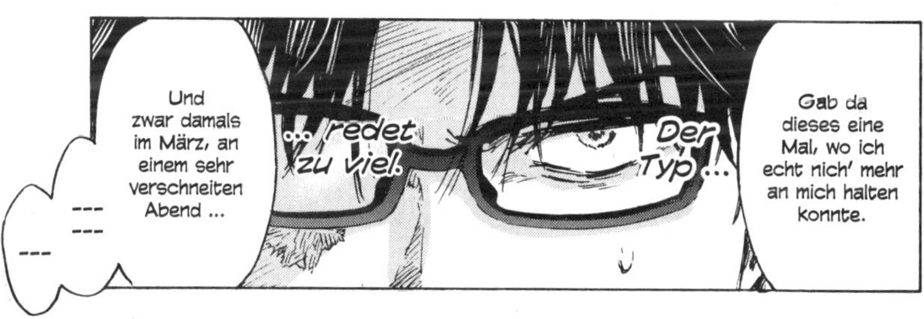

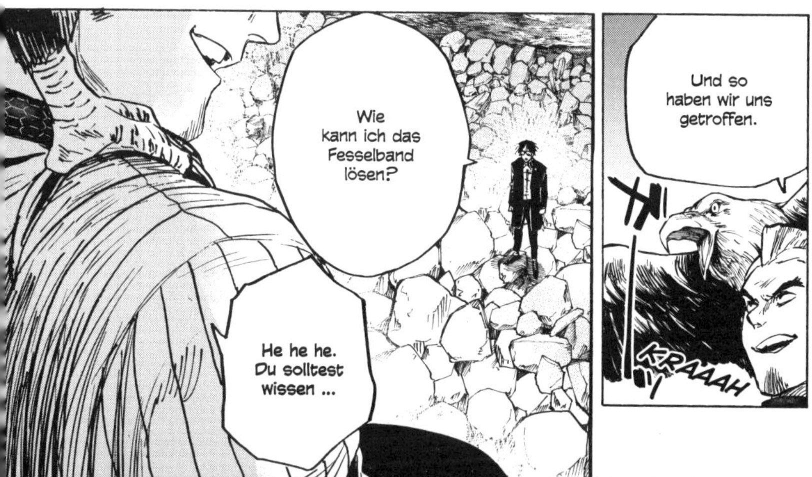

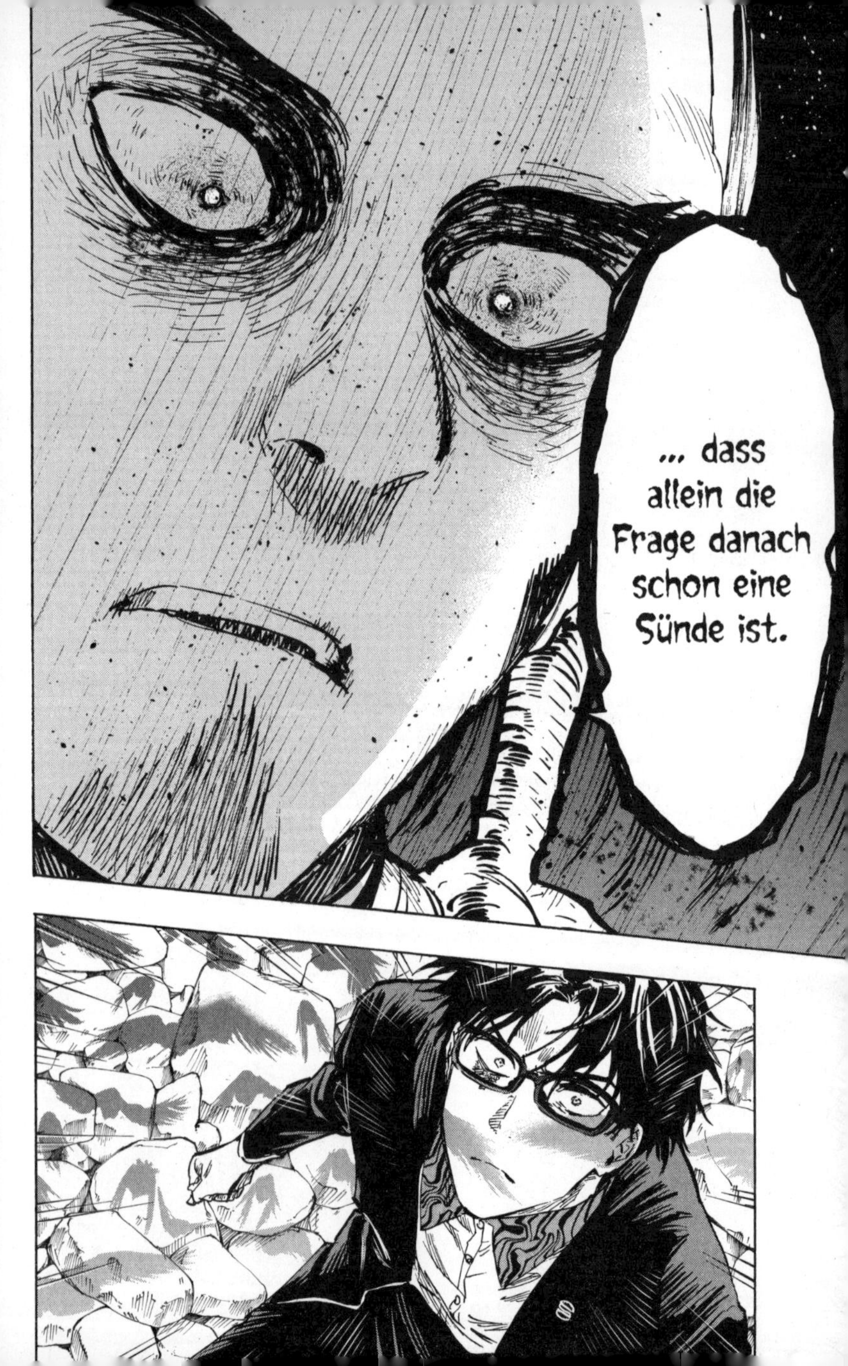
... dass allein die Frage danach schon eine Sünde ist.

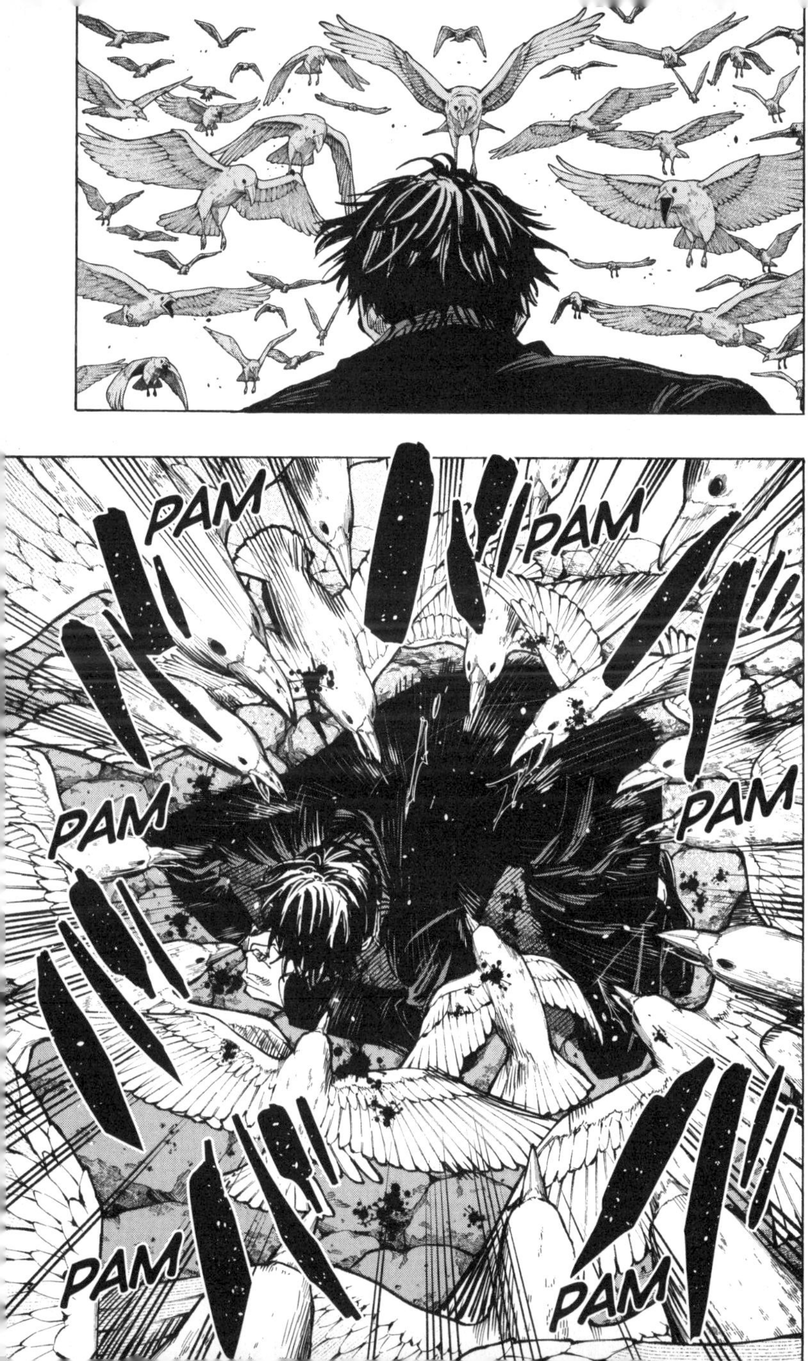

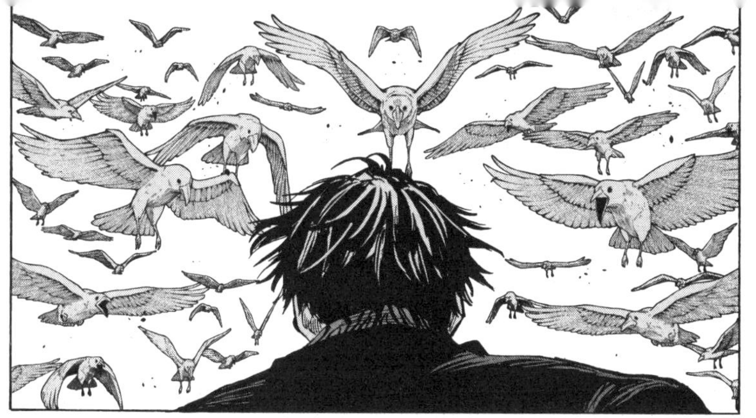

PAM
PAM
PAM
PAM
PAM
PAM

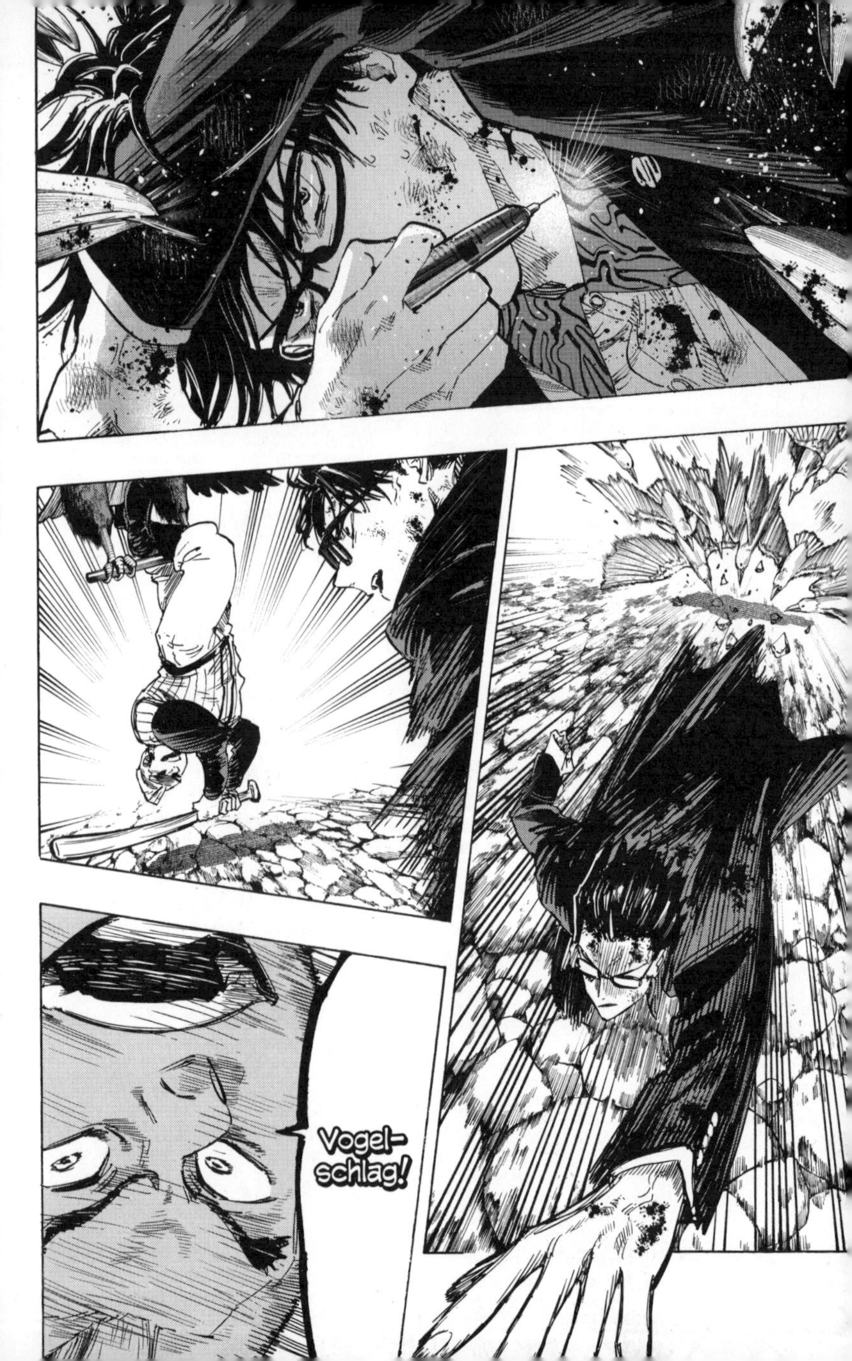
Vogel-
schlag!

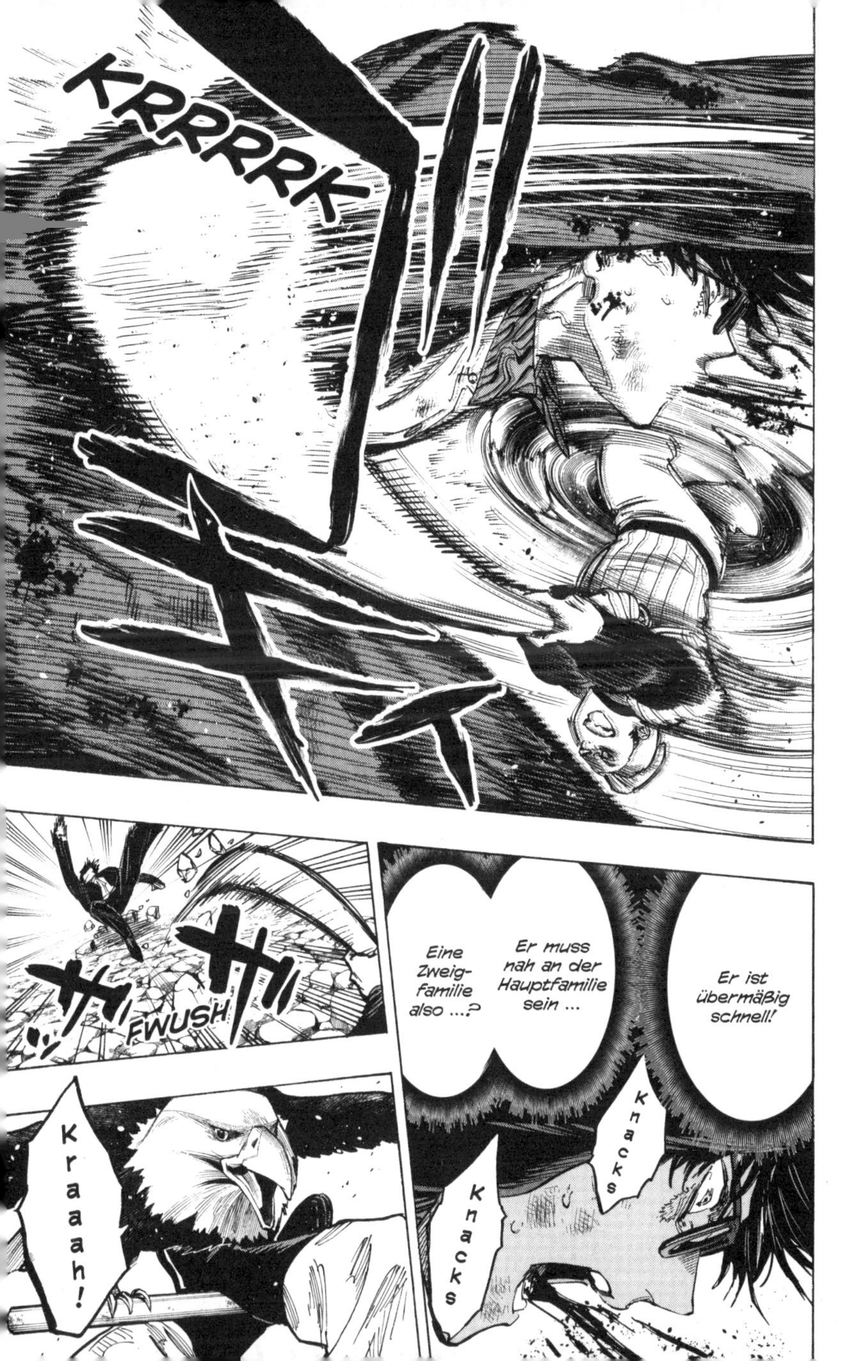
KRRRRK
Er ist übermäßig schnell!
Er muss nah an der Hauptfamilie sein ...
Eine Zweigfamilie also ...?
FWUSH
Knacks
Knacks
Kraaah!

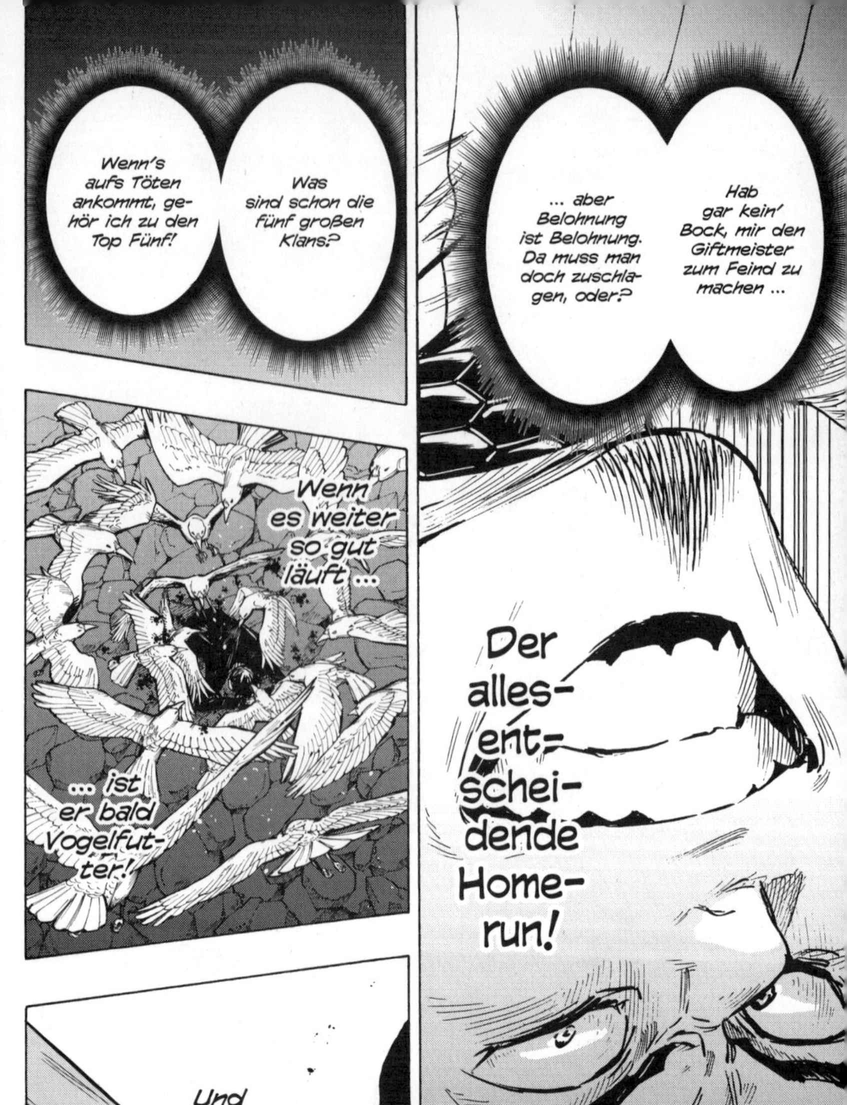

Hab gar kein' Bock, mir den Giftmeister zum Feind zu machen ...
... aber Belohnung ist Belohnung. Da muss man doch zuschlagen, oder?
Was sind schon die fünf großen Klans?
Wenn's aufs Töten ankommt, gehör ich zu den Top Fünf!
Wenn es weiter so gut läuft ...
... ist er bald Vogelfutter!
Und wenn das hier erst erledigt ist ...
Der alles-entscheidende Homerun!

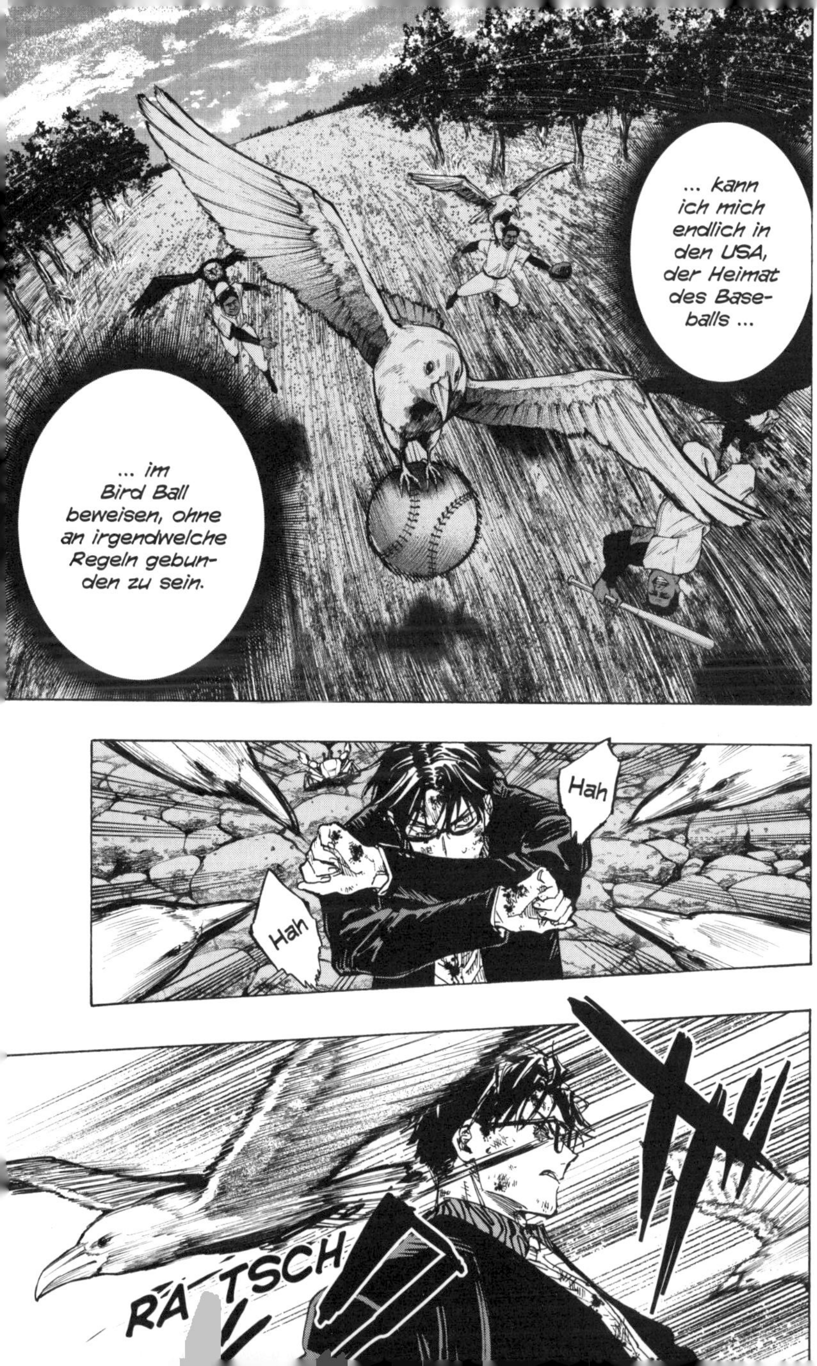

... kann ich mich endlich in den USA, der Heimat des Baseballs ...

... im Bird Ball beweisen, ohne an irgendwelche Regeln gebunden zu sein.

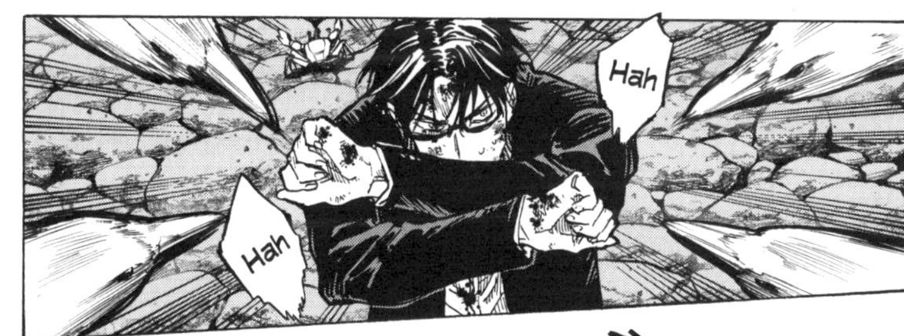

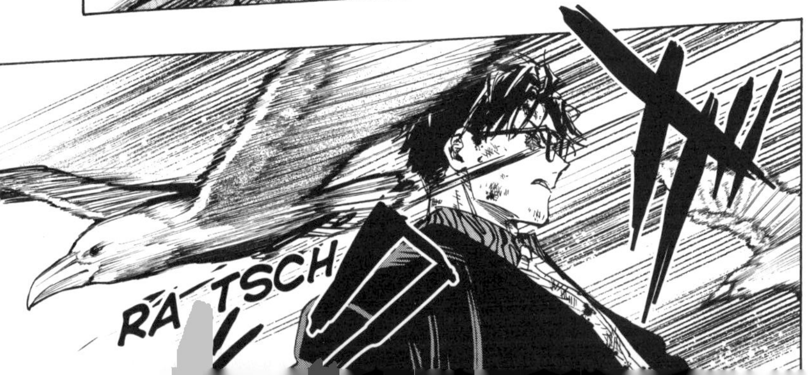

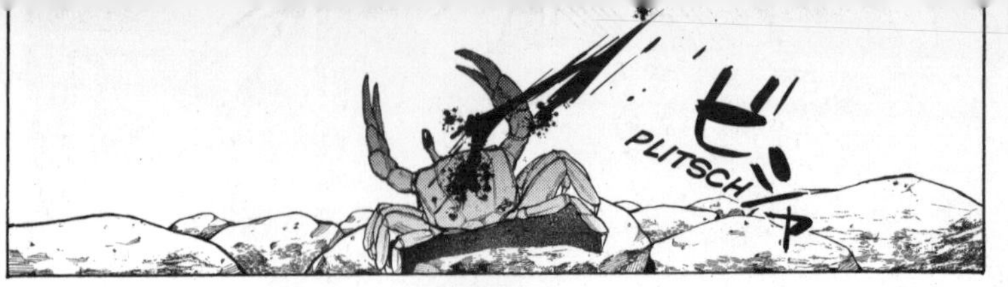
PLITSCH

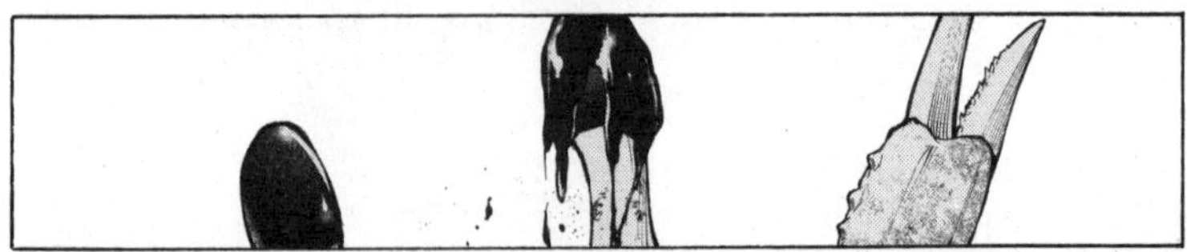

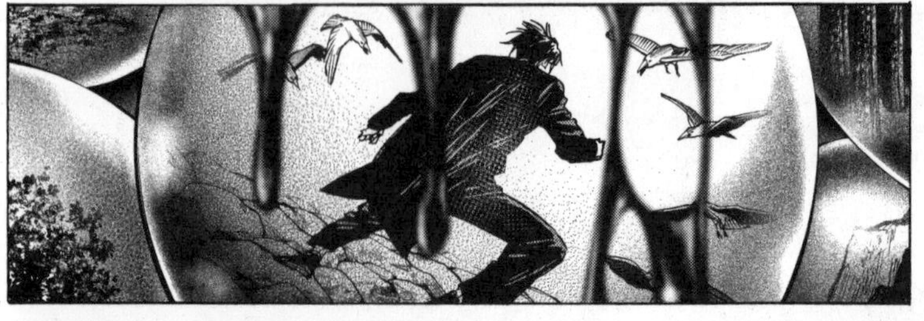

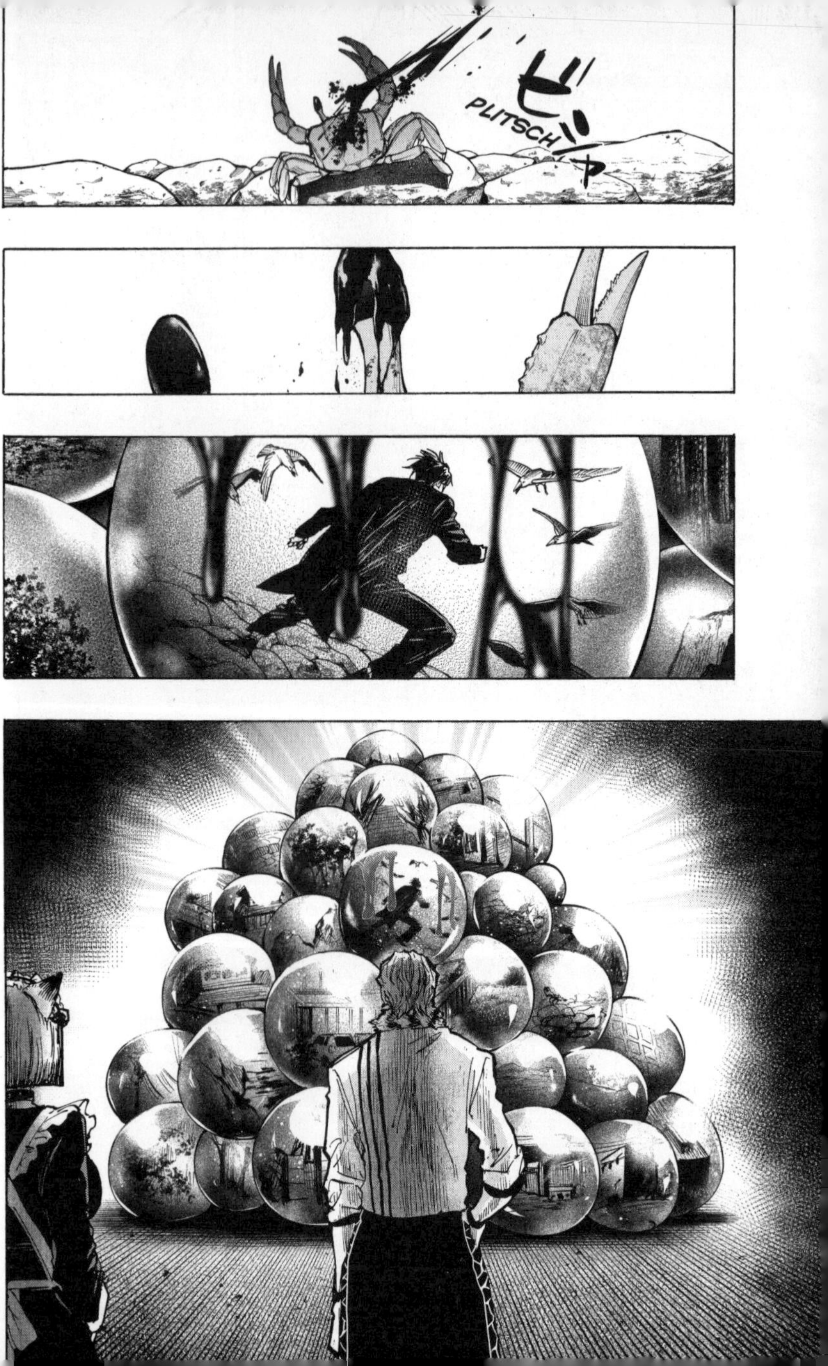

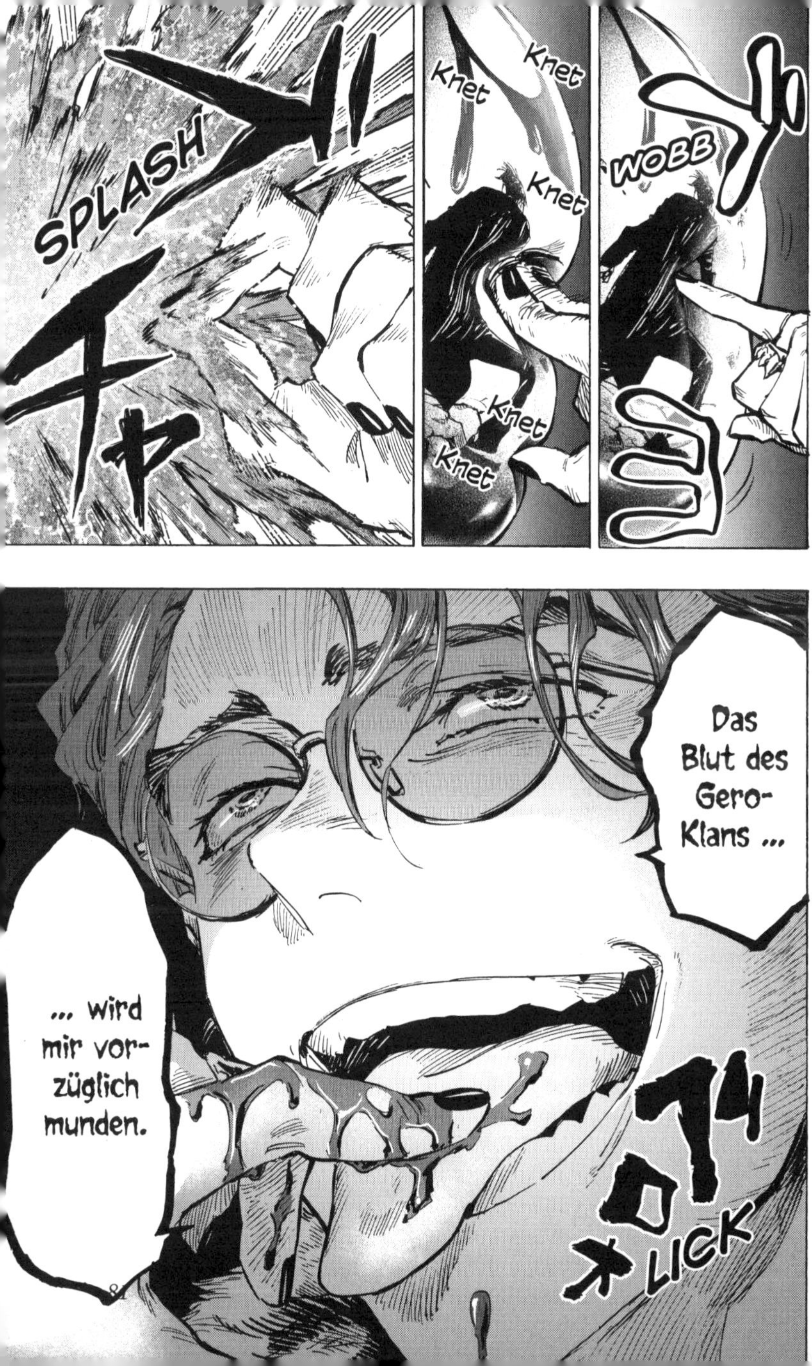

WOBB
Knet
Knet
Knet
Knet
Knet
SPLASH
Das Blut des Gero-Klans ...
... wird mir vorzüglich munden.
LICK

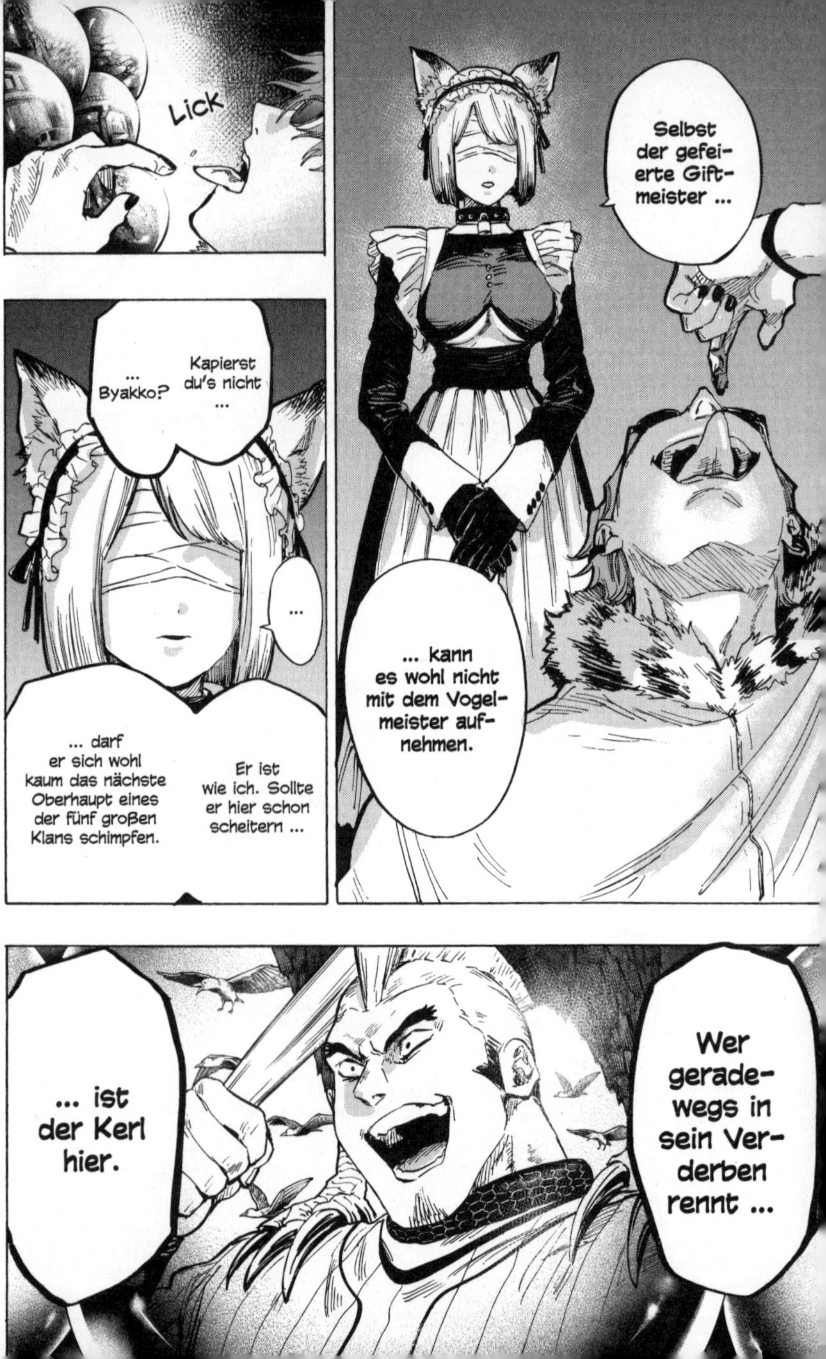

Selbst der gefeierte Giftmeister ...
... kann es wohl nicht mit dem Vogelmeister aufnehmen.

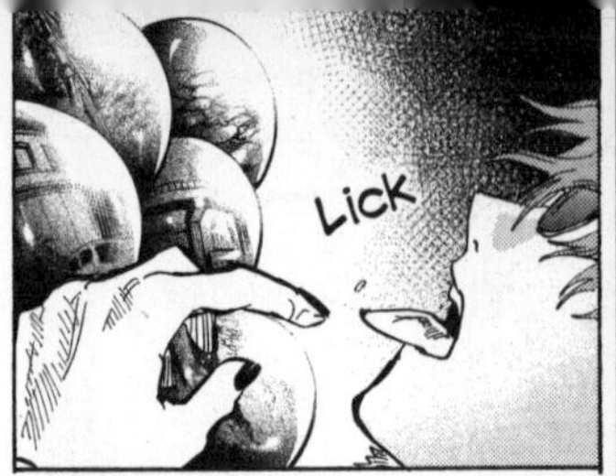

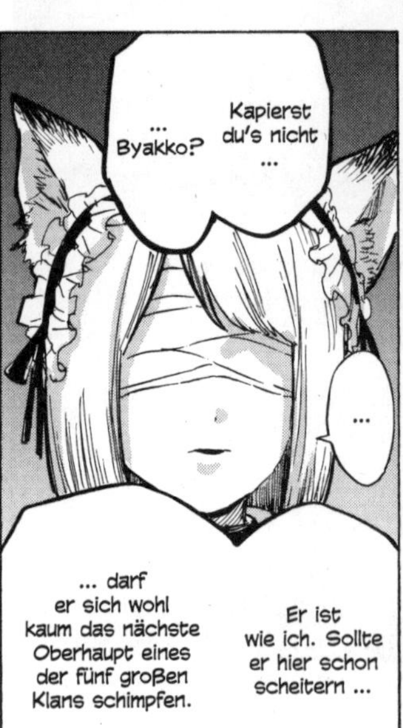

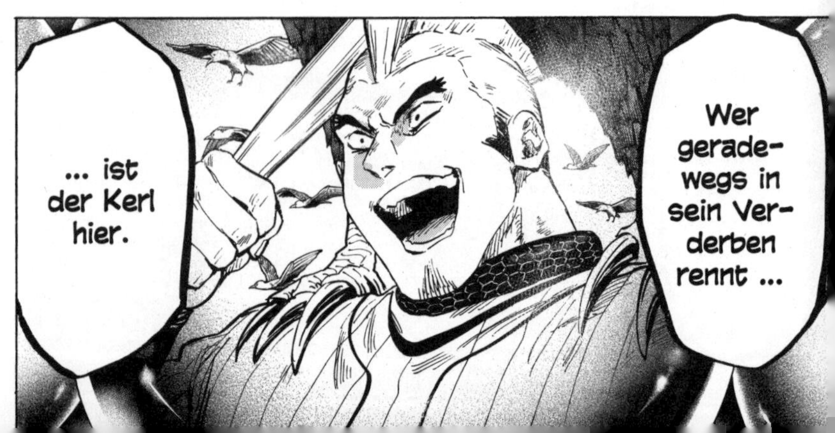

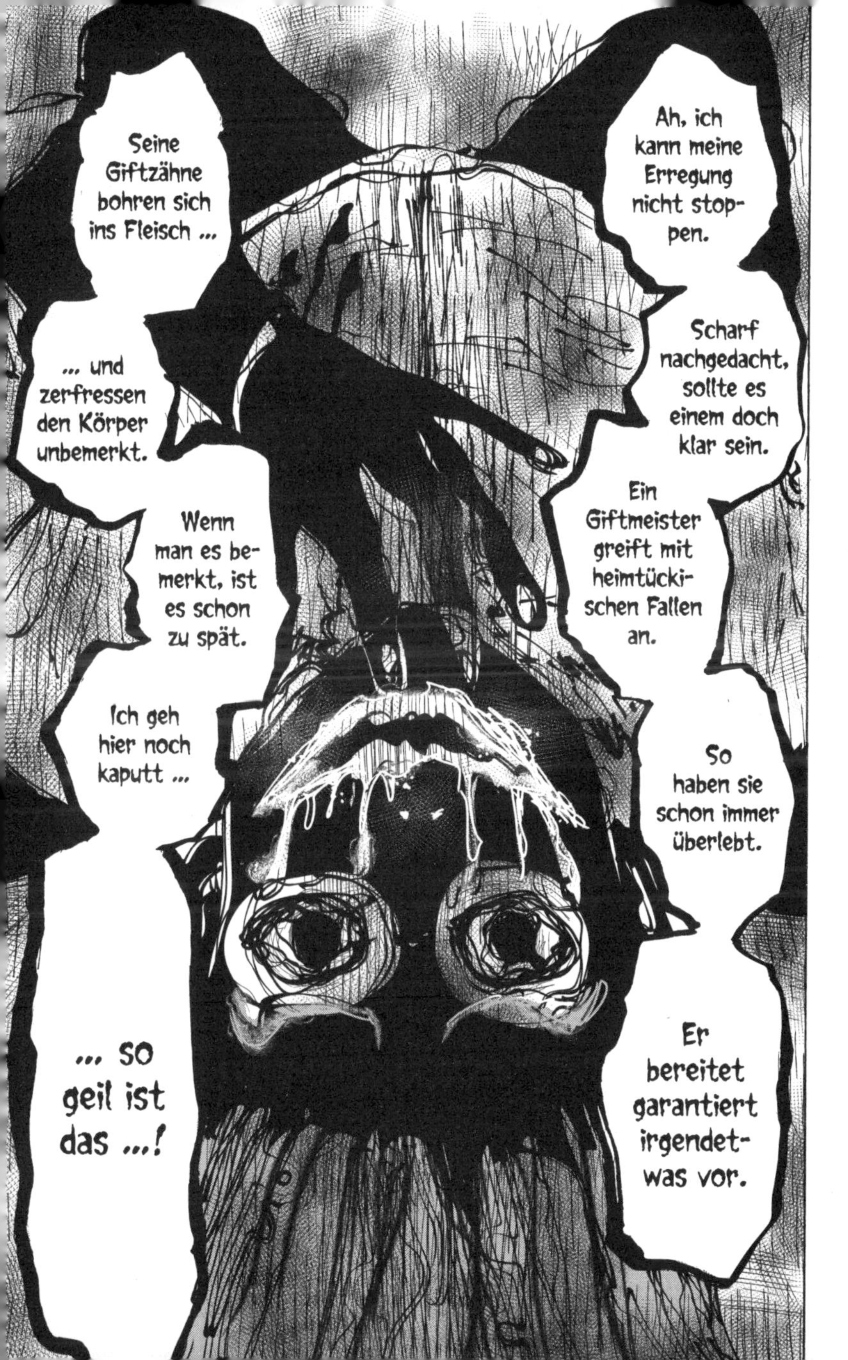
Ah, ich kann meine Erregung nicht stoppen.
Scharf nachgedacht, sollte es einem doch klar sein.
Ein Giftmeister greift mit heimtückischen Fallen an.
So haben sie schon immer überlebt.
Er bereitet garantiert irgendetwas vor.
Seine Giftzähne bohren sich ins Fleisch ...
... und zerfressen den Körper unbemerkt.
Wenn man es bemerkt, ist es schon zu spät.
Ich geh hier noch kaputt ...
... so geil ist das ...!

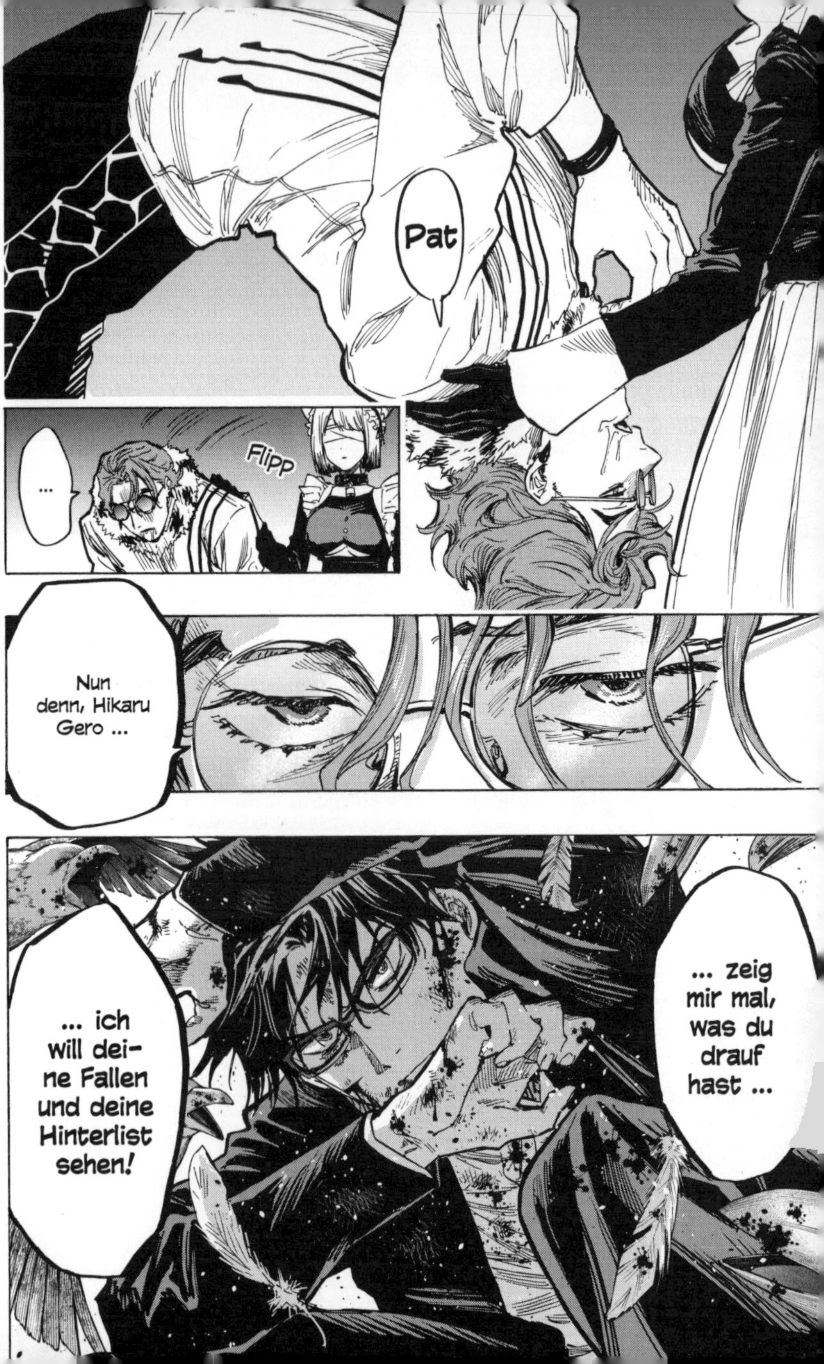

Pat

Flipp

...

Nun denn, Hikaru Gero ...

... zeig mir mal, was du drauf hast ...

... ich will deine Fallen und deine Hinterlist sehen!

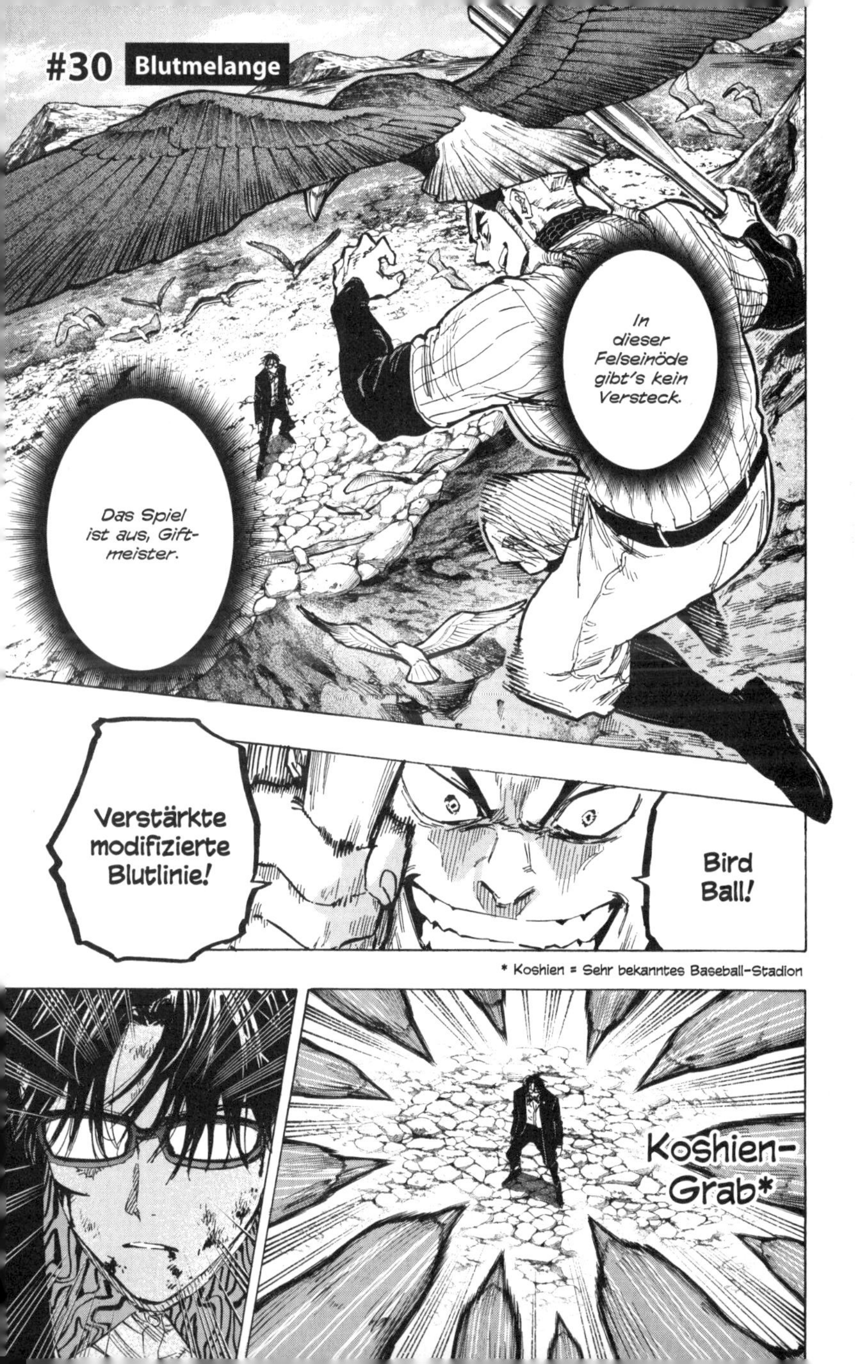

#30 Blutmelange

In dieser Felseinöde gibt's kein Versteck.

Das Spiel ist aus, Giftmeister.

Bird Ball!

Verstärkte modifizierte Blutlinie!

* Koshien = Sehr bekanntes Baseball-Stadion

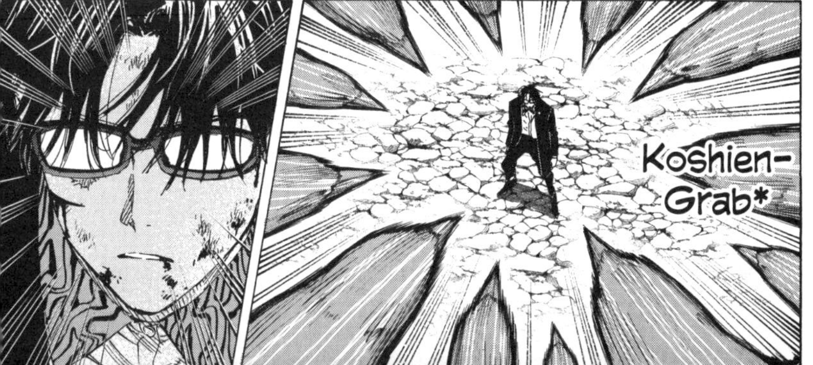

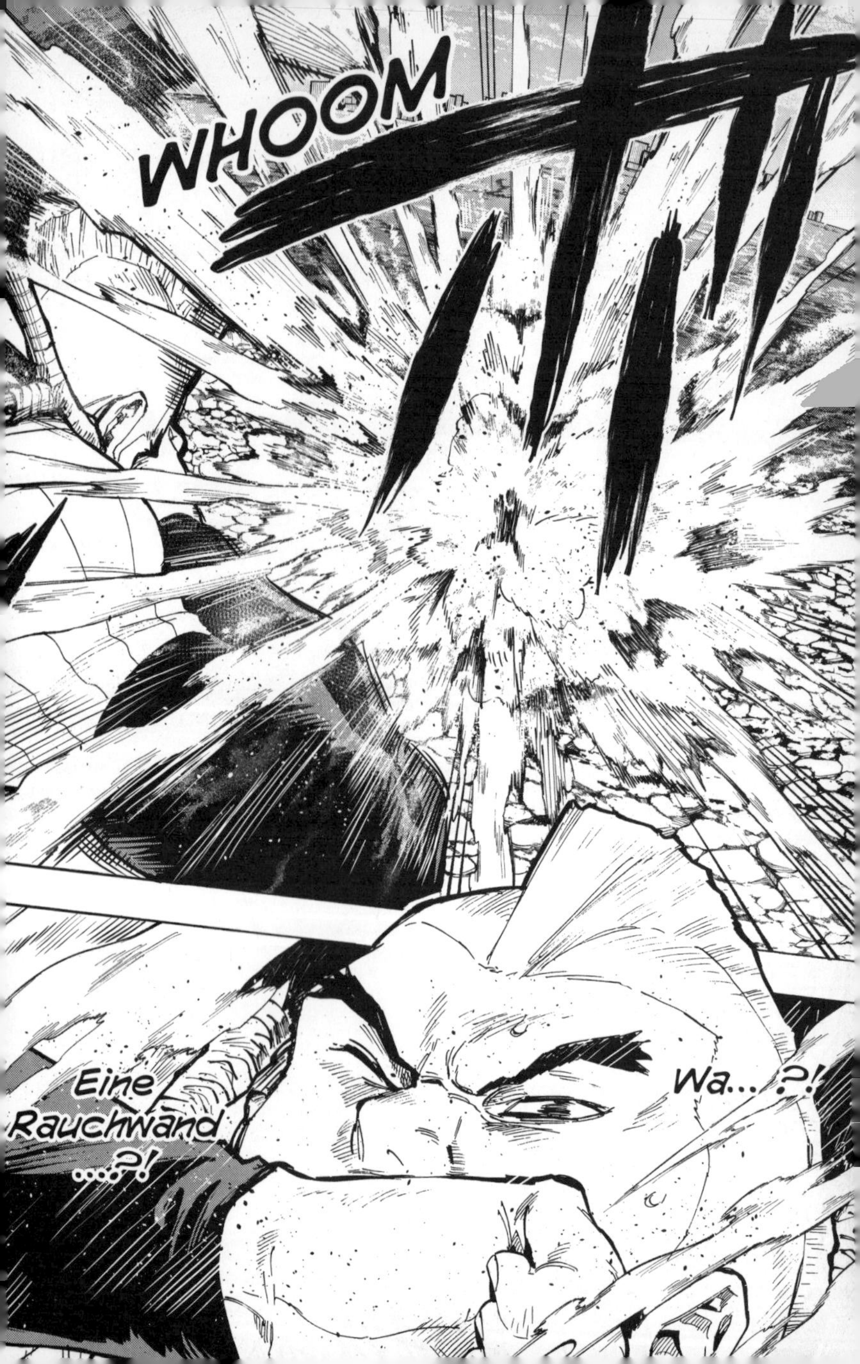
WHOOM
Wa... ?!
Eine Rauchwand ...?!

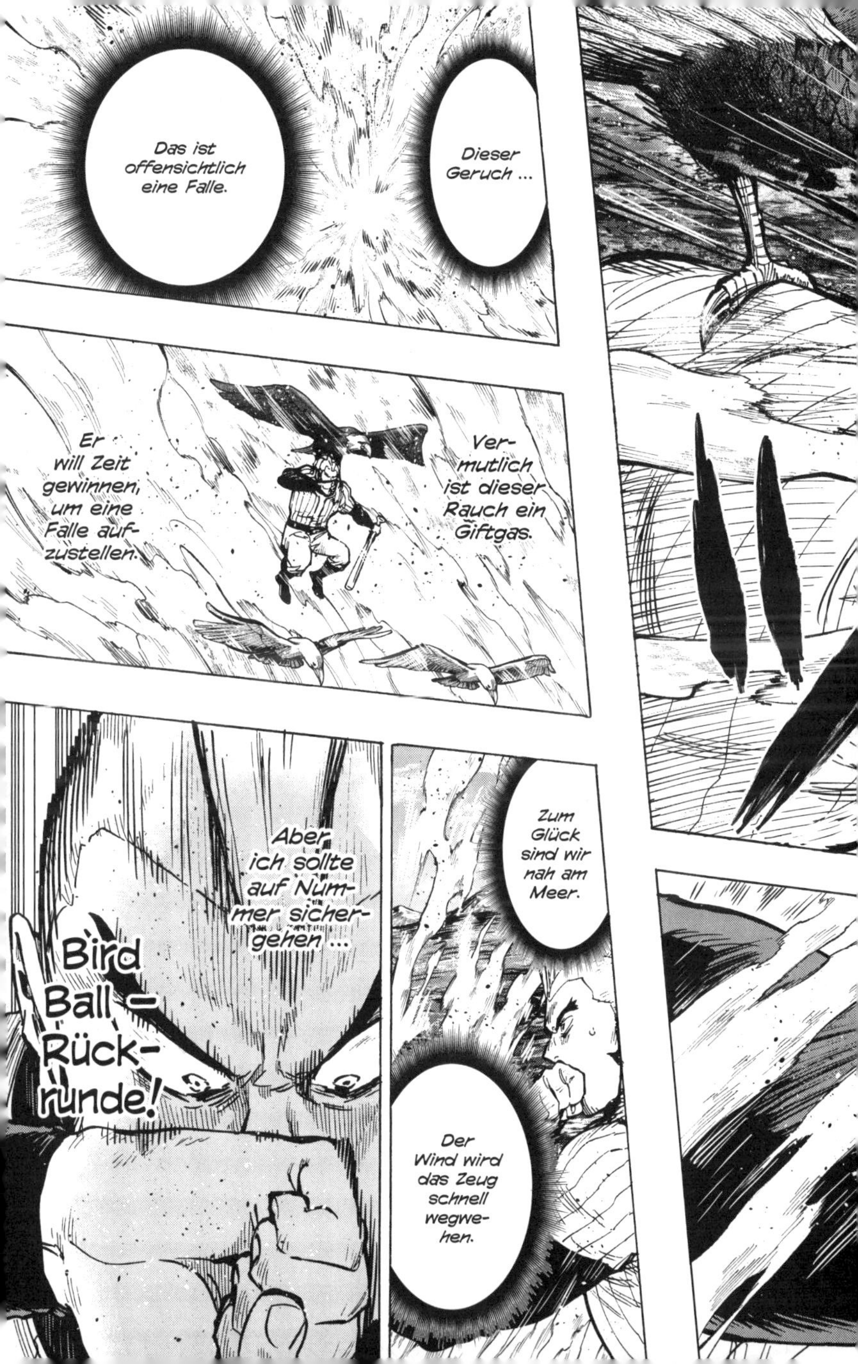
Dieser Geruch ...
Das ist offensichtlich eine Falle.
Vermutlich ist dieser Rauch ein Giftgas.
Er will Zeit gewinnen, um eine Falle aufzustellen.
Zum Glück sind wir nah am Meer.
Der Wind wird das Zeug schnell wegwehen.
Aber ich sollte auf Nummer sichergehen ...
Bird Ball – Rückrunde!

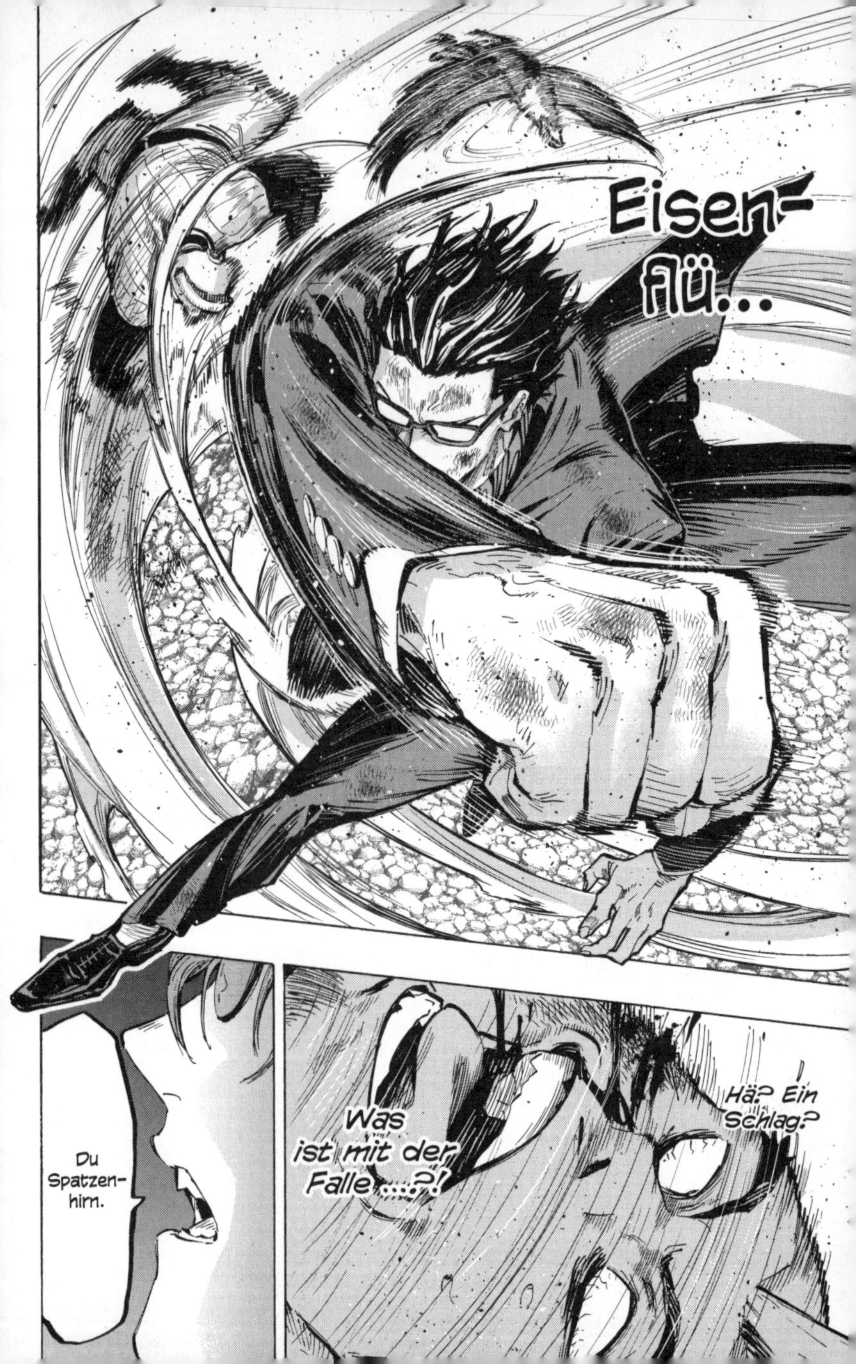
Eisen-
flü...
Hä? Ein
Schlag?
Was
ist mit der
Falle ....?!
Du
Spatzen-
hirn.

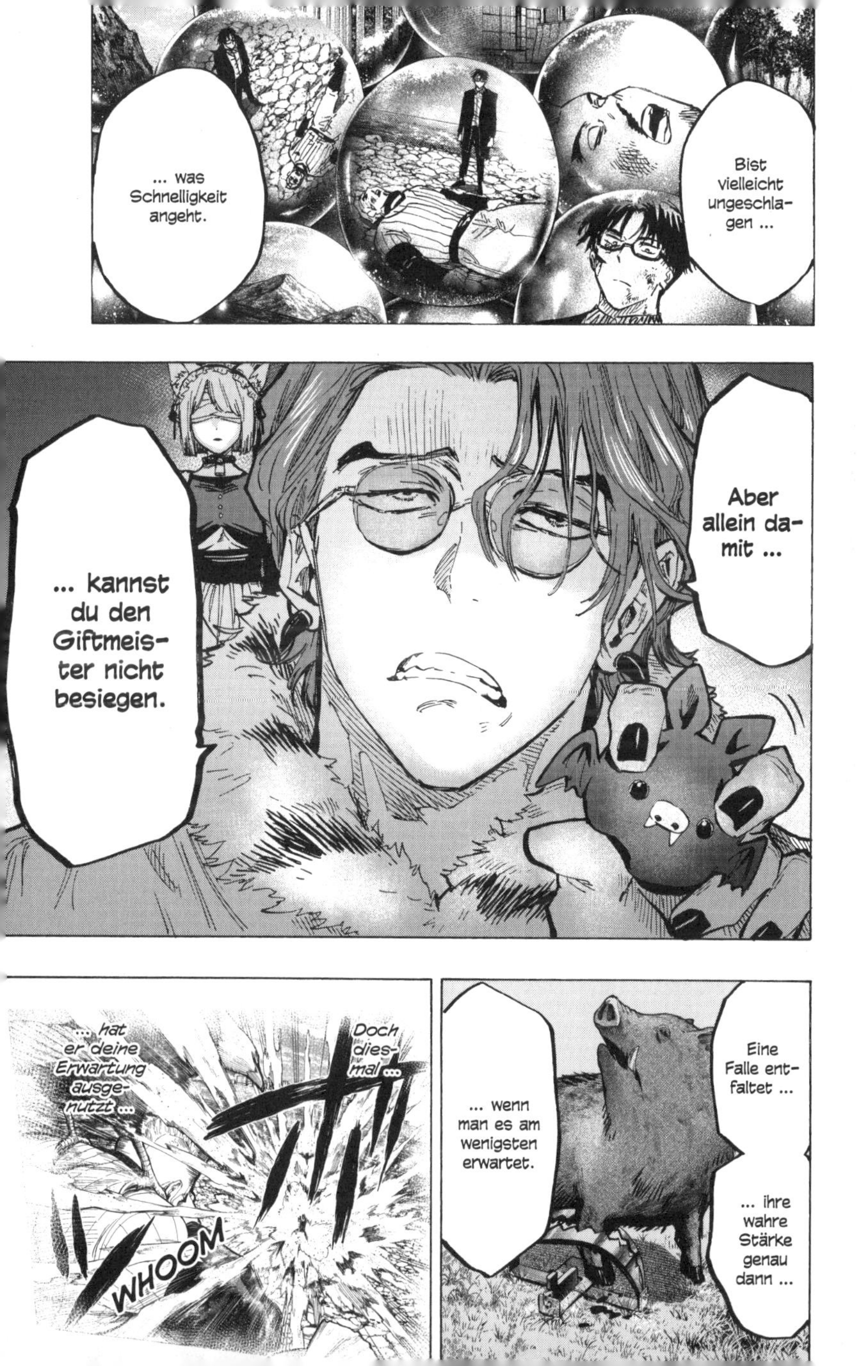

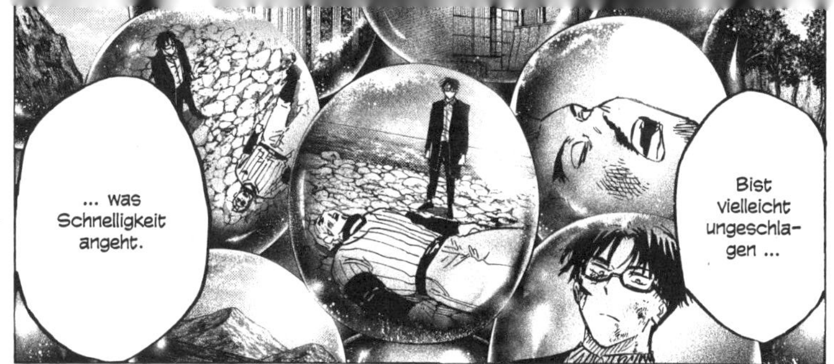

Aber allein damit ...

... kannst du den Giftmeister nicht besiegen.

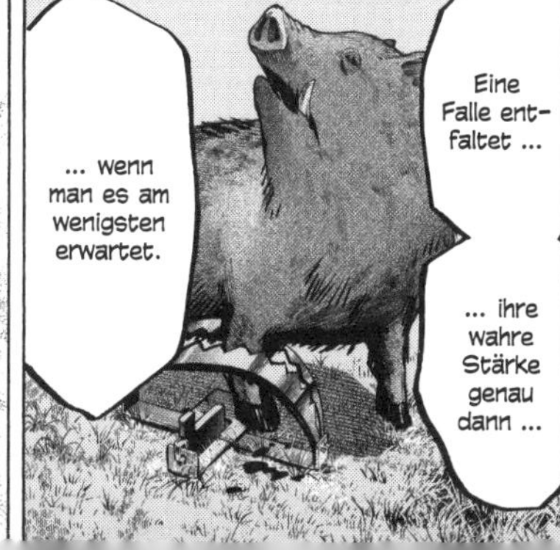

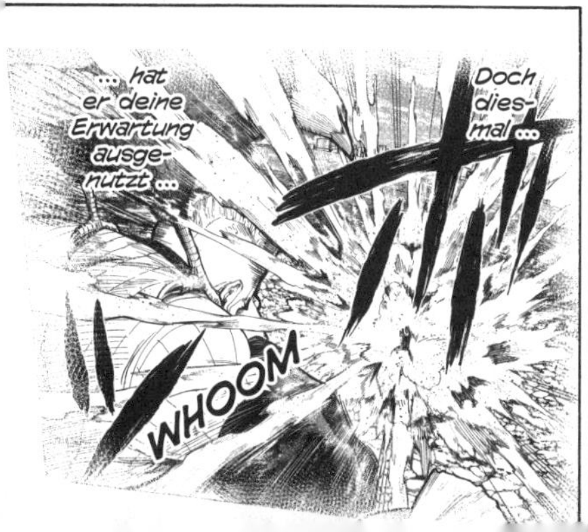

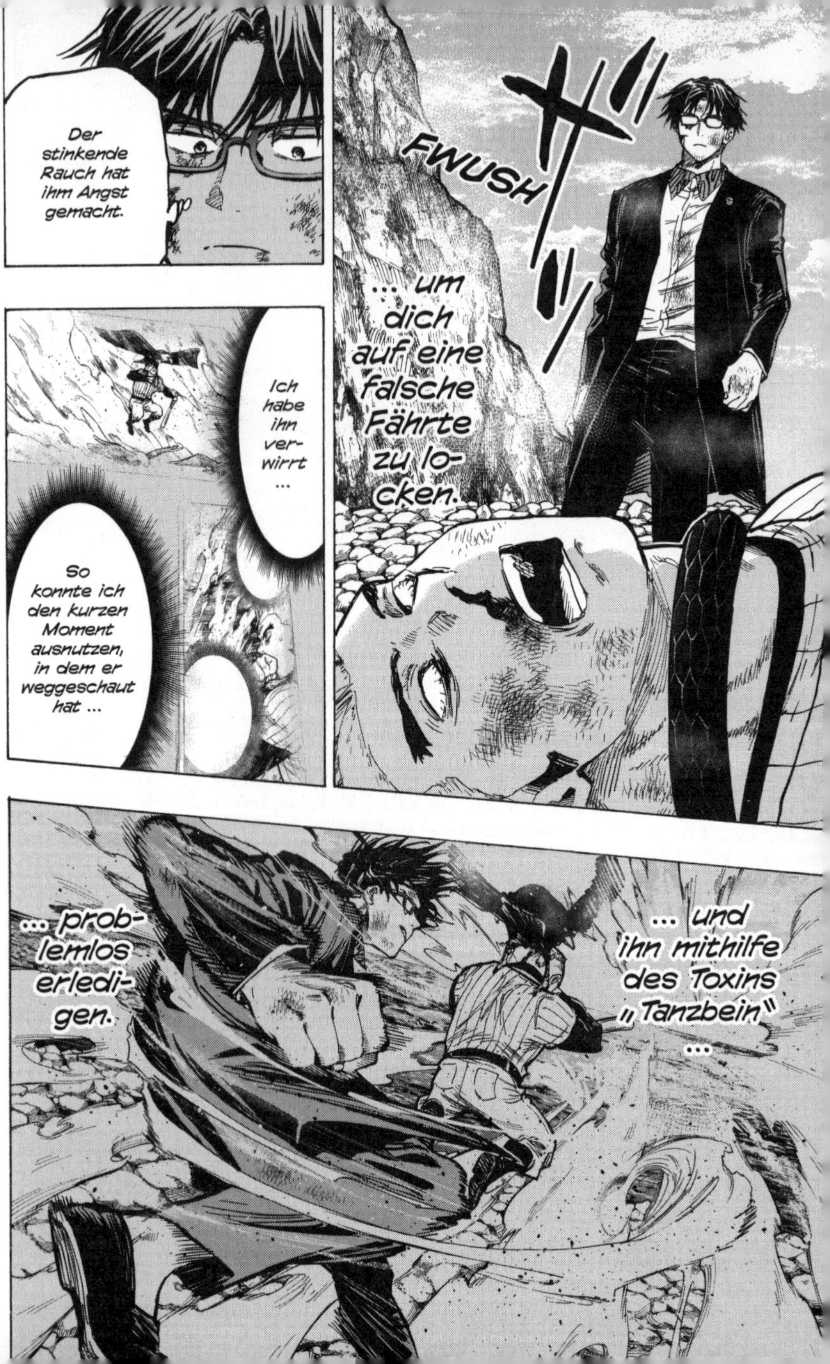

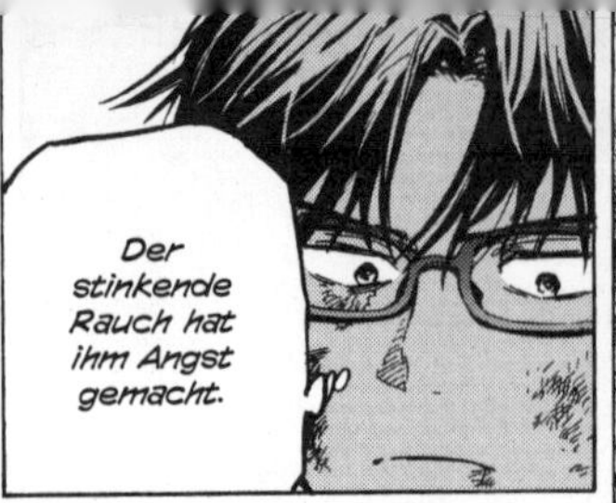

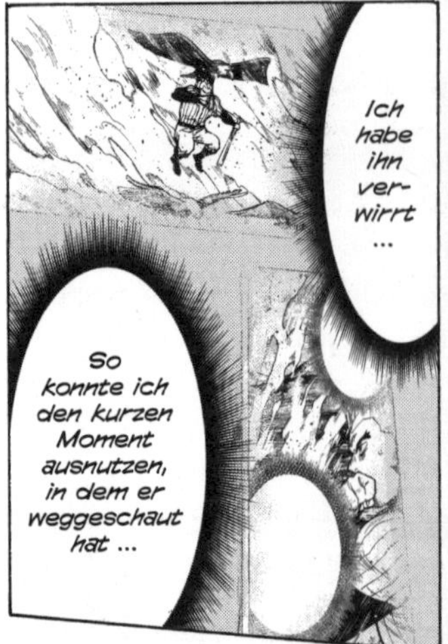

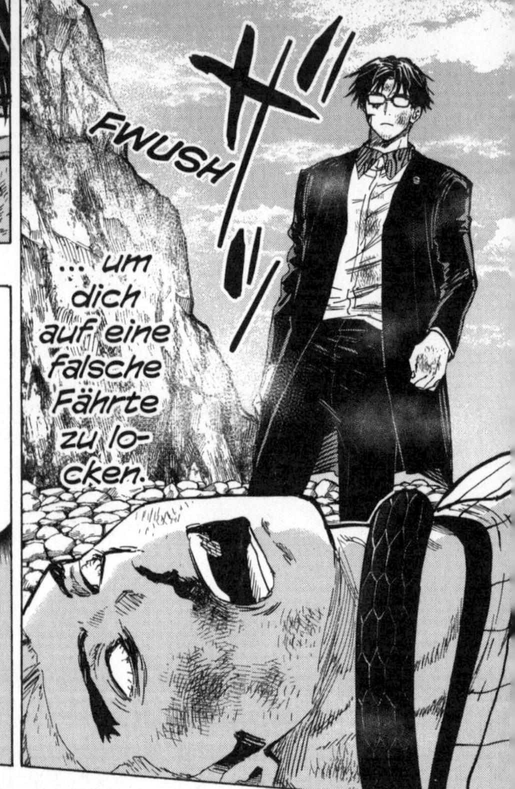

... und ihn mithilfe des Toxins „Tanzbein“ ...

... problemlos erledigen.

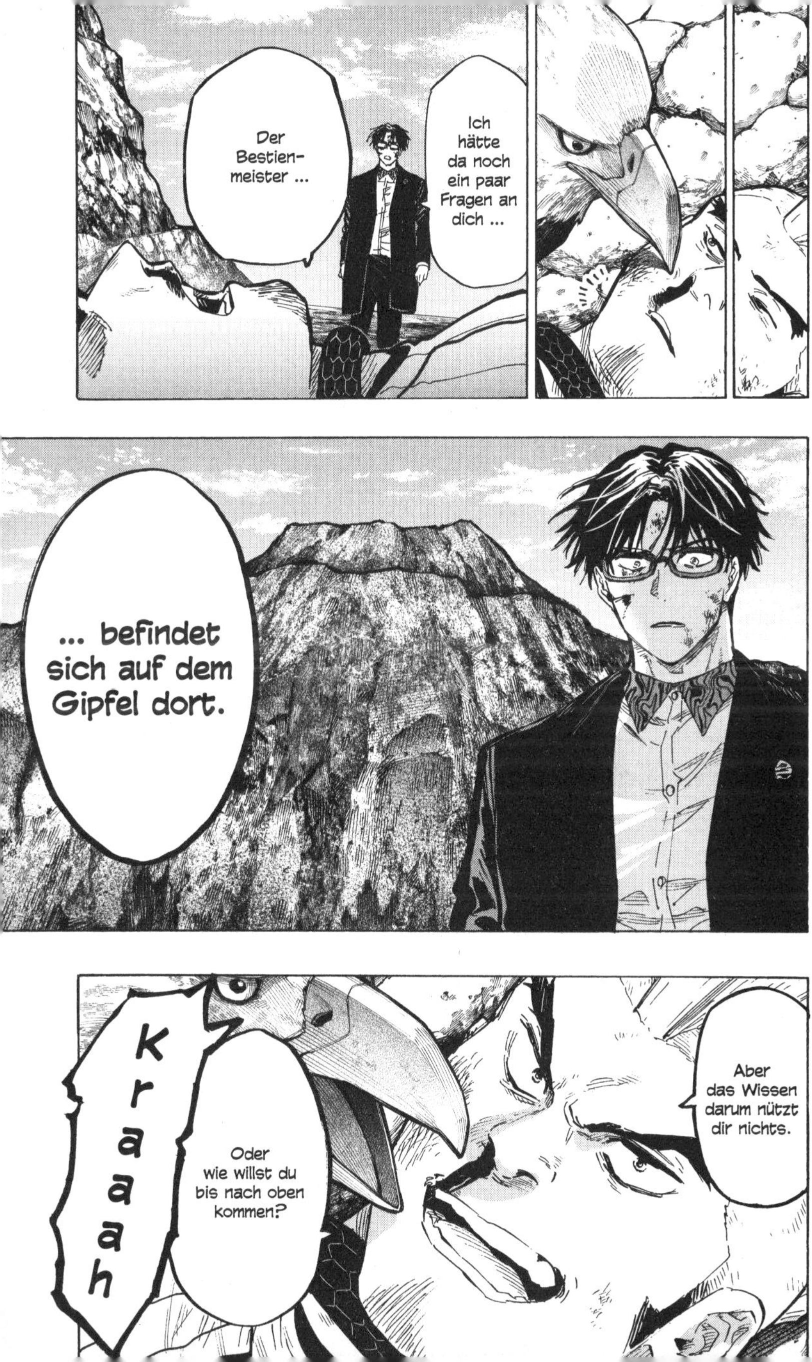

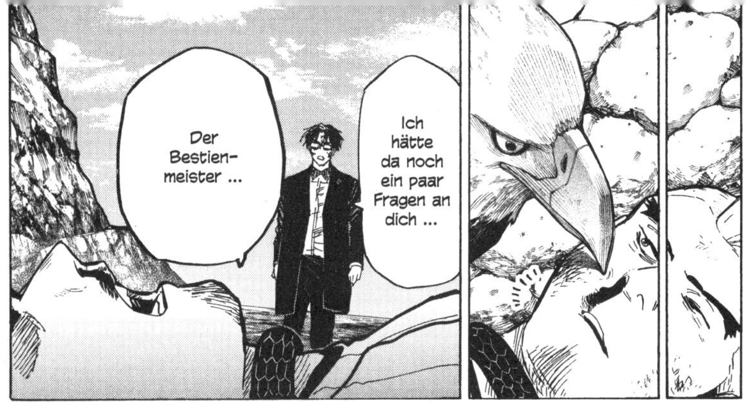

... befindet sich auf dem Gipfel dort.

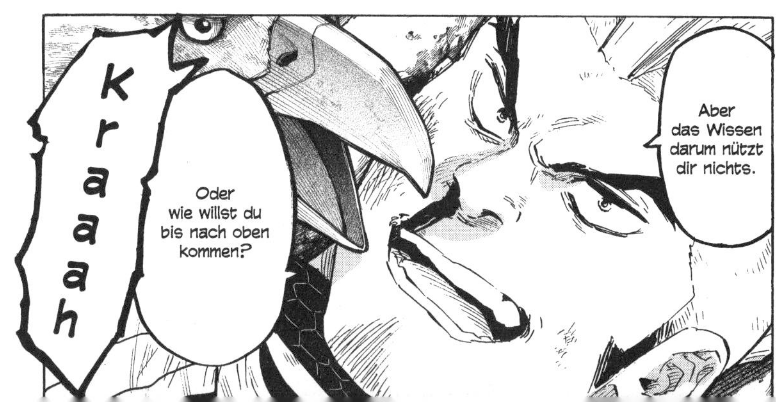

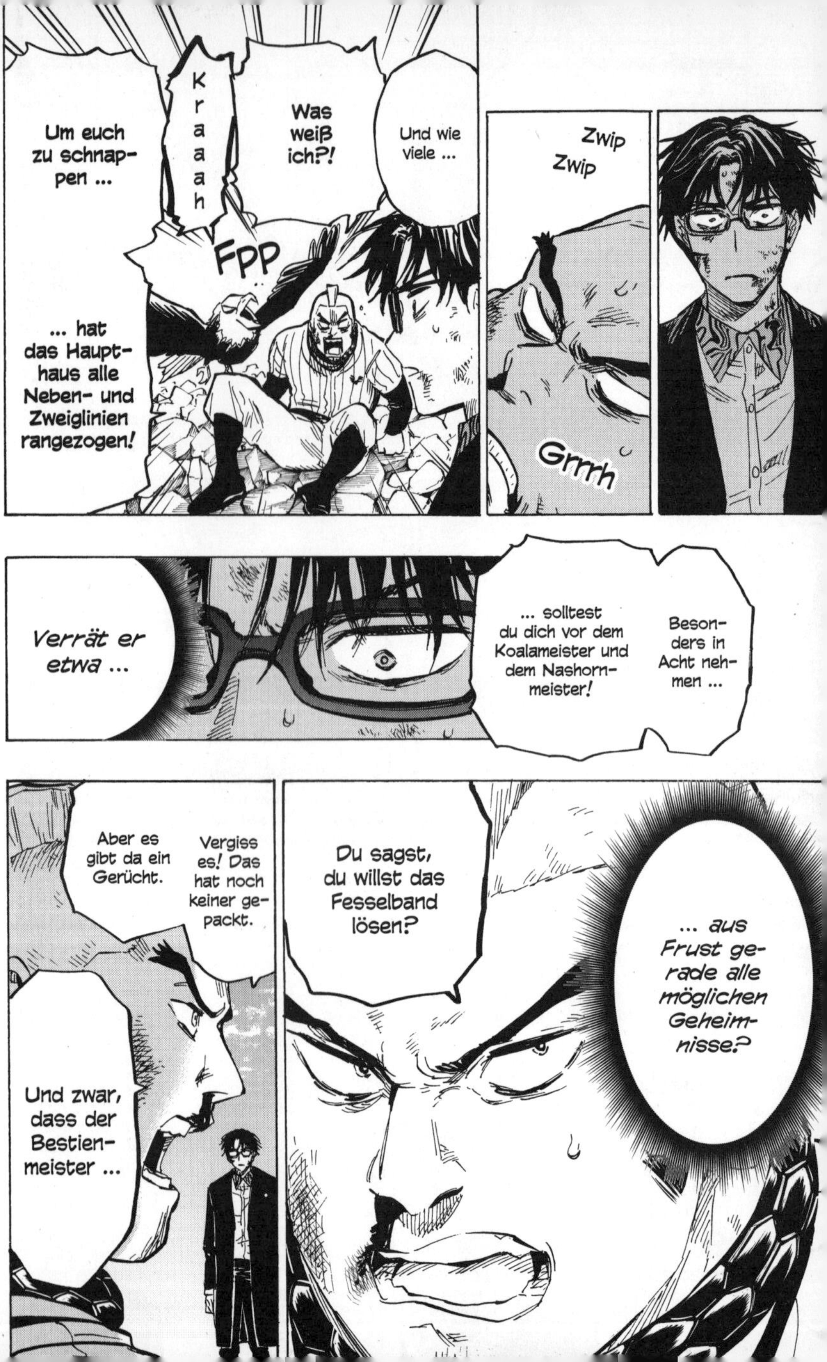

Zwip
Zwip
Grrrh

Und wie viele ...
Was weiß ich?!
Kraaah
Um euch zu schnappen ...
Fpp
... hat das Haupthaus alle Neben- und Zweiglinien rangezogen!

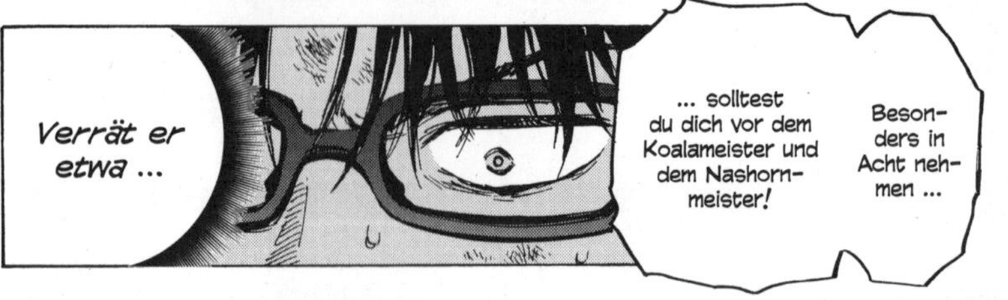

... aus Frust gerade alle möglichen Geheimnisse?
Du sagst, du willst das Fesselband lösen?

Vergiss es! Das hat noch keiner gepackt.
Aber es gibt da ein Gerücht.
Und zwar, dass der Bestienmeister ...

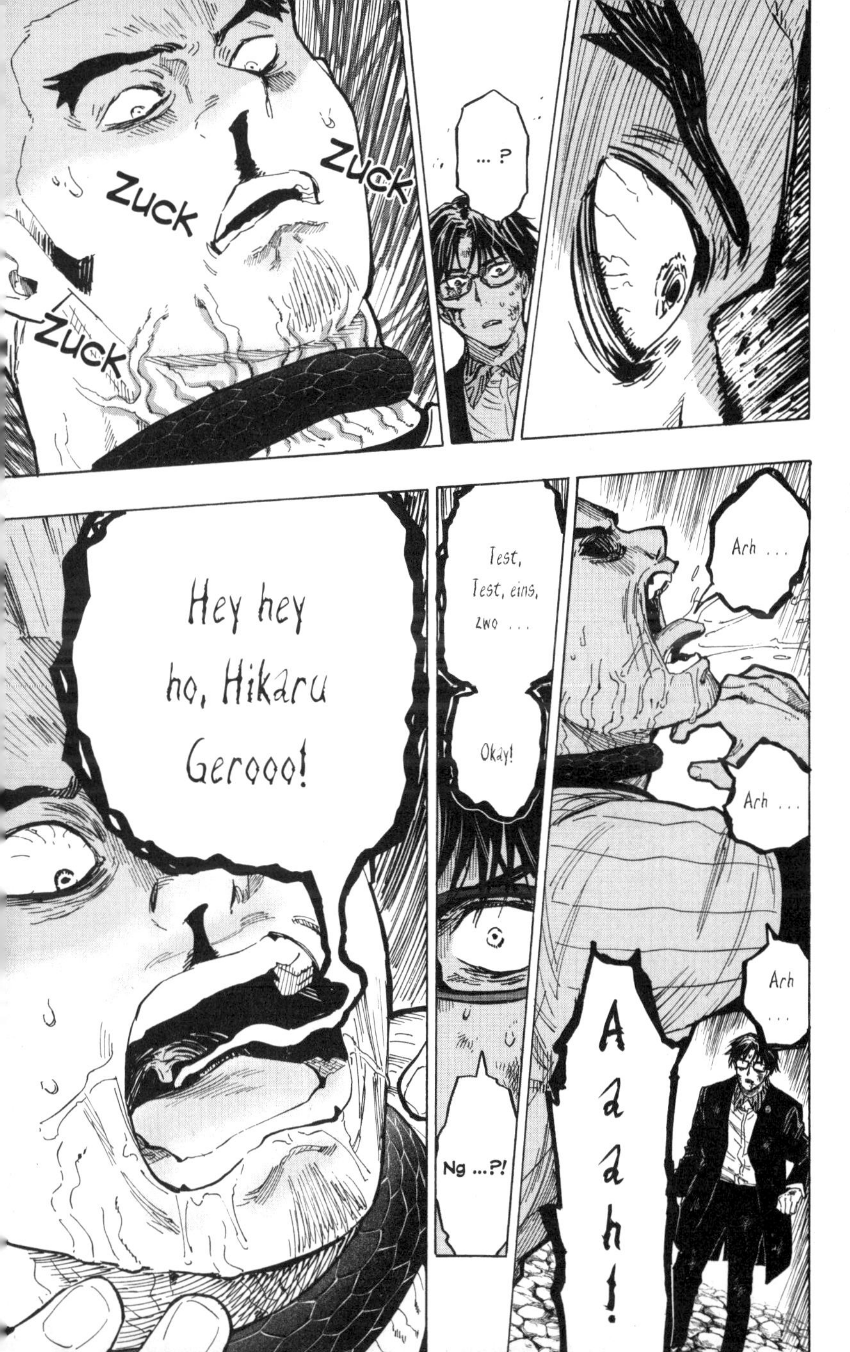

... ?
Zuck
Zuck
Zuck
Arh ...
Arh ...
Arh ...
Aaah!
Test, Test, eins, zwo ...
Okay!
Ng ...?!
Hey hey ho, Hikaru Gerooo!

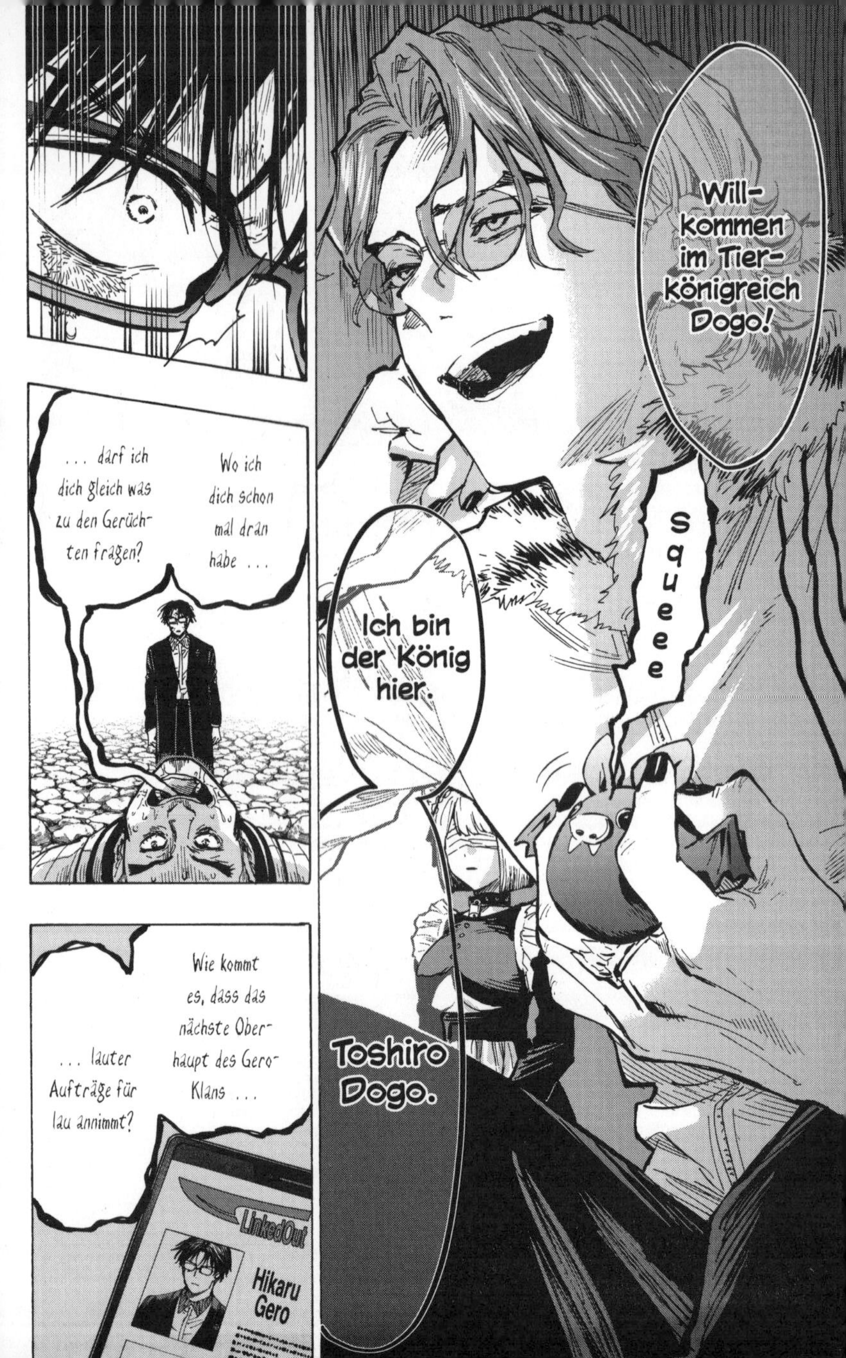
Willkommen im Tierkönigreich Dogo!
Squeeee
Ich bin der König hier.
Toshiro Dogo.
Wo ich dich schon mal dran habe …
… darf ich dich gleich was zu den Gerüchten fragen?
Wie kommt es, dass das nächste Oberhaupt des Gero-Klans …
… lauter Aufträge für lau annimmt?
LinkedOut
Hikaru Gero

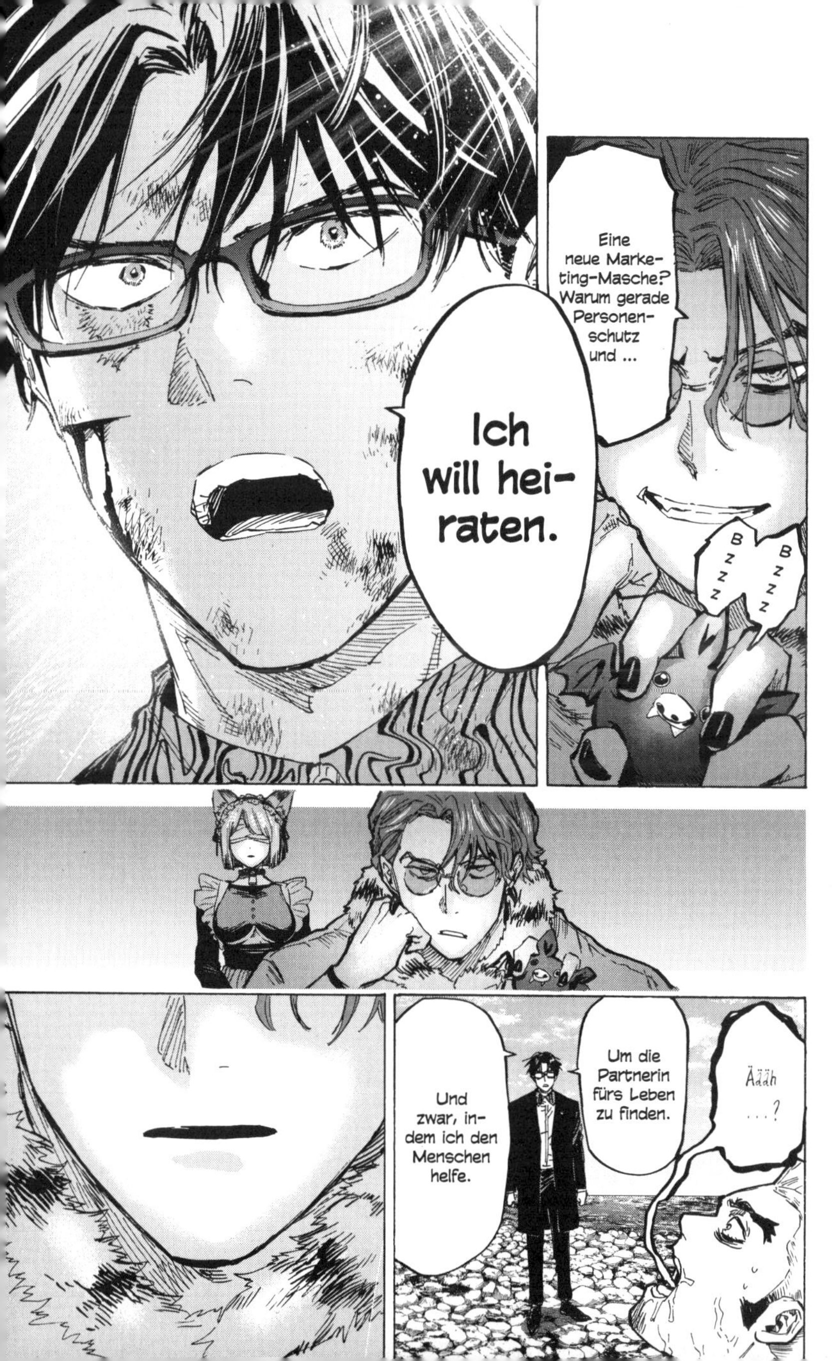
Eine neue Marke-ting-Masche? Warum gerade Personen-schutz und ...
BZZZ
BZZZ
Ich will hei-raten.
Äääh ...?
Um die Partnerin fürs Leben zu finden.
Und zwar, in-dem ich den Menschen helfe.

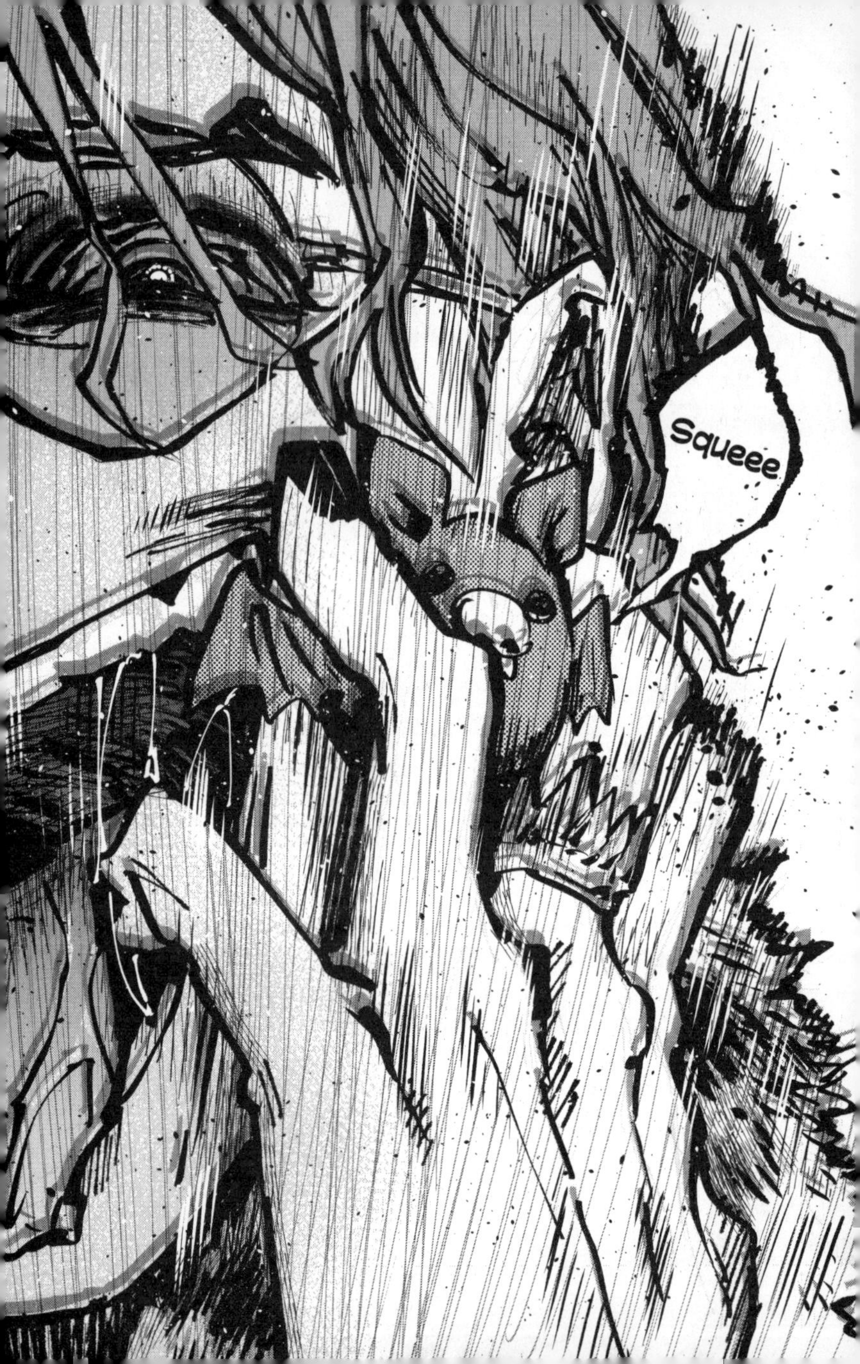
Squeee

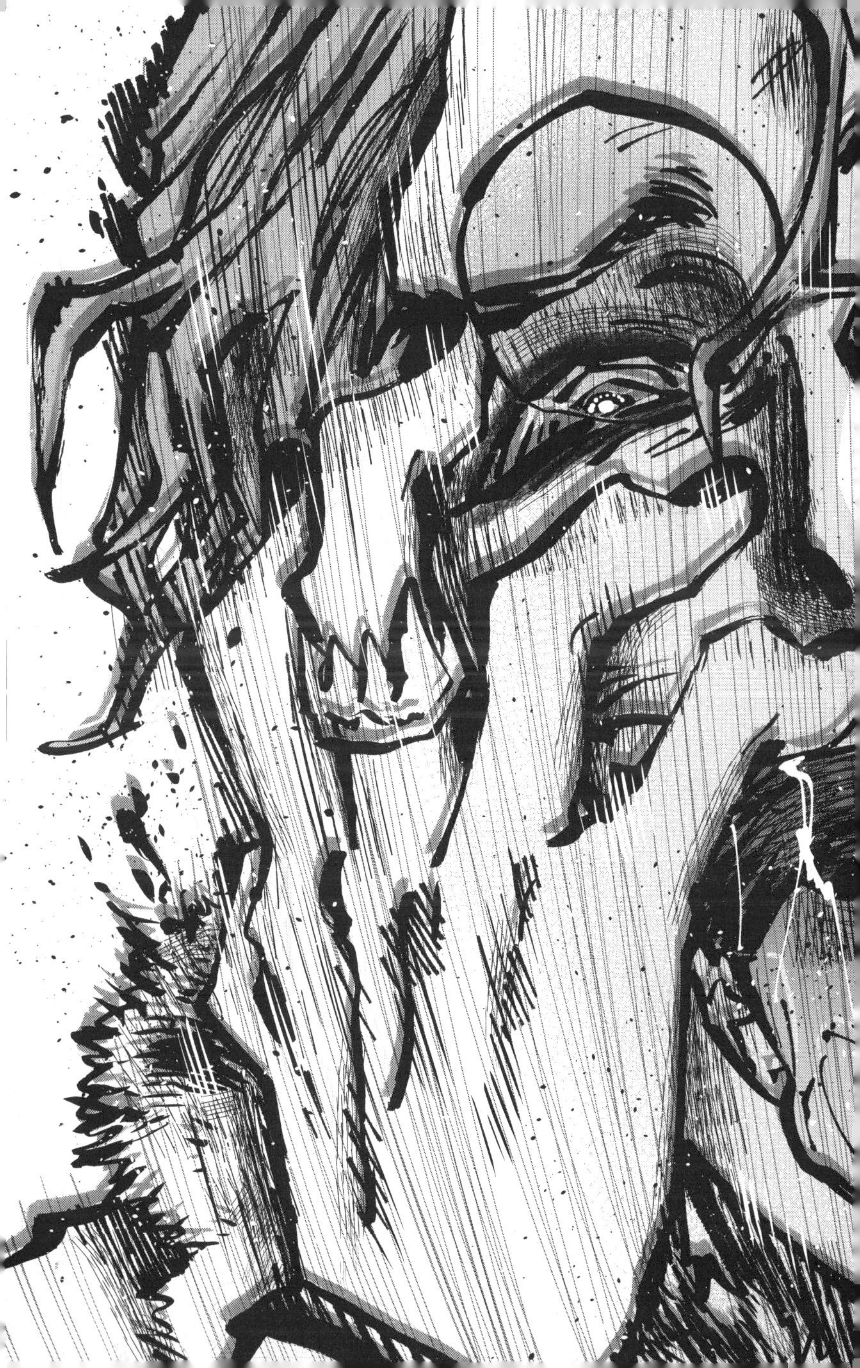

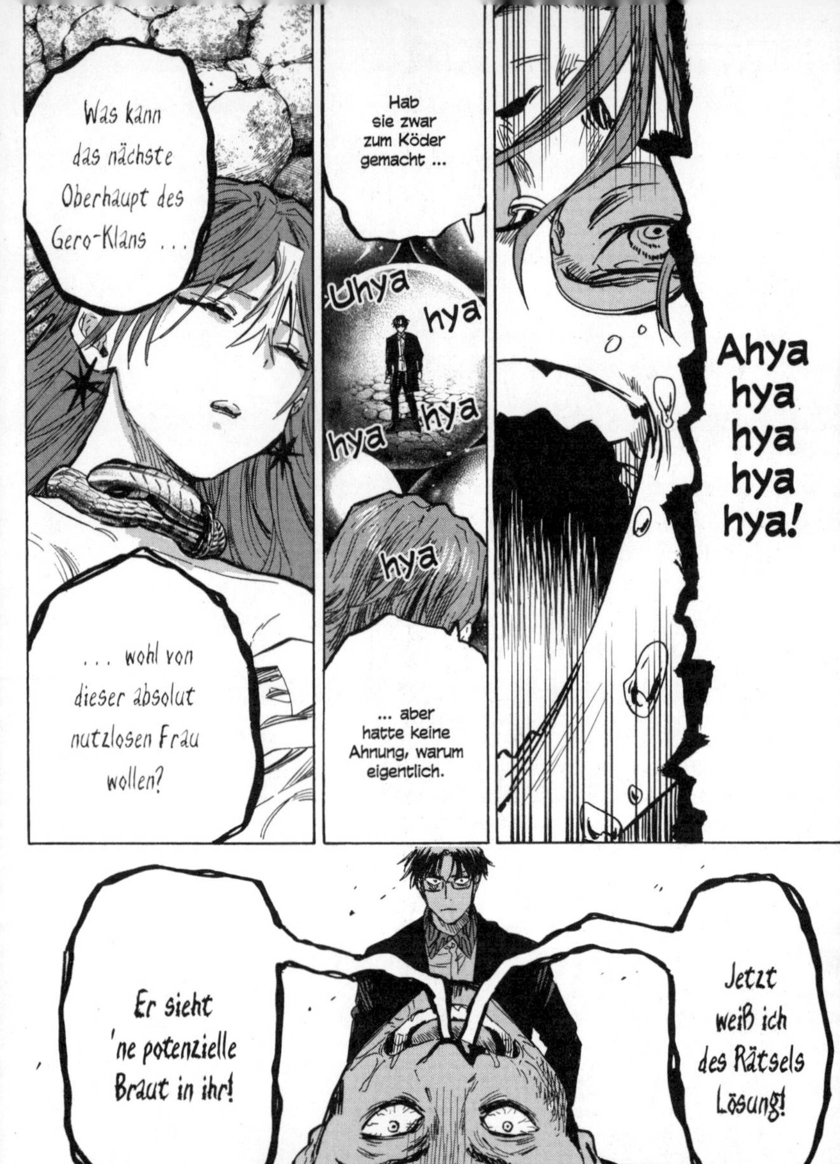
Ahya hya hya hya hya!
Hab sie zwar zum Köder gemacht ...
Uhya hya hya hya hya
... aber hatte keine Ahnung, warum eigentlich.
Was kann das nächste Oberhaupt des Gero-Klans ...
... wohl von dieser absolut nutzlosen Frau wollen?
Jetzt weiß ich des Rätsels Lösung!
Er sieht 'ne potenzielle Braut in ihr!

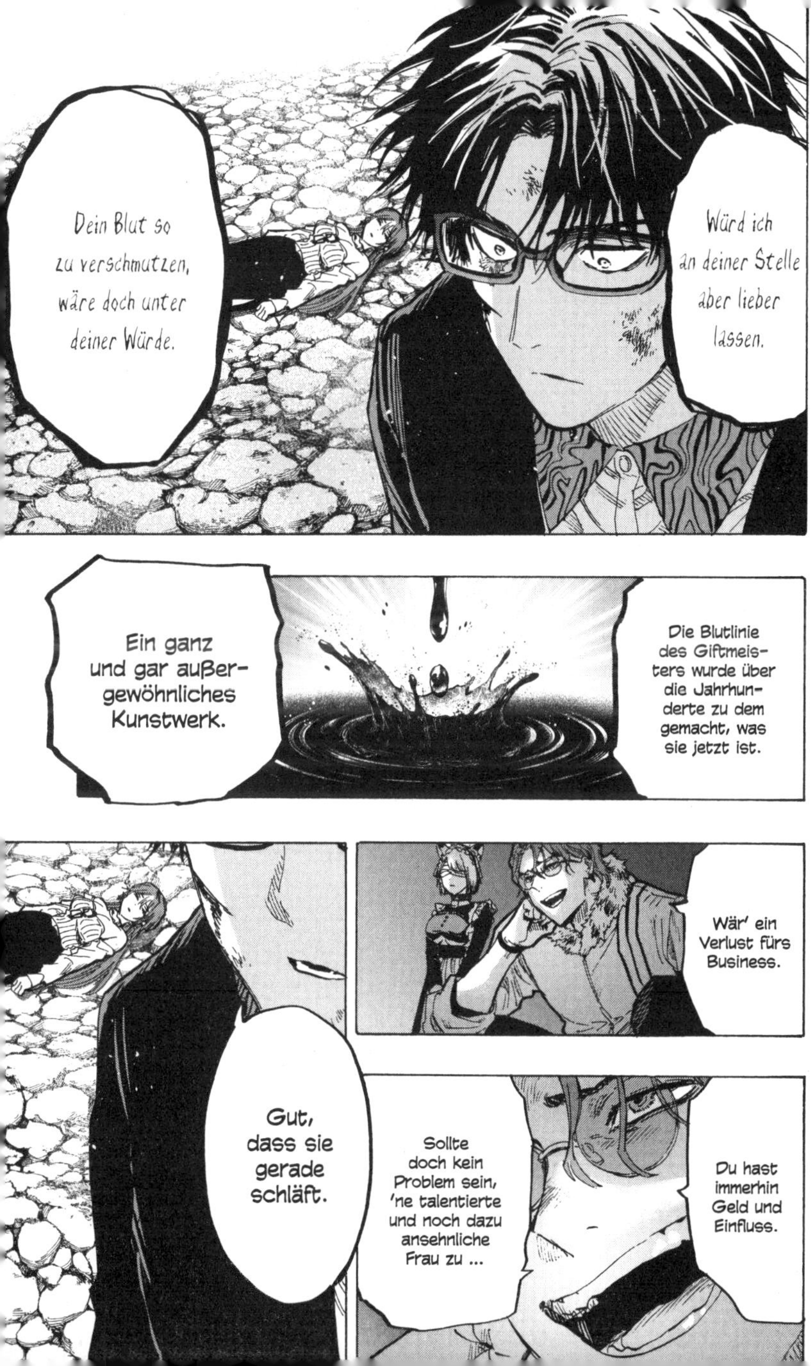

Würd ich an deiner Stelle aber lieber lassen.
Dein Blut so zu verschmutzen, wäre doch unter deiner Würde.

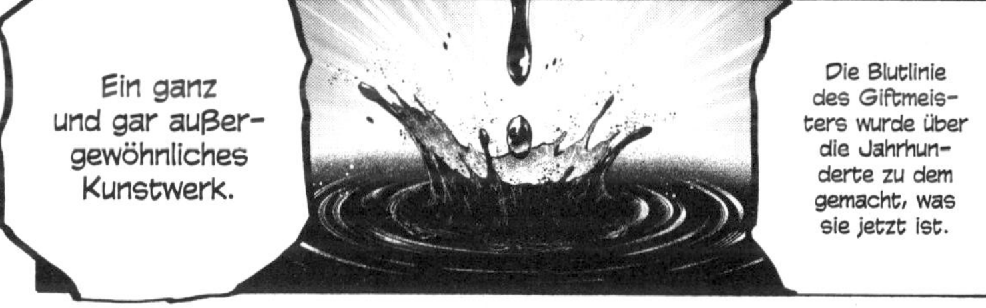

Wär' ein Verlust fürs Business.
Du hast immerhin Geld und Einfluss.
Sollte doch kein Problem sein, 'ne talentierte und noch dazu ansehnliche Frau zu ...
Gut, dass sie gerade schläft.

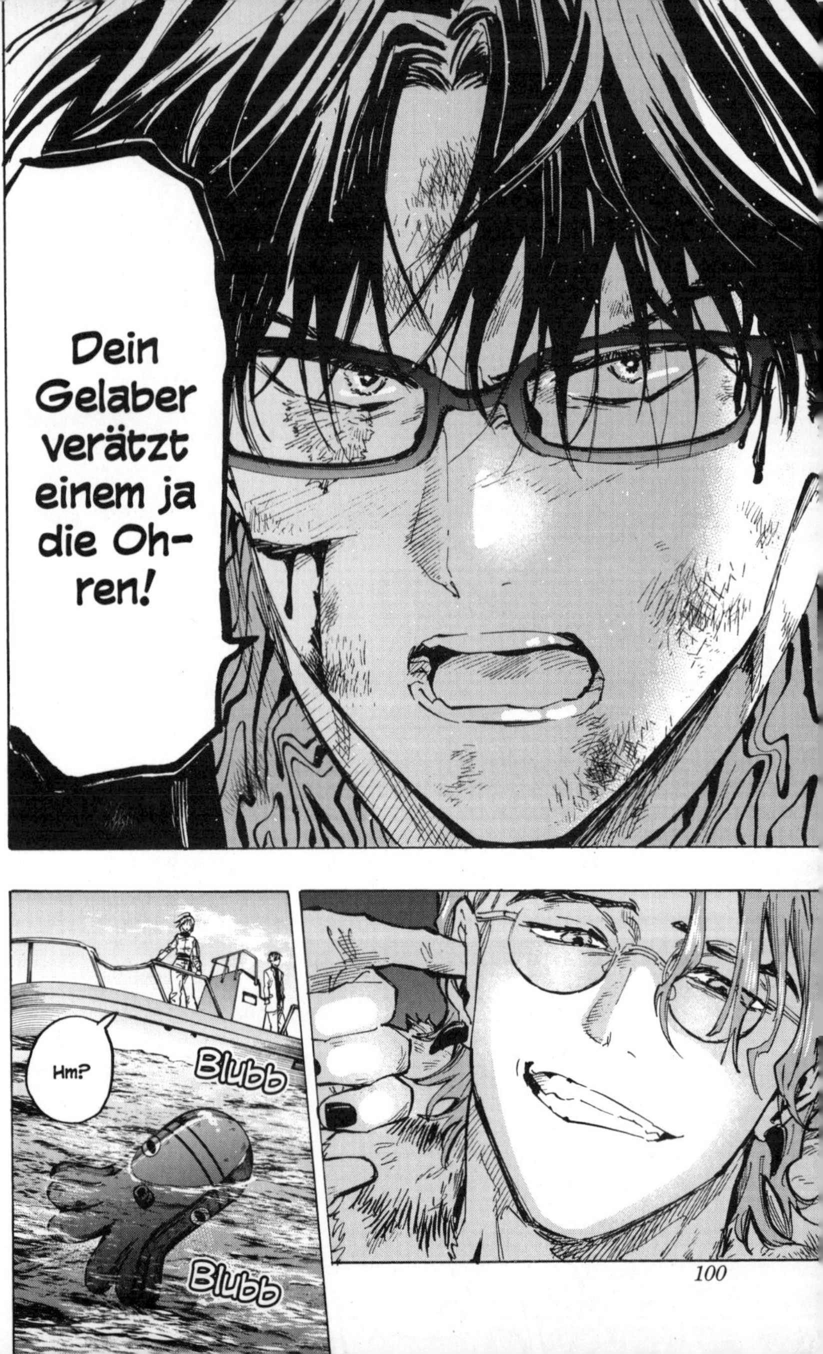

Dein Gelaber verätzt einem ja die Oh-ren!

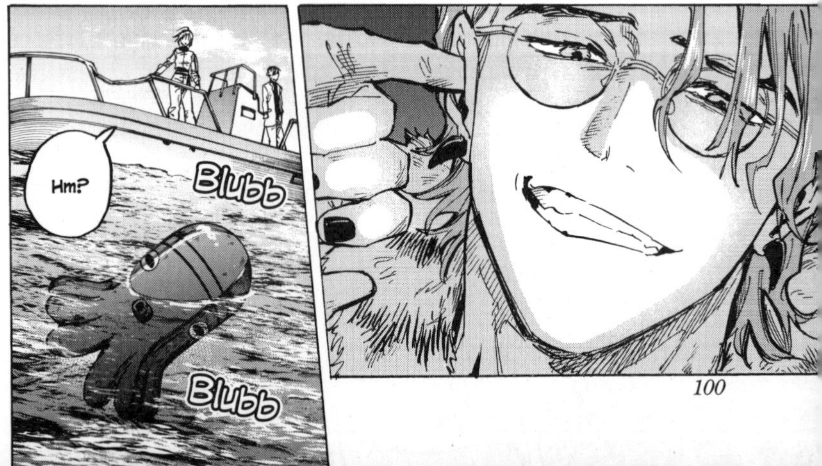

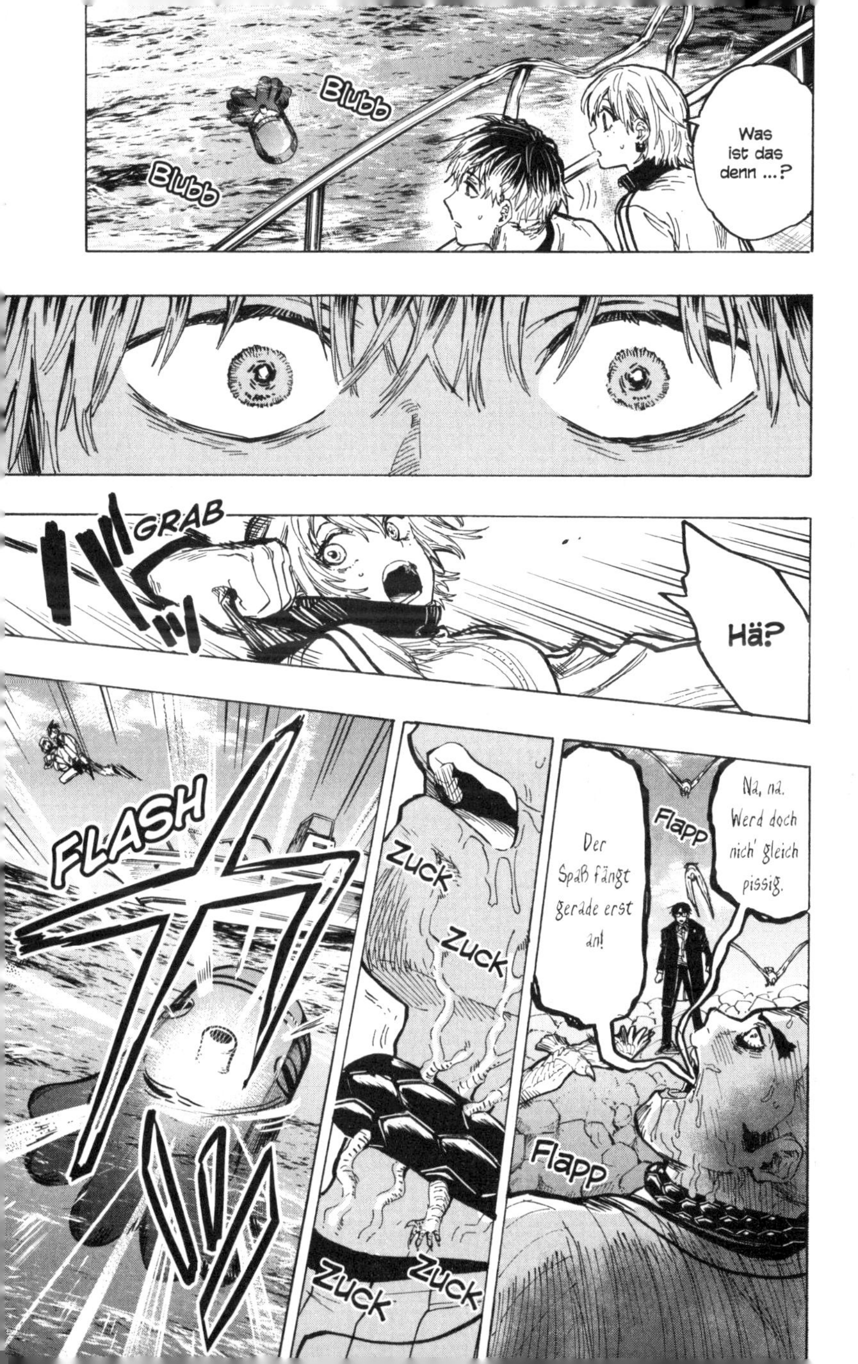

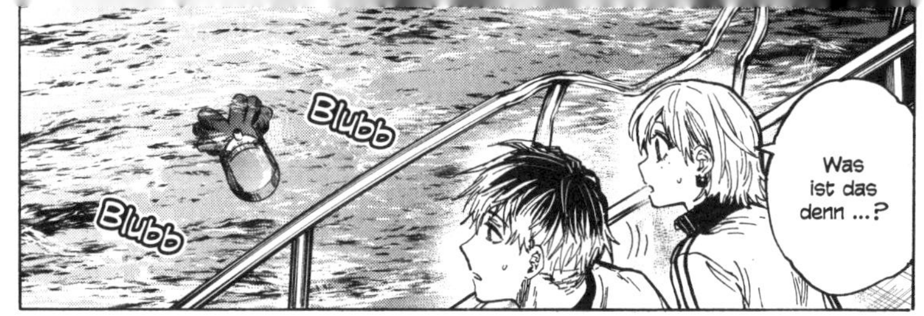
Was ist das denn ...?
Blubb
Blubb

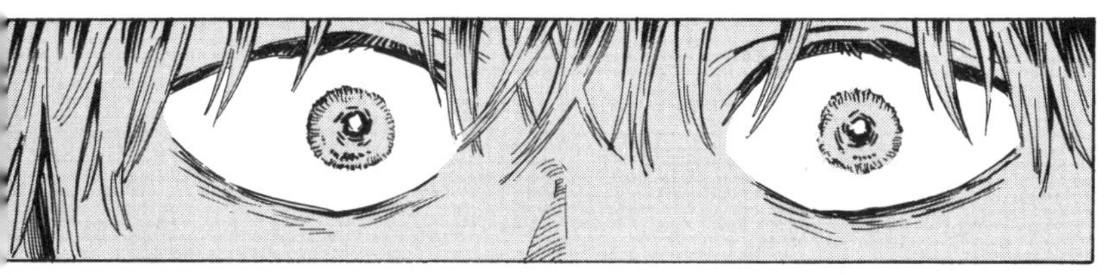

Hä?
GRAB
Na, na. Werd doch nich' gleich pissig.
Der Spaß fängt gerade erst an!
Flapp
Flapp
Zuck
Zuck
Zuck
Zuck
FLASH

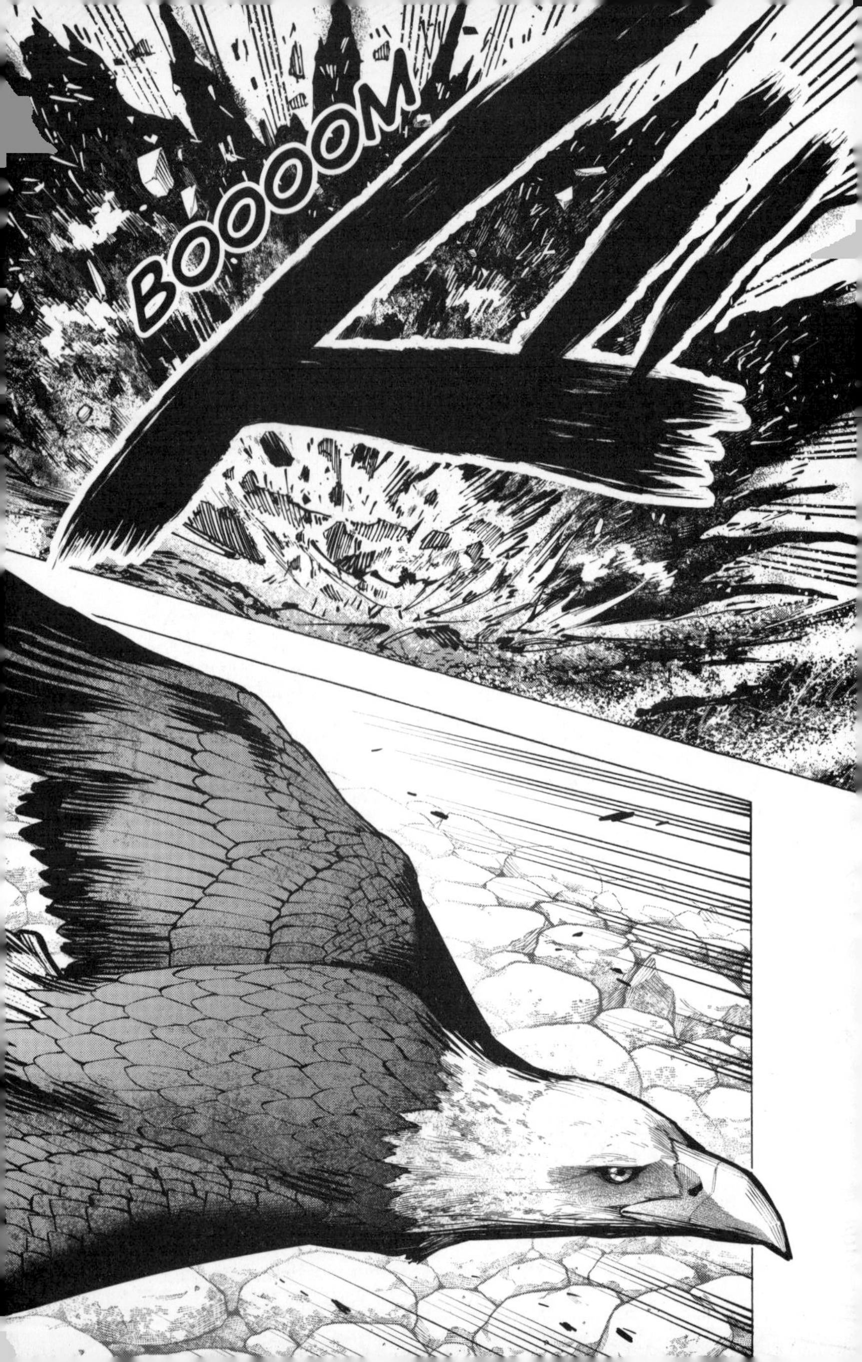
BOOOOOM

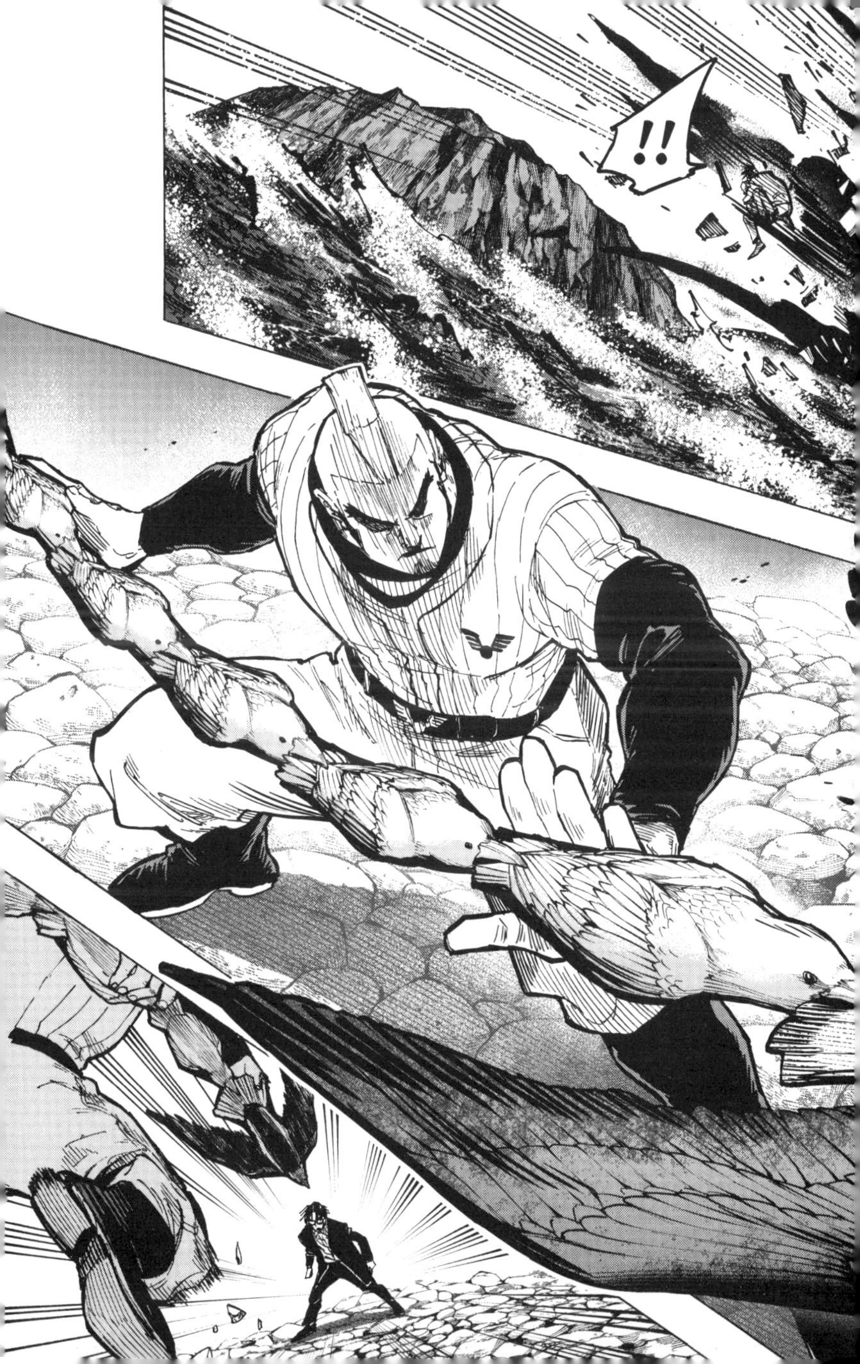

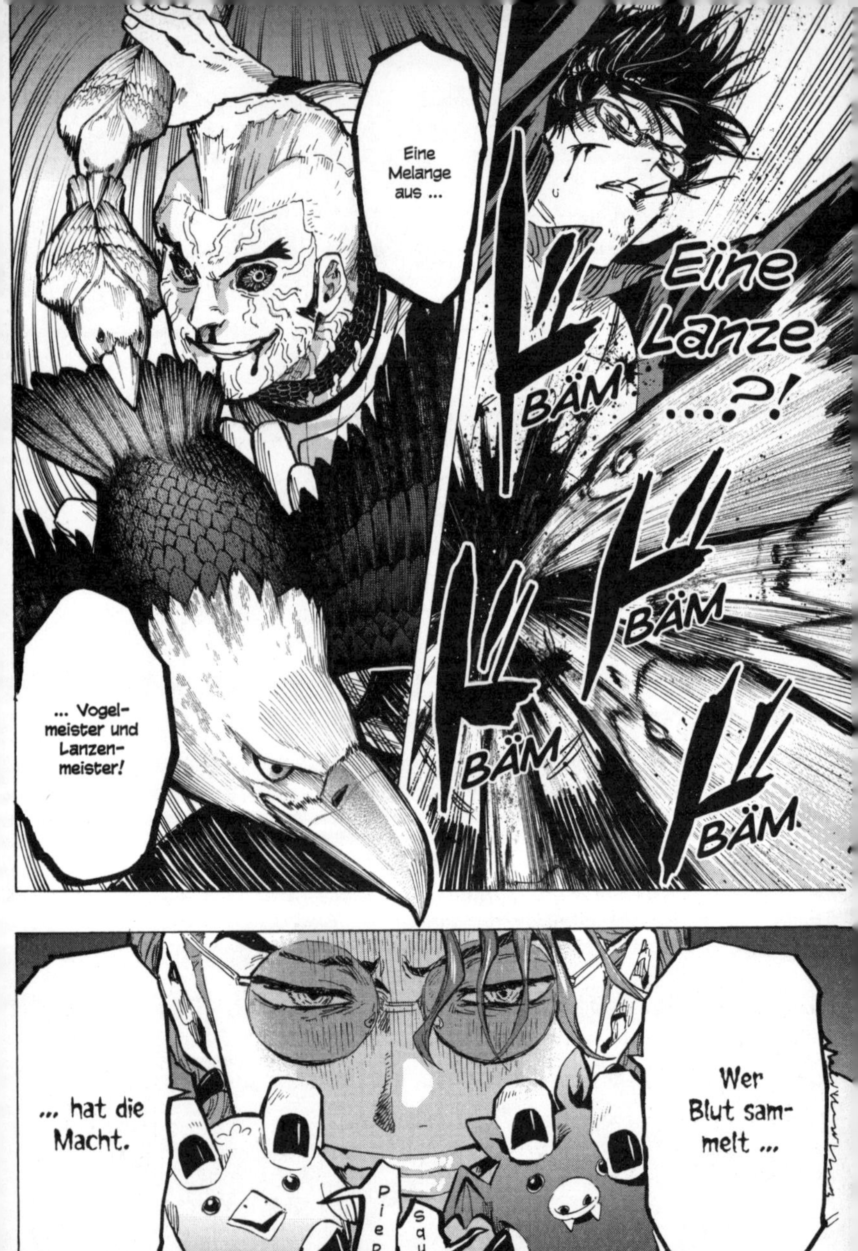
Eine Melange aus ...
Eine Lanze ...?!
BÄM
BÄM
BÄM
BÄM
... Vogelmeister und Lanzenmeister!
Wer Blut sammelt ...
... hat die Macht.
Piep
Squee

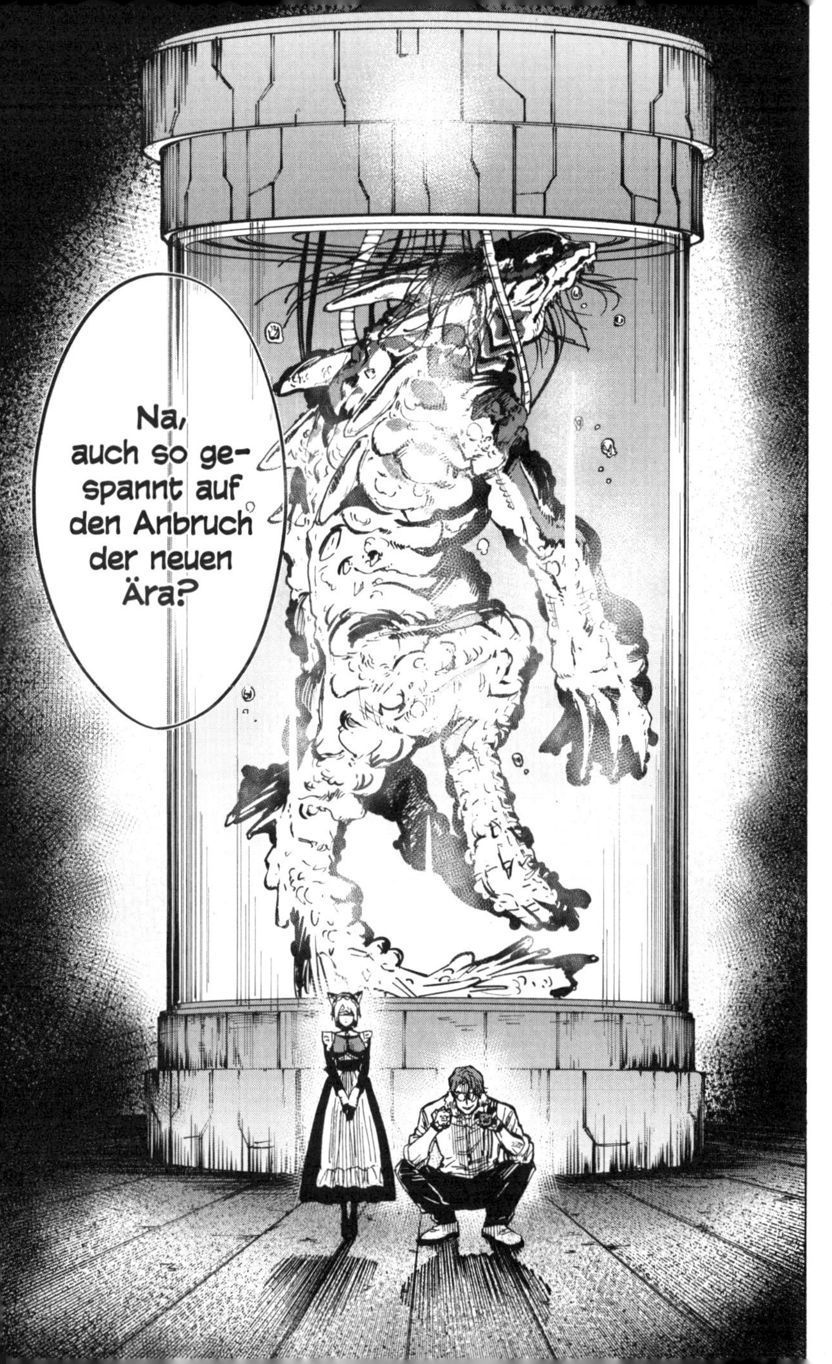
Na, auch so ge-spannt auf den Anbruch der neuen Ära?

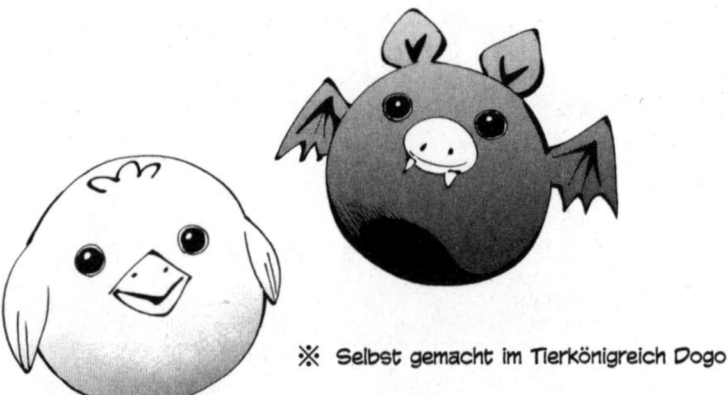
※ Selbst gemacht im Tierkönigreich Dogo

#25 Kleine Tricks

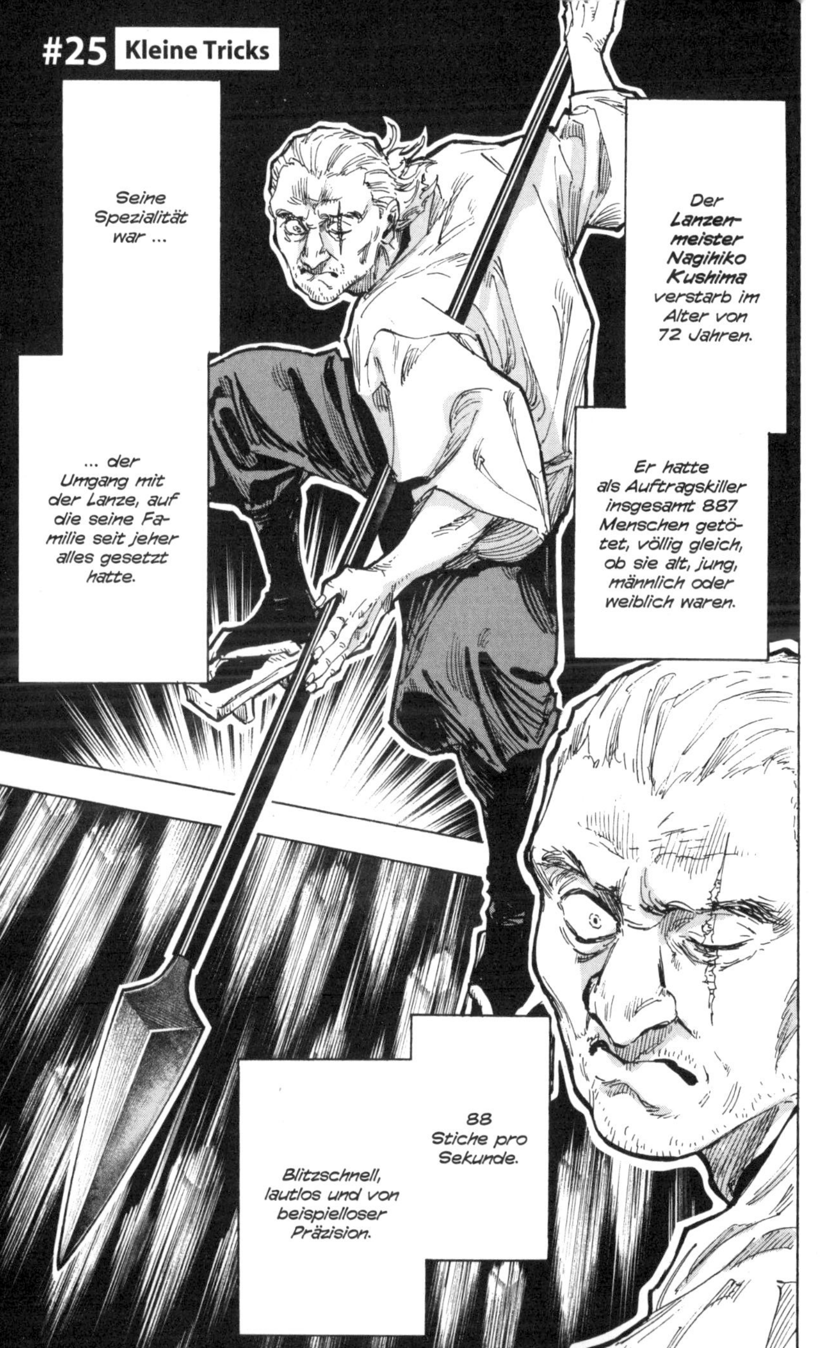

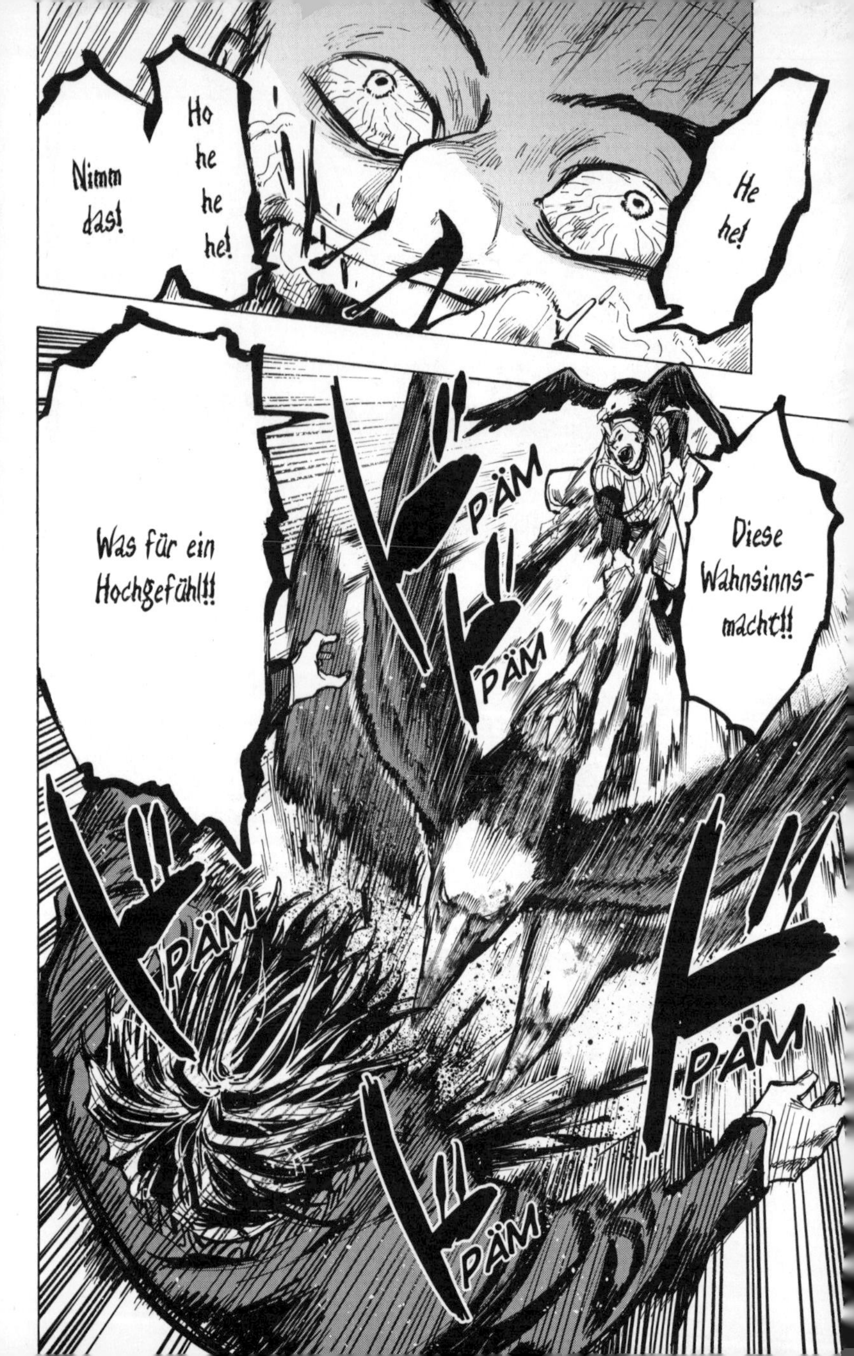
He he!
Ho he he he!
Nimm das!
Diese Wahnsinns-macht!!
Was für ein Hochgefühl!!
PÄM
PÄM
PÄM
PÄM
PÄM
PÄM

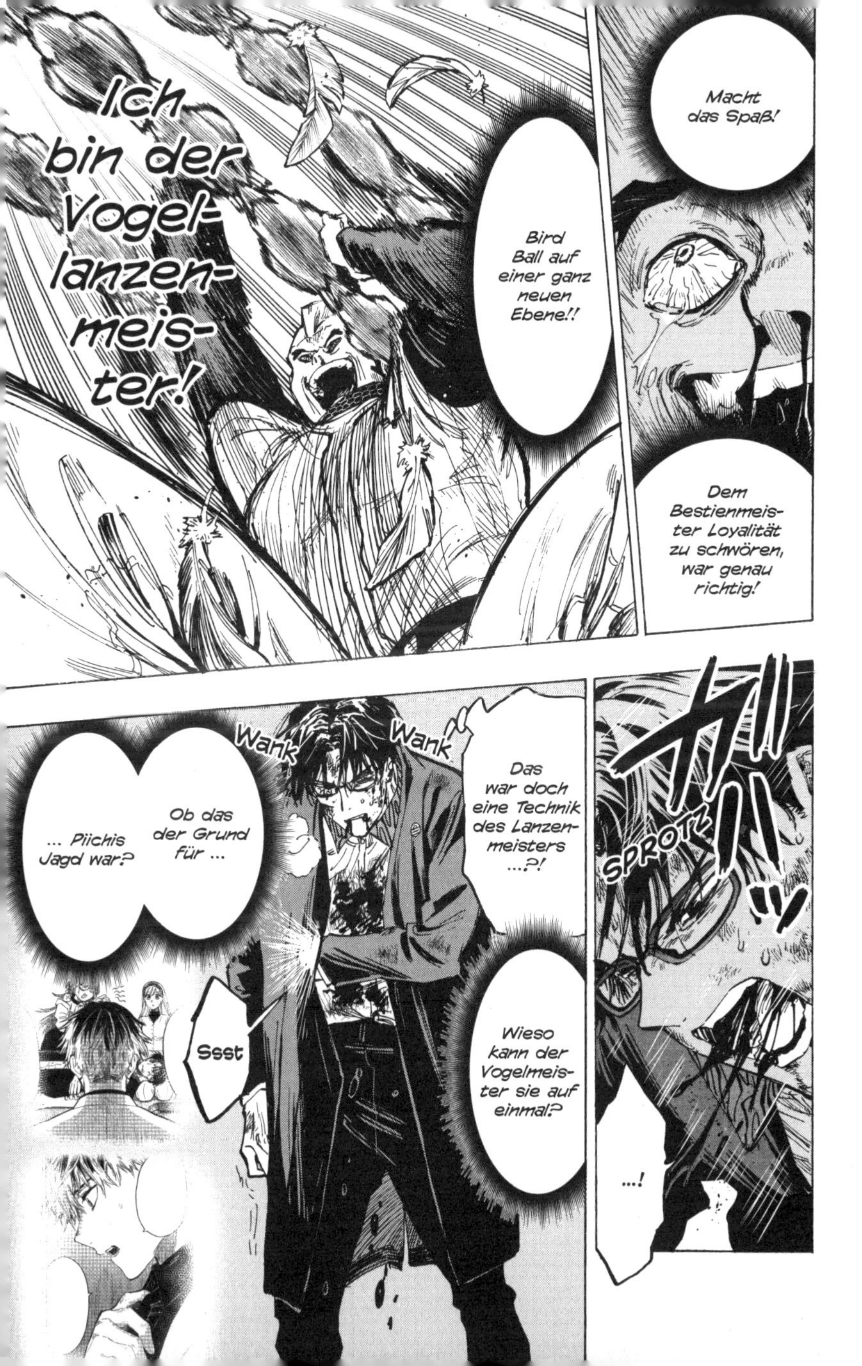

Macht das Spaß!

Dem Bestienmeister Loyalität zu schwören, war genau richtig!

Bird Ball auf einer ganz neuen Ebene!!

Ich bin der Vogellanzenmeister!

SPROTZ

Wieso kann der Vogelmeister sie auf einmal?

...!

Wank Wank

Das war doch eine Technik des Lanzenmeisters ...?!

Ob das der Grund für ...

... Piichis Jagd war?

Ssst

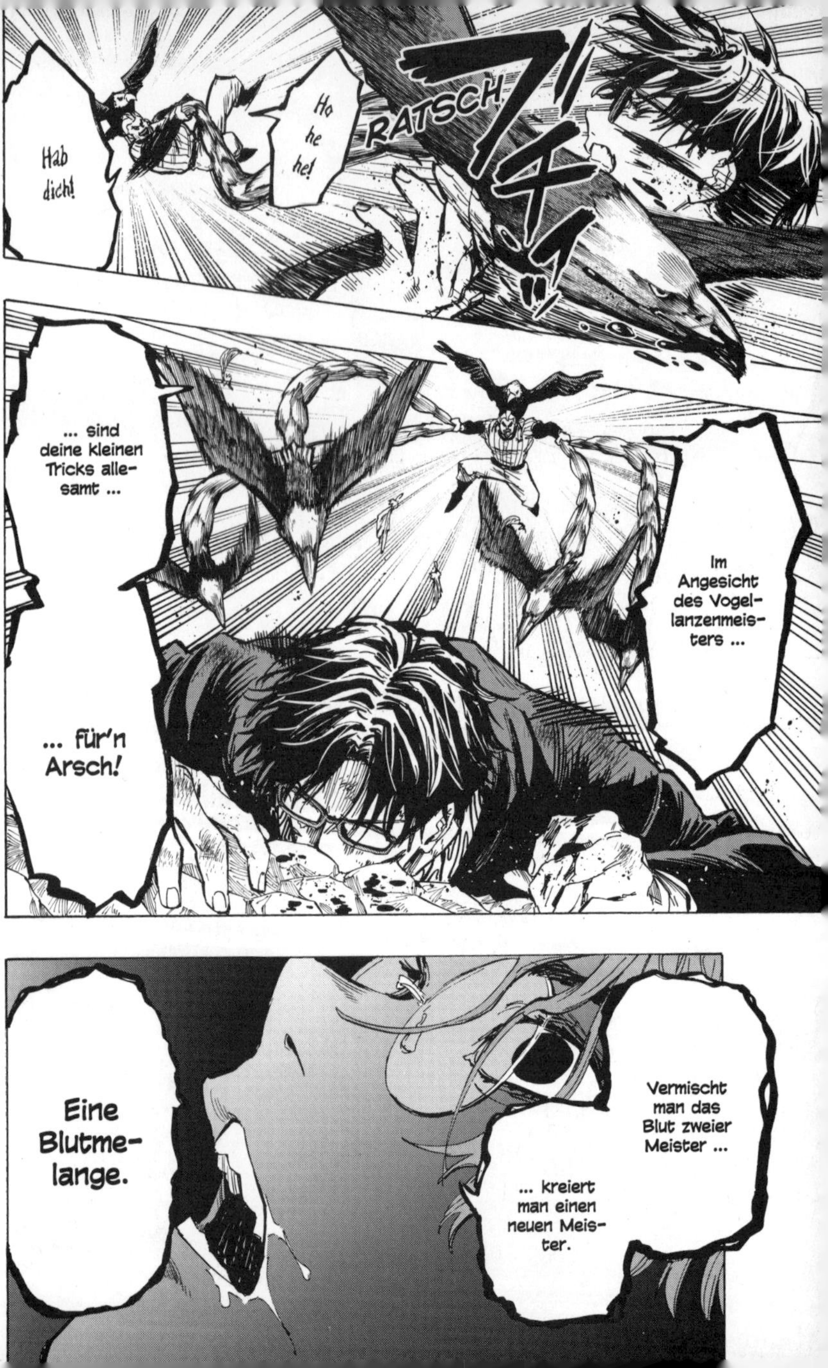

RATSCH

Ho he he!

Hab dich!

Im Angesicht des Vogellanzenmeisters ...

... sind deine kleinen Tricks allesamt ...

... für'n Arsch!

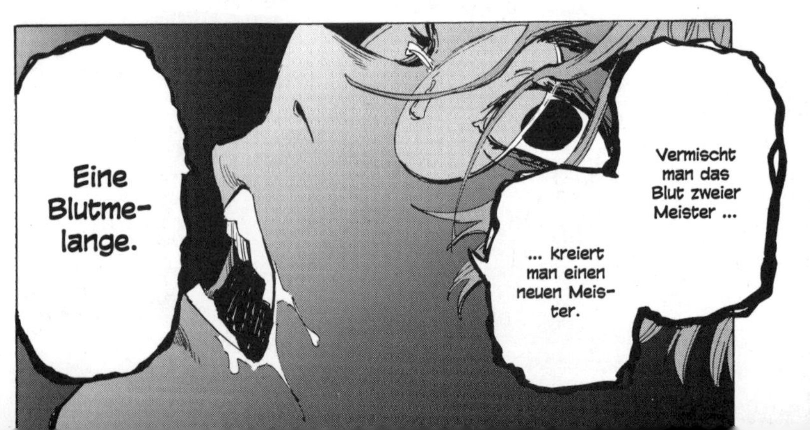

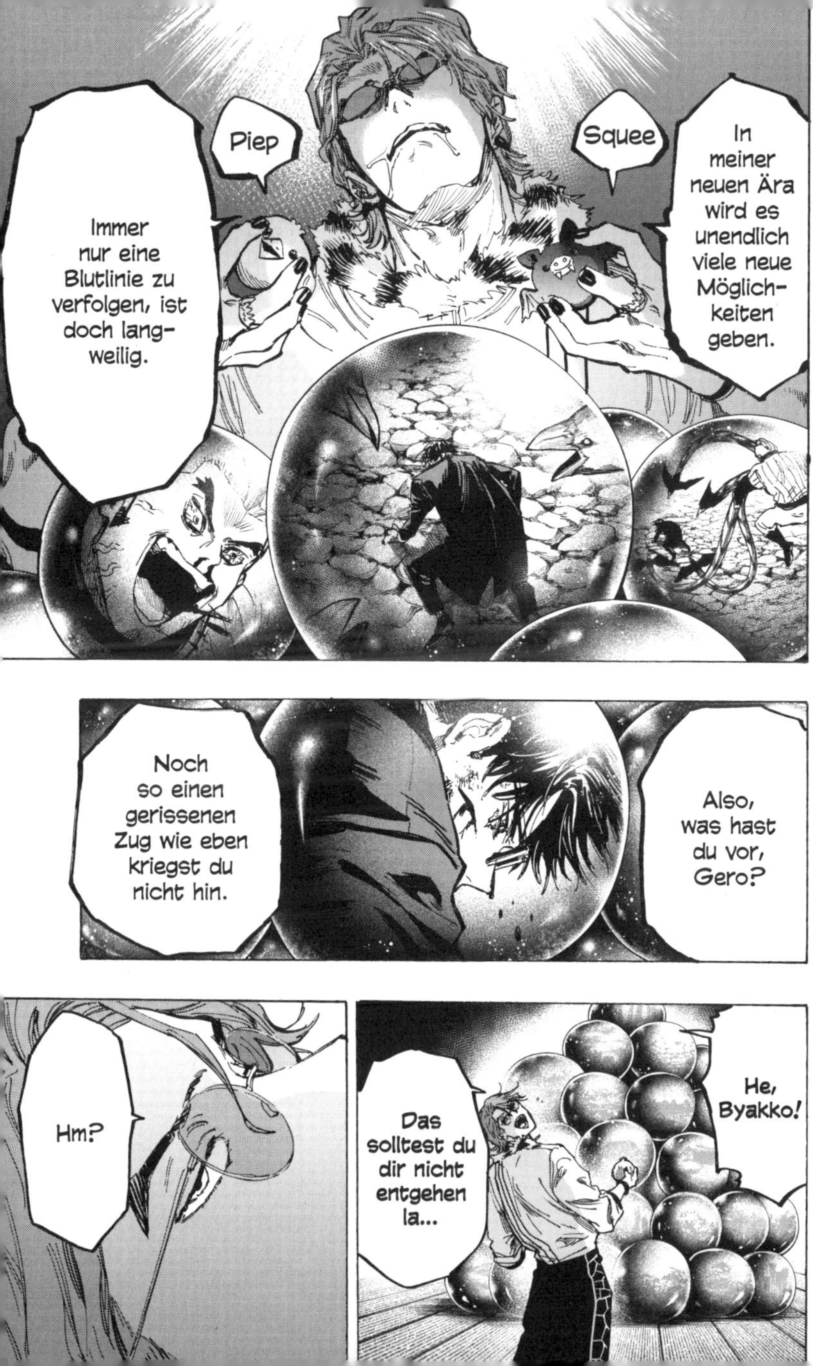

In meiner neuen Ära wird es unendlich viele neue Möglichkeiten geben.

Squee

Piep

Immer nur eine Blutlinie zu verfolgen, ist doch langweilig.

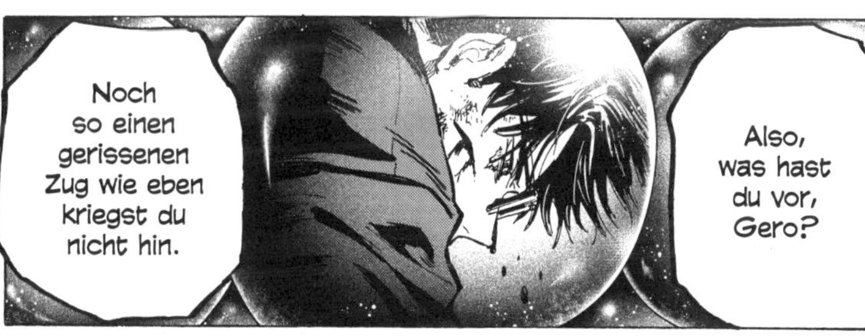

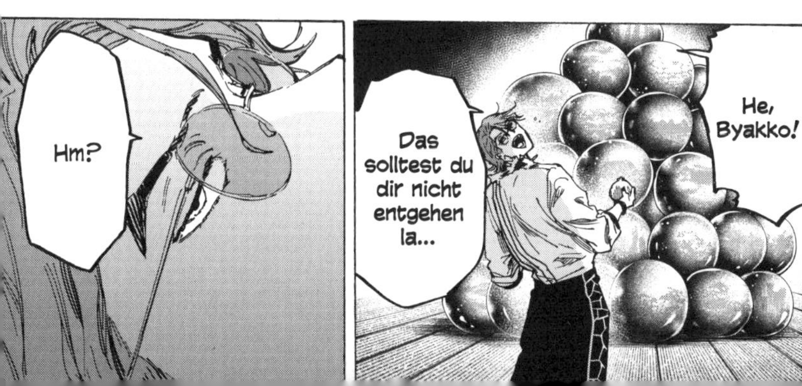

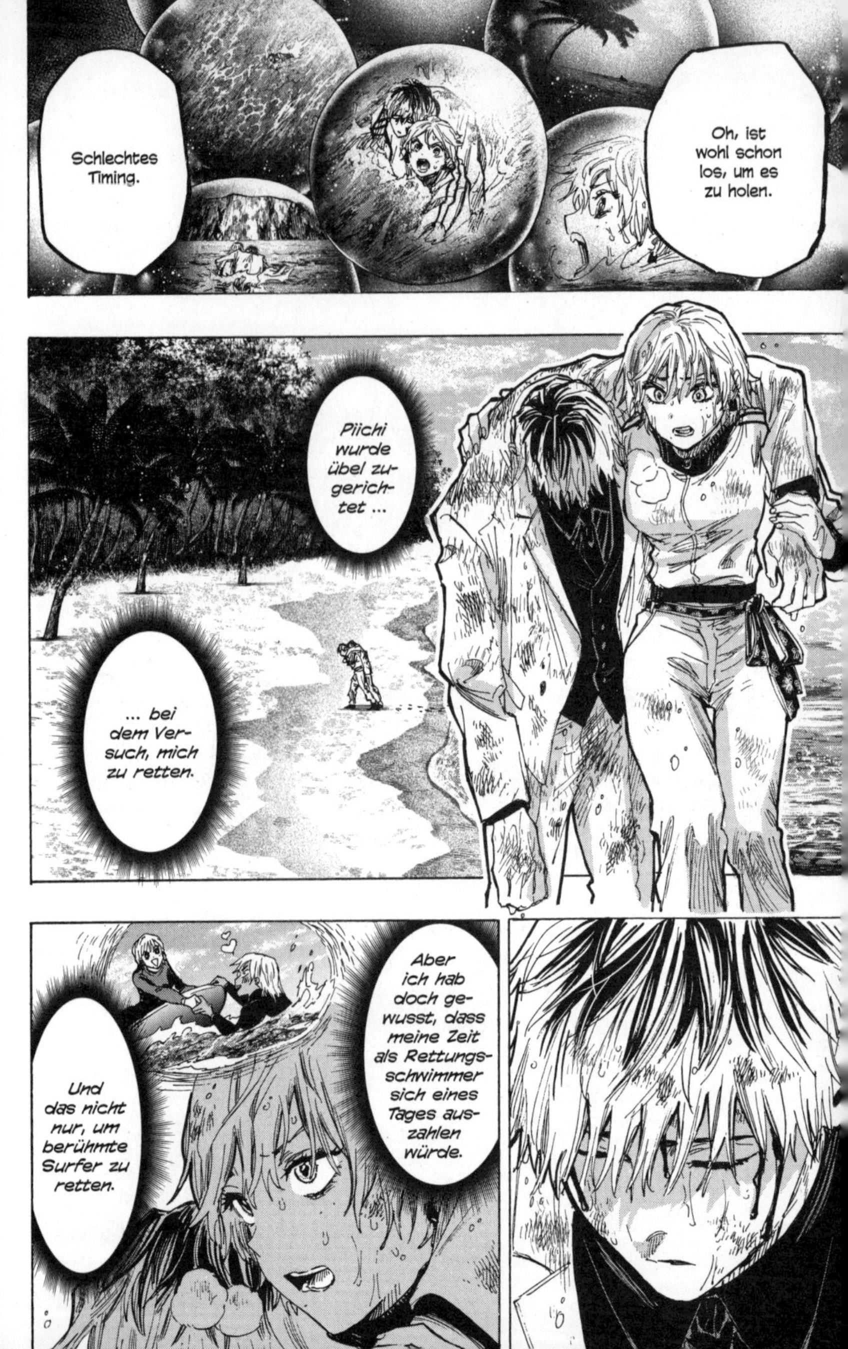
Oh, ist wohl schon los, um es zu holen.
Schlechtes Timing.
Piichi wurde übel zugerichtet ...
... bei dem Versuch, mich zu retten.
Aber ich hab doch gewusst, dass meine Zeit als Rettungsschwimmer sich eines Tages auszahlen würde.
Und das nicht nur, um berühmte Surfer zu retten.

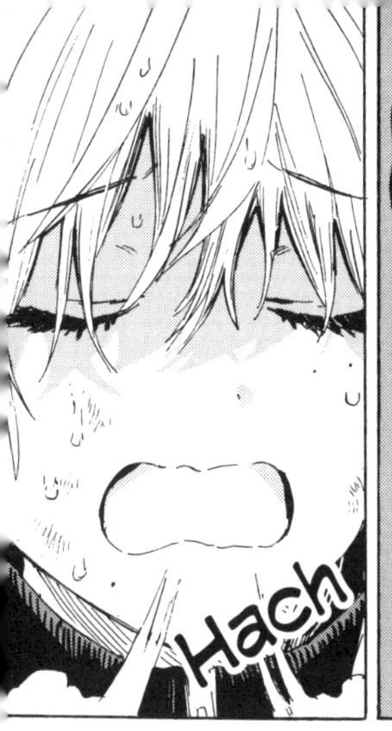
Hach

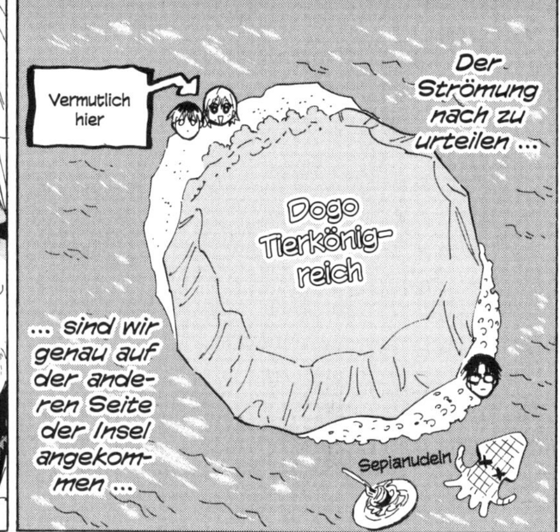
Der Strömung nach zu urteilen ...
Vermutlich hier
Dogo Tierkönigreich
... sind wir genau auf der anderen Seite der Insel angekommen ...
Sepianudeln

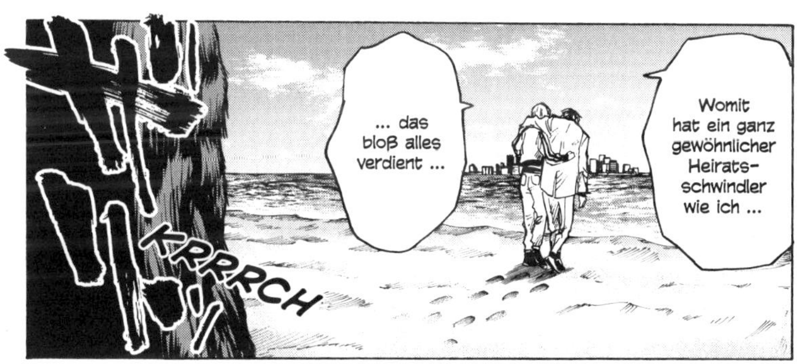
Womit hat ein ganz gewöhnlicher Heiratsschwindler wie ich ...
... das bloß alles verdient ...
KRRRCH

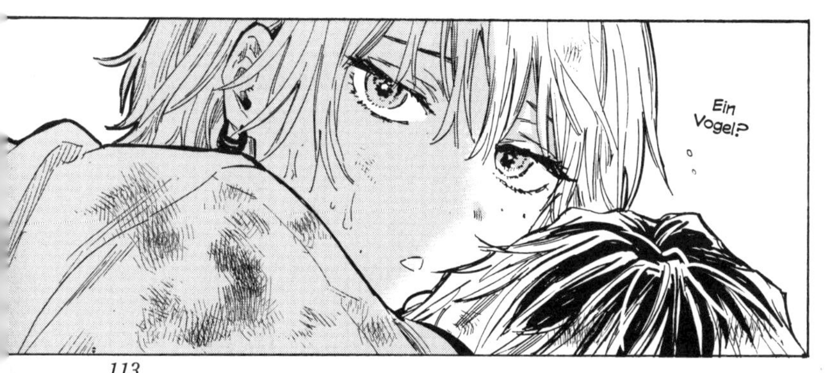
Ein Vogel?

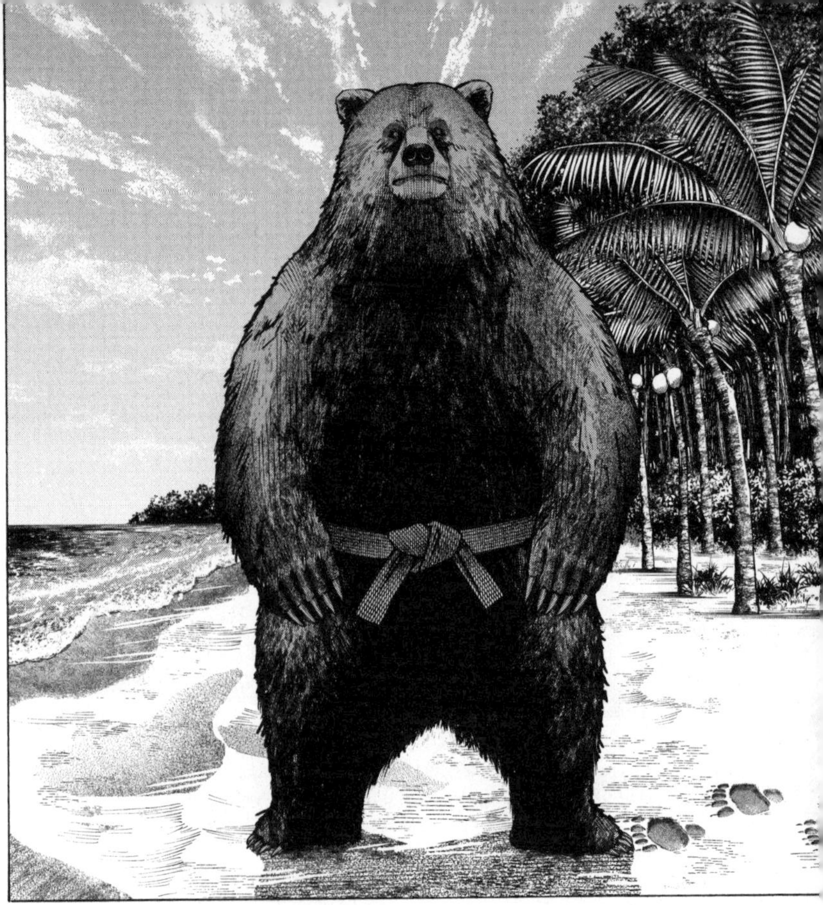

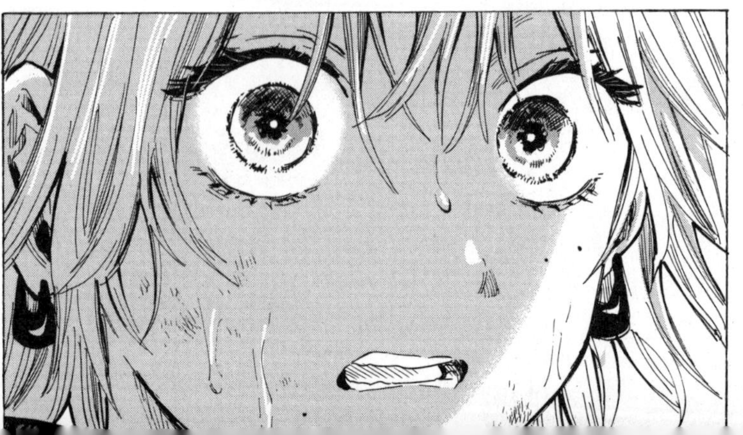

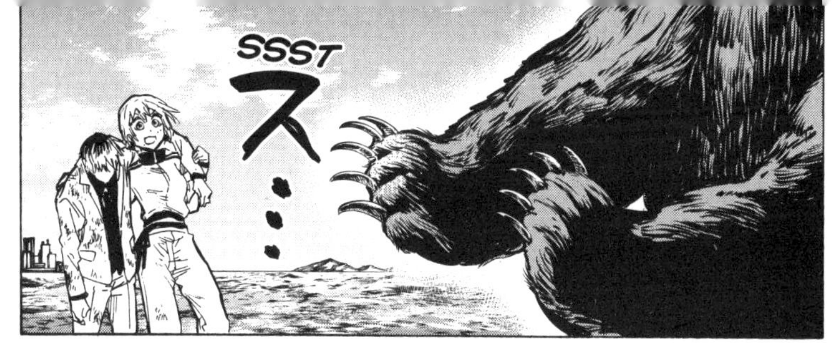
SSST
ス

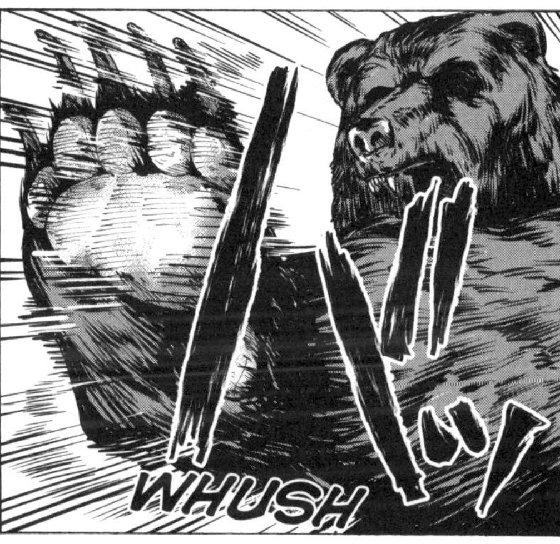
WHUSH

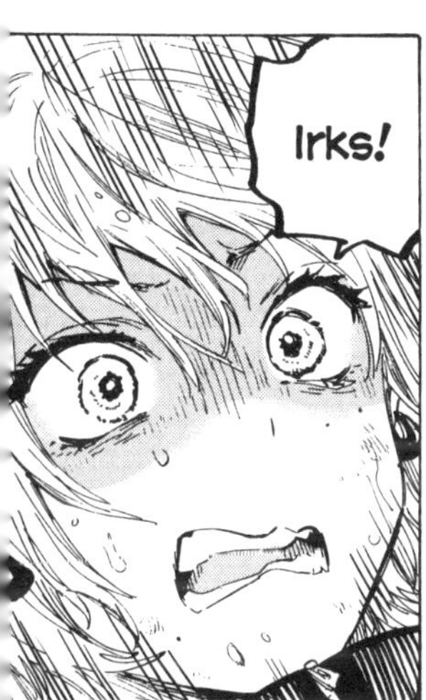
Irks!

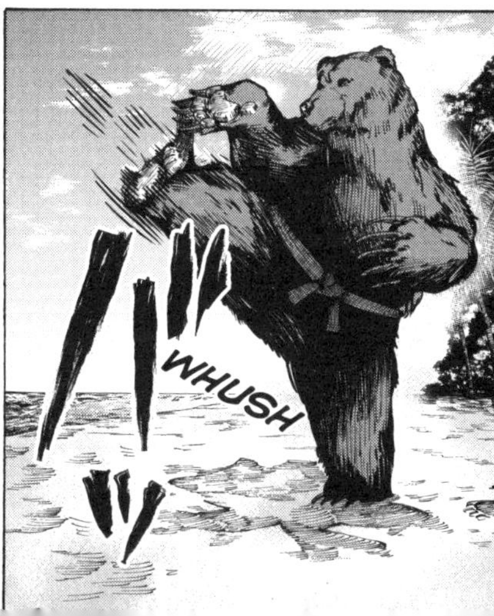
WHUSH

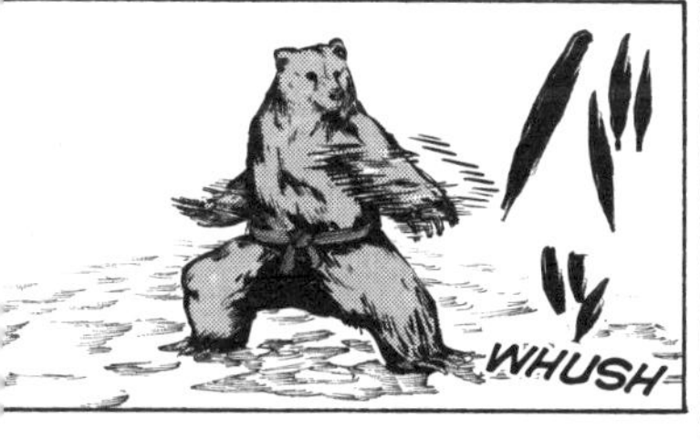
WHUSH

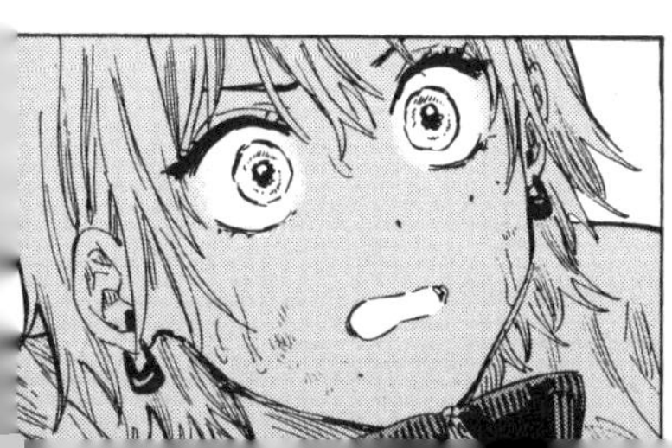

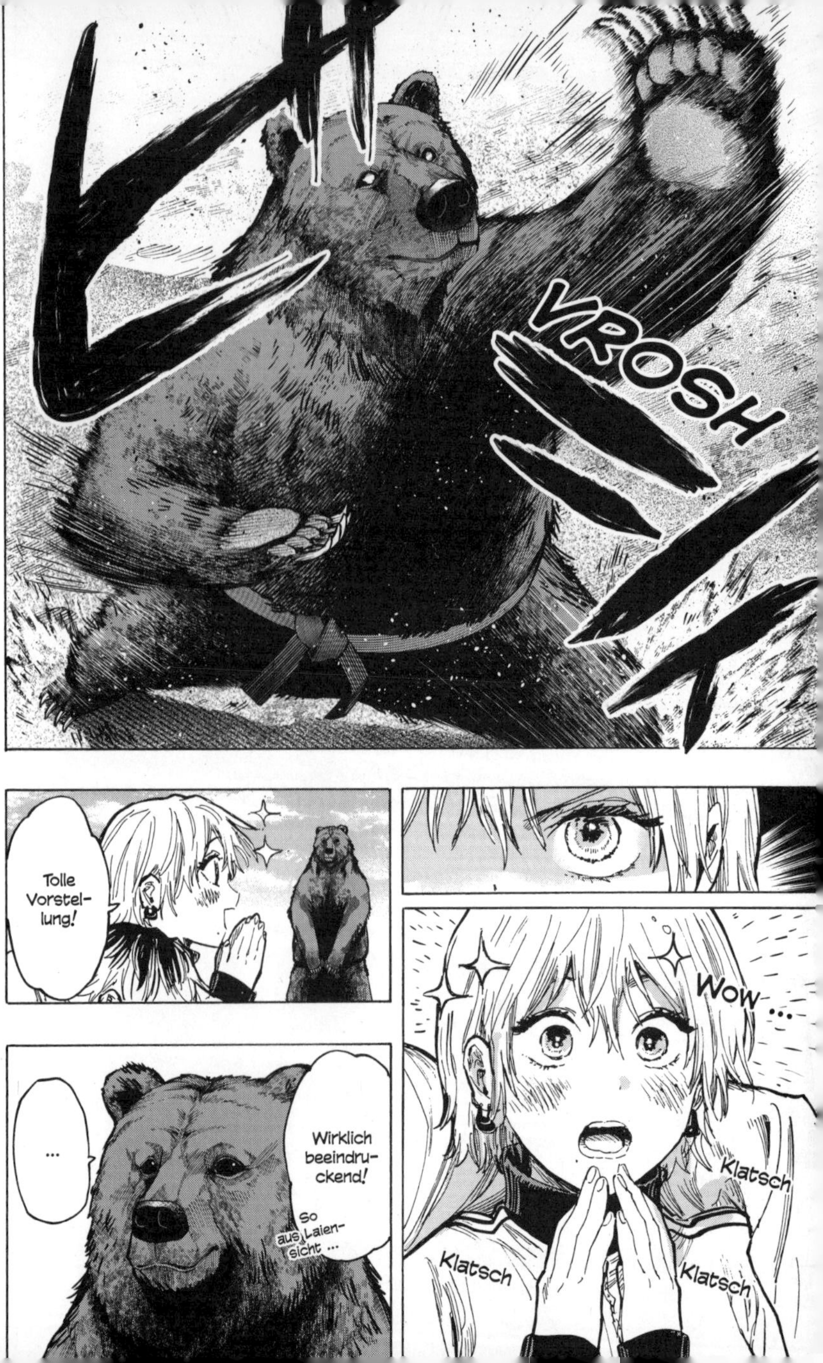

VROSH

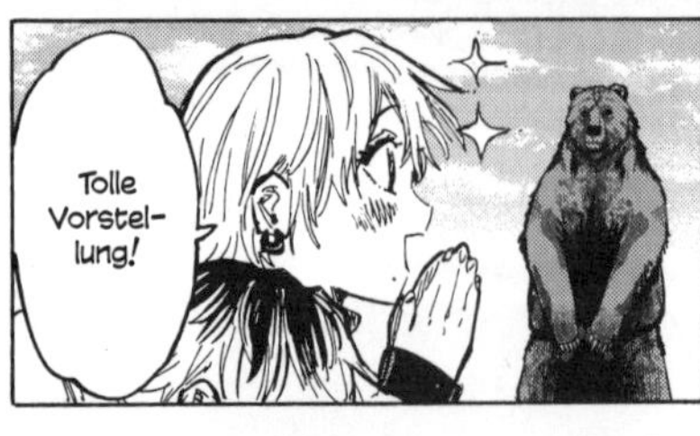
Tolle Vorstel-lung!

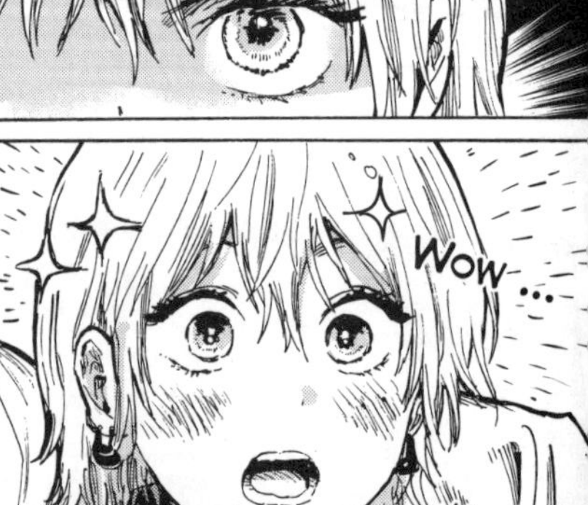
Wow ...
Klatsch
Klatsch
Klatsch

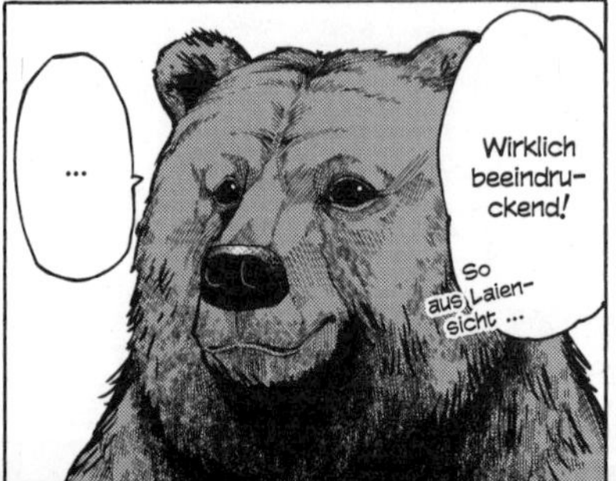
Wirklich beeindru-ckend!
So aus Laien-sicht ...
...

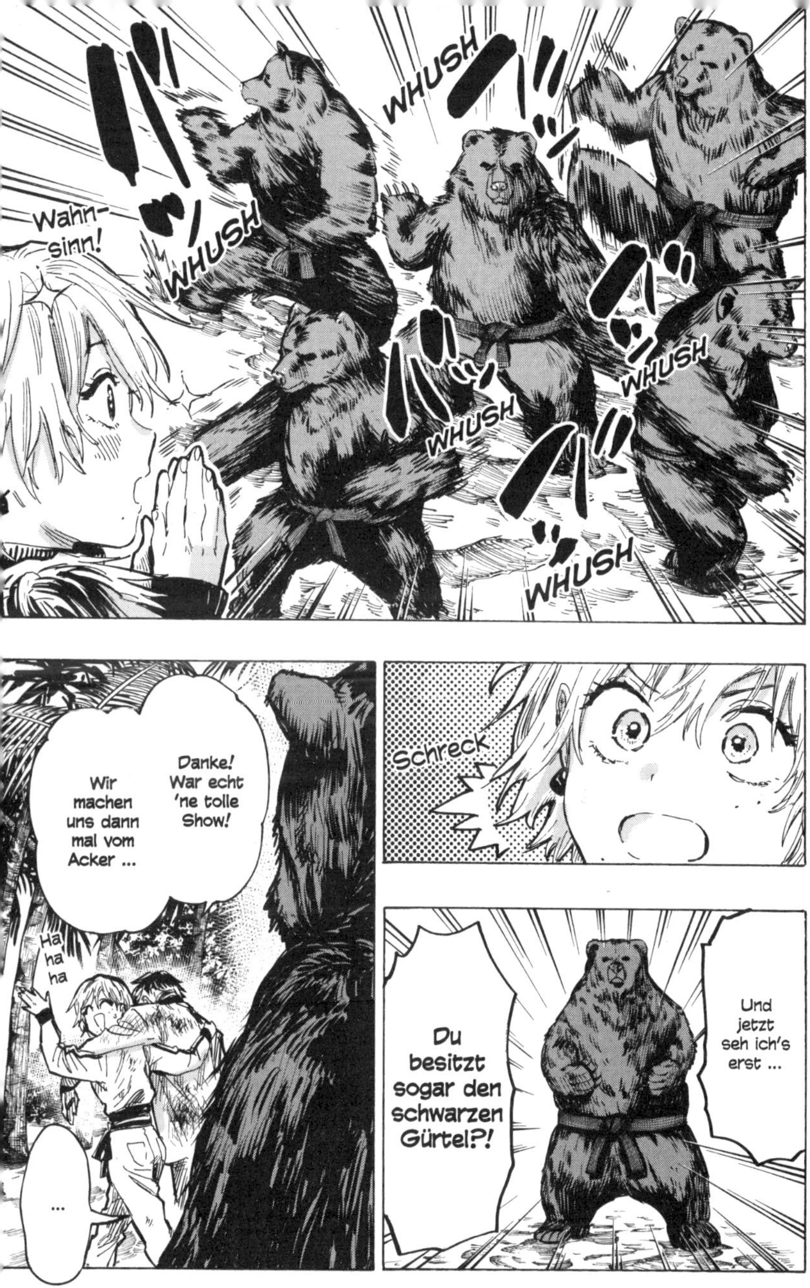

WHUSH
WHUSH
Wahn-sinn!
WHUSH
WHUSH
WHUSH

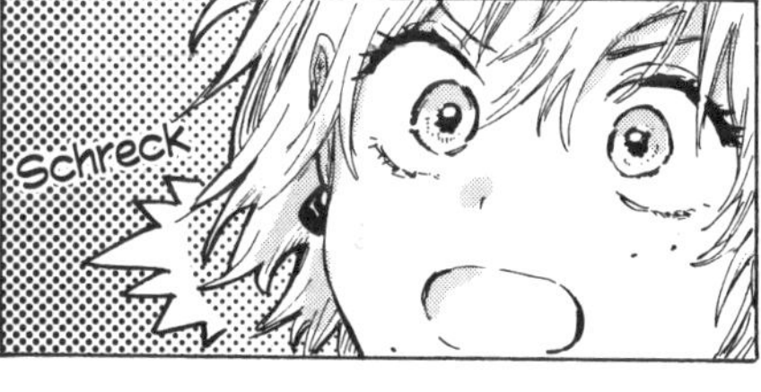

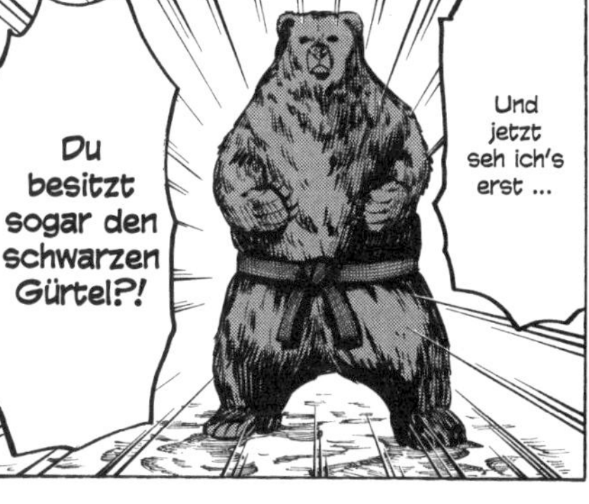

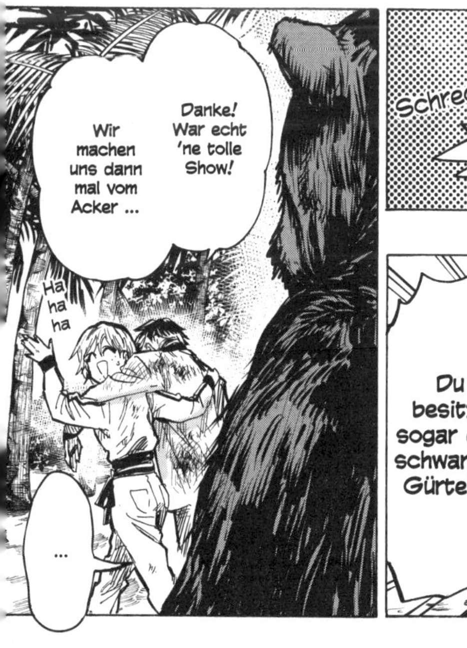

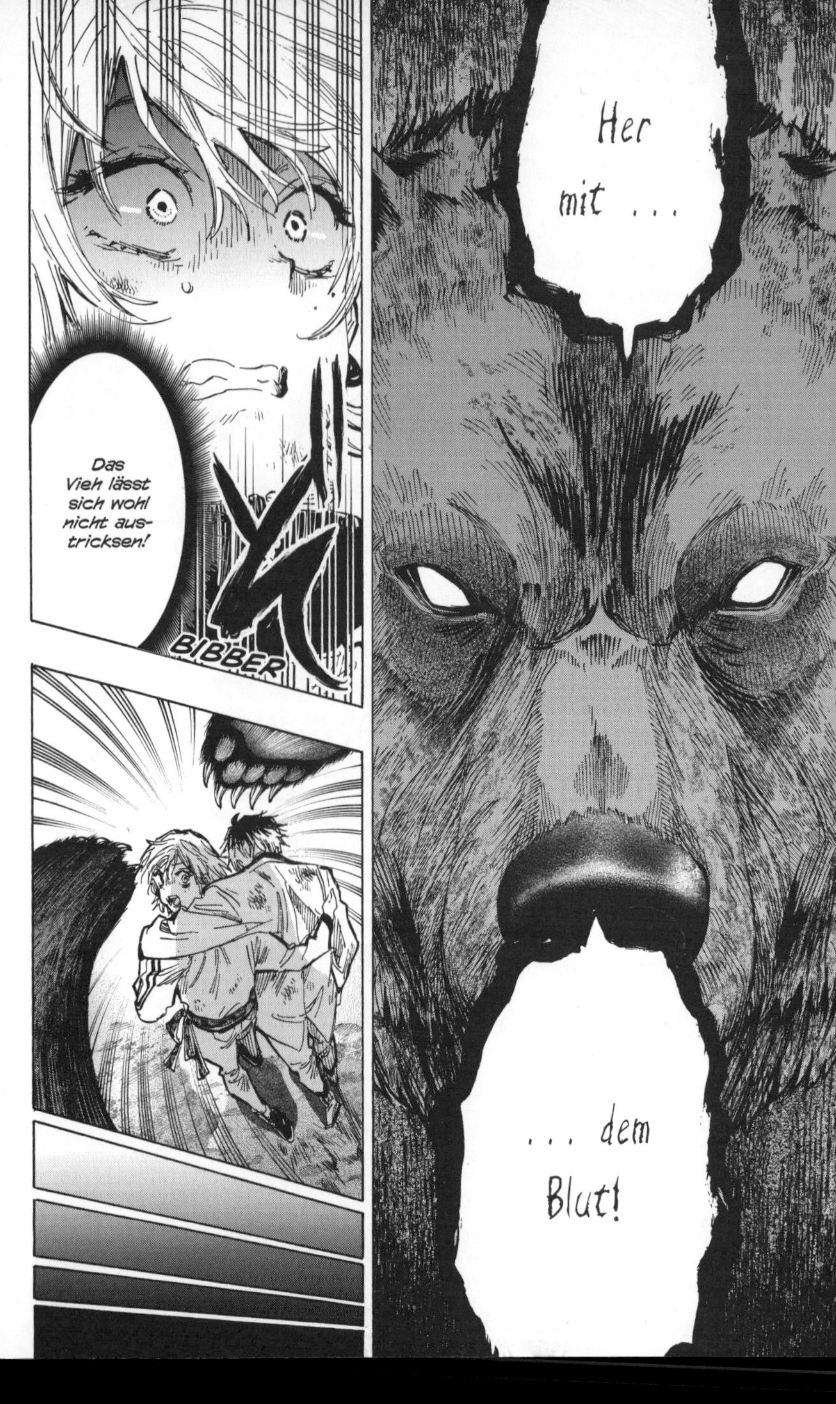

Her mit …
… dem Blut!
Das Vieh lässt sich wohl nicht austricksen!
BIBBER

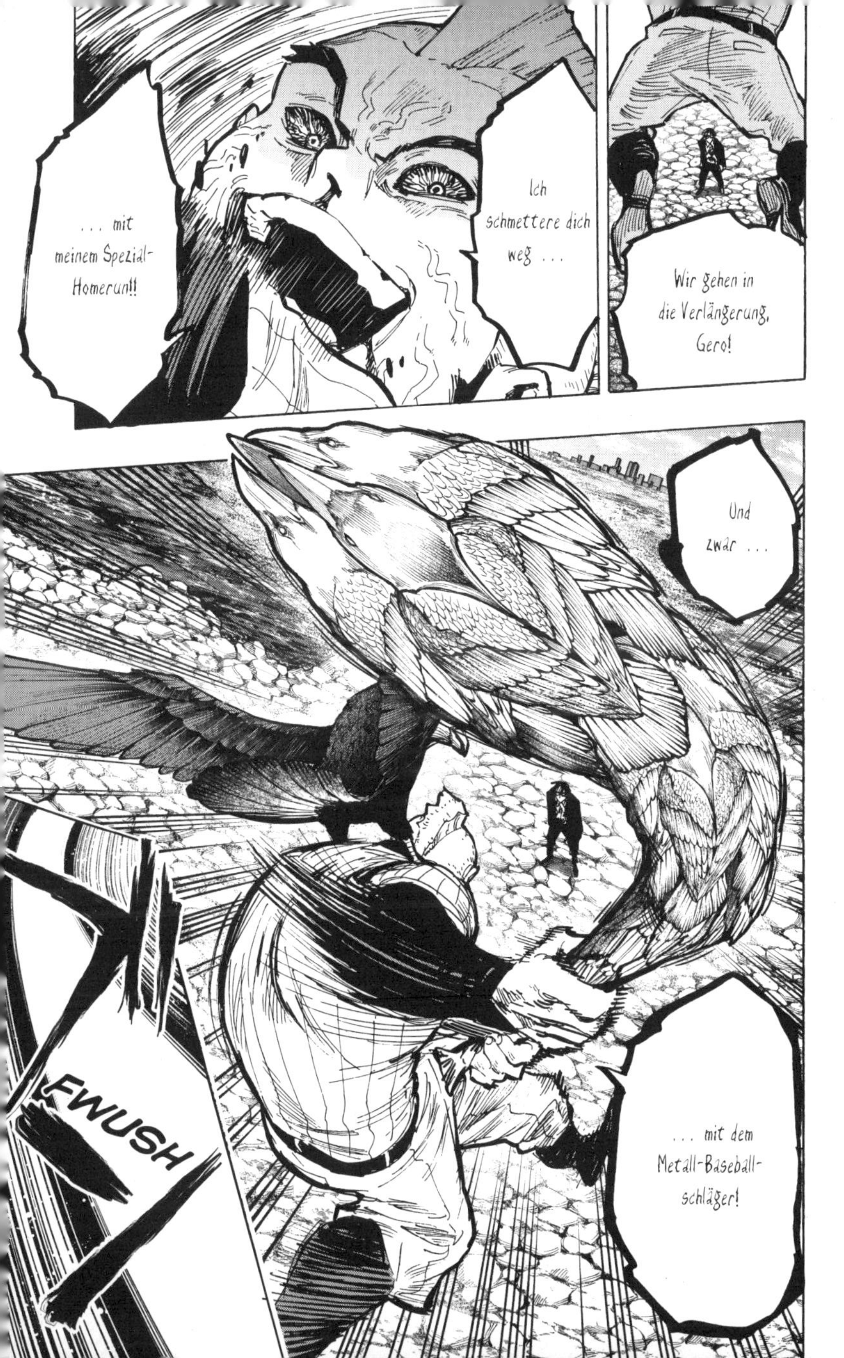
Wir gehen in die Verlängerung, Gero!
Ich schmettere dich weg ...
... mit meinem Spezial-Homerun!!
Und zwar ...
... mit dem Metall-Baseball-schläger!
FWUSH

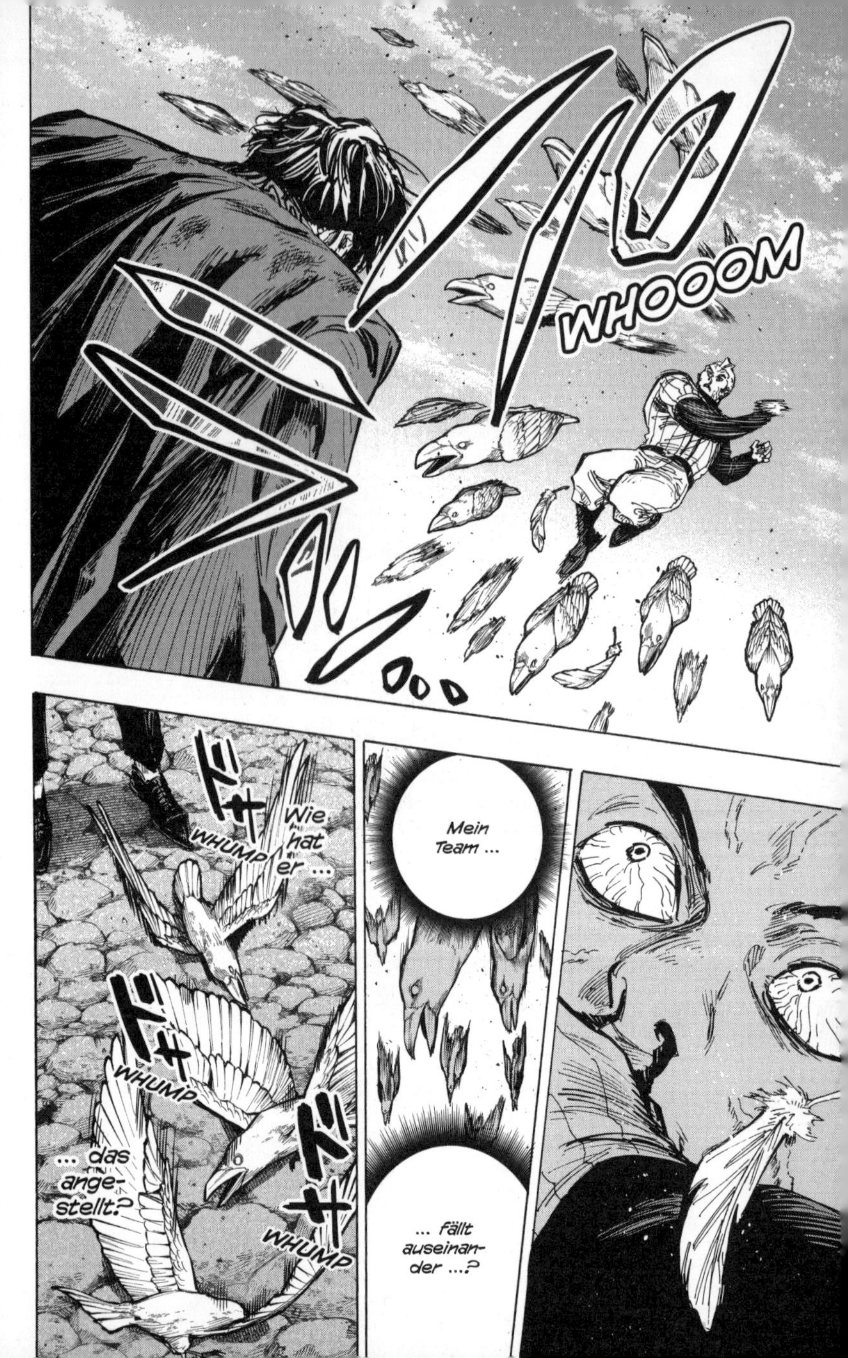

WHOOOM
Mein Team ...
... fällt auseinander ...?
Wie hat er ...
WHUMP
... das angestellt?
WHUMP
WHUMP

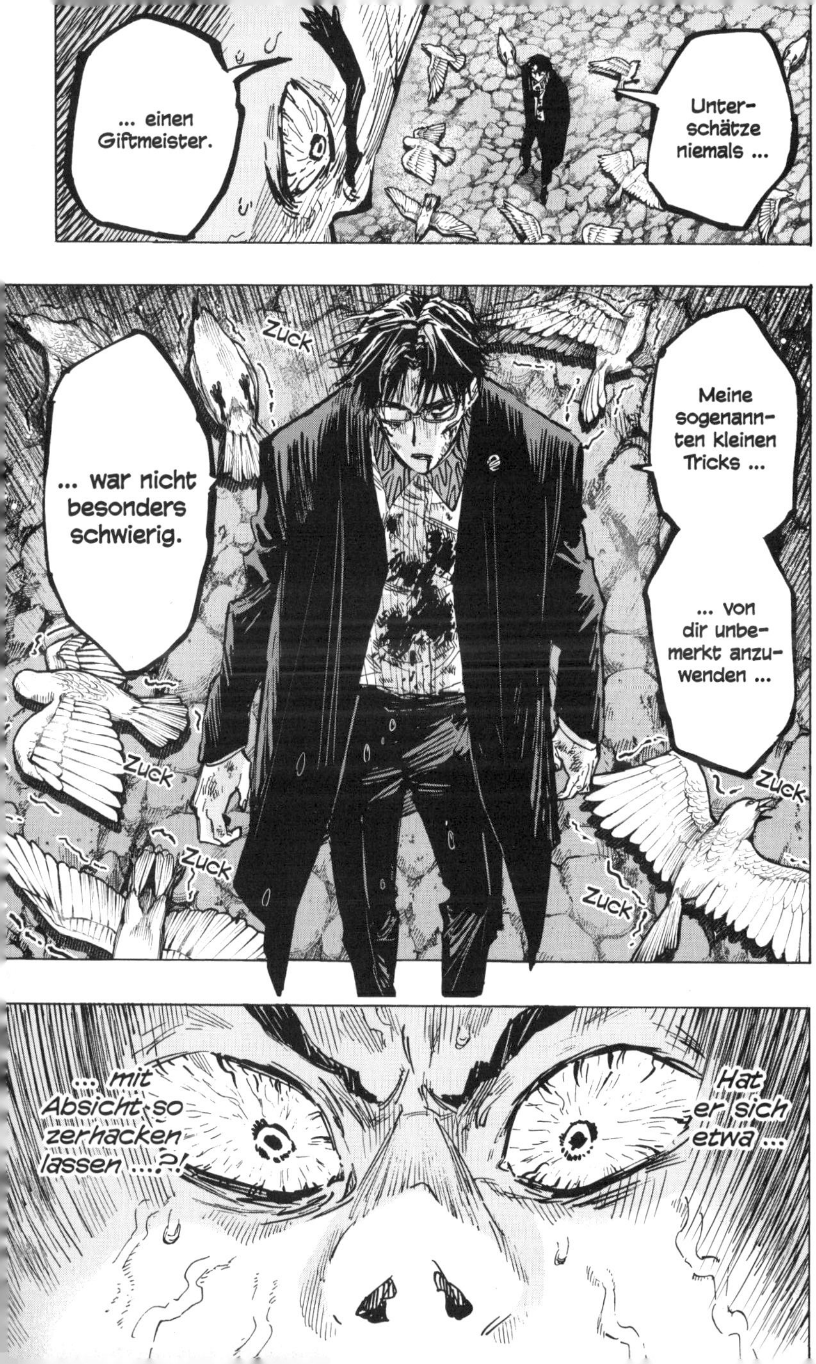

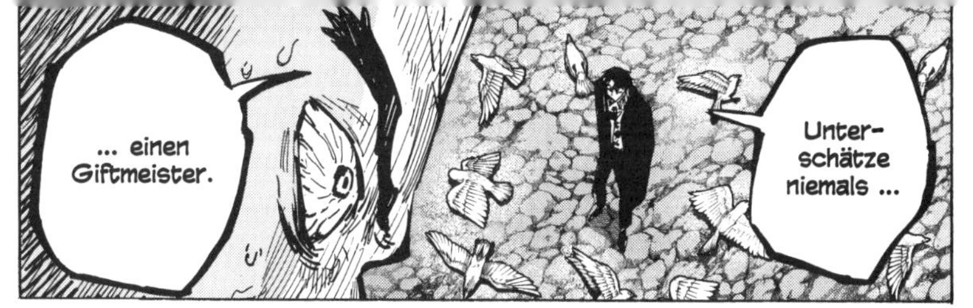

Meine sogenannten kleinen Tricks ...
... von dir unbemerkt anzuwenden ...
... war nicht besonders schwierig.
Zuck
Zuck
Zuck
Zuck
Zuck

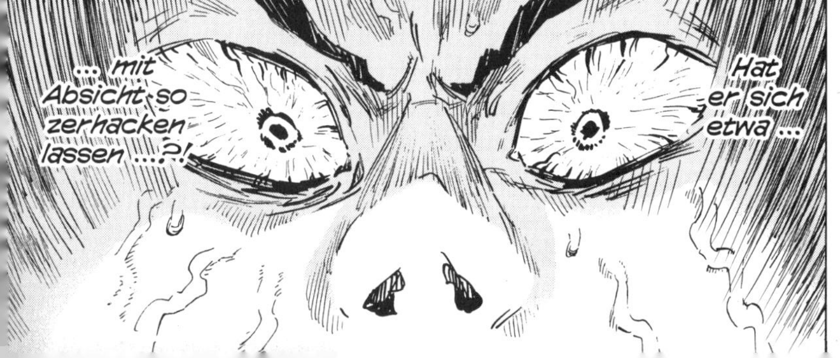

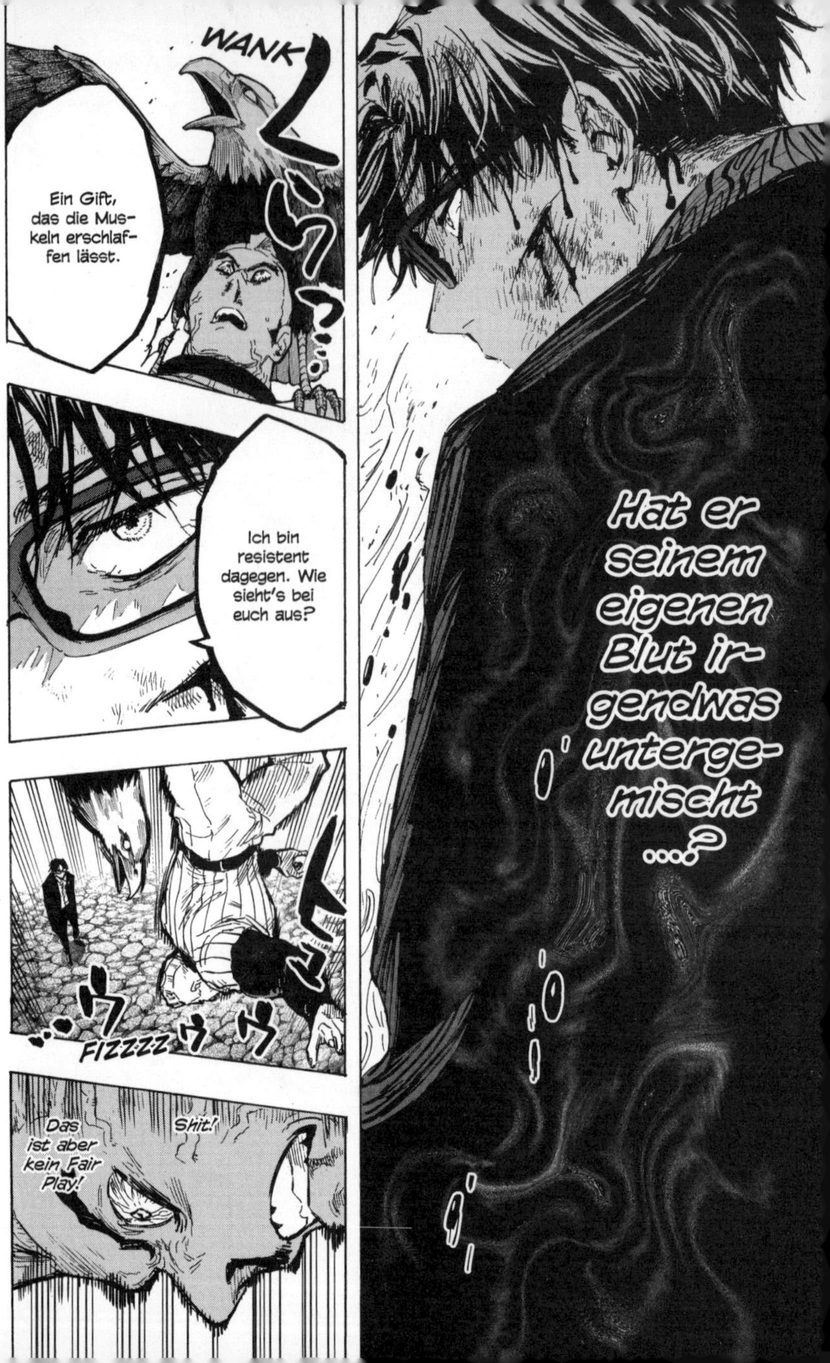

Hat er seinem eigenen Blut irgendwas untergemischt …?

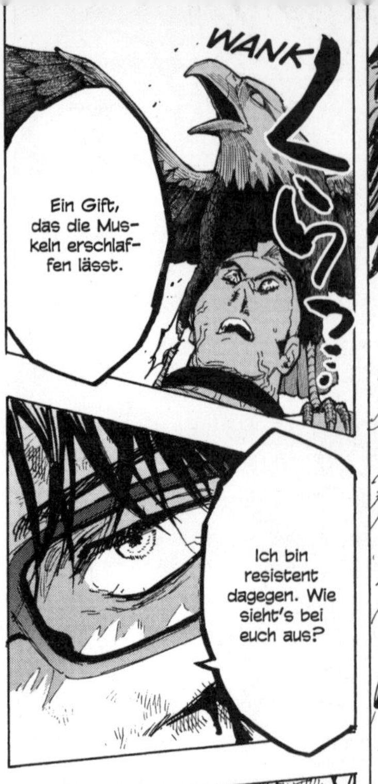

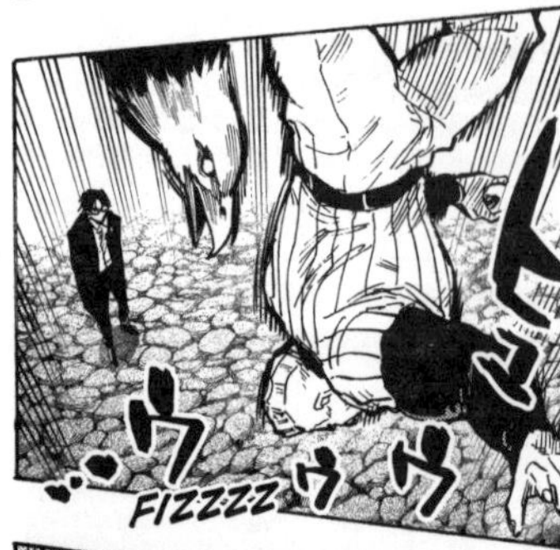

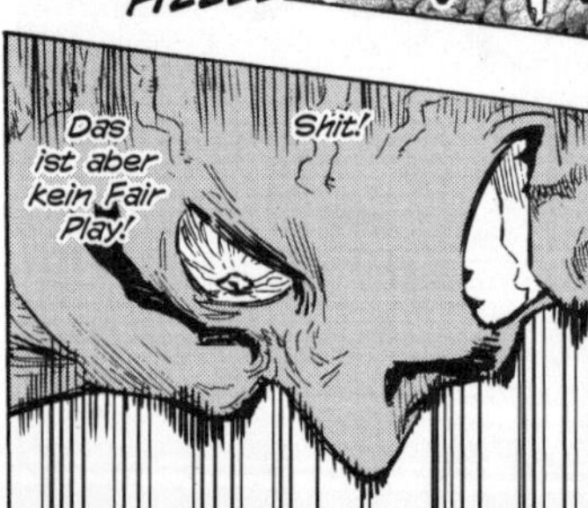

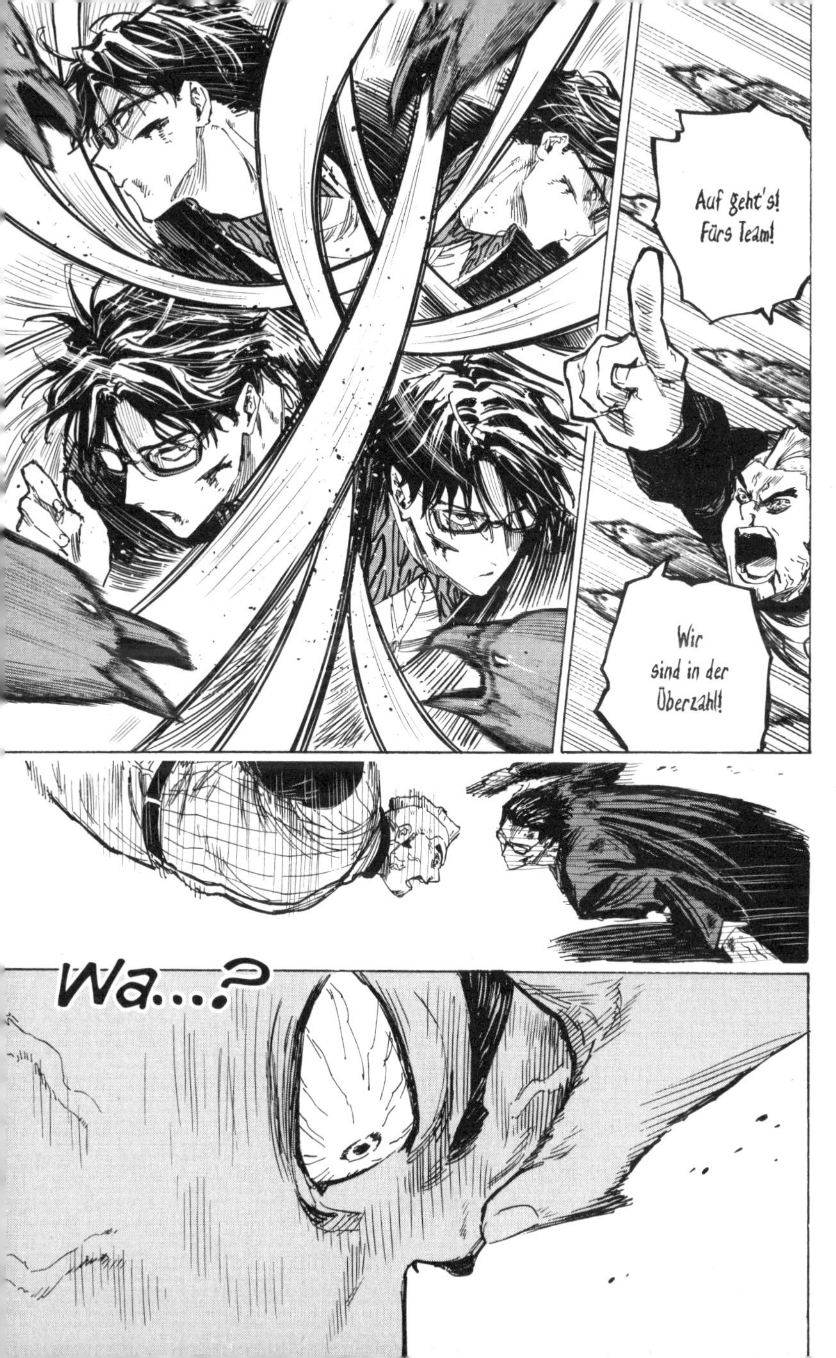
Auf geht's! Fürs Team!
Wir sind in der Überzahl!
Wa...?

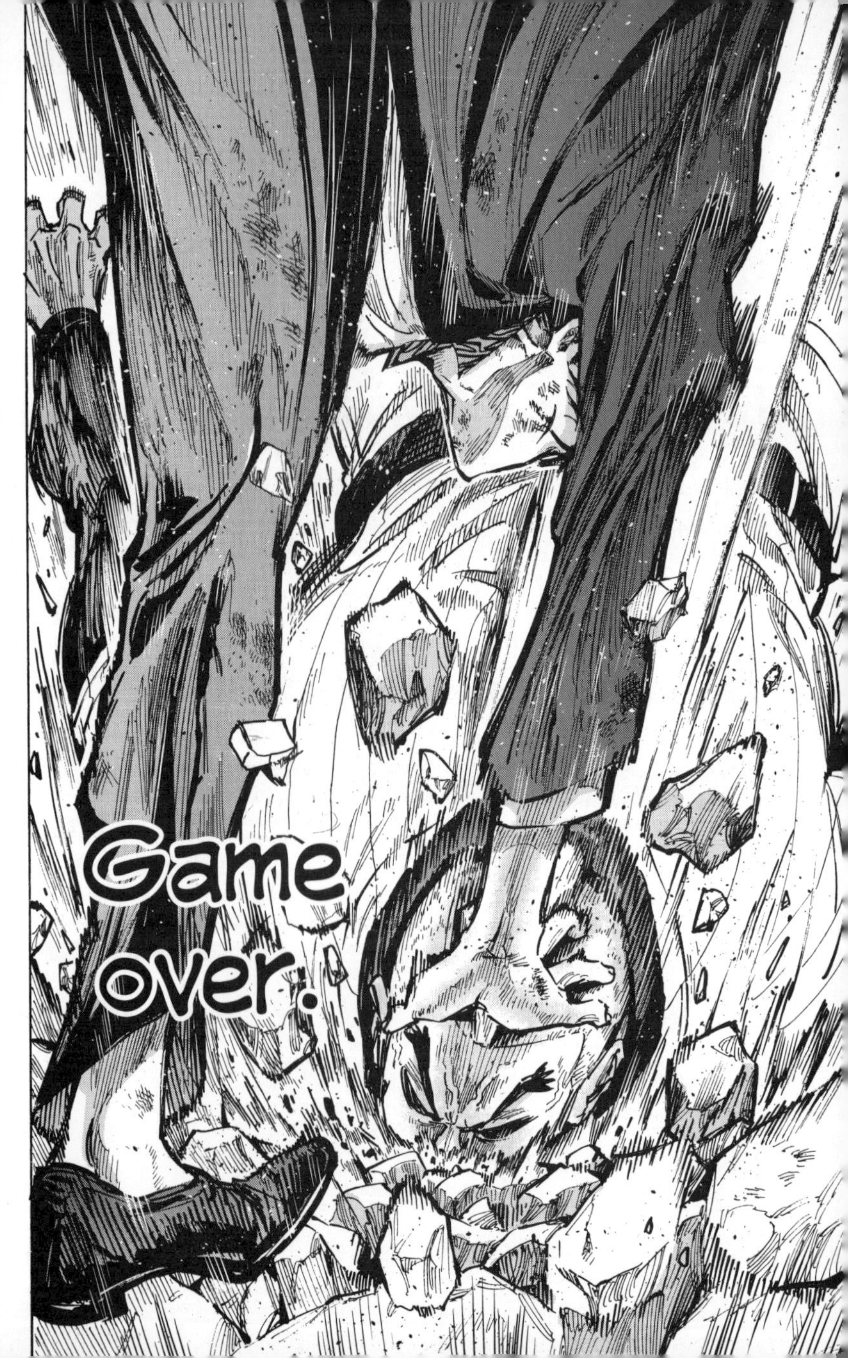
Game over.

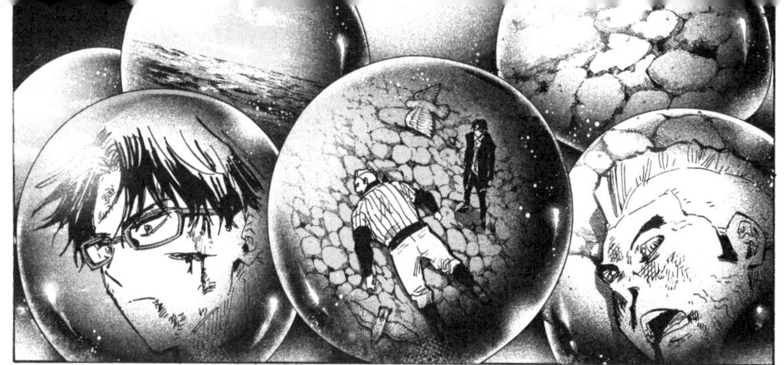

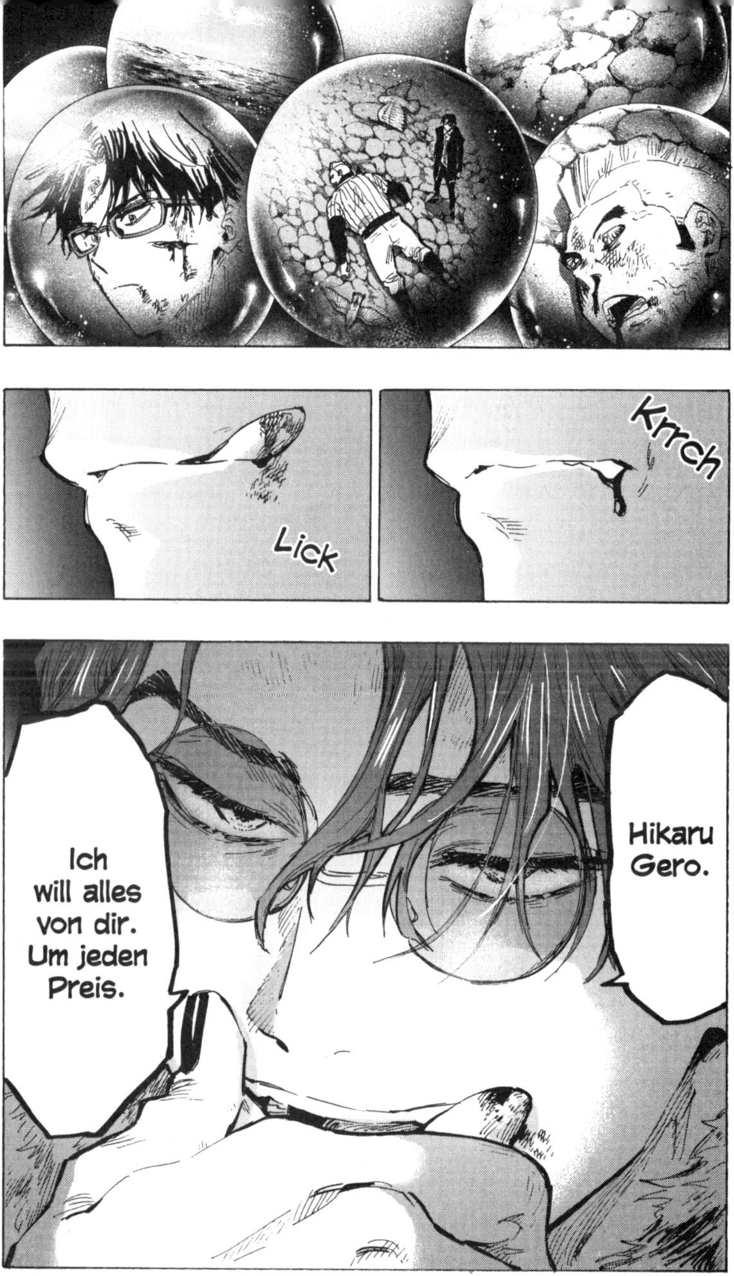

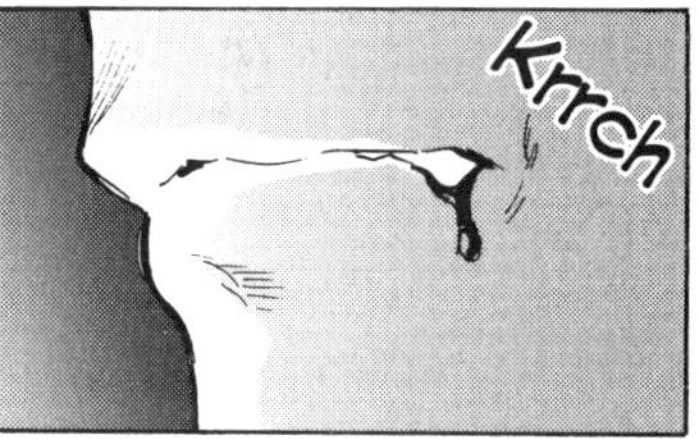

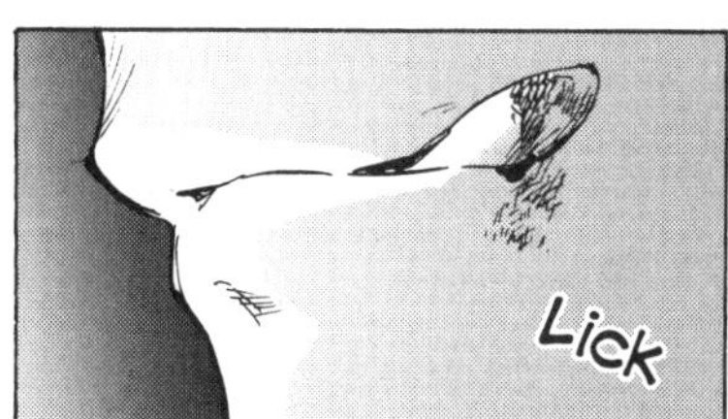

Hikaru Gero.

Ich will alles von dir. Um jeden Preis.

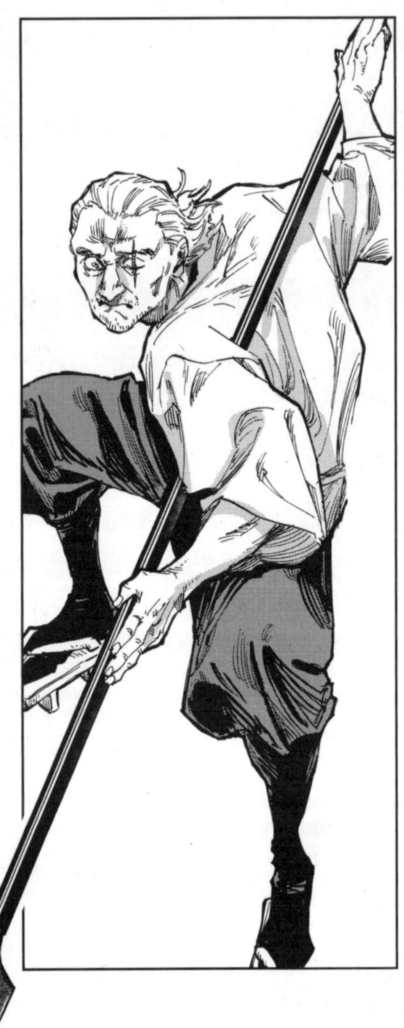

Nagihiko Kushima

Geburtsdatum: **4. September**

Blutgruppe: **A**

Ein Spezialist im Nahkampf. So gut wie alle, die sich ihm jemals im Kampf gestellt haben, sind inzwischen tot (Piichi ist eine Ausnahme). War einst ein einfühlsamer, von seinen Kollegen gemochter Meister, zog sich jedoch eine schwere Verletzung zu und verlor seine Frau und seine einzige Tochter, weil er einem Gegner Mitgefühl zeigte. Diese Ereignisse machten ihn zu einer regelrechten Killermaschine, die nur auf den eigenen Vorteil bedacht keine Rücksicht auf Verluste nimmt.

Arbeitete zum Schein in einem Laden für Geflügelspieße. Wurde ungefähr drei Mal pro Woche von der Polizei angehalten.

#32 Gemeinsam

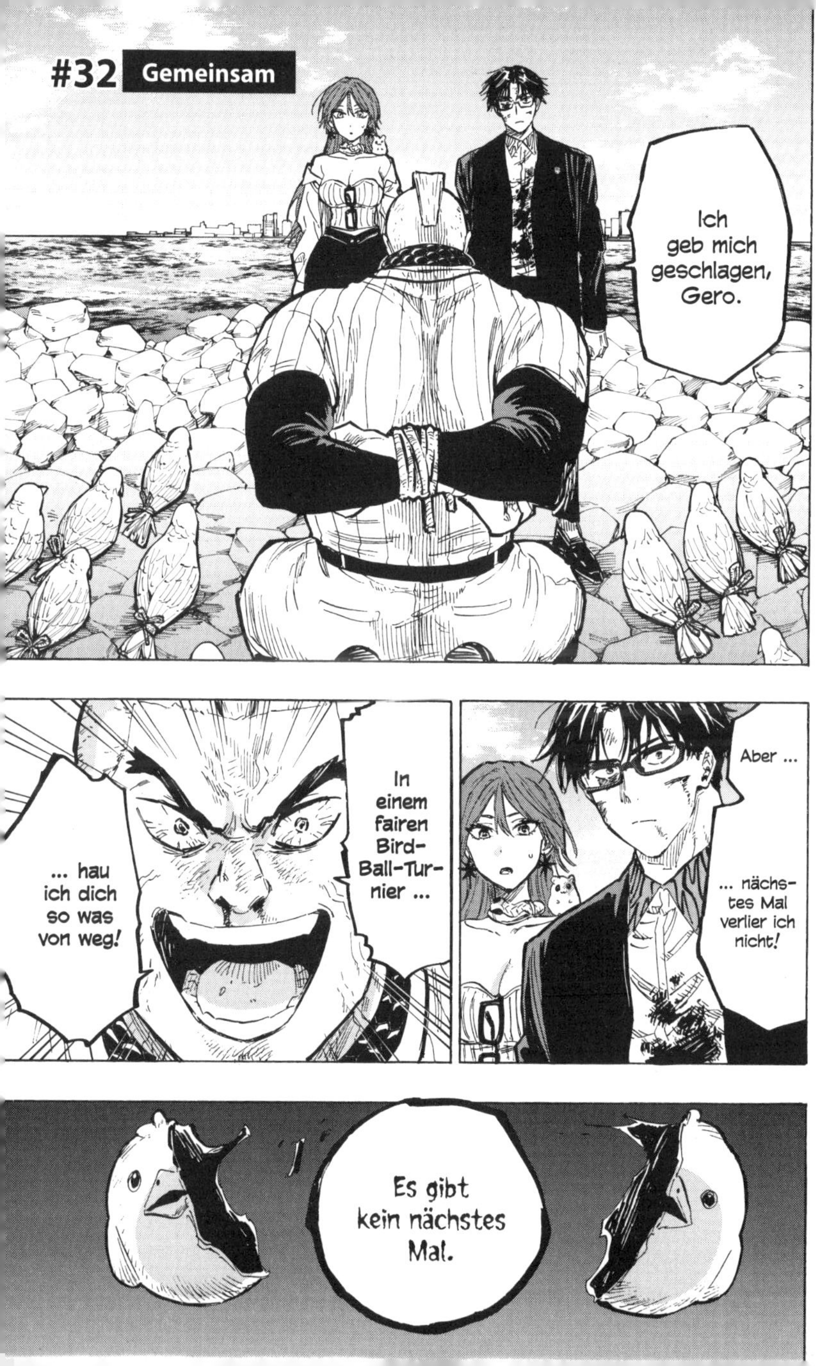

Ich geb mich geschlagen, Gero.

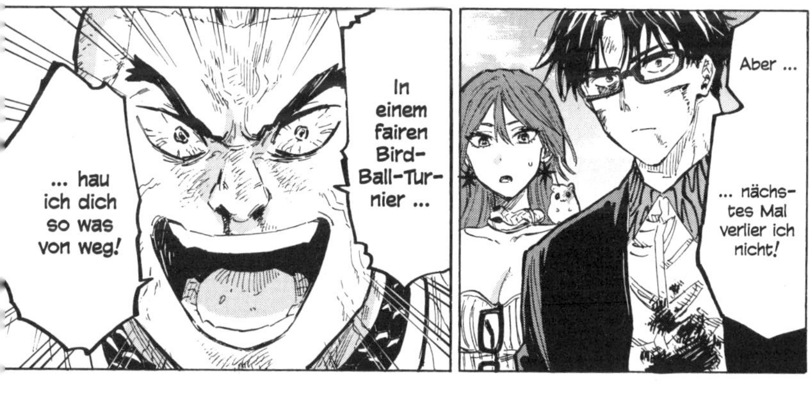

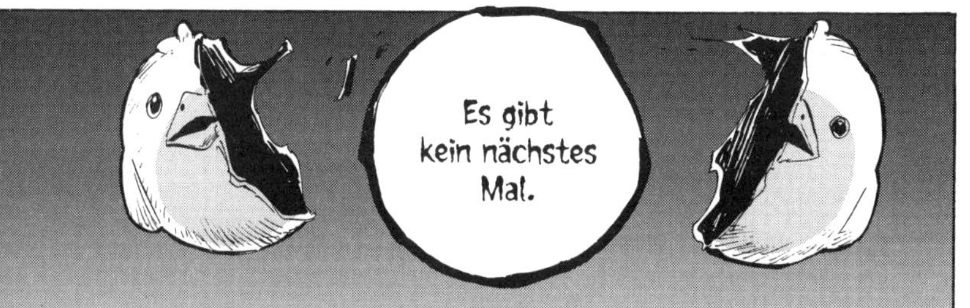

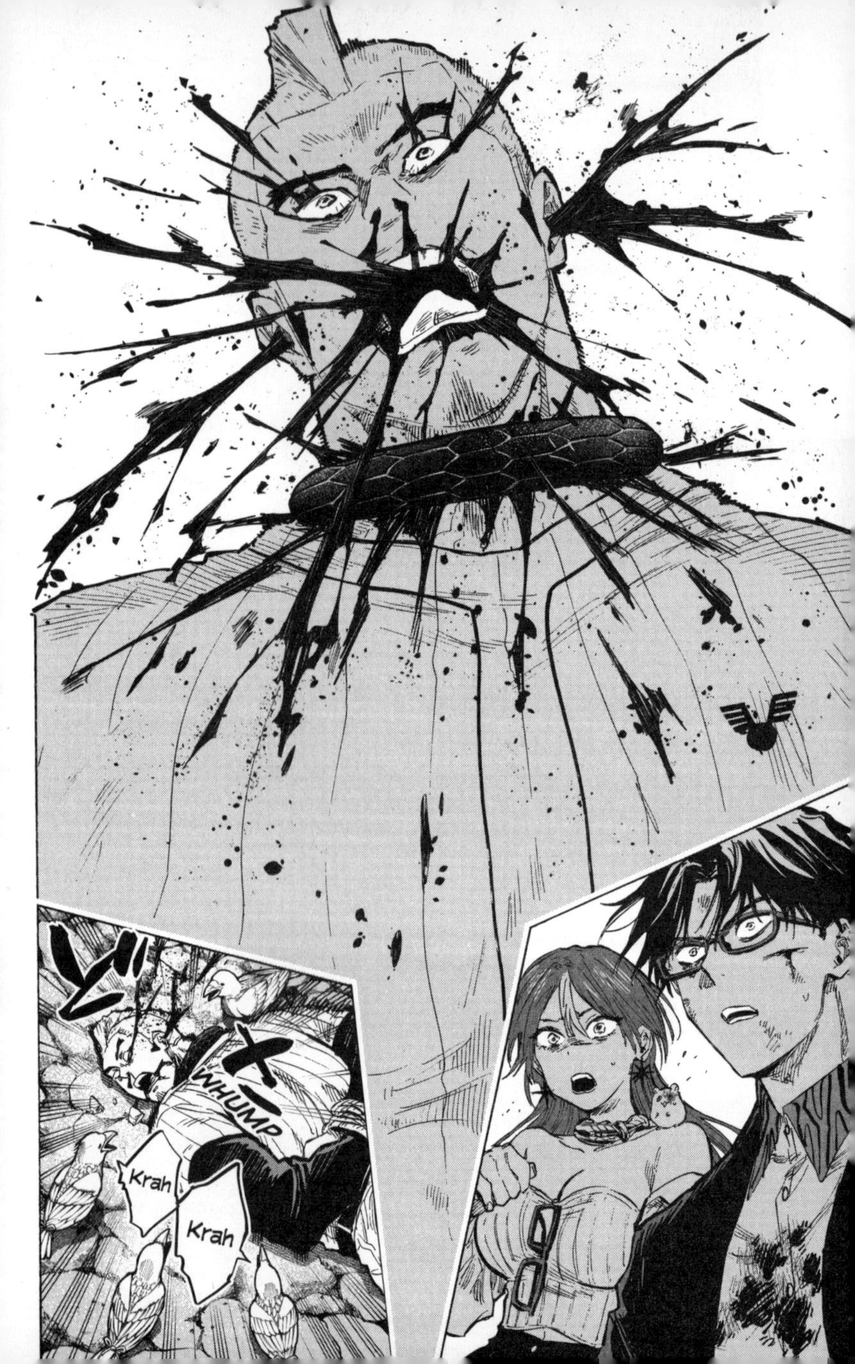
WHUMP
Krah
Krah

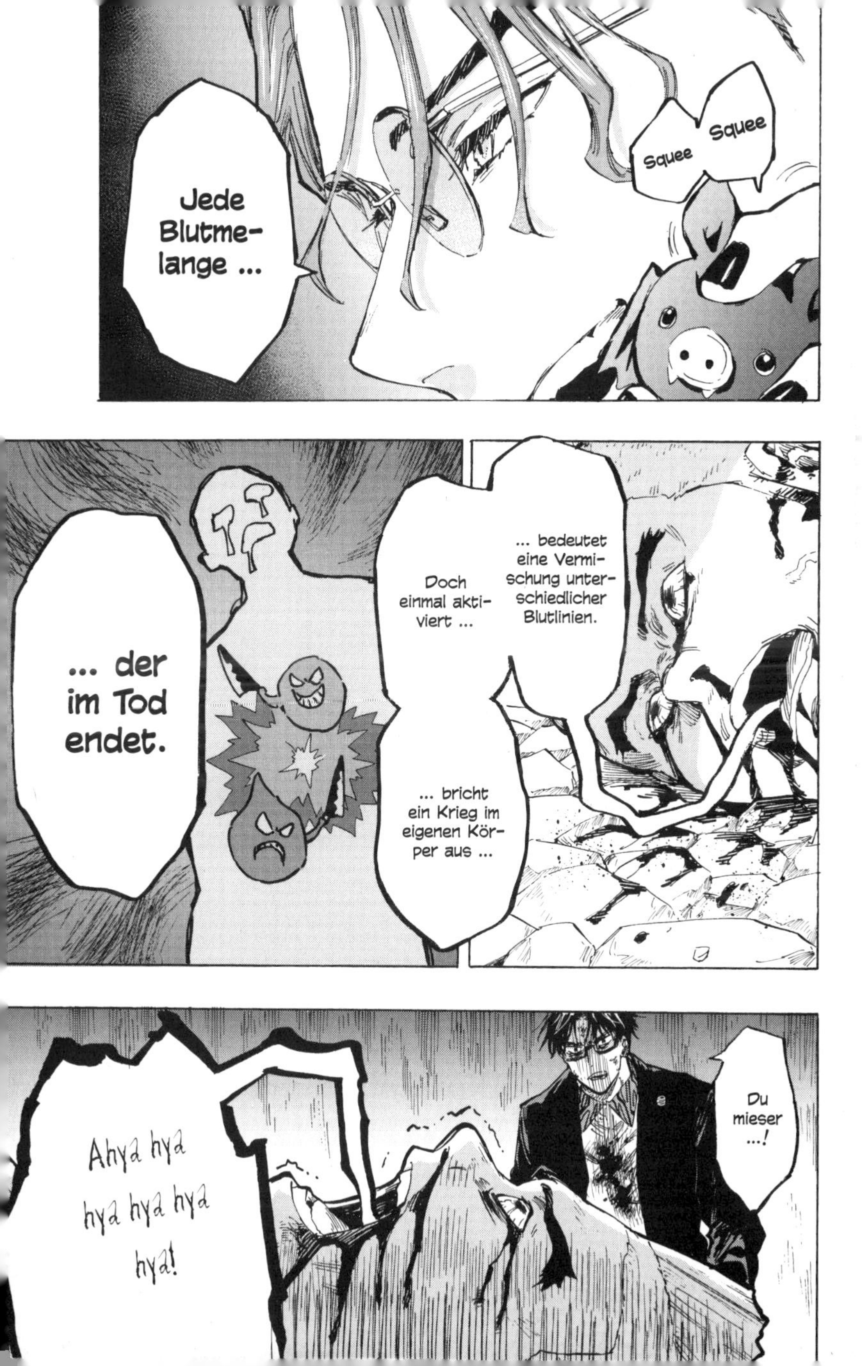

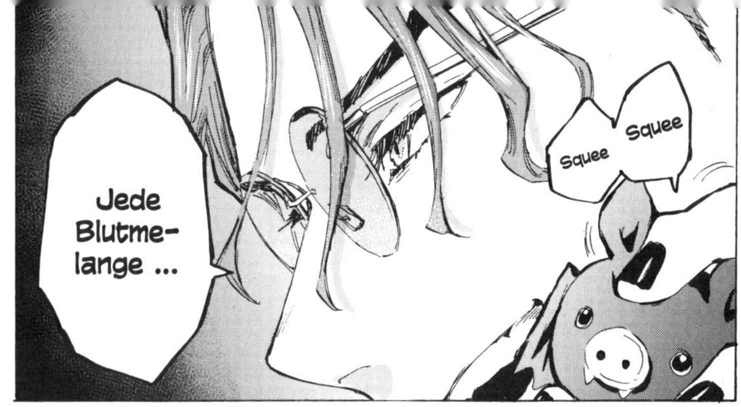

... bedeutet eine Vermischung unterschiedlicher Blutlinien.

Doch einmal aktiviert ...

... bricht ein Krieg im eigenen Körper aus ...

... der im Tod endet.

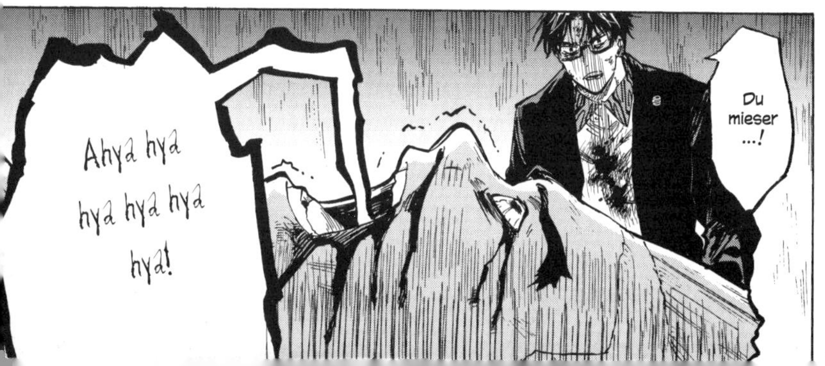

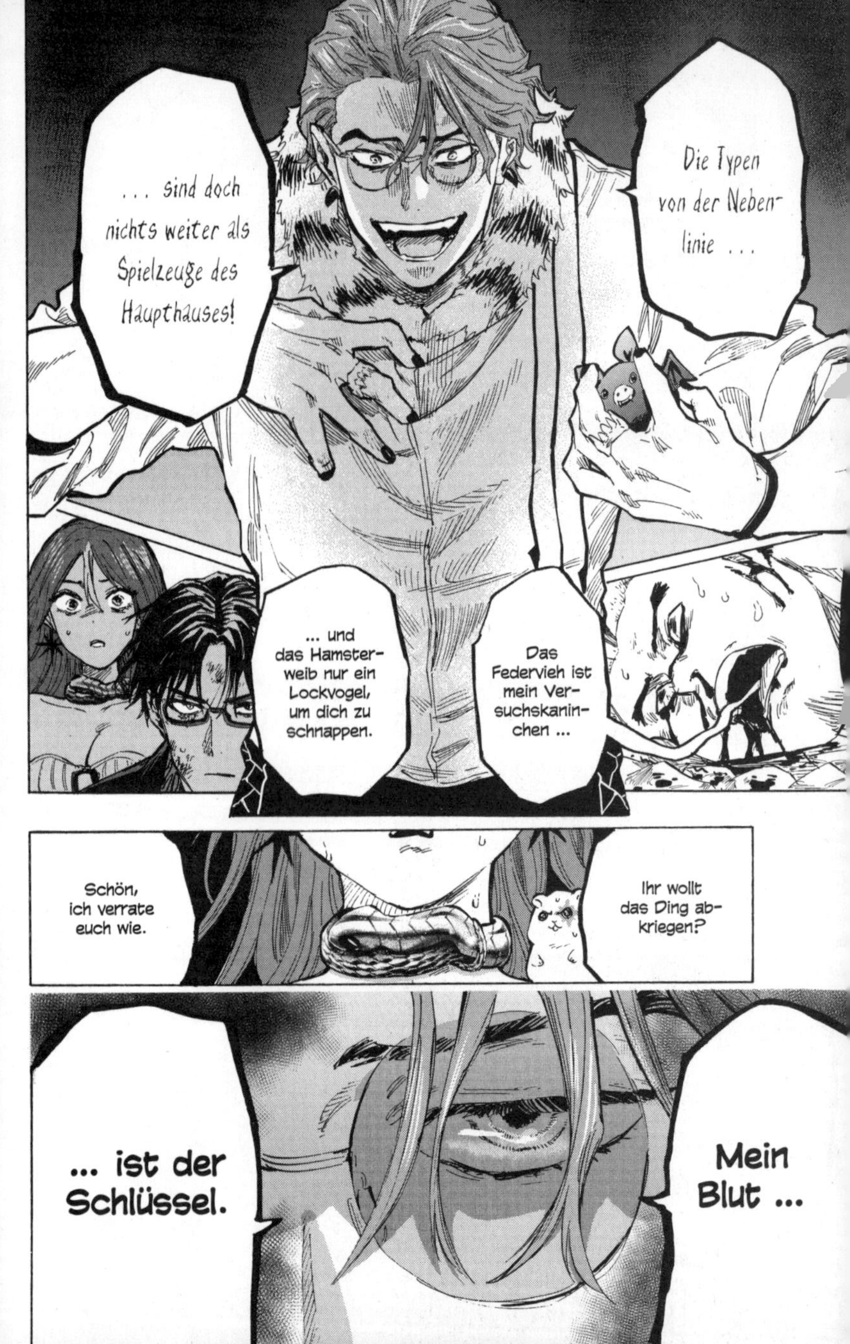
Die Typen von der Nebenlinie ...
... sind doch nichts weiter als Spielzeuge des Haupthauses!
Das Federvieh ist mein Versuchskaninchen ...
... und das Hamsterweib nur ein Lockvogel, um dich zu schnappen.
Ihr wollt das Ding abkriegen?
Schön, ich verrate euch wie.
Mein Blut ...
... ist der Schlüssel.

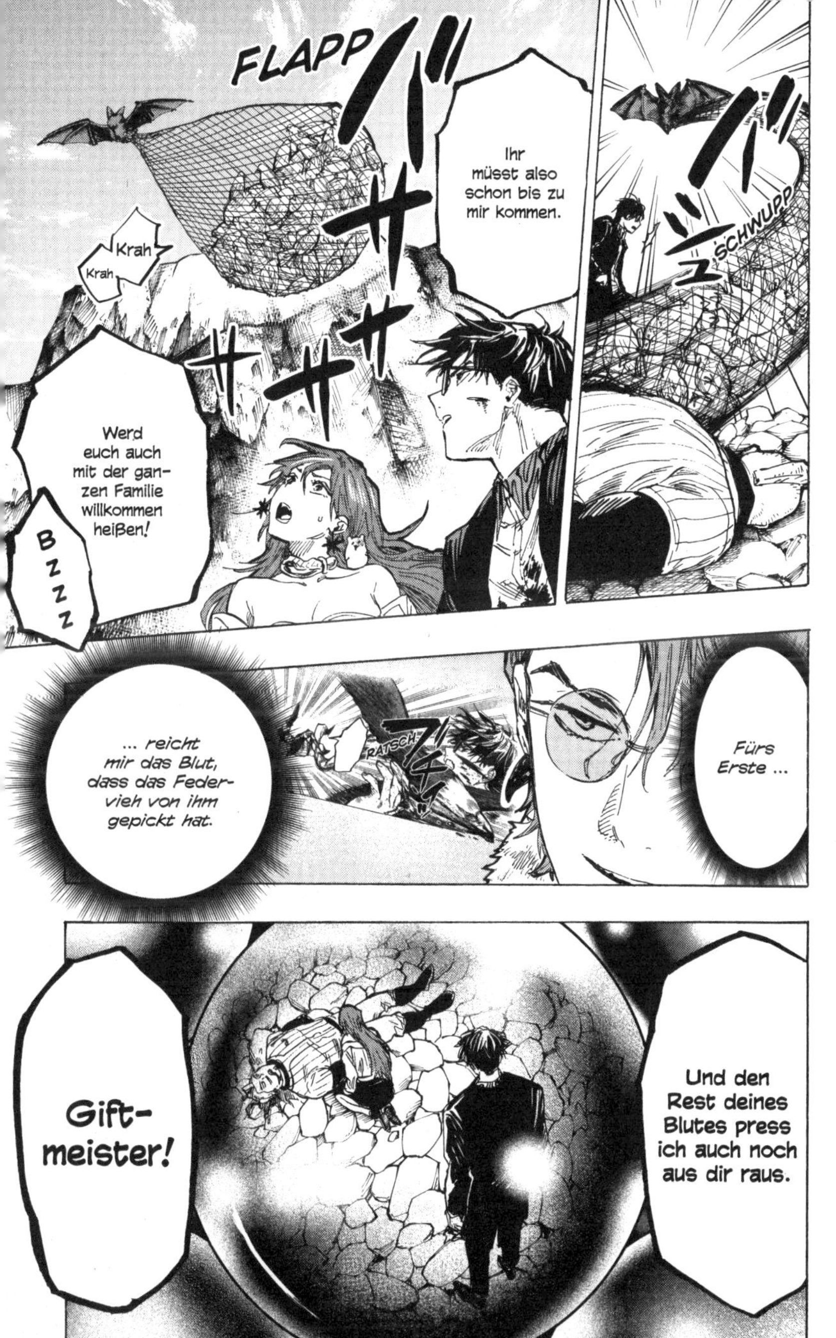

Ihr müsst also schon bis zu mir kommen.
FLAPP
SCHWUPP
Krah
Krah
Werd euch auch mit der ganzen Familie willkommen heißen!
BZZZ
Fürs Erste ...
RATSCH
... reicht mir das Blut, dass das Federvieh von ihm gepickt hat.
Und den Rest deines Blutes press ich auch noch aus dir raus.
Gift-meister!

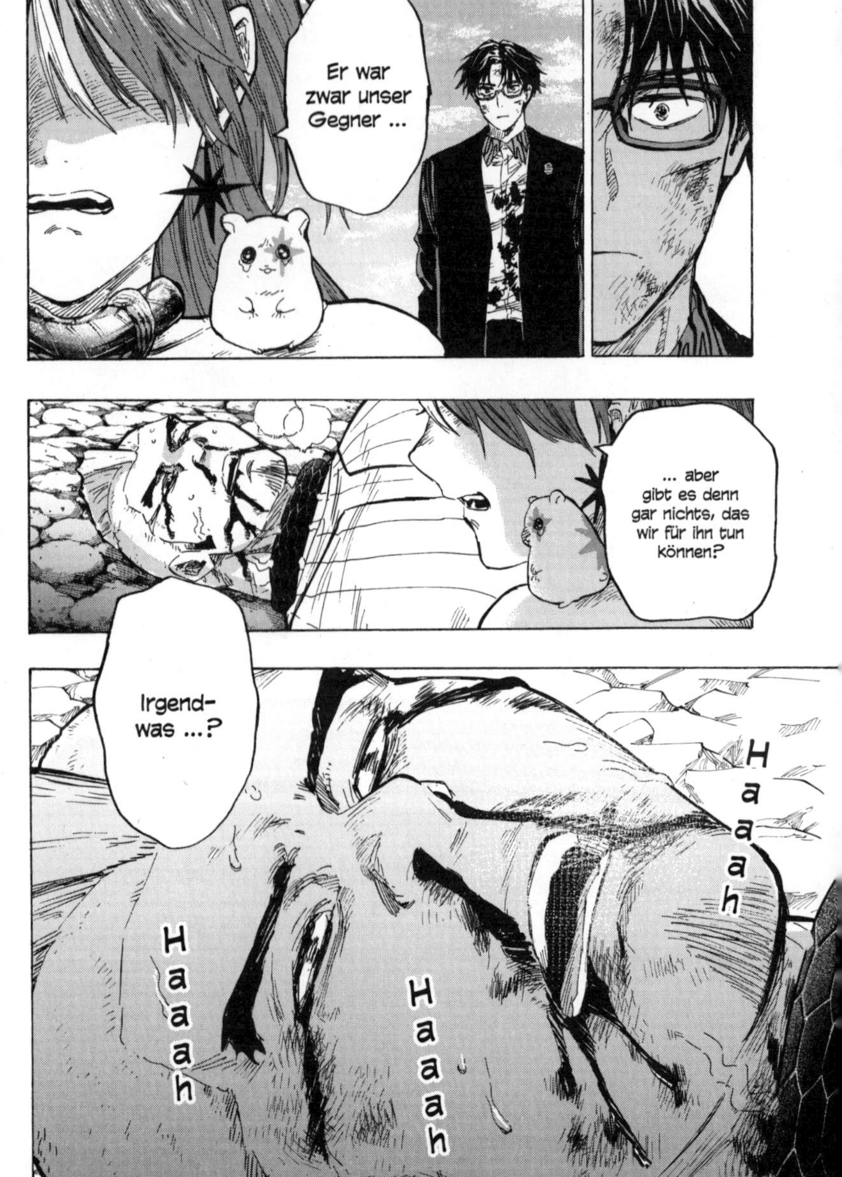
Er war zwar unser Gegner ...
... aber gibt es denn gar nichts, das wir für ihn tun können?
Irgend-was ...?
Haaah
Haaah
Haaah

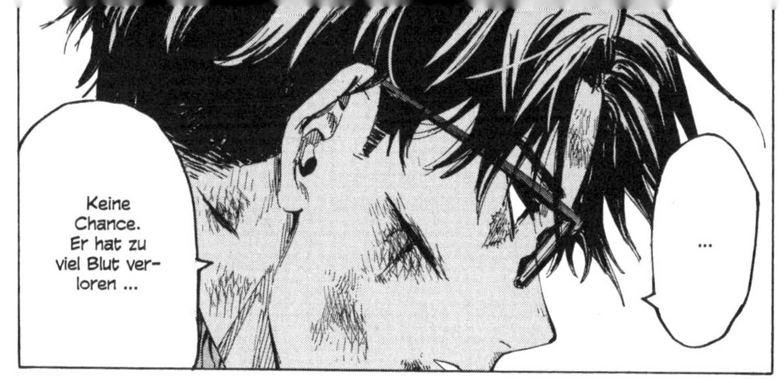

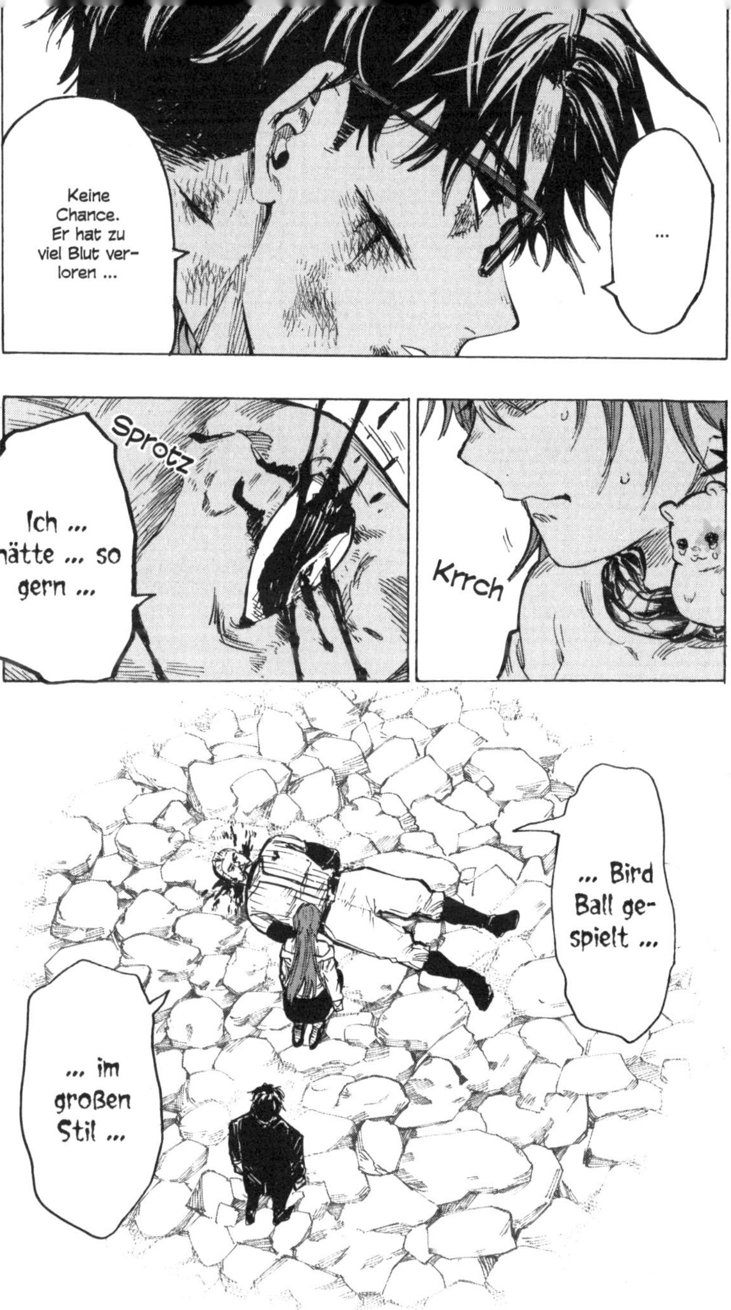

Krrch

Sprotz

Ich ... hätte ... so gern ...

... Bird Ball gespielt ...

... im großen Stil ...

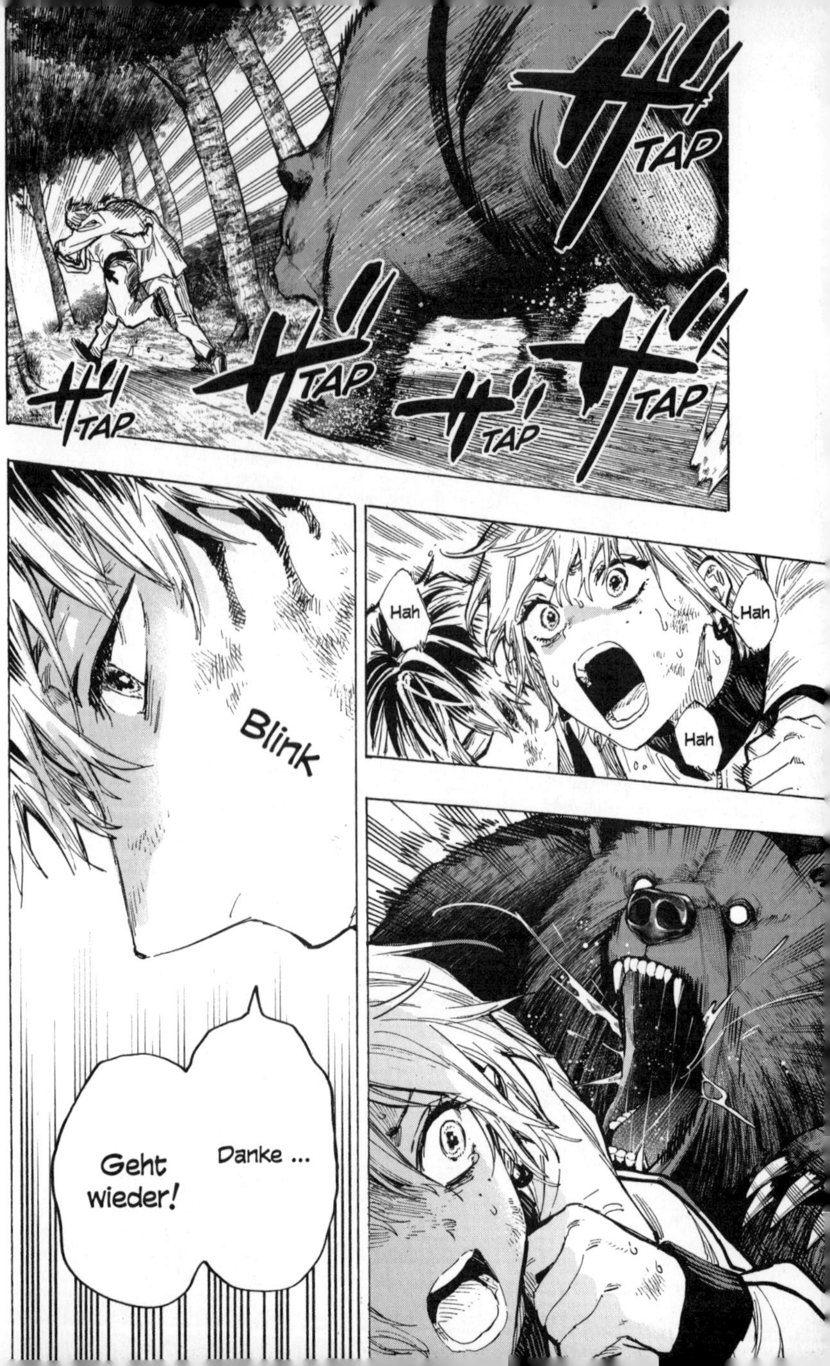

TAP
TAP
TAP
TAP
TAP
Hah
Hah
Hah
Blink
Danke ...
Geht wieder!

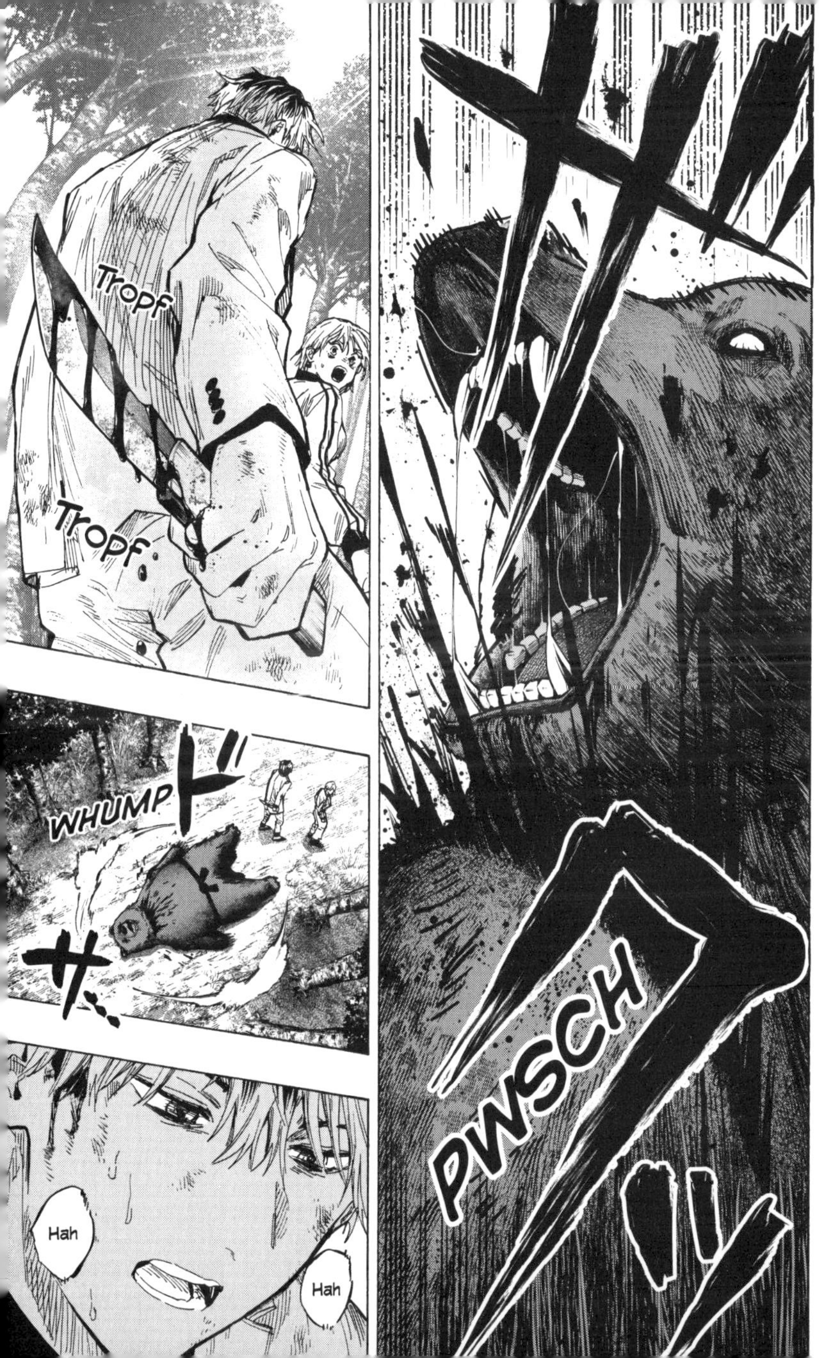
PWSCH
Tropf
Tropf
WHUMP
Hah
Hah

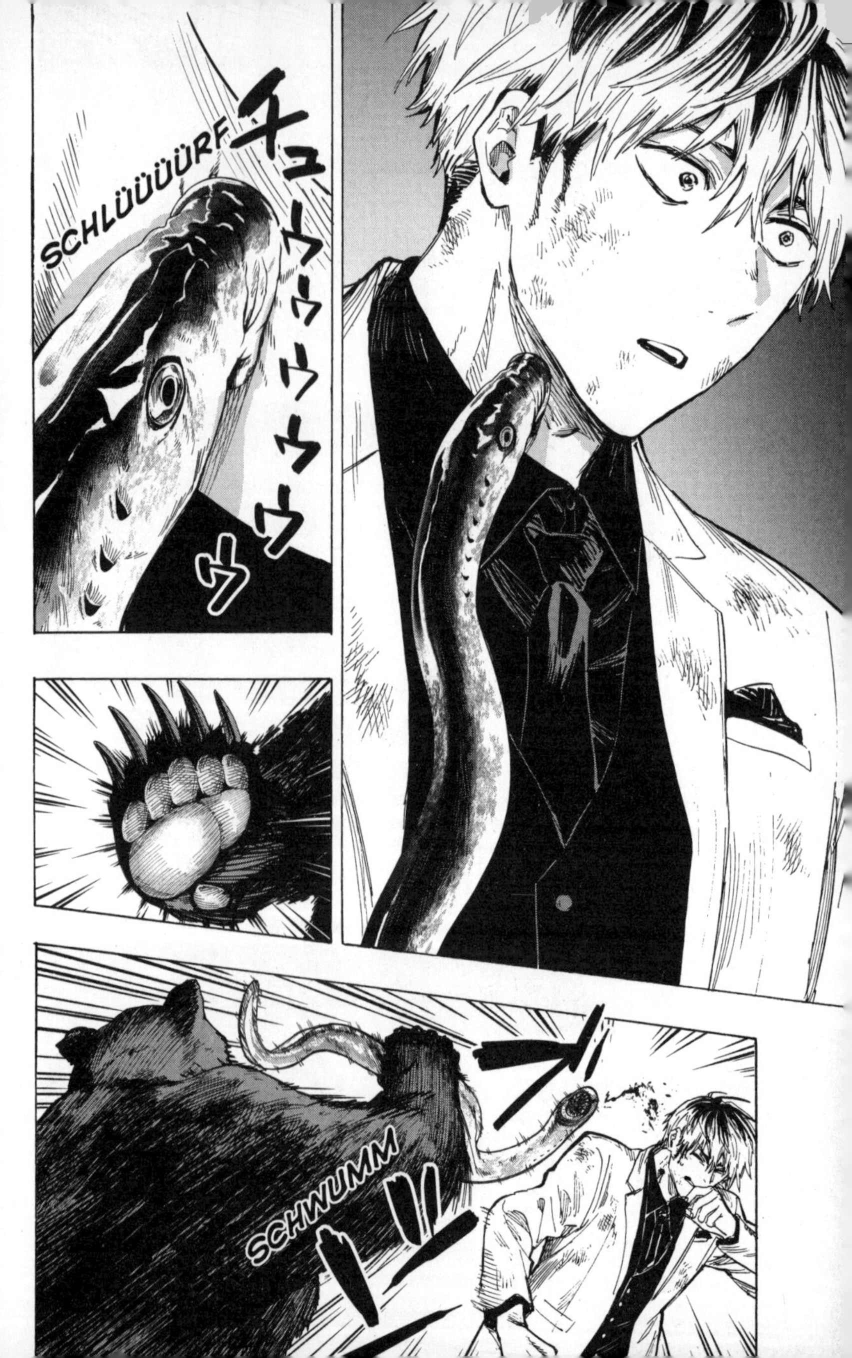
チュウウウウウウ
SCHLÜÜÜÜÜRF
SCHWUMM

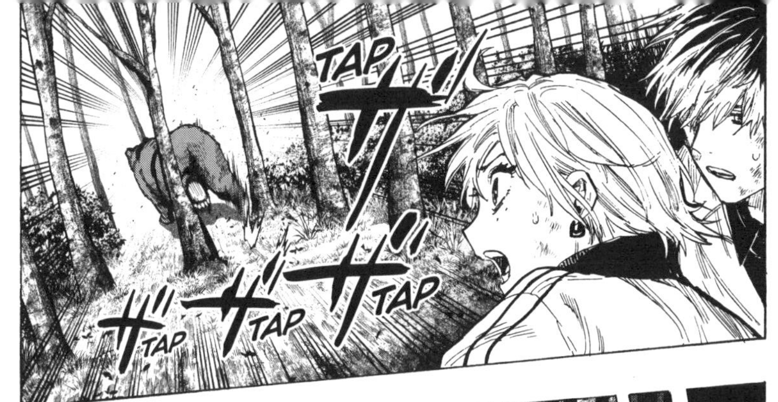
TAP
TAP
TAP
TAP

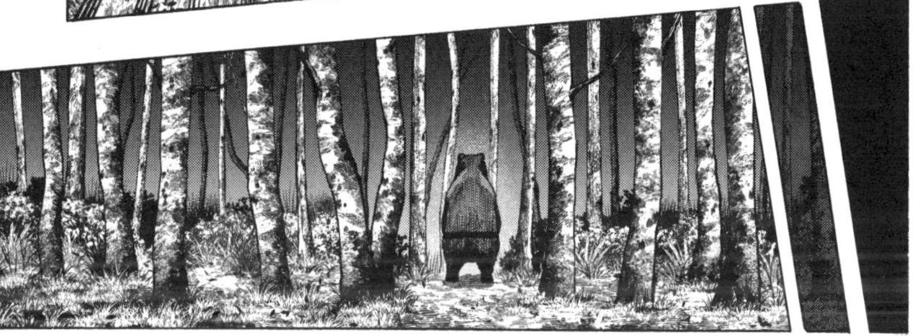

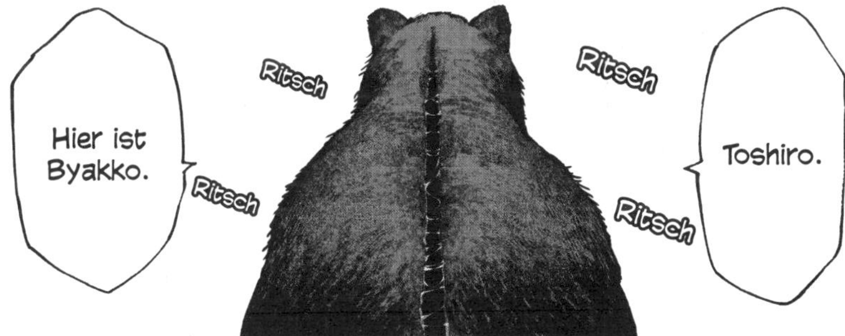
Toshiro.
Ritsch
Ritsch
Hier ist Byakko.
Ritsch
Ritsch

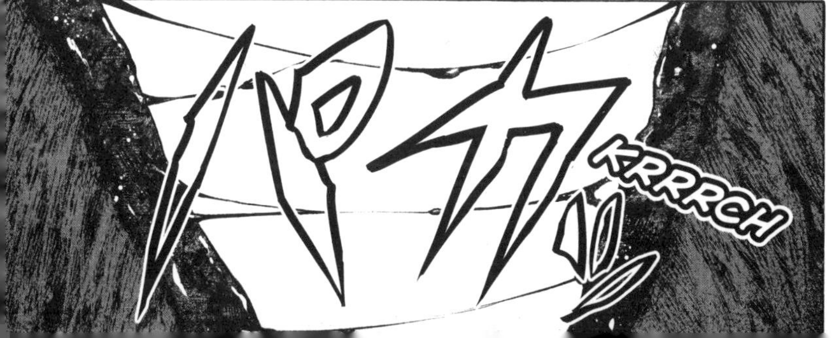
KRRRCH

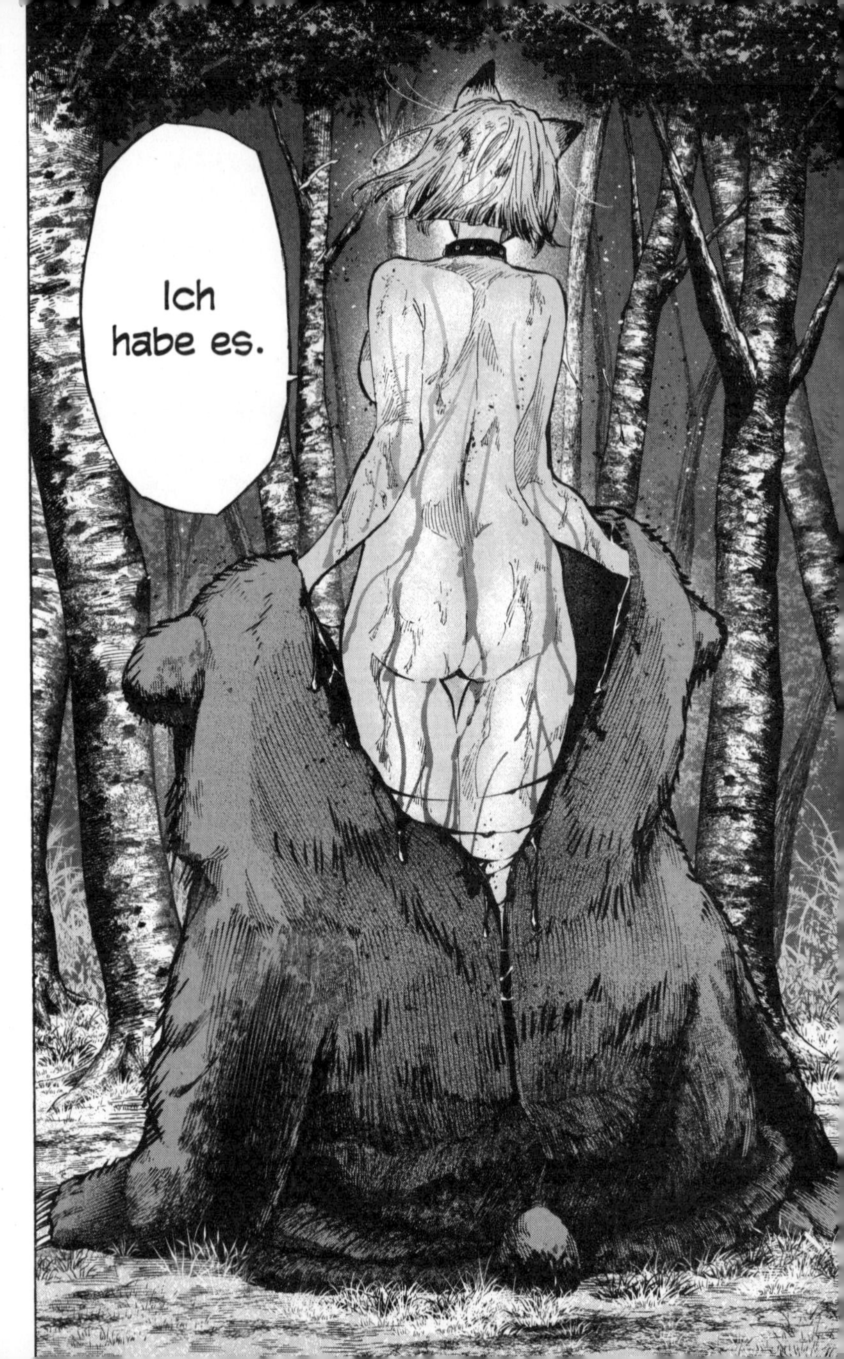
Ich habe es.

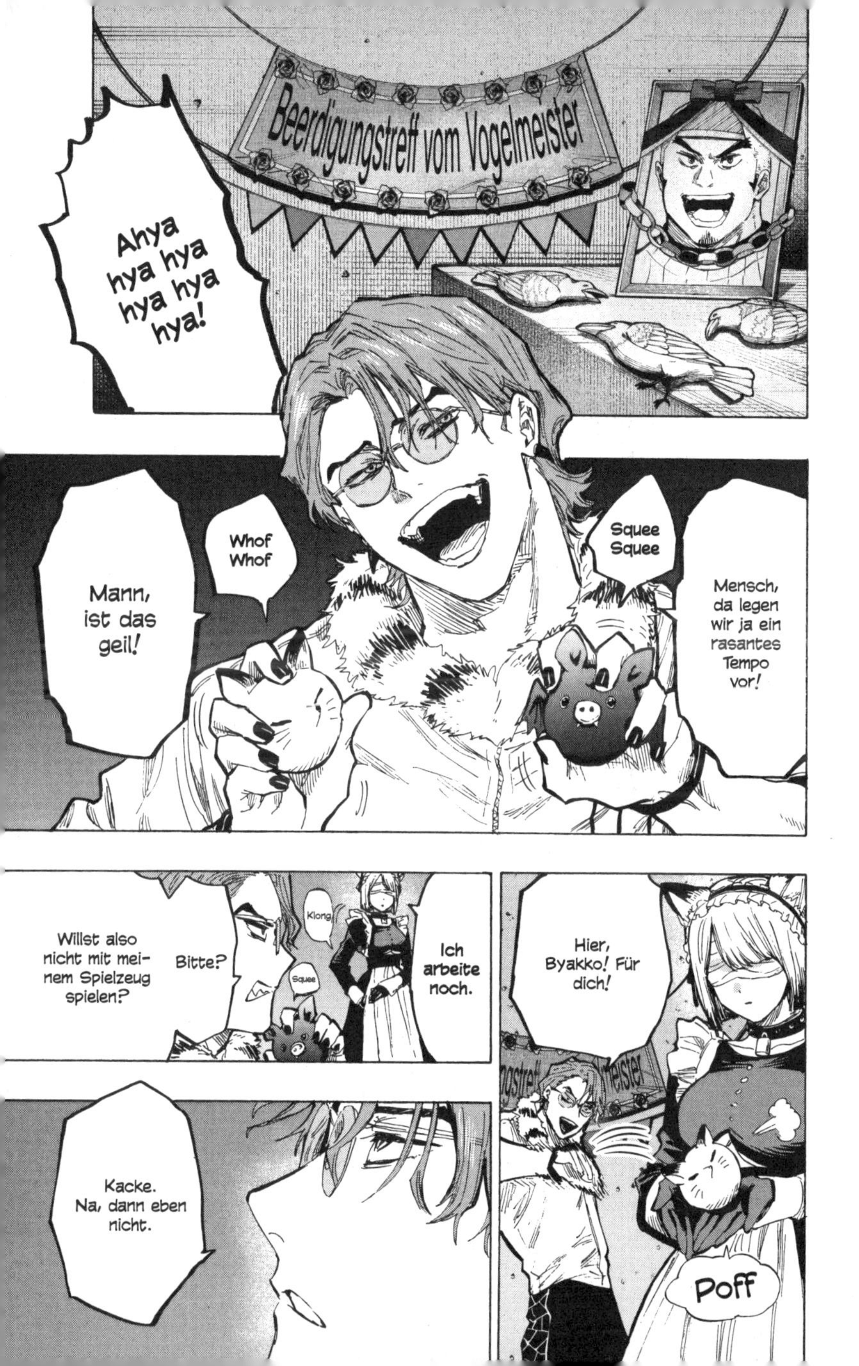

Beerdigungstreff vom Vogelmeister

Ahya hya hya hya hya hya!

Mann, ist das geil!

Whof Whof

Squee Squee

Mensch, da legen wir ja ein rasantes Tempo vor!

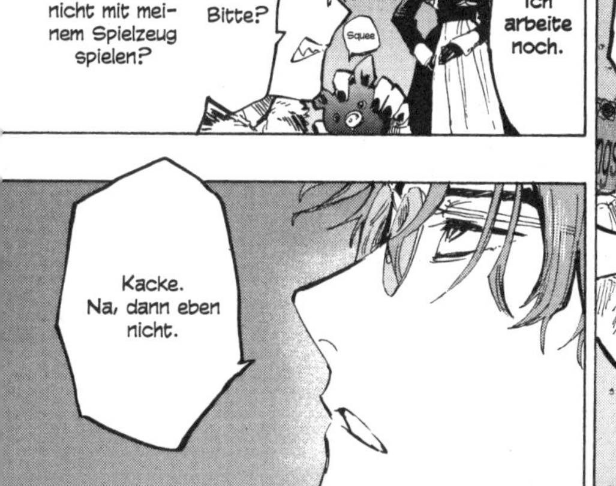

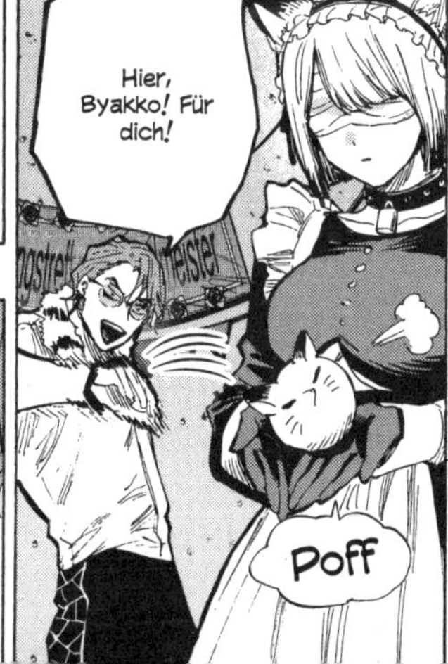

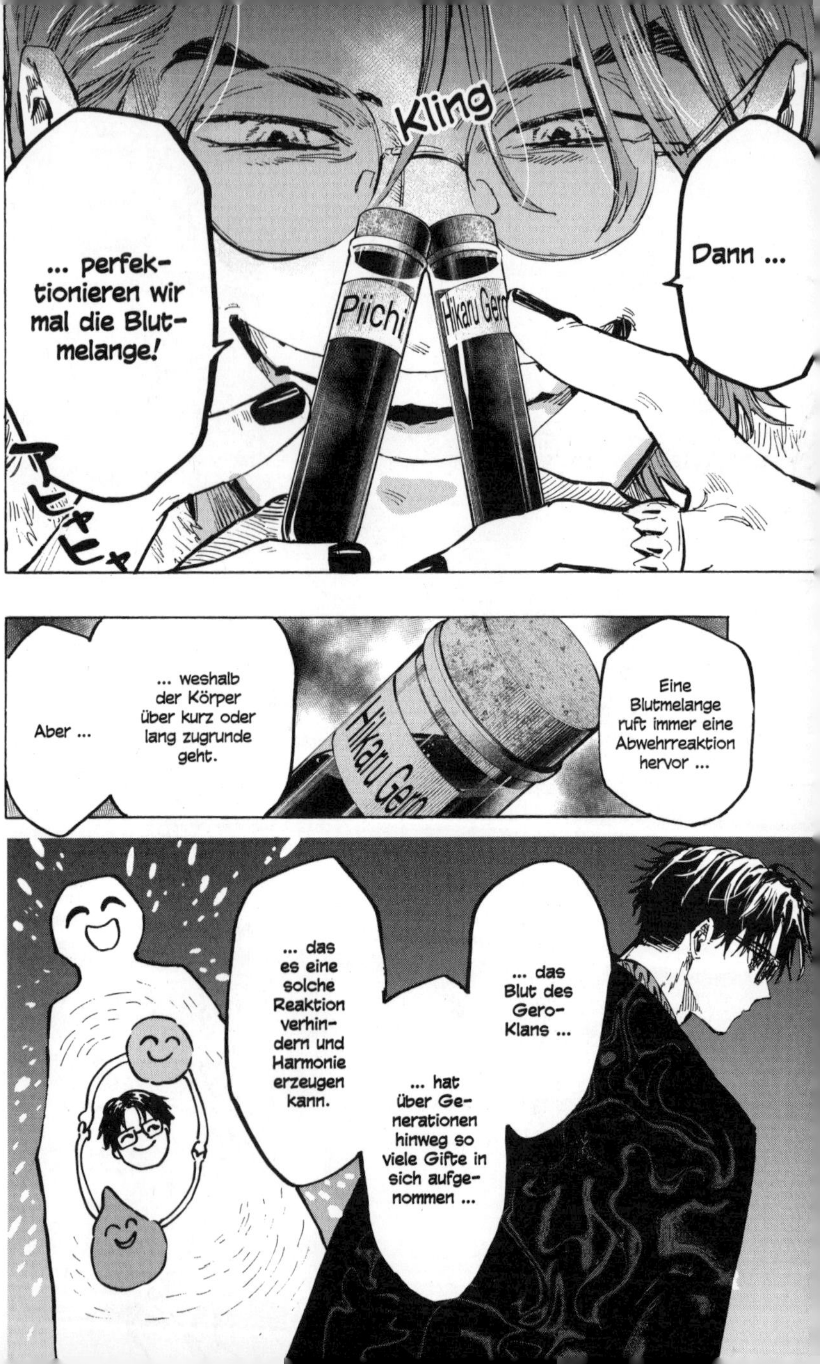

Kling

Dann ...

... perfektionieren wir mal die Blutmelange!

Eine Blutmelange ruft immer eine Abwehrreaktion hervor ...

... weshalb der Körper über kurz oder lang zugrunde geht.

Aber ...

... das Blut des Gero-Klans ...

... hat über Generationen hinweg so viele Gifte in sich aufgenommen ...

... das es eine solche Reaktion verhindern und Harmonie erzeugen kann.

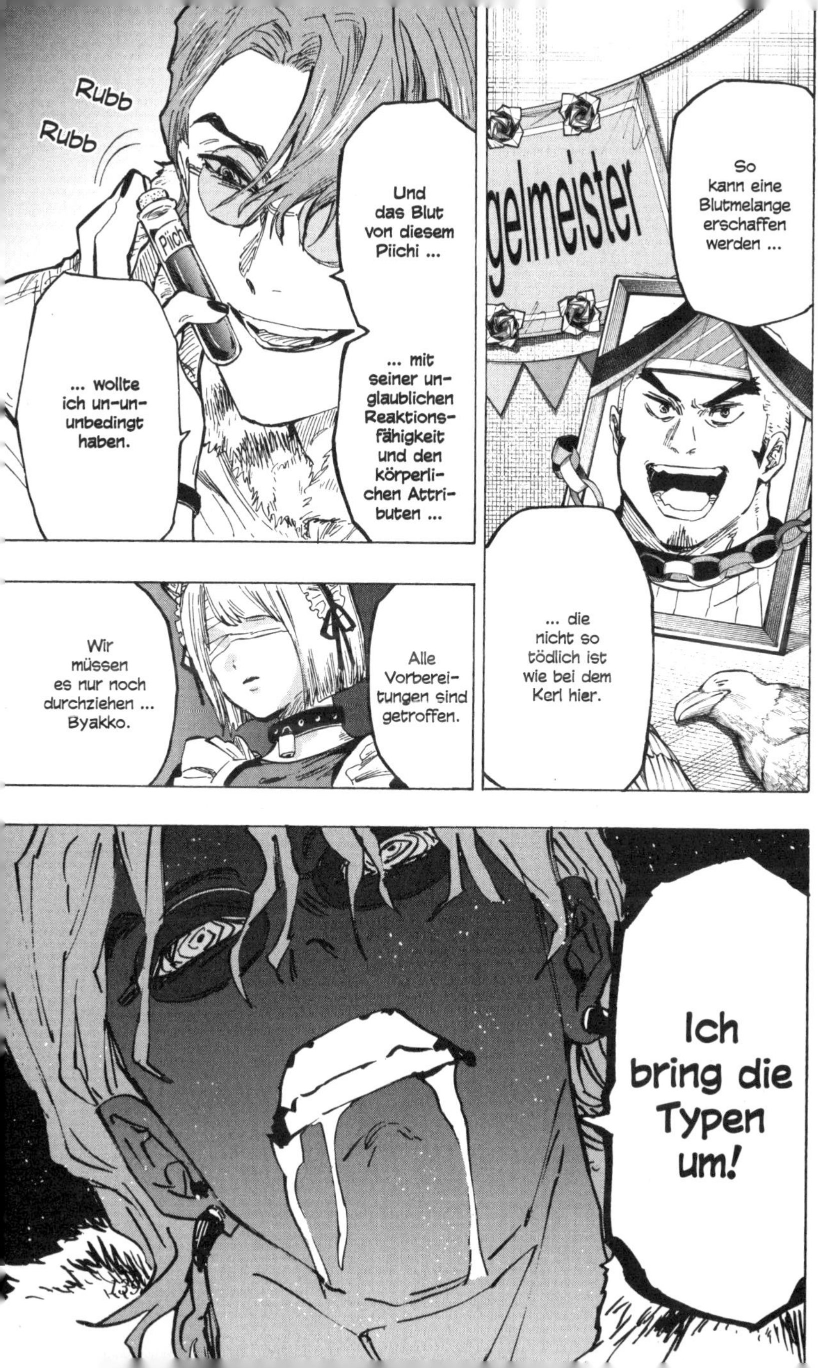

gelmeister

So kann eine Blutmelange erschaffen werden ...

... die nicht so tödlich ist wie bei dem Kerl hier.

Rubb Rubb

Piichi

Und das Blut von diesem Piichi ...

... mit seiner unglaublichen Reaktionsfähigkeit und den körperlichen Attributen ...

... wollte ich un-un-unbedingt haben.

Alle Vorbereitungen sind getroffen.

Wir müssen es nur noch durchziehen ... Byakko.

Ich bring die Typen um!

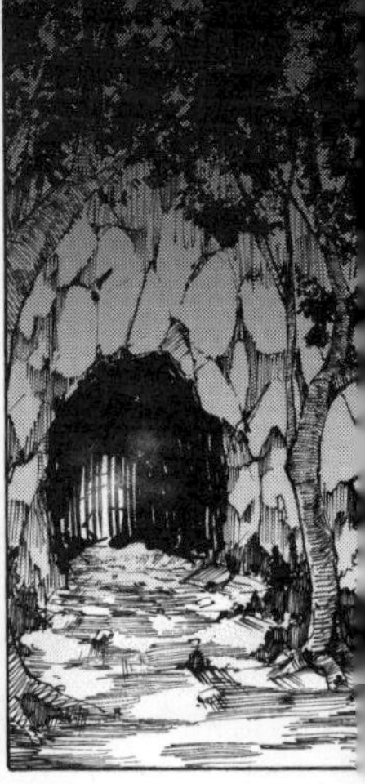
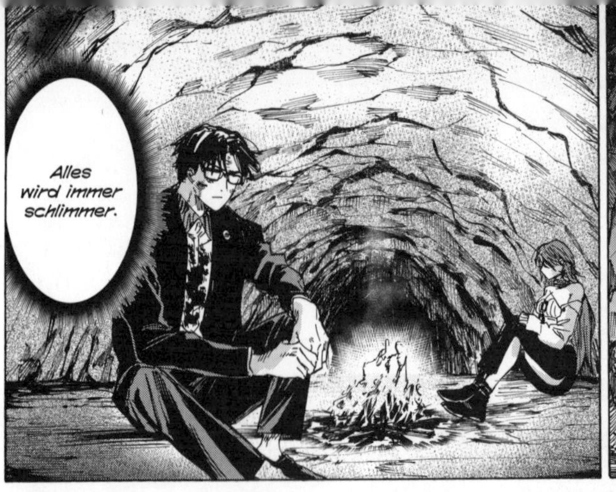
Alles wird immer schlimmer.
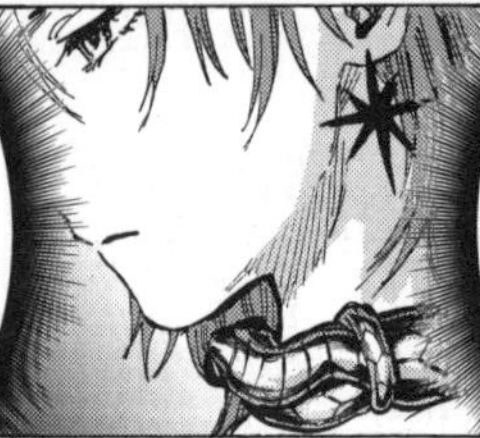
Dem Bestienmeister könnte jeden Moment danach sein ...
... Arashiyama einfach umzubringen.
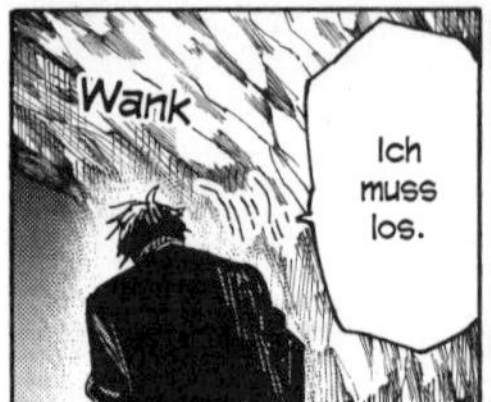
Ich muss los.
Wank
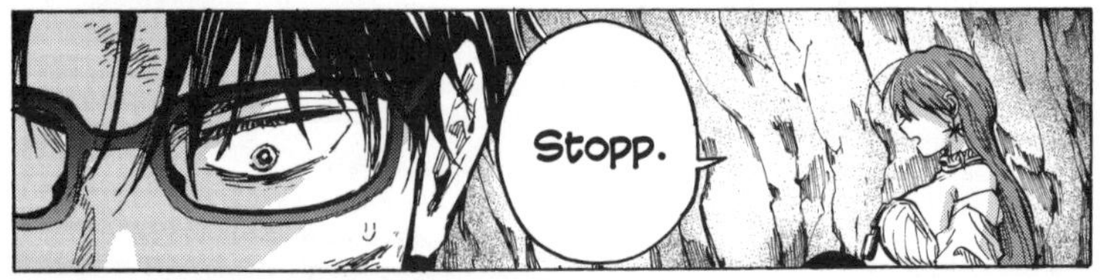
Stopp.
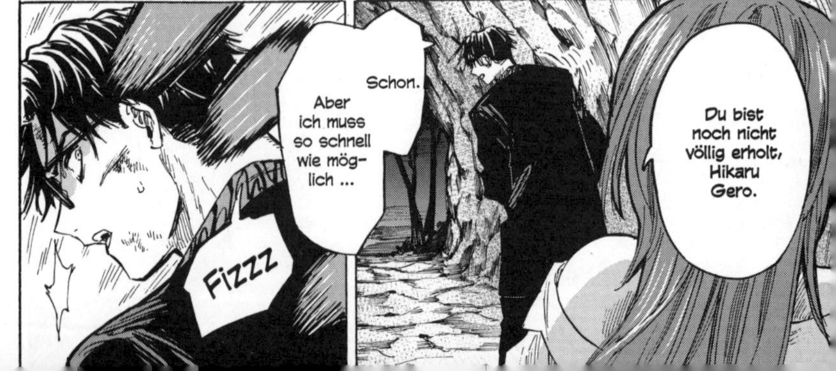
Du bist noch nicht völlig erholt, Hikaru Gero.
Schon.
Aber ich muss so schnell wie möglich ...
Fizzz

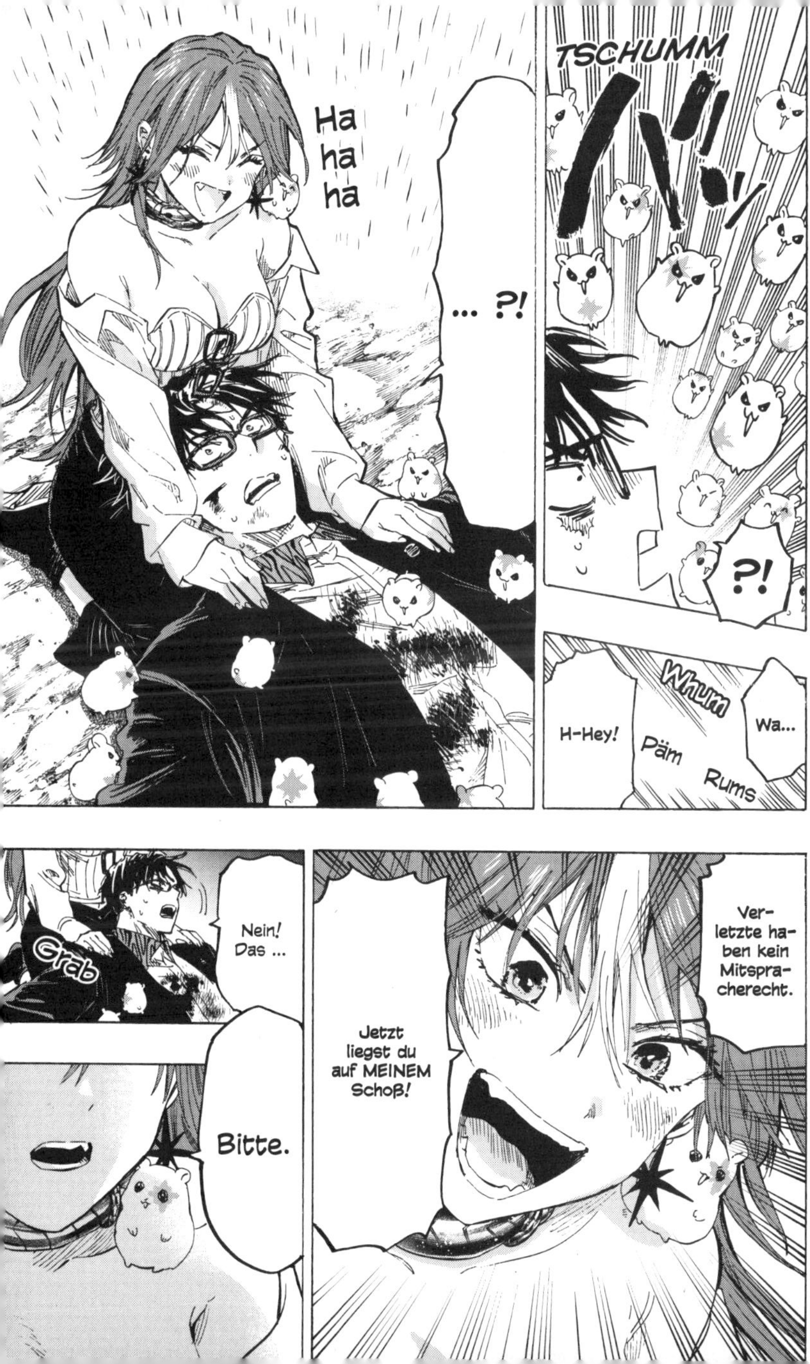

TSCHUMM
?!
Wa...
Whum
Päm
Rums
H-Hey!
... ?!
Ha
ha
ha
Verletzte haben kein Mitspracherecht.
Jetzt liegst du auf MEINEM Schoß!
Nein! Das ...
Grab
Bitte.

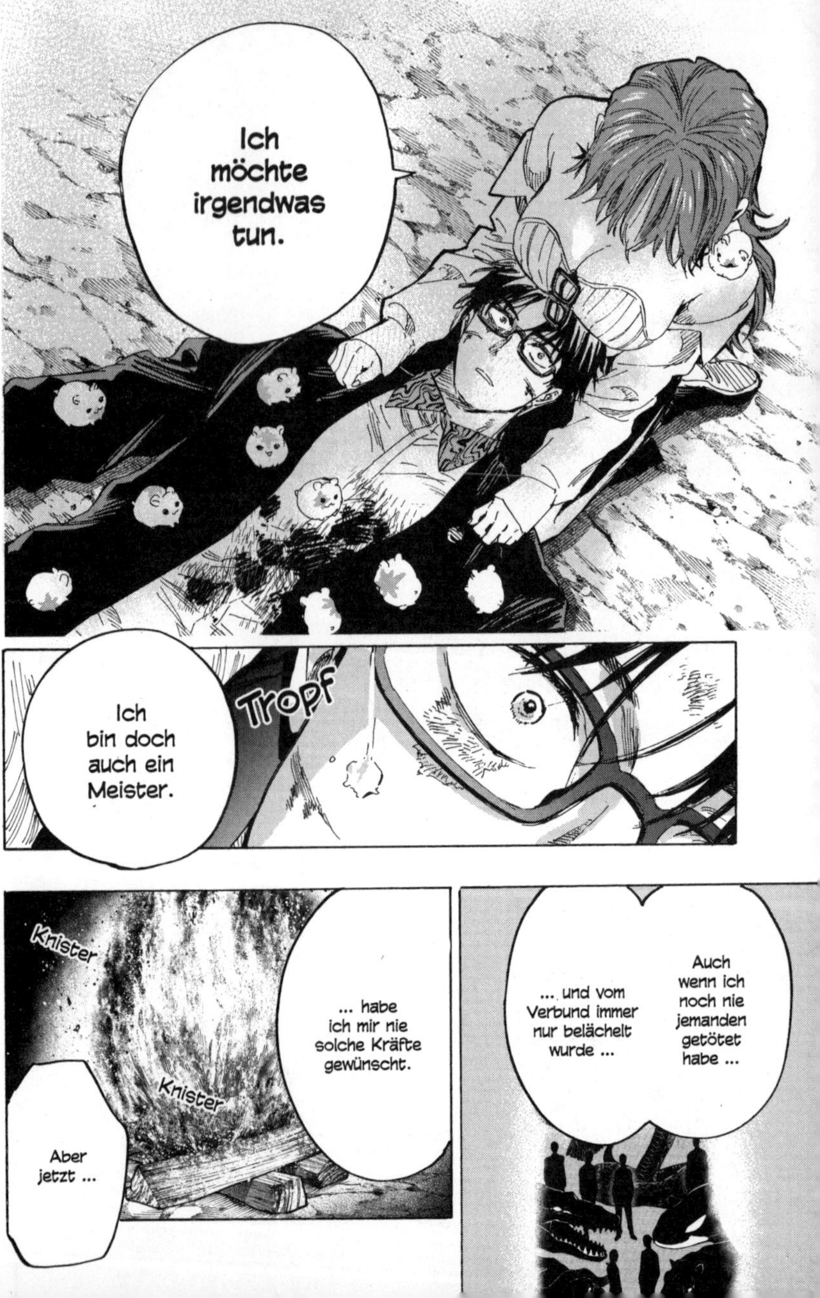

Ich möchte irgendwas tun.

Tropf

Ich bin doch auch ein Meister.

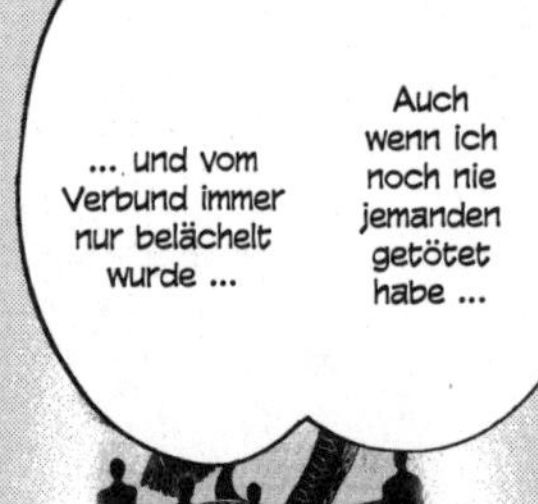

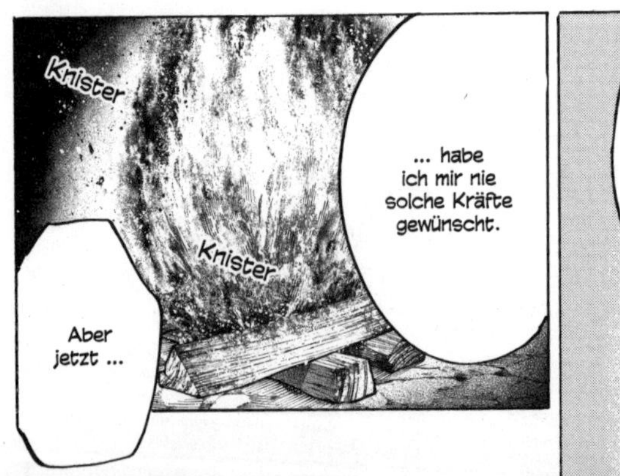

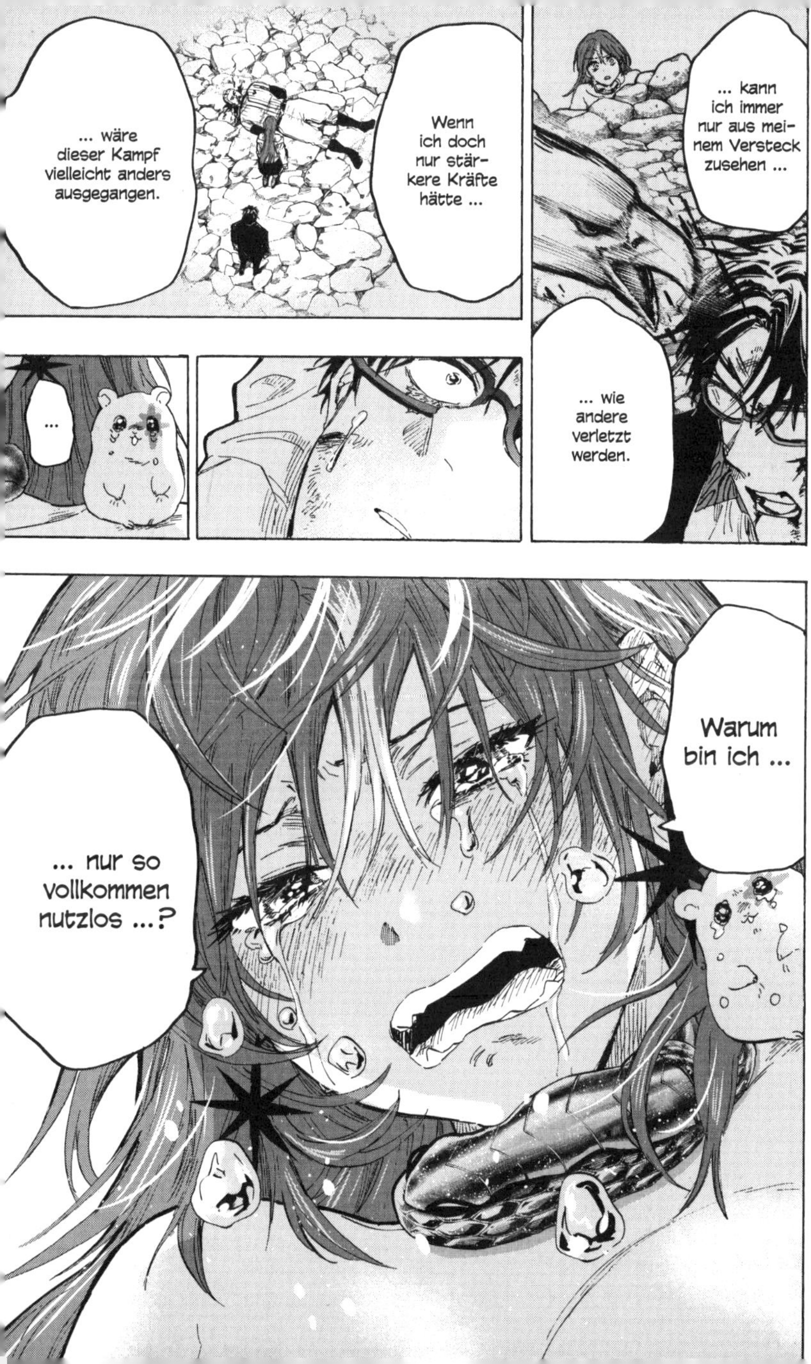

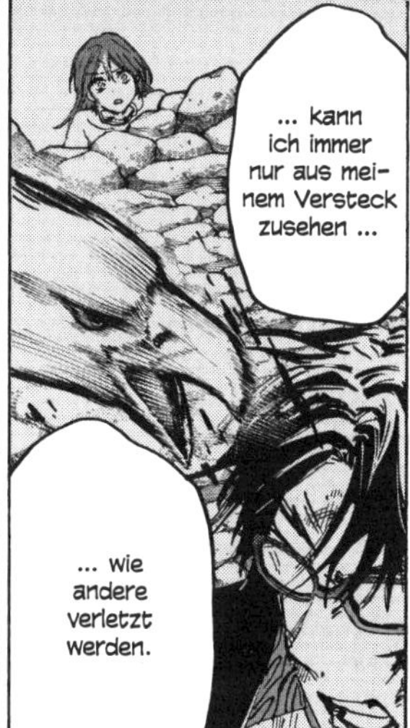

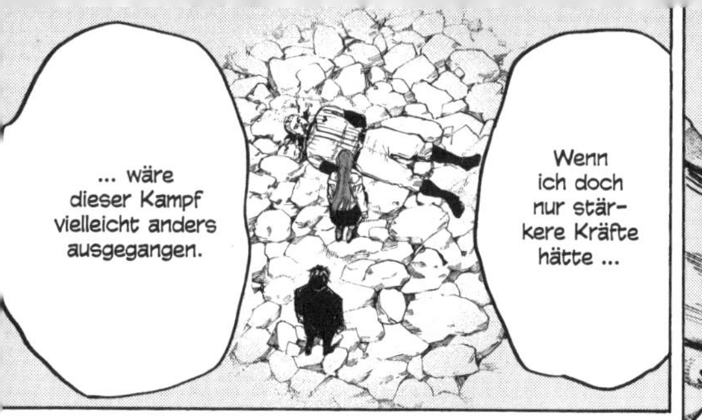

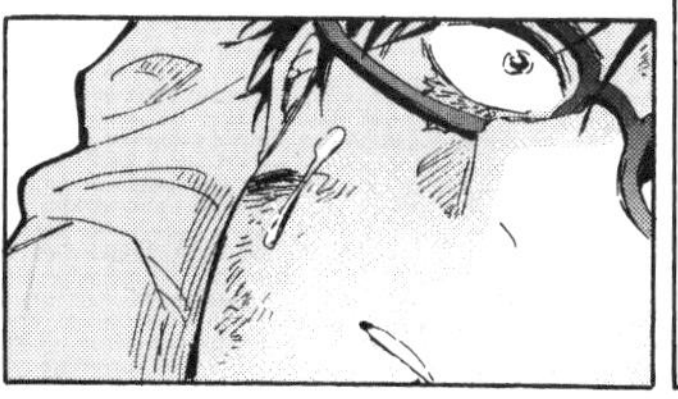

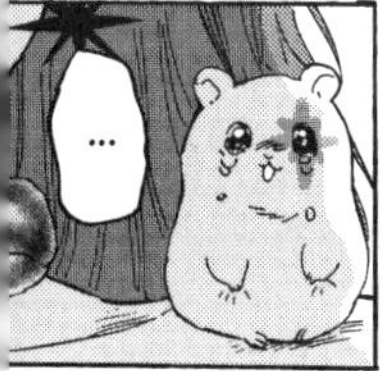

Warum bin ich ...

... nur so vollkommen nutzlos ...?

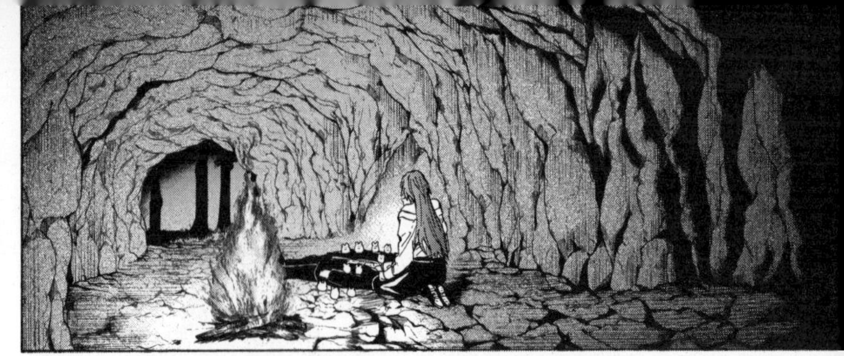

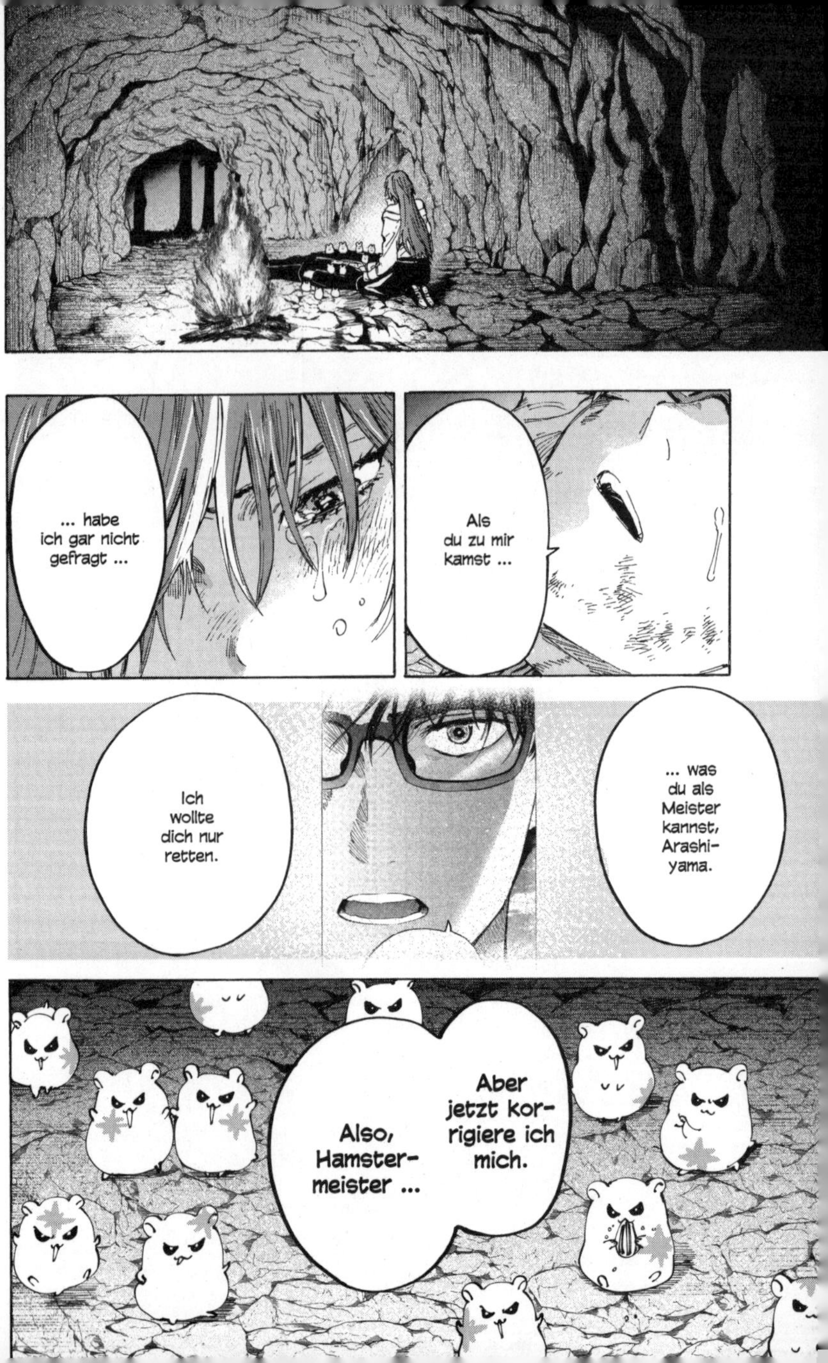

Als du zu mir kamst ...

... habe ich gar nicht gefragt ...

... was du als Meister kannst, Arashi-yama.

Ich wollte dich nur retten.

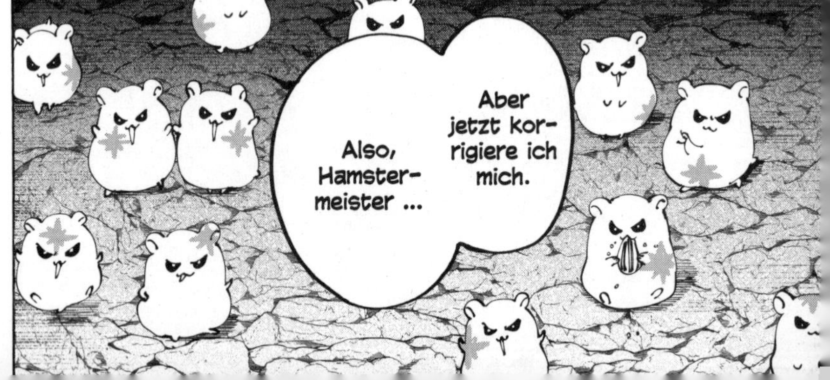

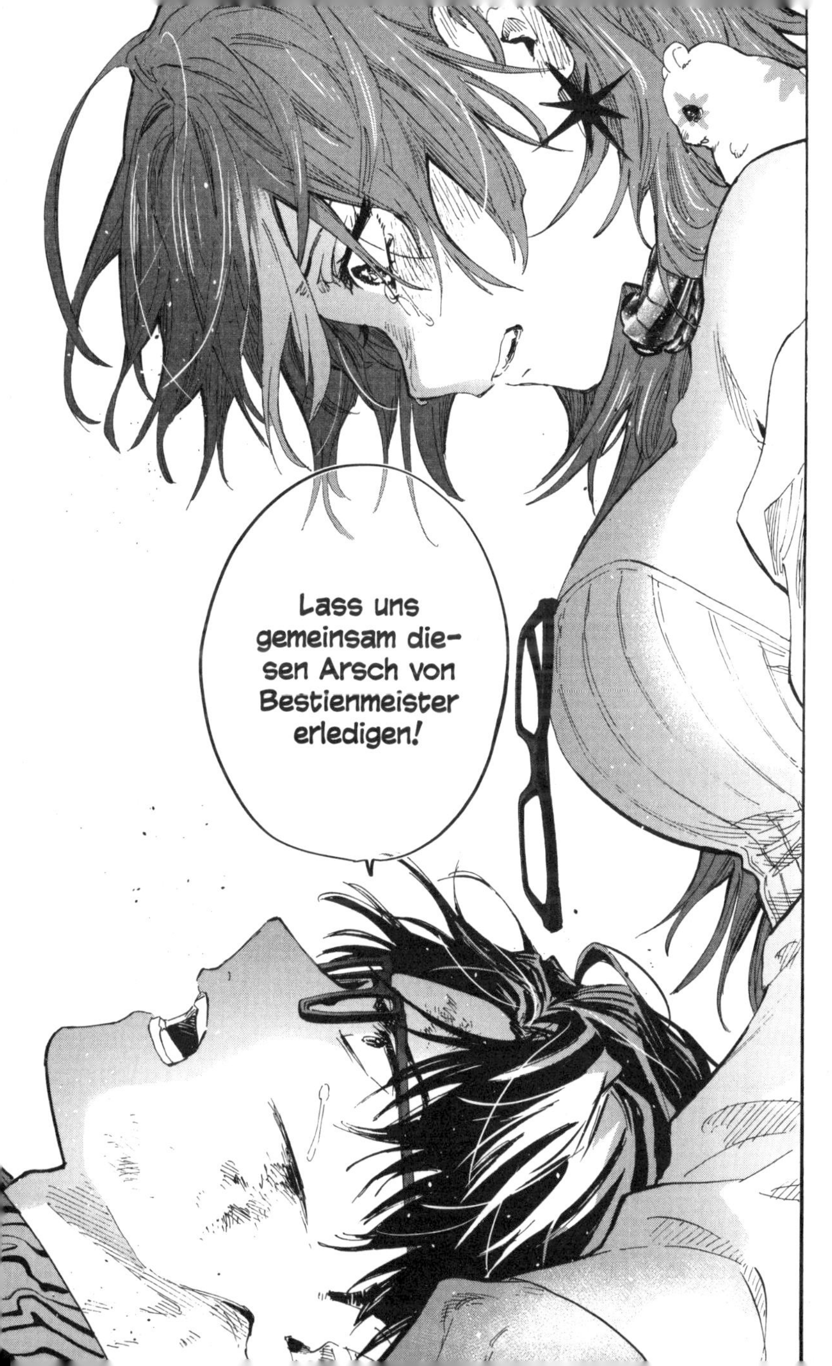
Lass uns gemeinsam die-sen Arsch von Bestienmeister erledigen!

Gota Hanezawa

Geburtsdatum:
10. Mai

Blutgruppe:
AB

Ein Eigenbrötler unter den Vogelmeistern. Will seine Wurzeln nicht verleugnen, träumt jedoch von der amerikanischen Oberliga, weshalb er Bird Ball erfunden hat. Dieses „Vogel-Baseball" folgt im Prinzip den gleichen Regeln wie das normale Baseball, verfügt jedoch über mehrdimensionale Angriffsstrategien. Laut Hanezawa kann man es auch „Schach unter freiem Himmel" nennen.

Vogelschlag: Schlagtechnik, die die Drehbewegungen der Vögel in den Schläger einfließen lässt

Koshien-Grab: Technik, bei dem die geballten Erinnerungen an den Sommer in einem Angriff gebündelt werden.

Eisenflügel-Formation: Stellung, in der das starke Band der gefiederten Kameraden zum Schutz aufgefahren wird

Zwanzig Jahre nach seinem Tod haben seine Schüler Bird Ball so weit gebracht, dass in San Diego (Kalifornien) das erste WBC (World Bird Ball Classic) Turnier ausgetragen wird.

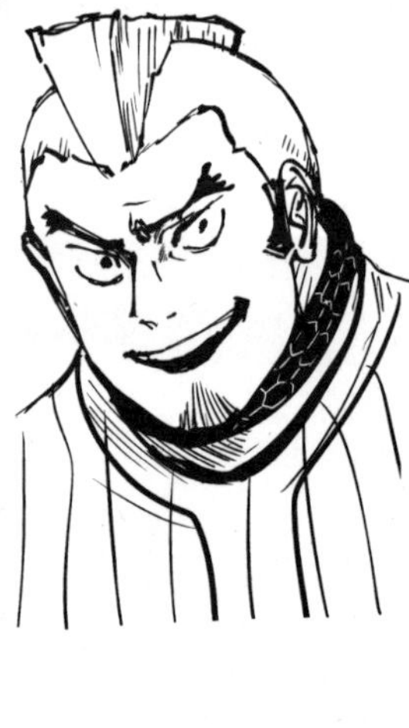

#33 Schmeckt gut

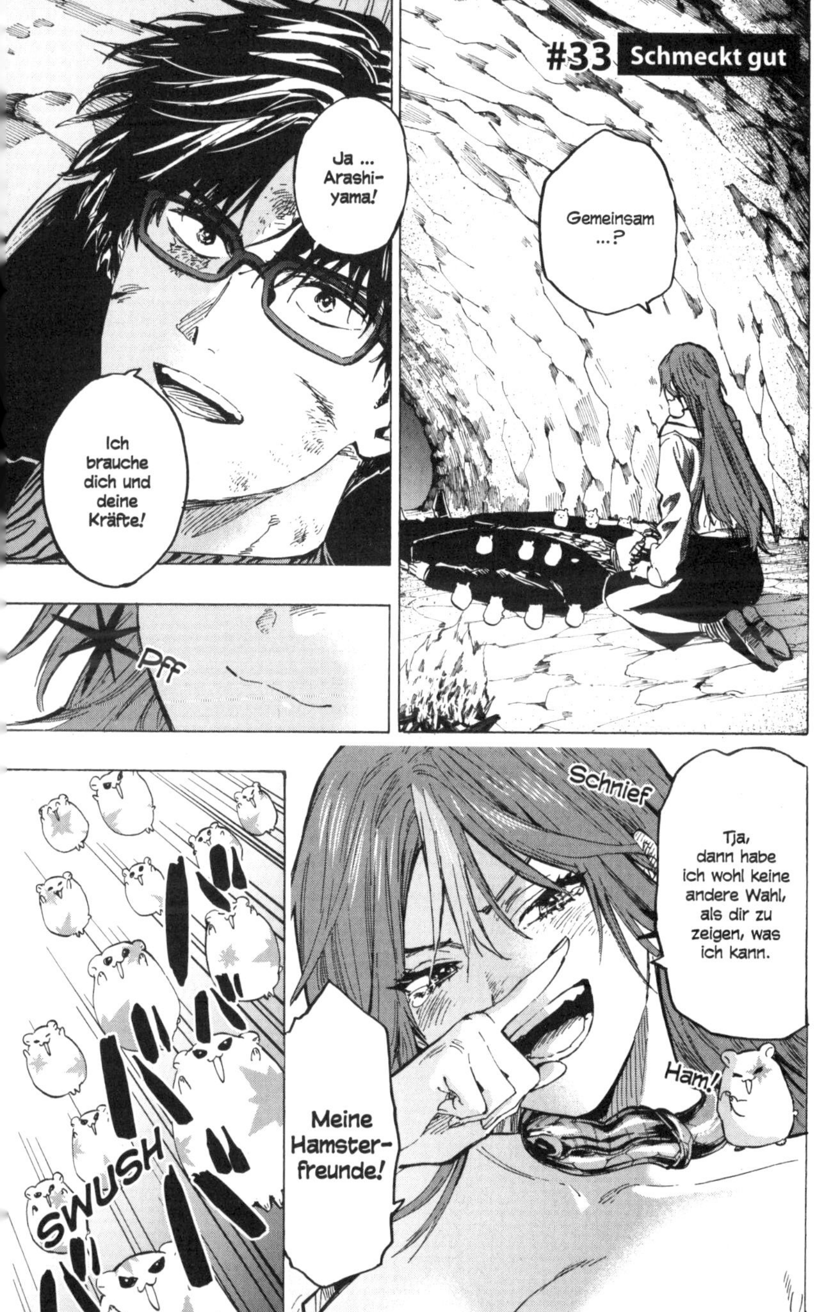

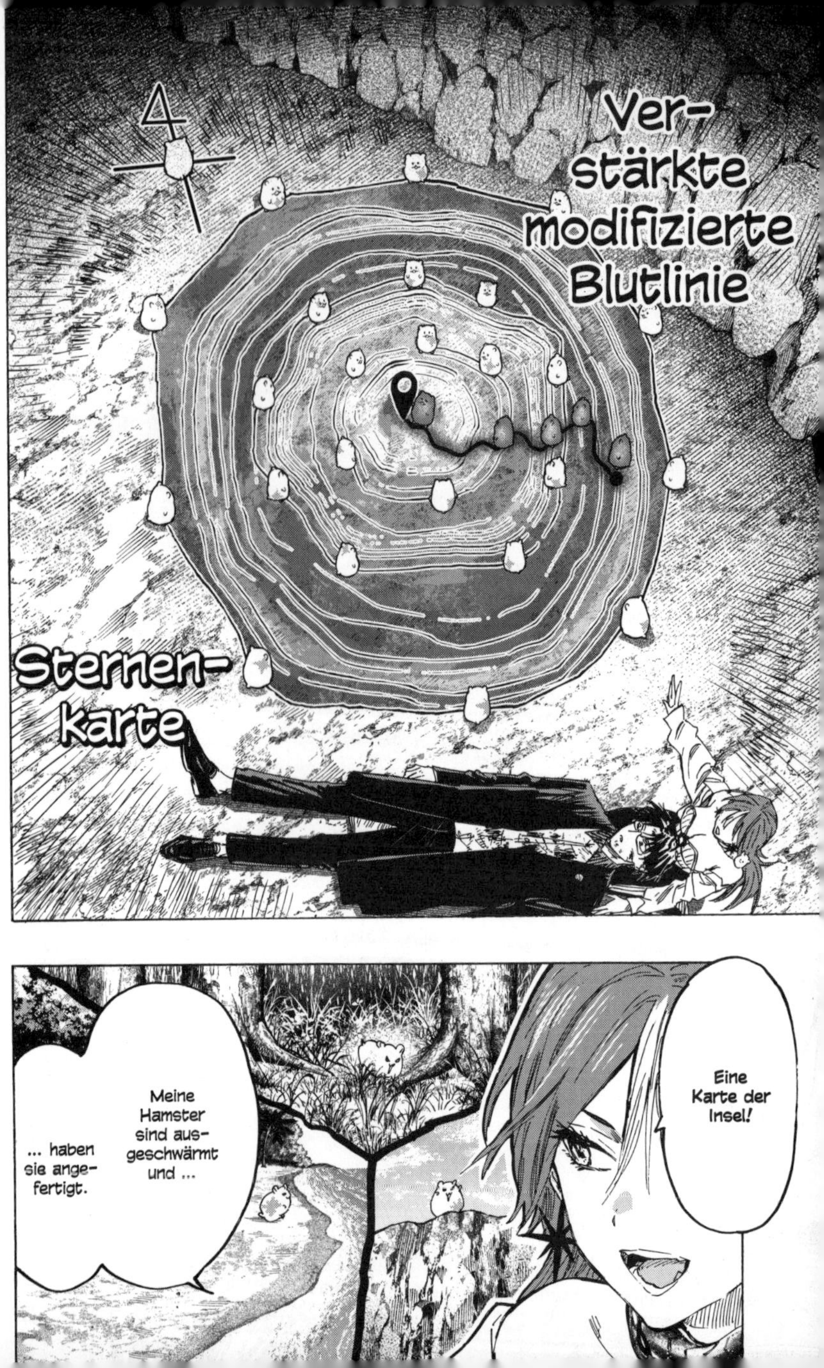

Verstärkte modifizierte Blutlinie

Sternenkarte

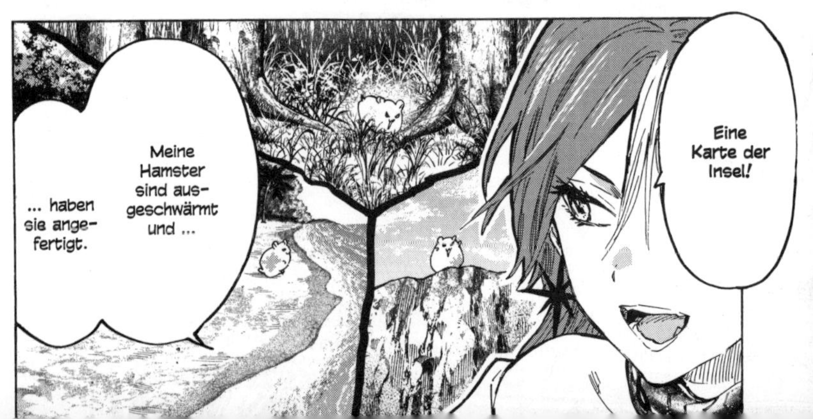

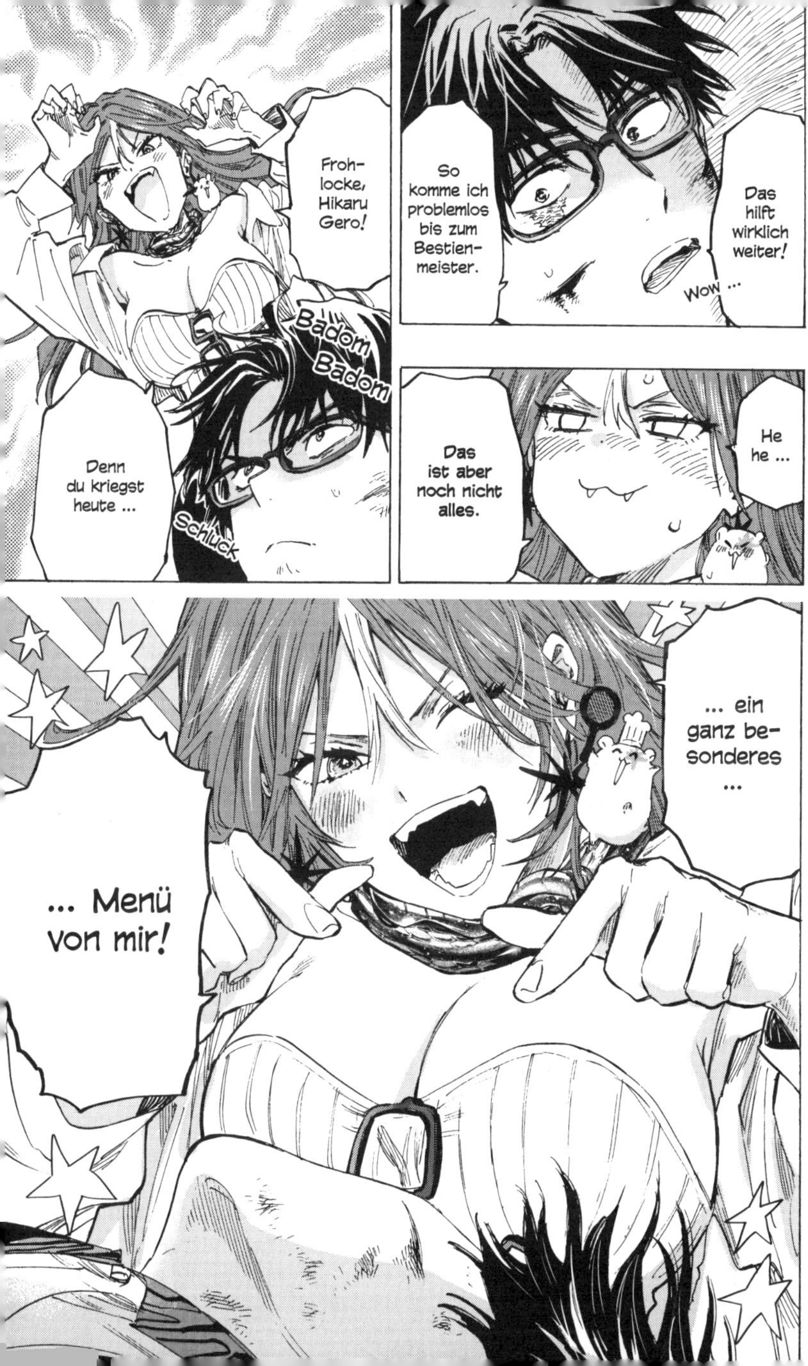

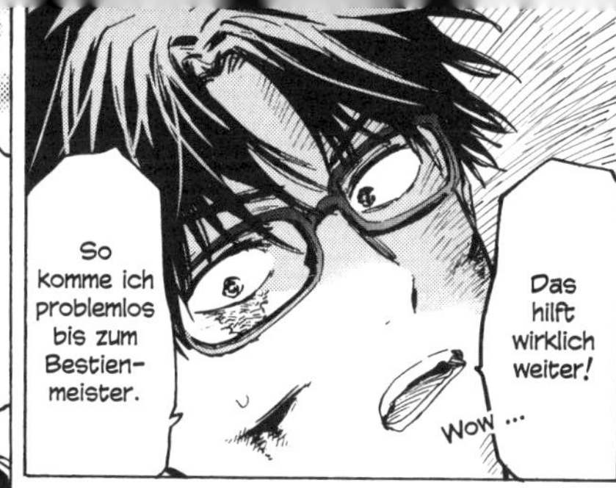

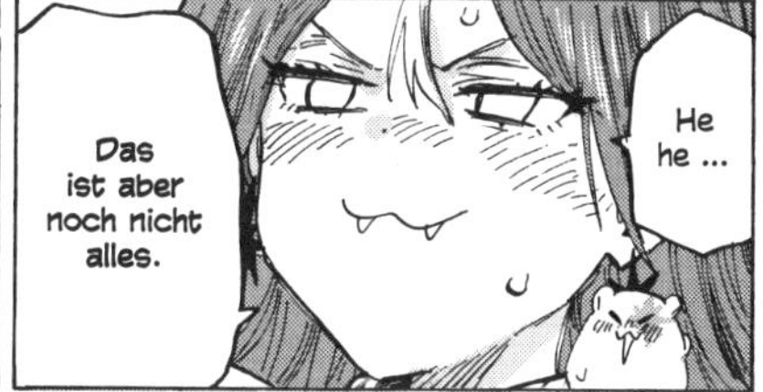

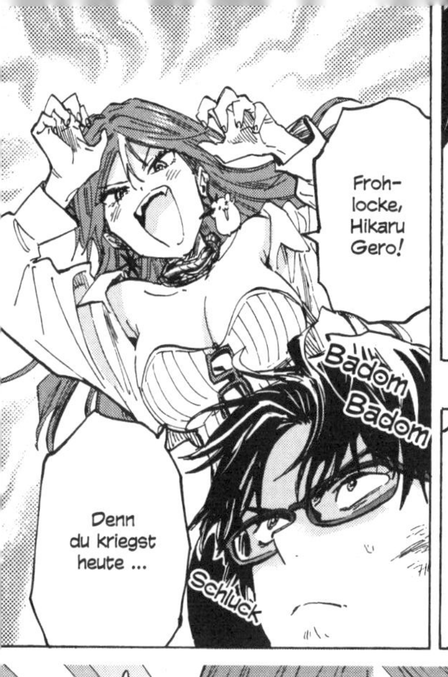

... ein ganz besonderes ...

... Menü von mir!

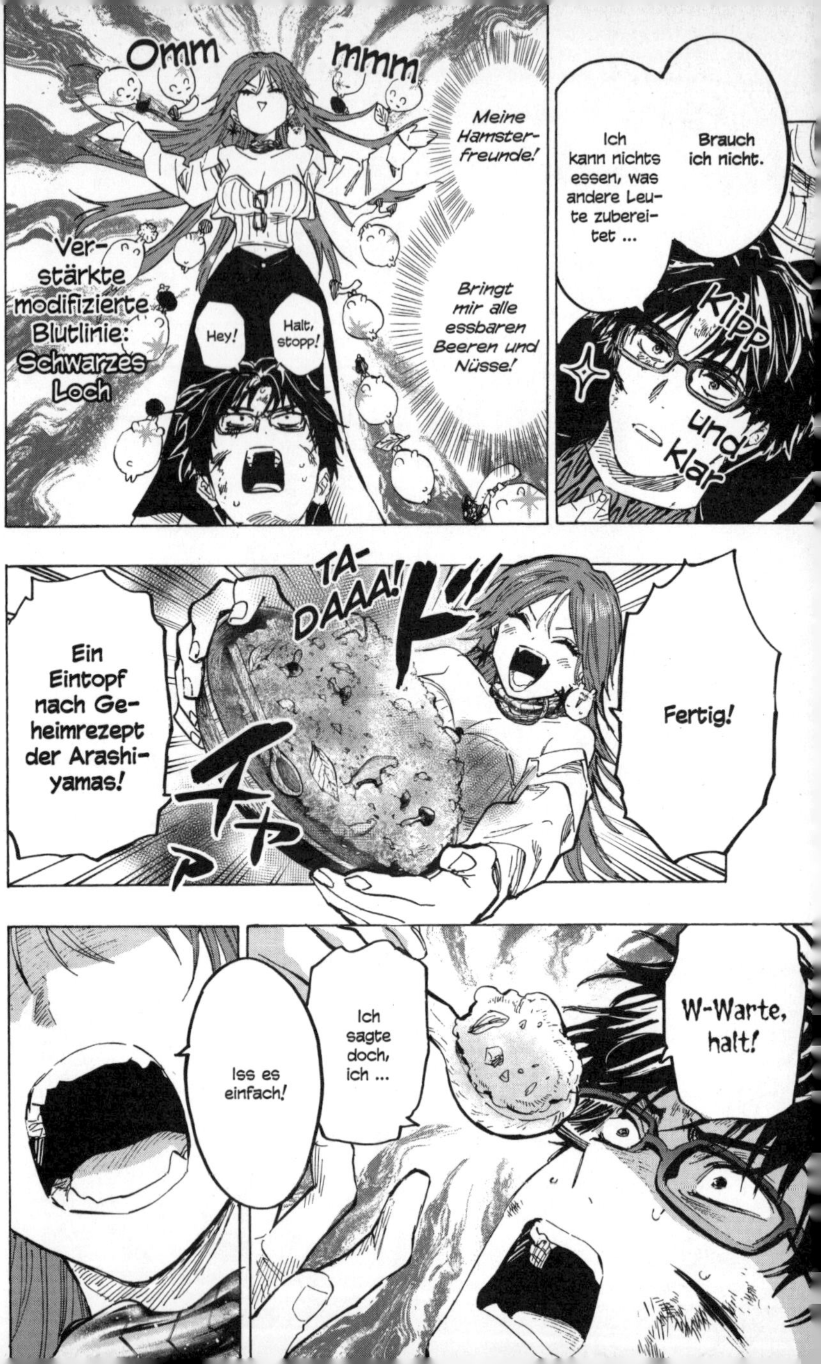

Brauch ich nicht.
Ich kann nichts essen, was andere Leute zubereitet ...
Klipp und klar
Omm mmm
Meine Hamsterfreunde!
Bringt mir alle essbaren Beeren und Nüsse!
Verstärkte modifizierte Blutlinie: Schwarzes Loch
Halt, stopp!
Hey!
TA-DAAA!
Fertig!
Ein Eintopf nach Geheimrezept der Arashiyamas!
W-Warte, halt!
Ich sagte doch, ich ...
Iss es einfach!

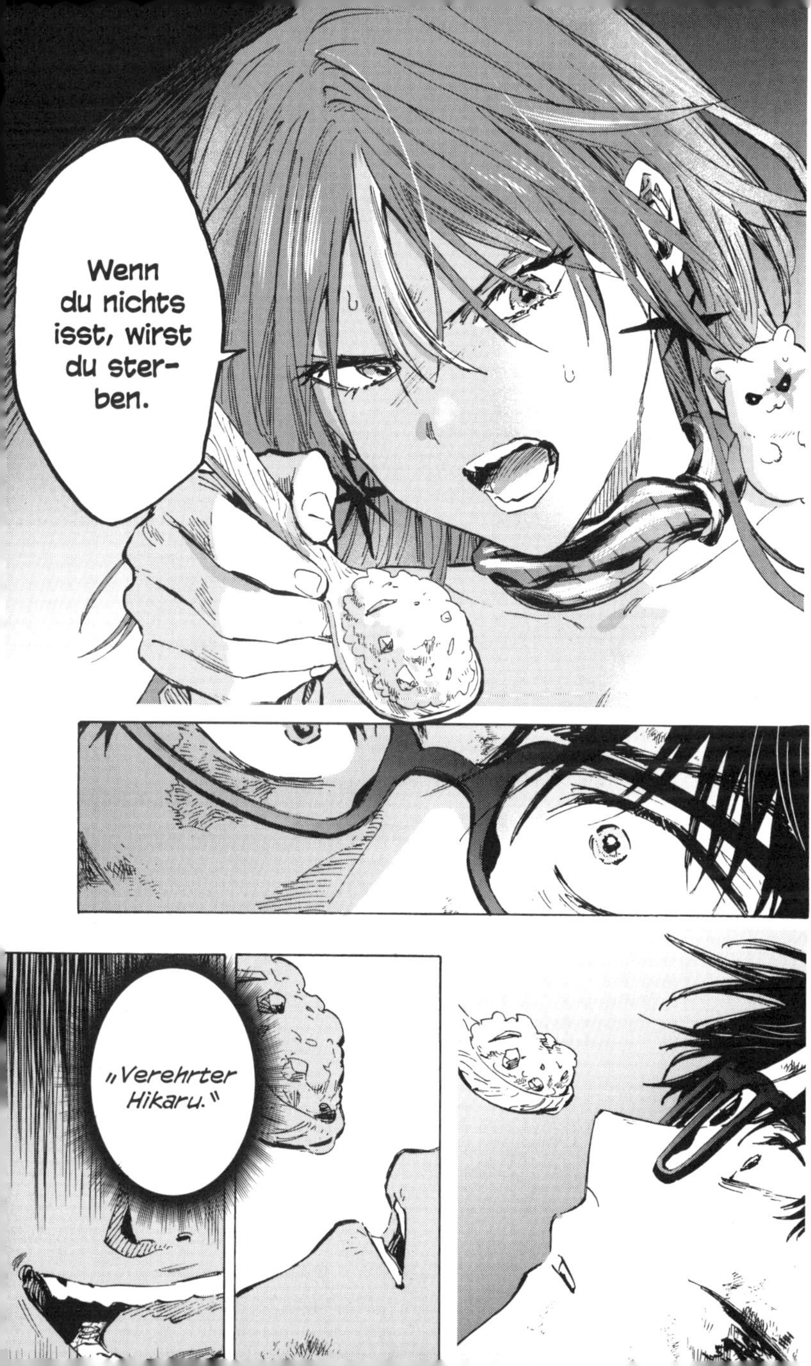

Wenn du nichts isst, wirst du sterben.

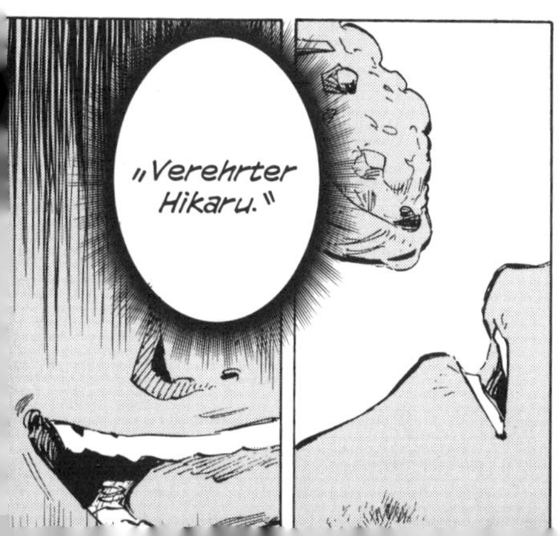

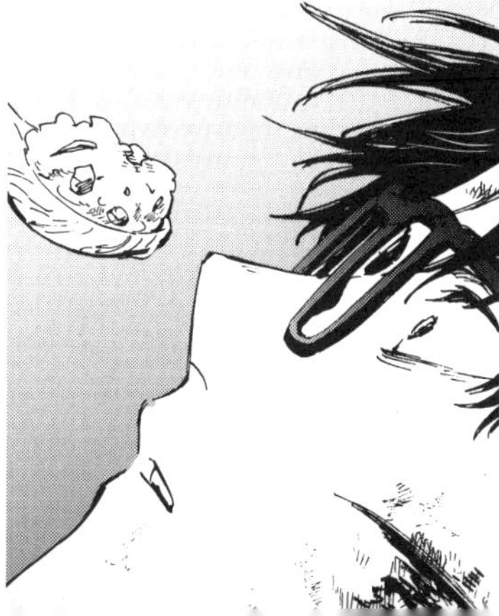

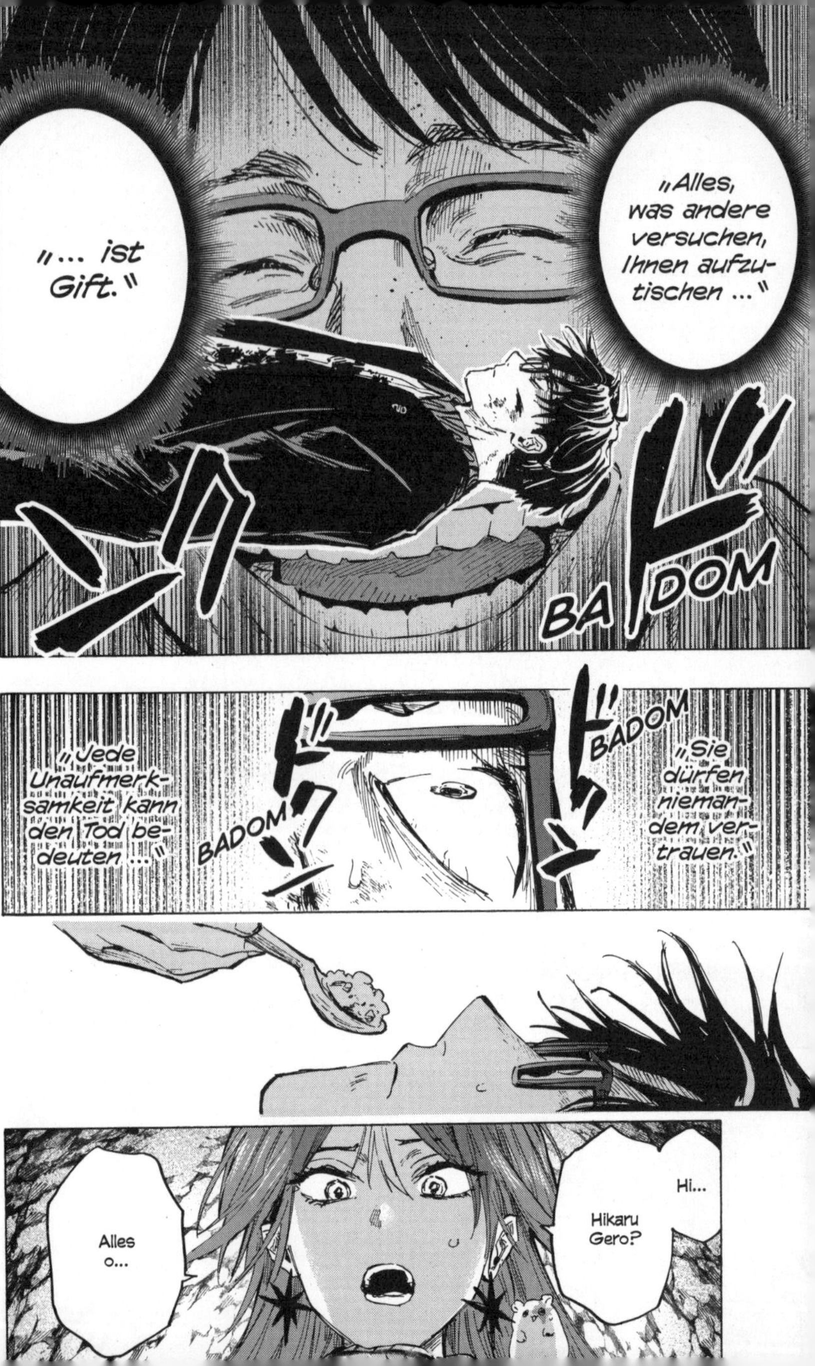

„Alles, was andere versuchen, Ihnen aufzutischen ...“

„... ist Gift.“

BA DOM

BADOM

„Sie dürfen niemandem vertrauen.“

BADOM

„Jede Unaufmerksamkeit kann den Tod bedeuten ...“

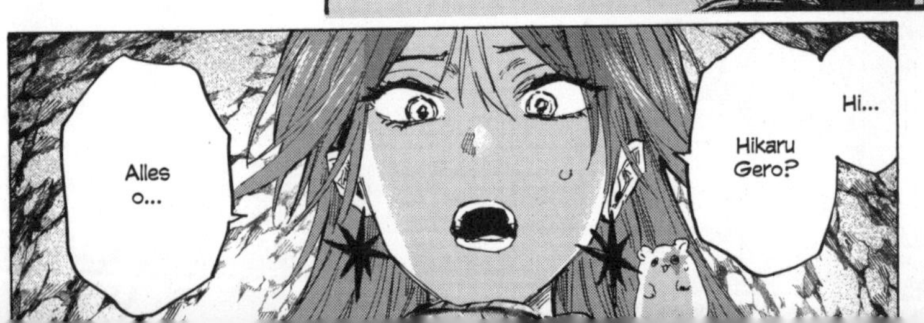

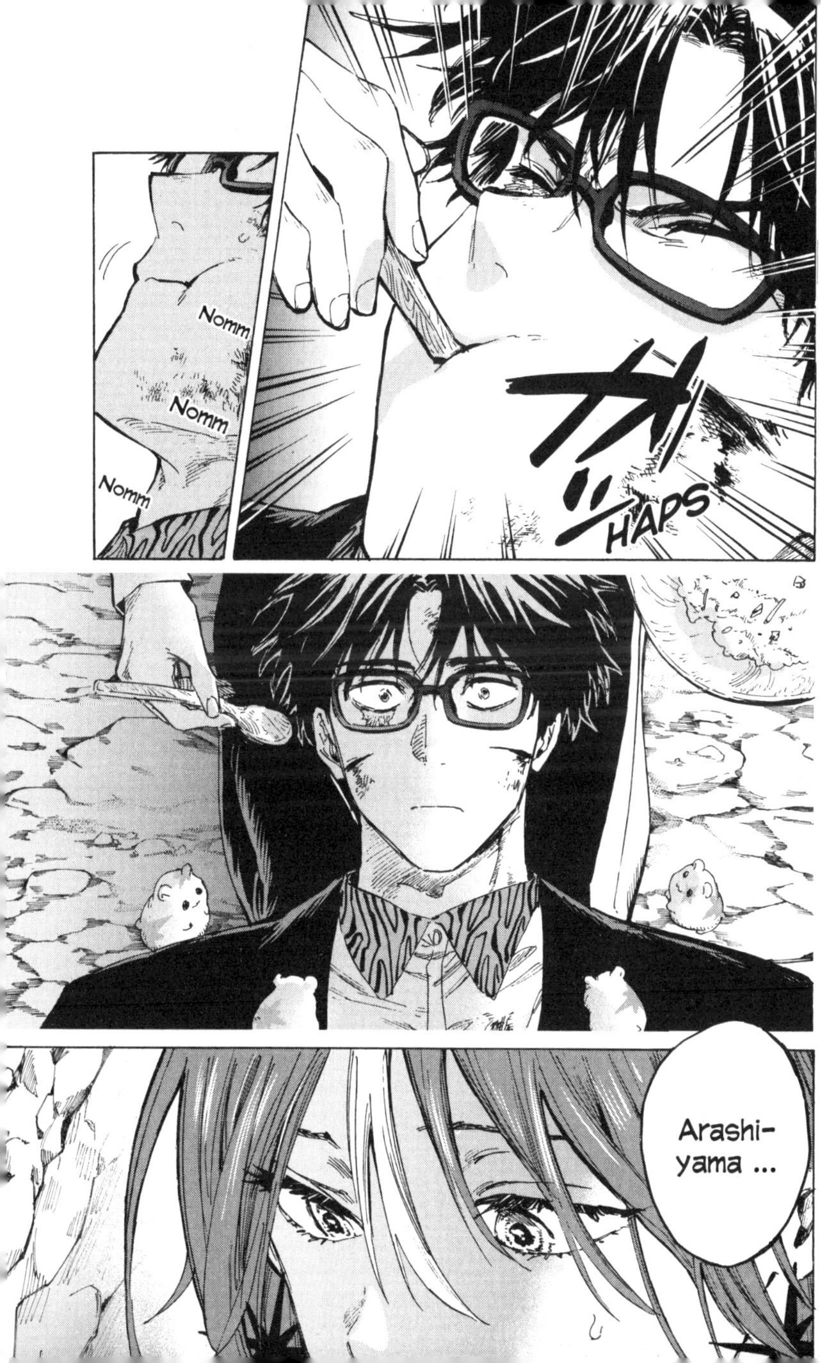

HAPS
Nomm
Nomm
Nomm

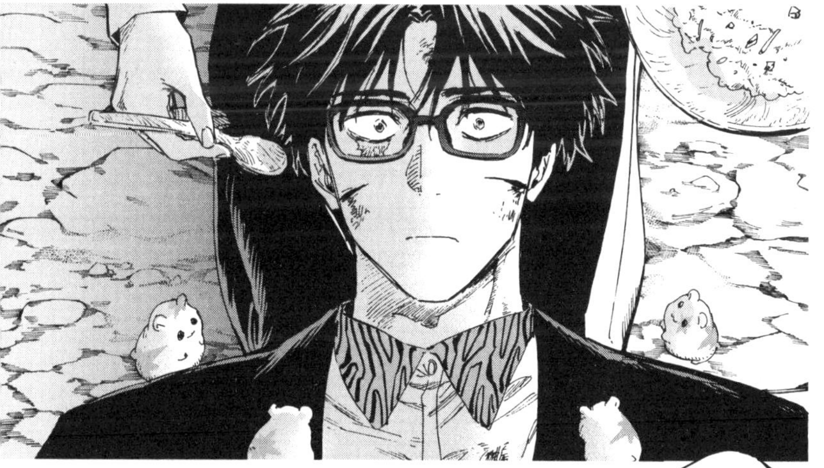

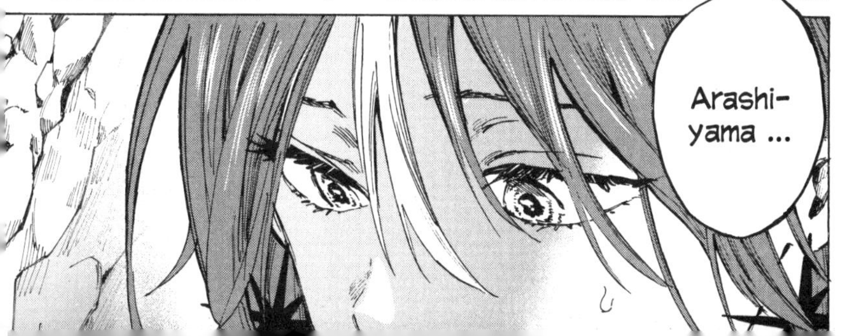
Arashi-
yama ...

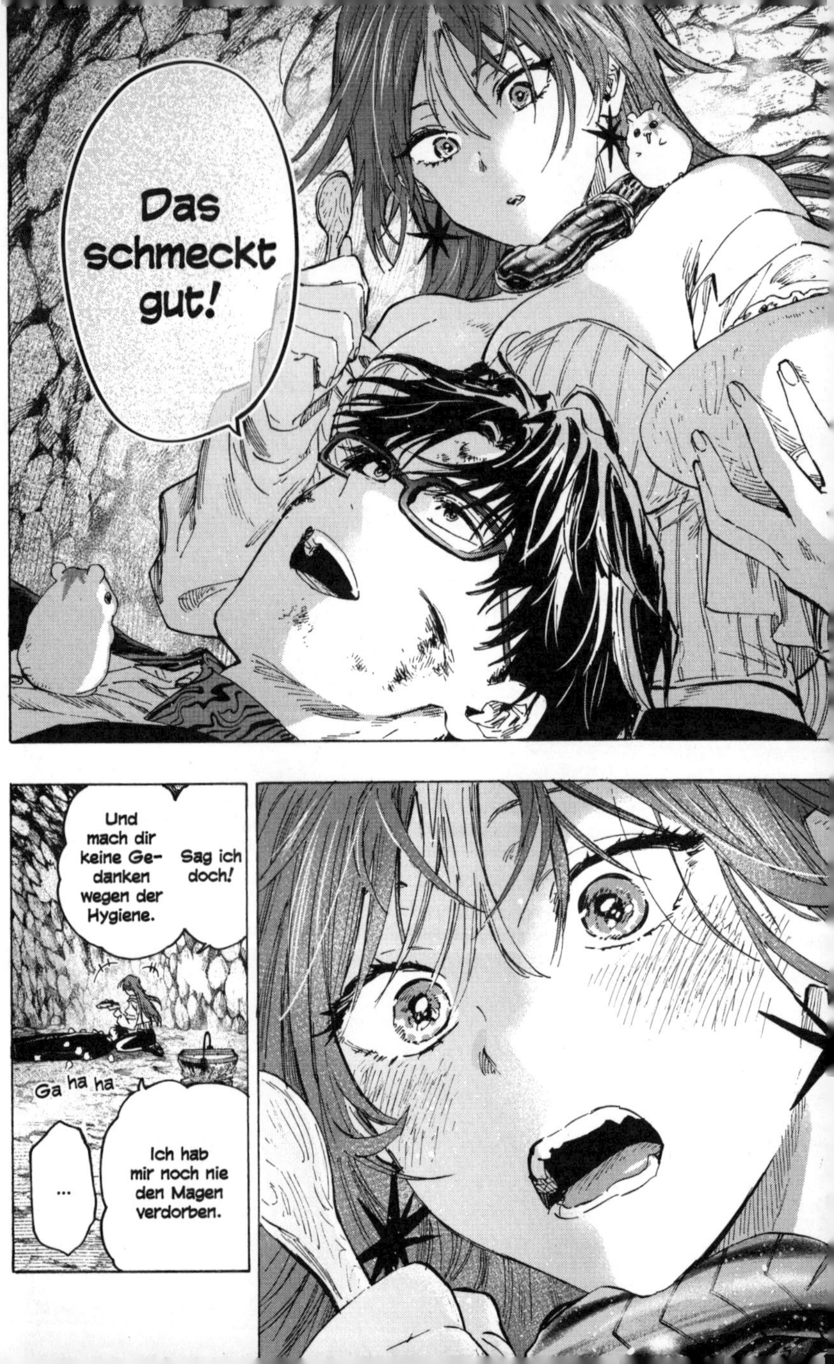

Das schmeckt gut!

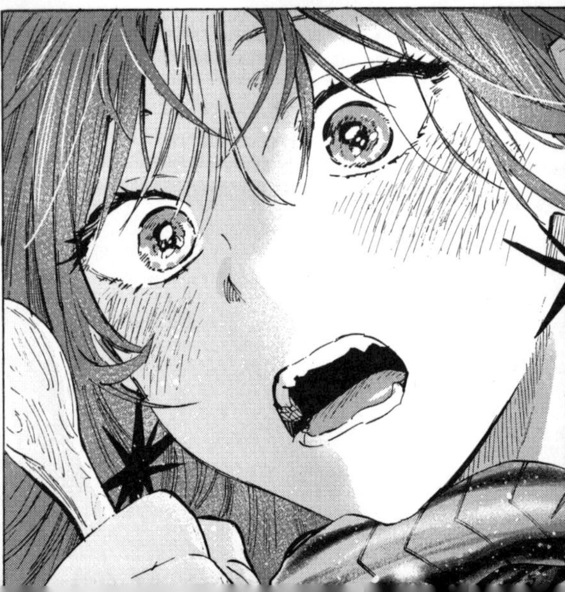

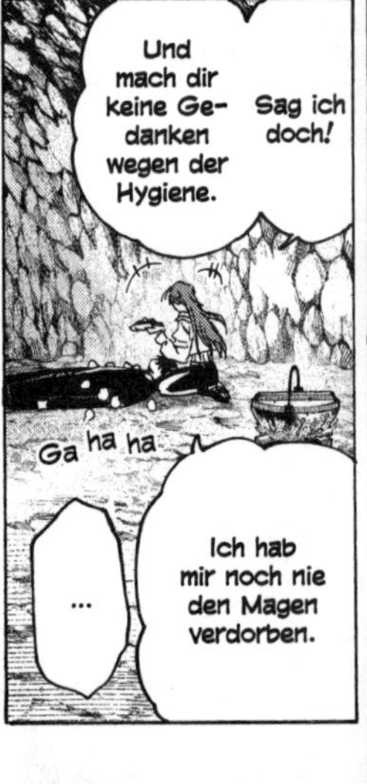

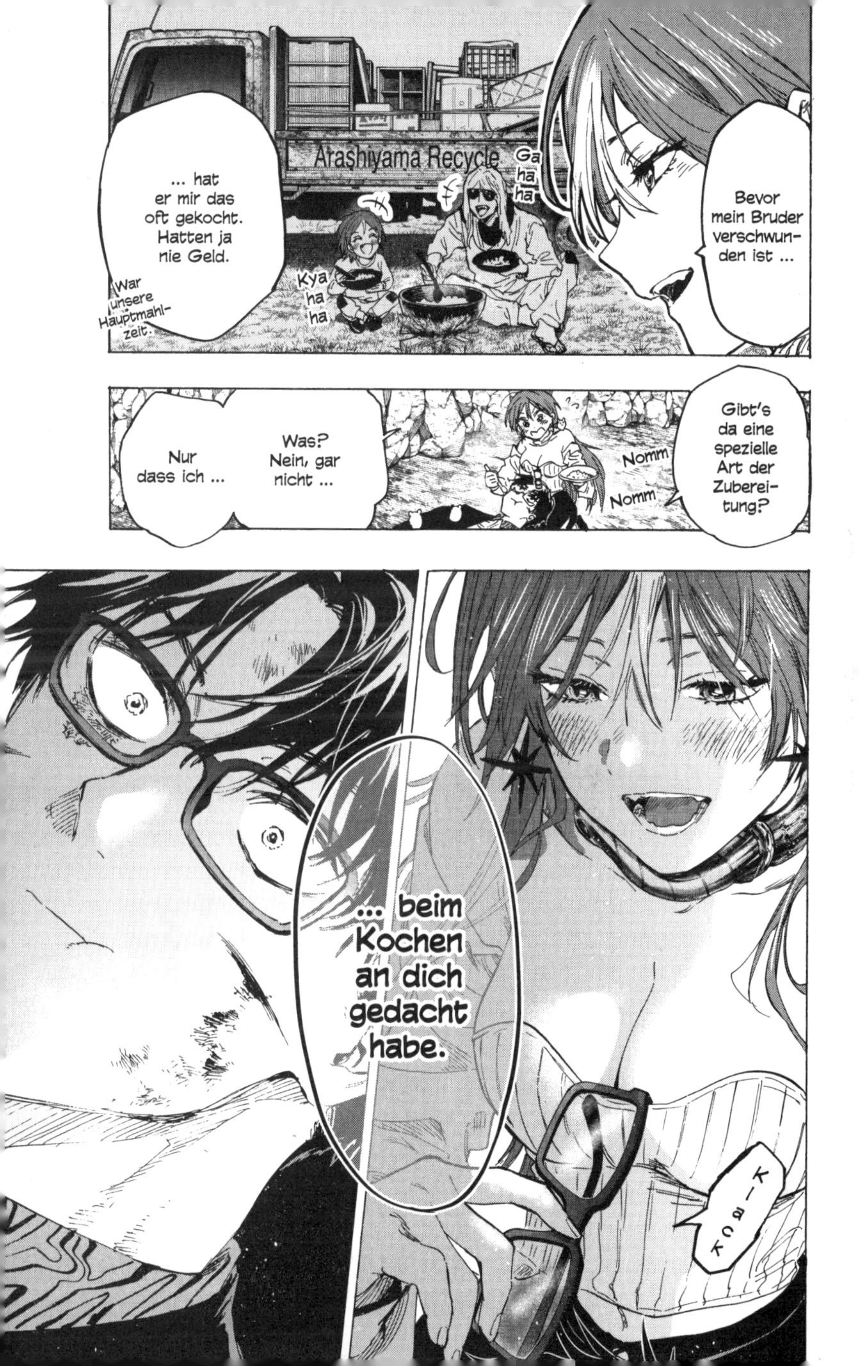

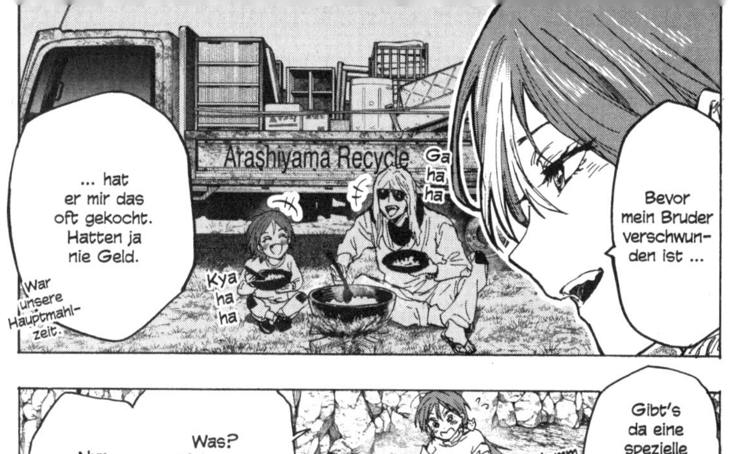
Bevor mein Bruder verschwunden ist ...
Ga ha ha
Arashiyama Recycle
... hat er mir das oft gekocht. Hatten ja nie Geld.
Kya ha ha
War unsere Hauptmahlzeit.

Gibt's da eine spezielle Art der Zuberei-tung?
Nomm
Nomm
Was? Nein, gar nicht ...
Nur dass ich ...
... beim Kochen an dich gedacht habe.
Klack

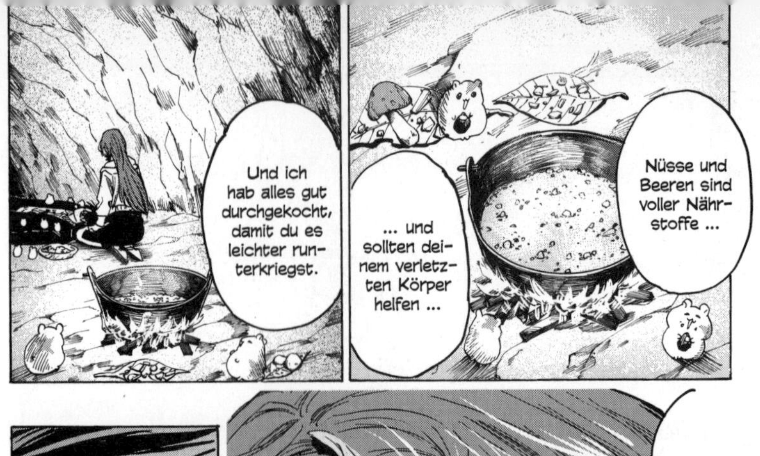
Nüsse und Beeren sind voller Nährstoffe ...
... und sollten deinem verletzten Körper helfen ...
Und ich hab alles gut durchgekocht, damit du es leichter runterkriegst.
Das war's!
Ssst

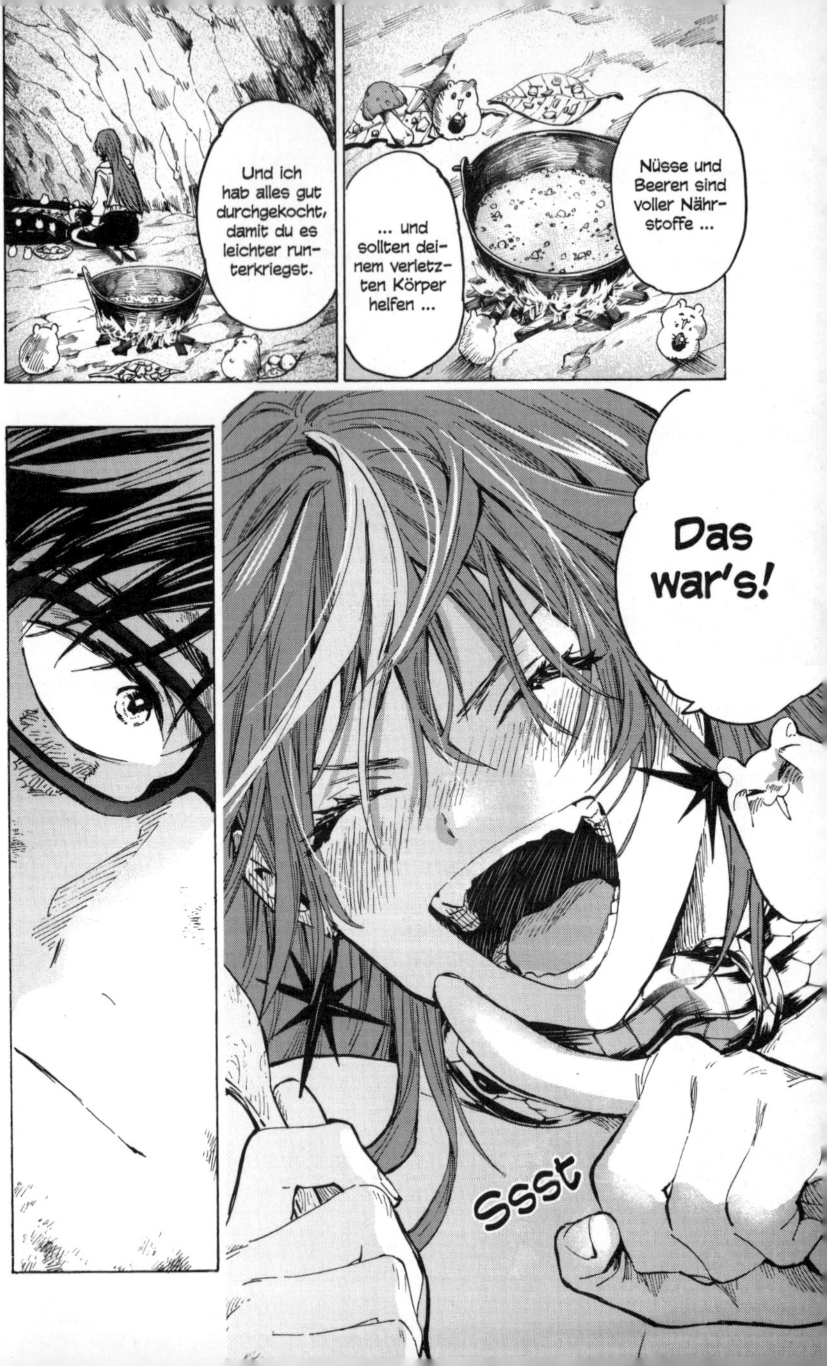

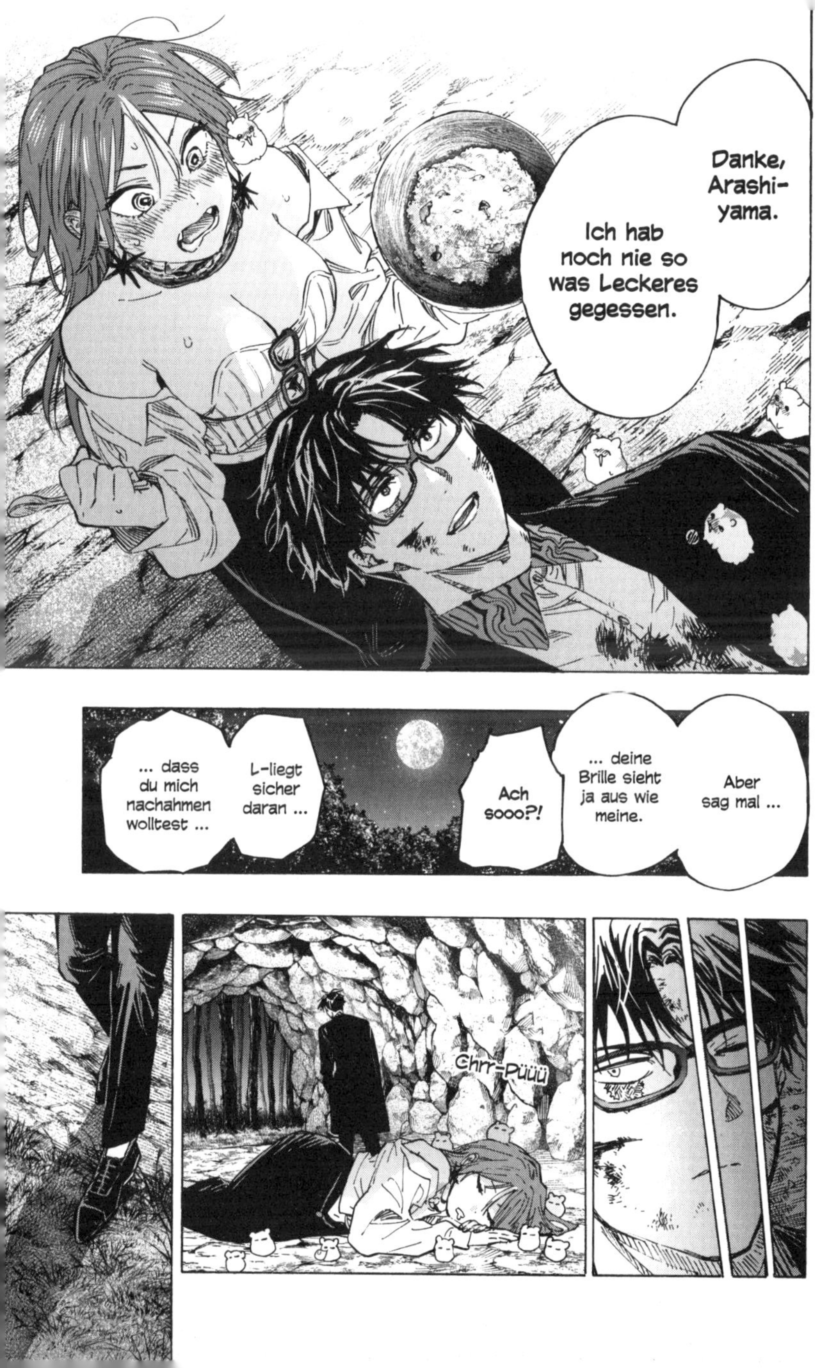

Danke, Arashi-yama.

Ich hab noch nie so was Leckeres gegessen.

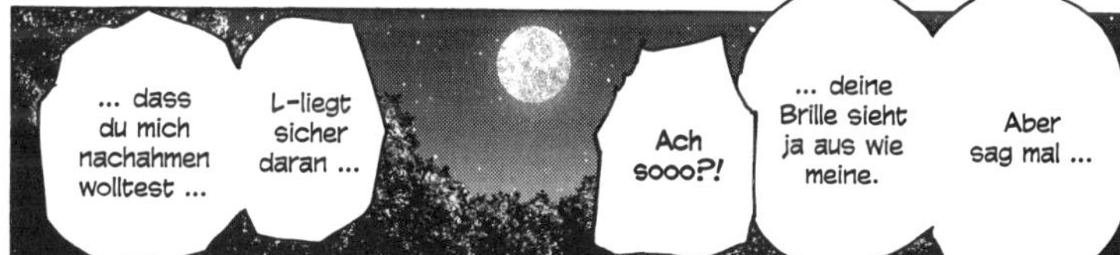

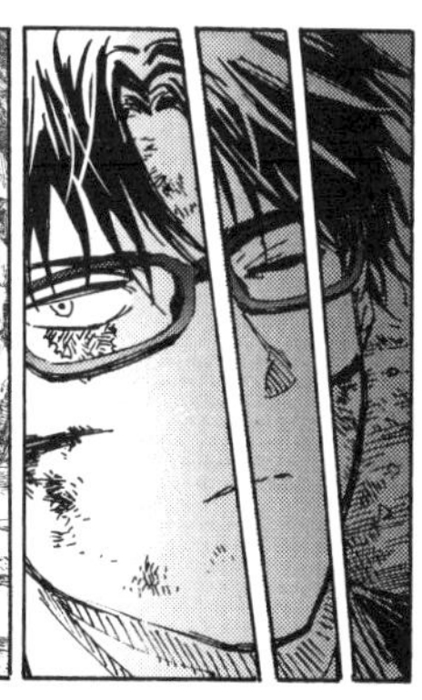

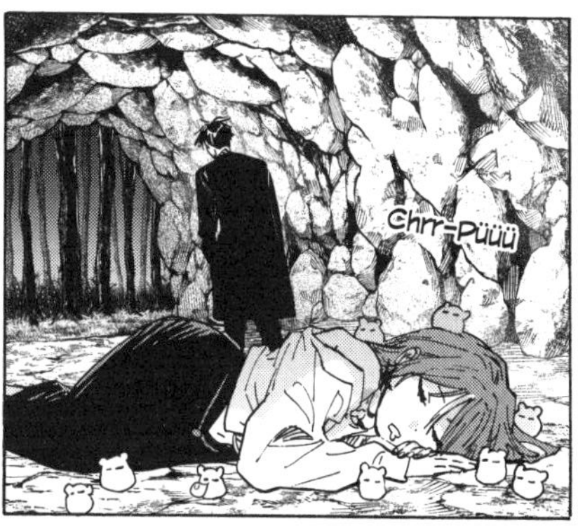

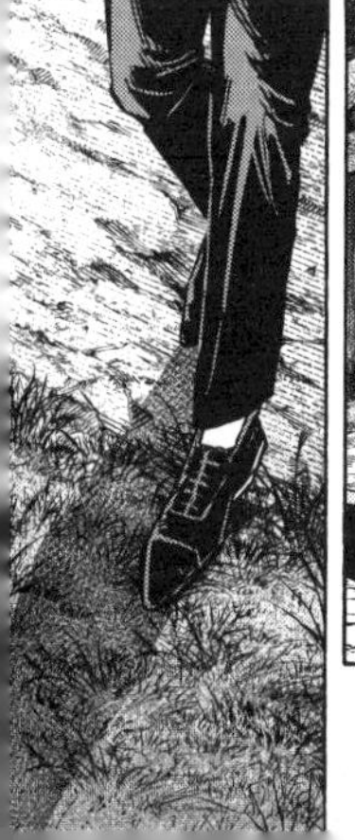

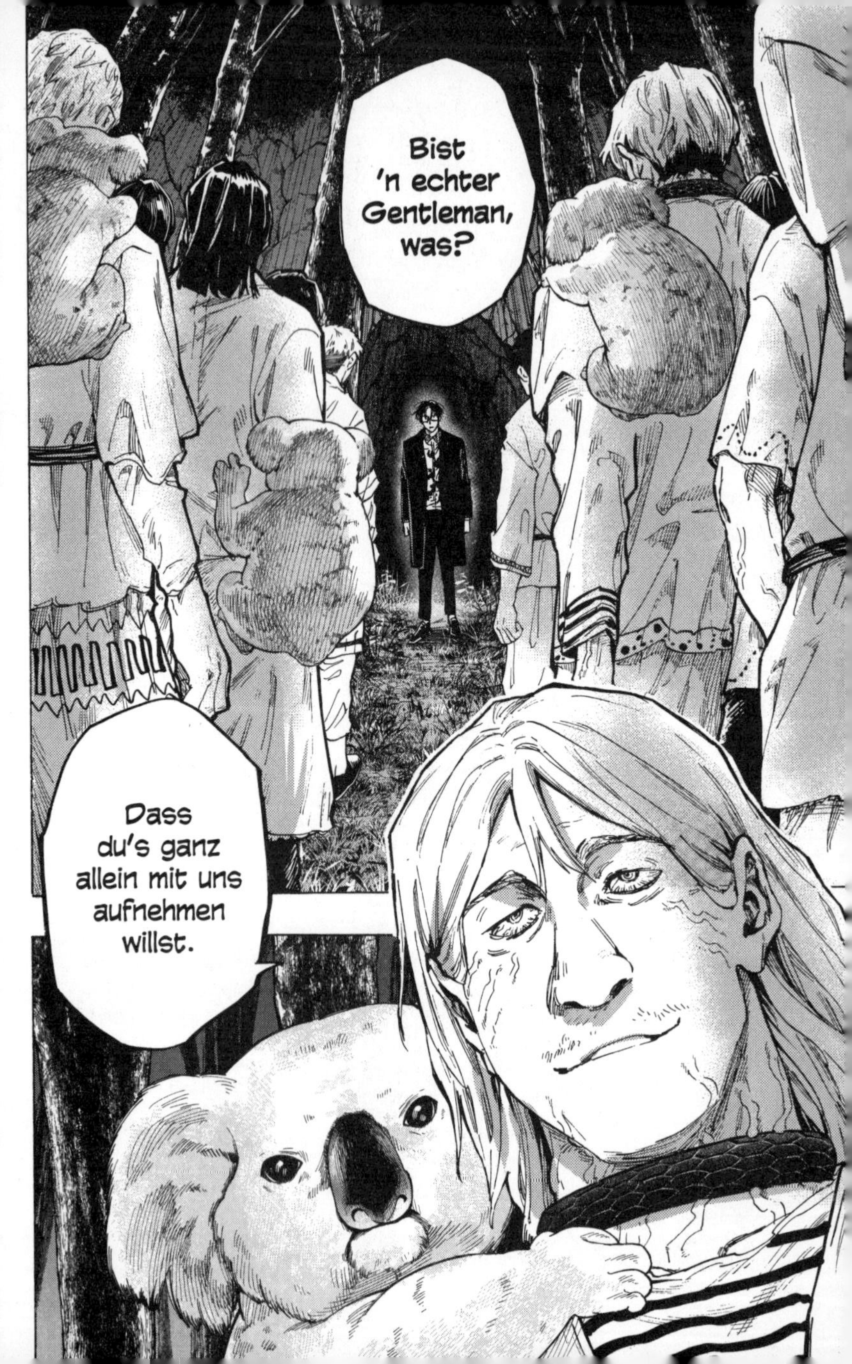
Bist 'n echter Gentleman, was?
Dass du's ganz allein mit uns aufnehmen willst.

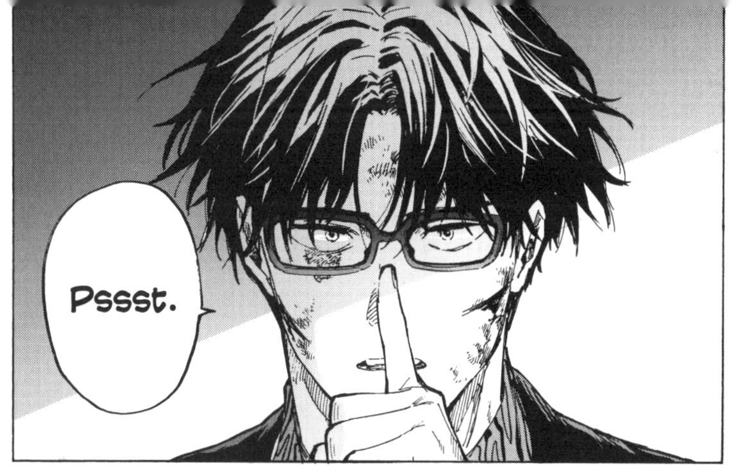
Pssst.

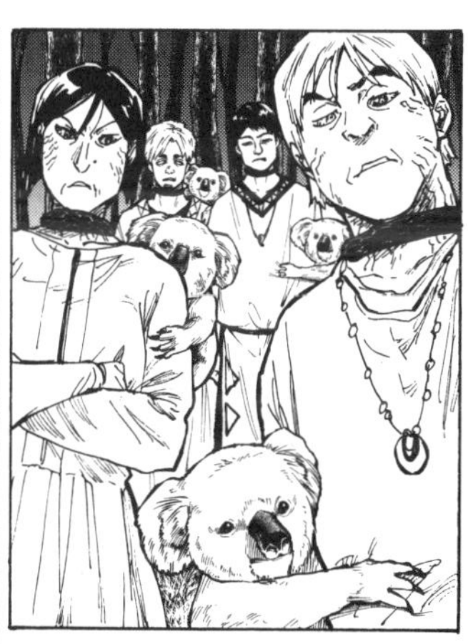

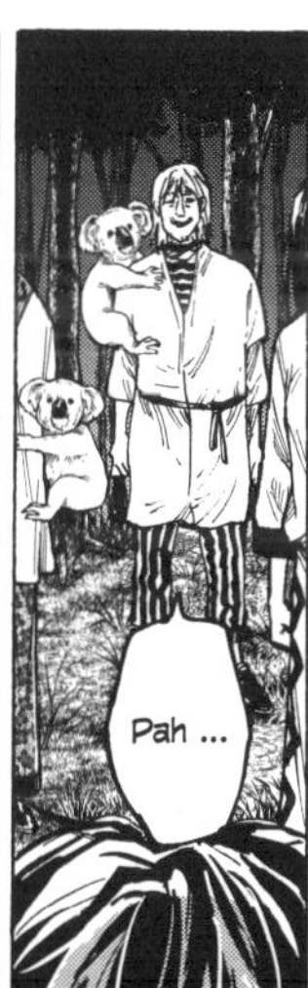
Pah ...

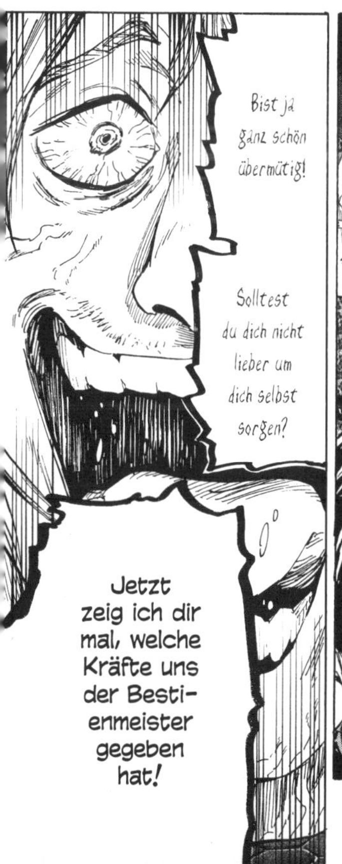
Bist ja ganz schön übermütig!
Solltest du dich nicht lieber um dich selbst sorgen?
Jetzt zeig ich dir mal, welche Kräfte uns der Bestienmeister gegeben hat!

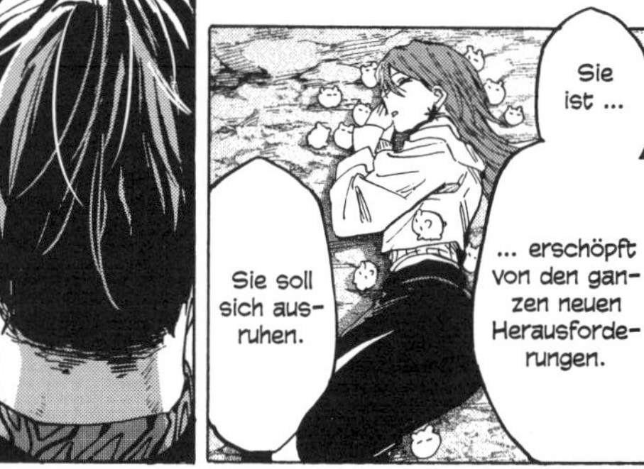
Sie ist ...
... erschöpft von den ganzen neuen Herausforderungen.
Sie soll sich ausruhen.

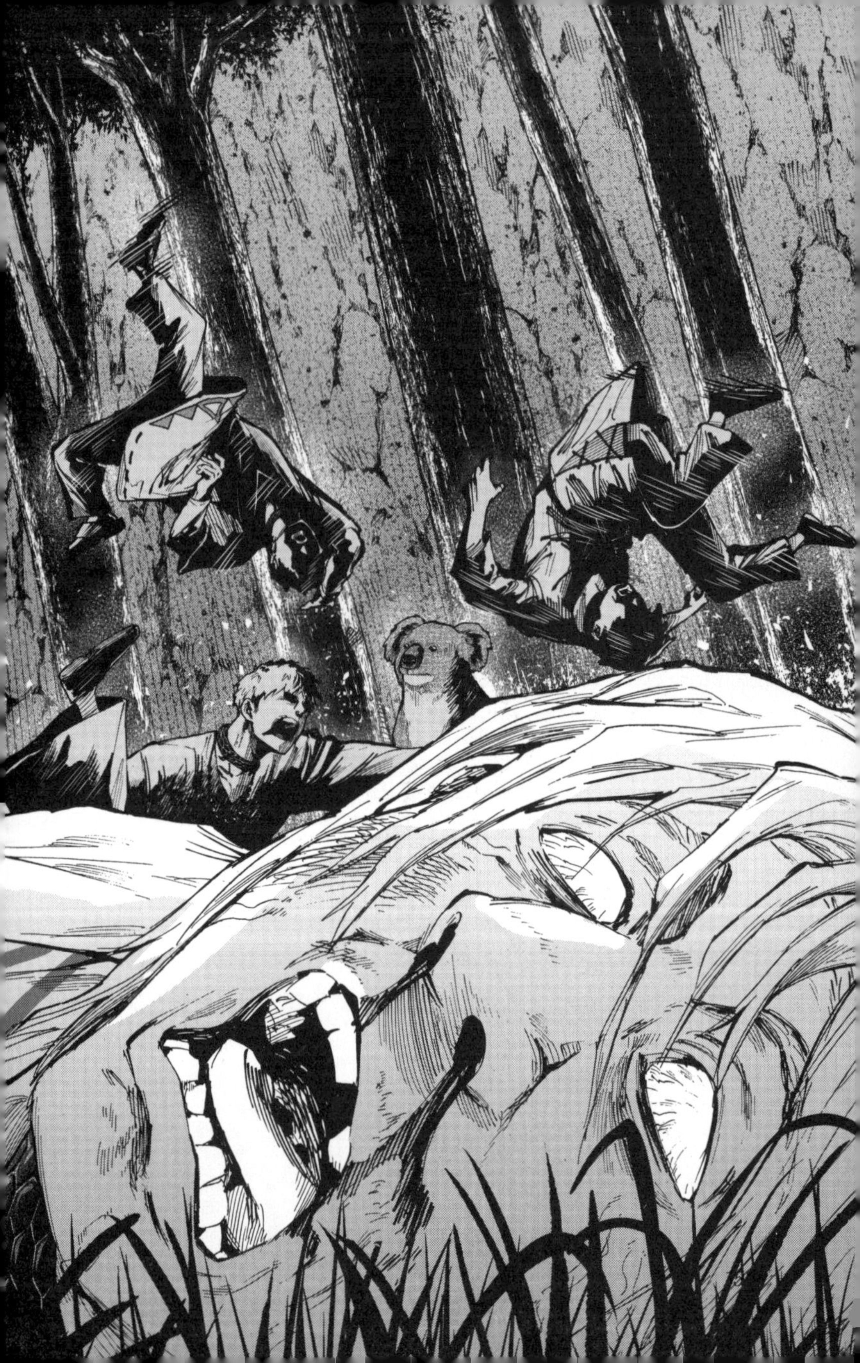

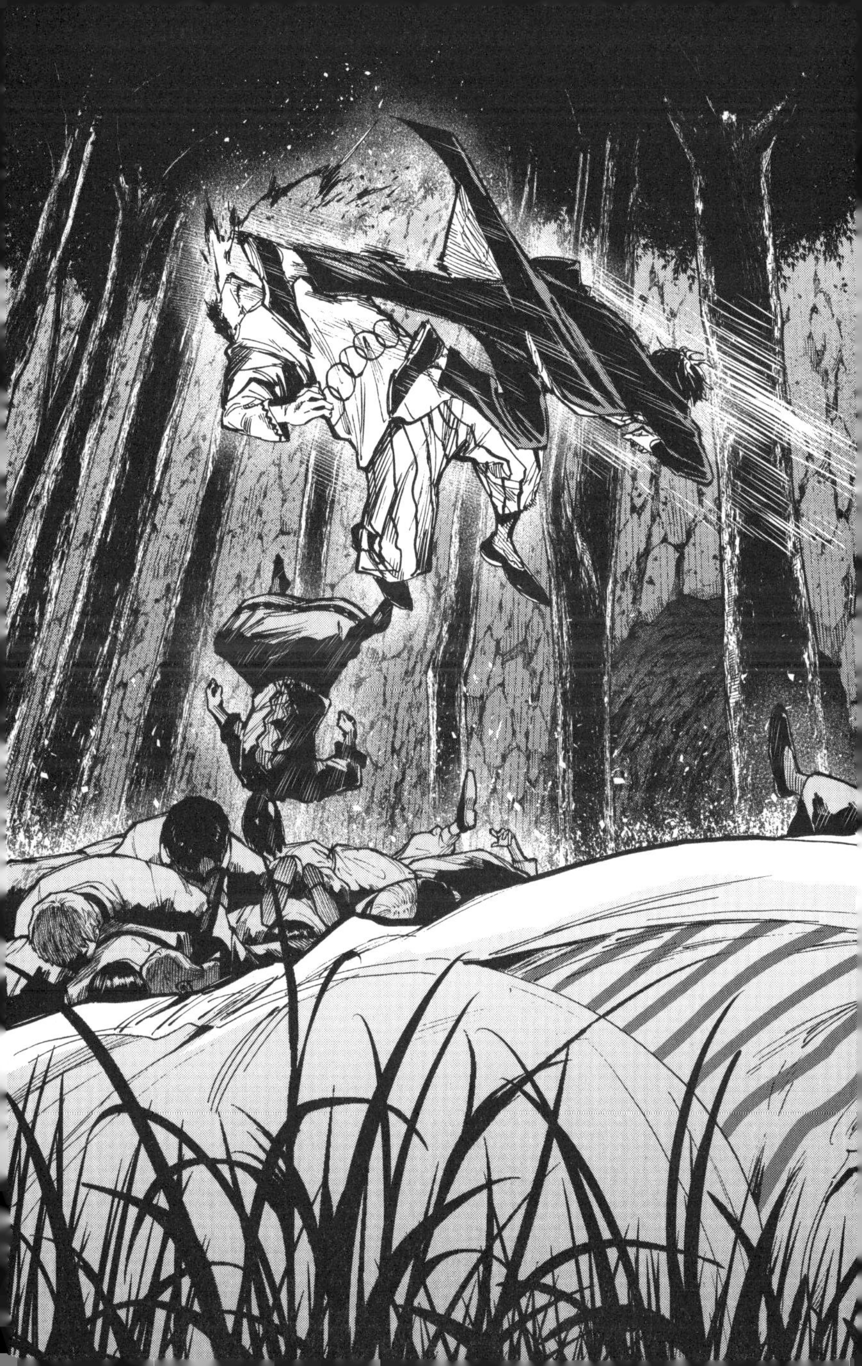

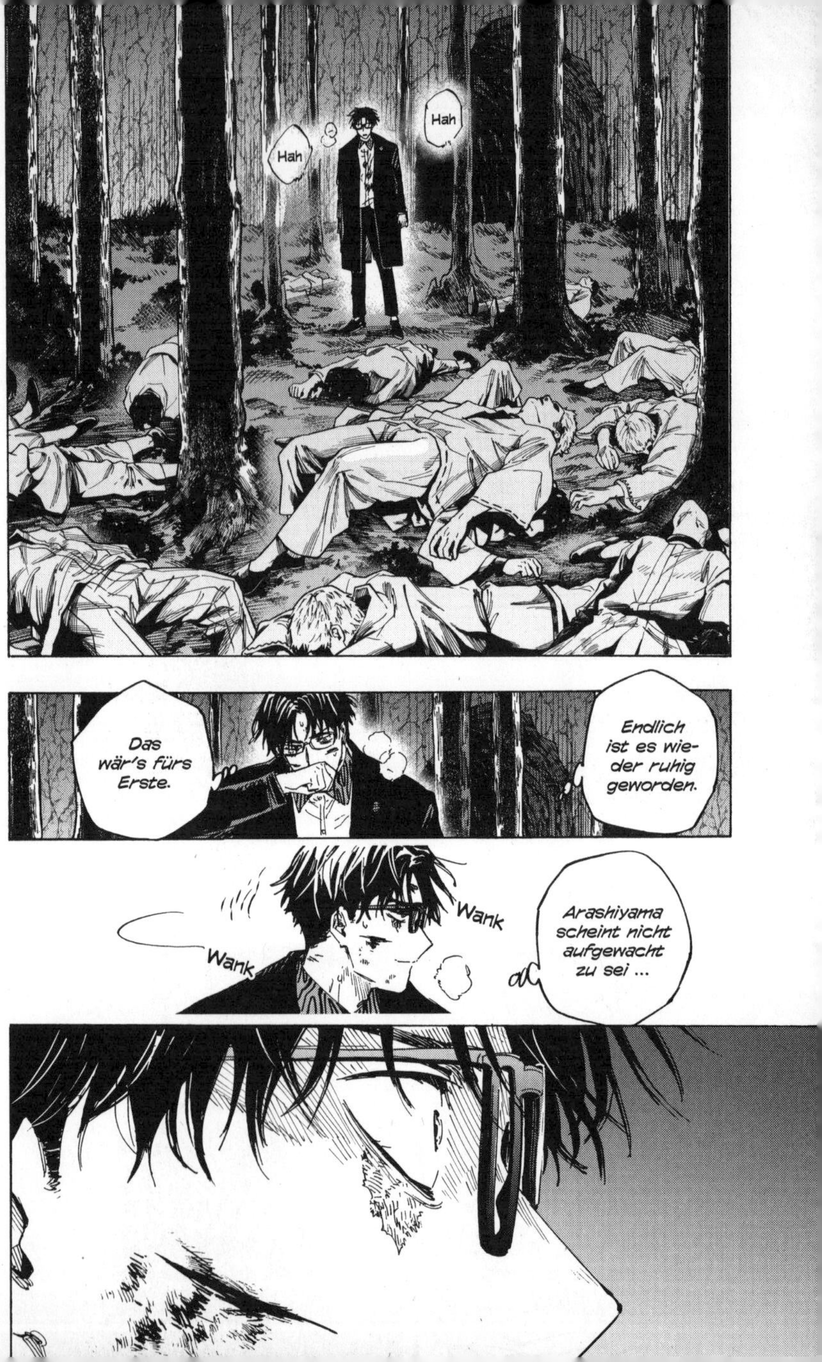

Hah
Hah

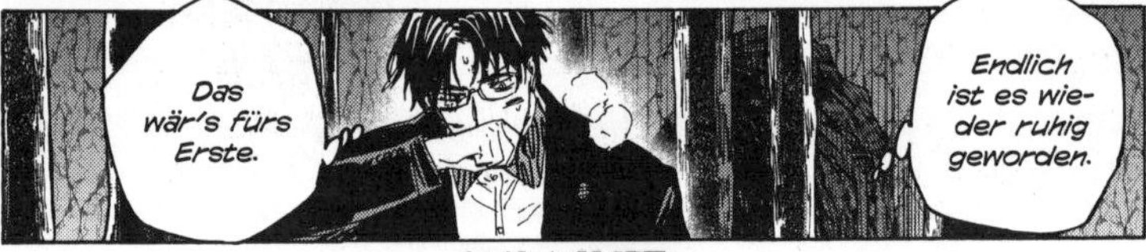
Endlich ist es wieder ruhig geworden.
Das wär's fürs Erste.

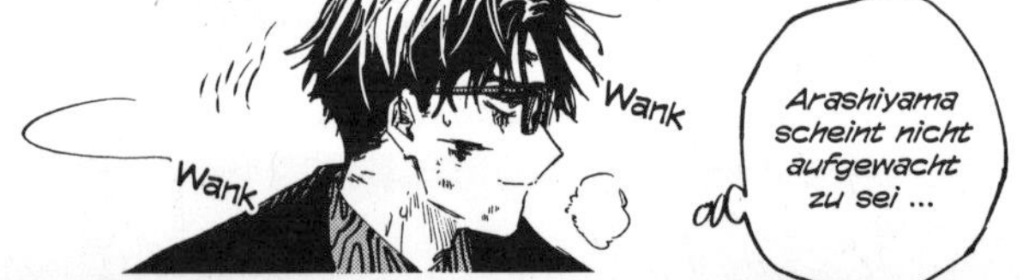
Arashiyama scheint nicht aufgewacht zu sei ...
Wank
Wank

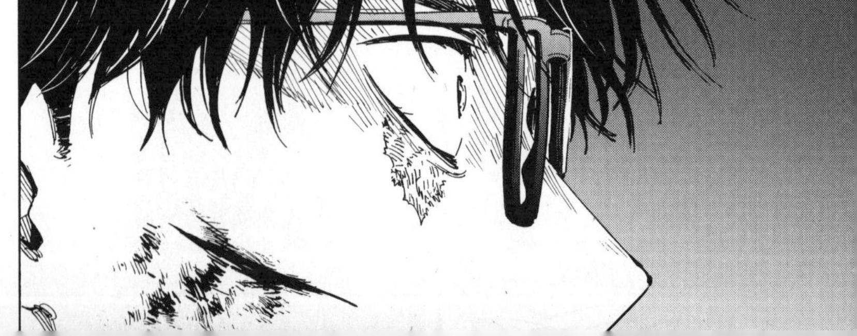

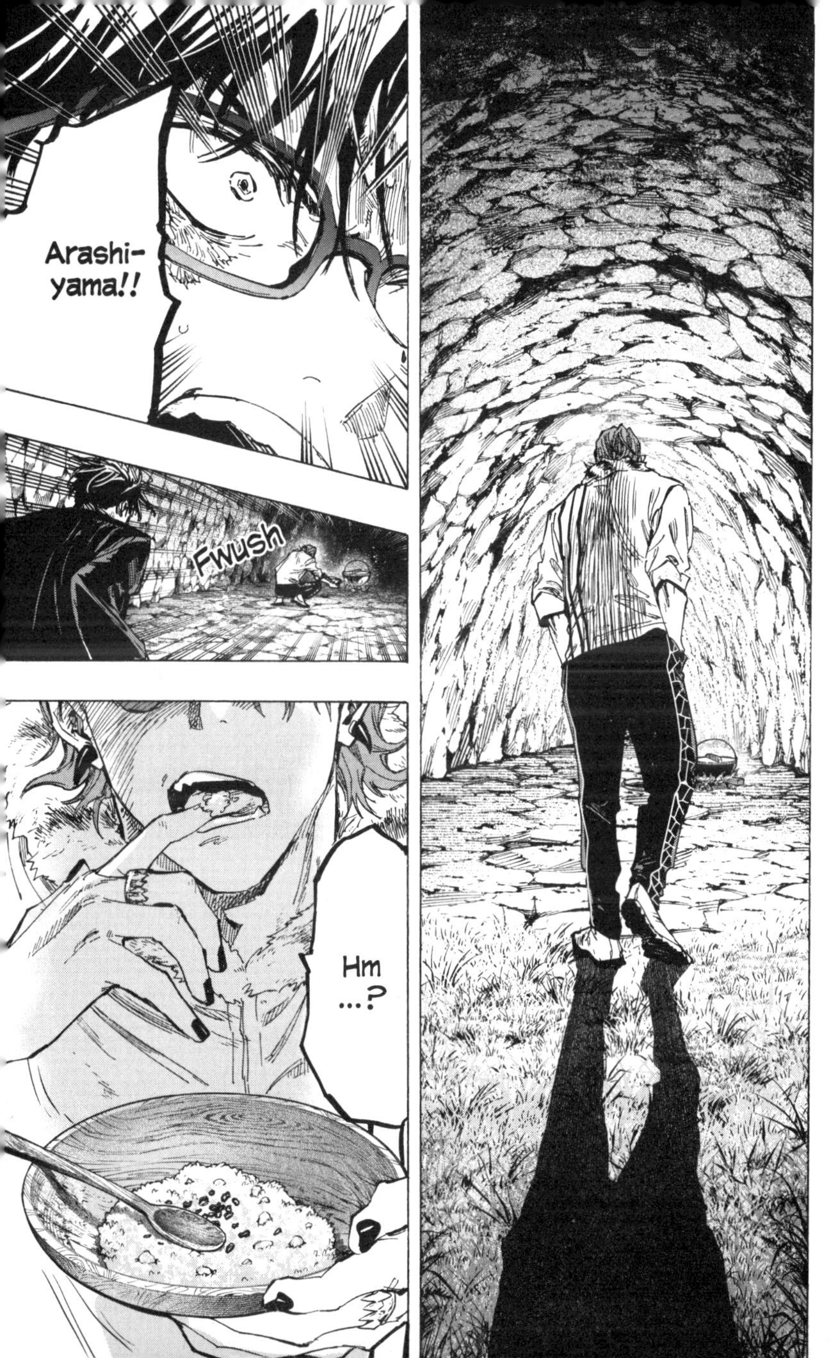
Arashi-
yama!!
Fwush
Hm
...?

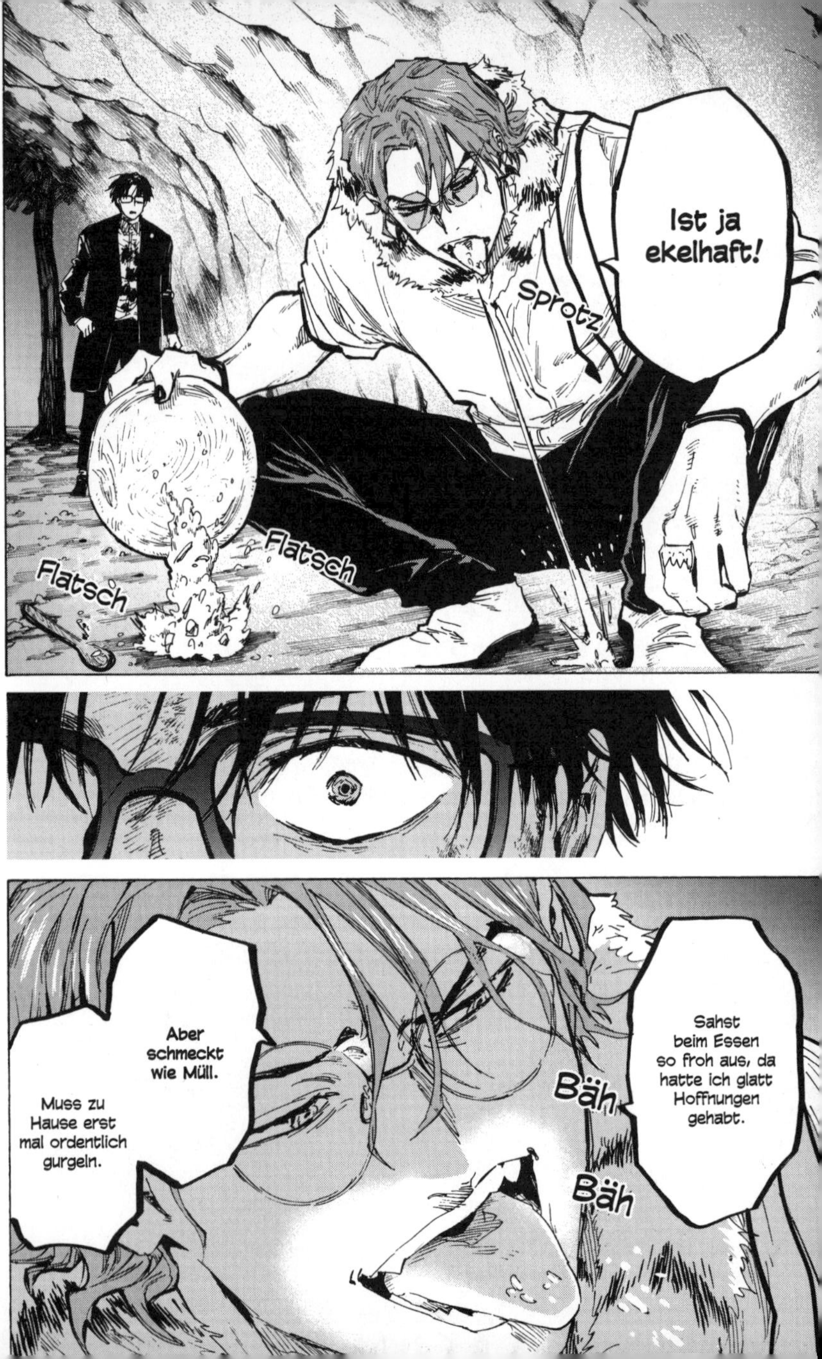

Ist ja ekelhaft!

Sprotz

Flatsch

Flatsch

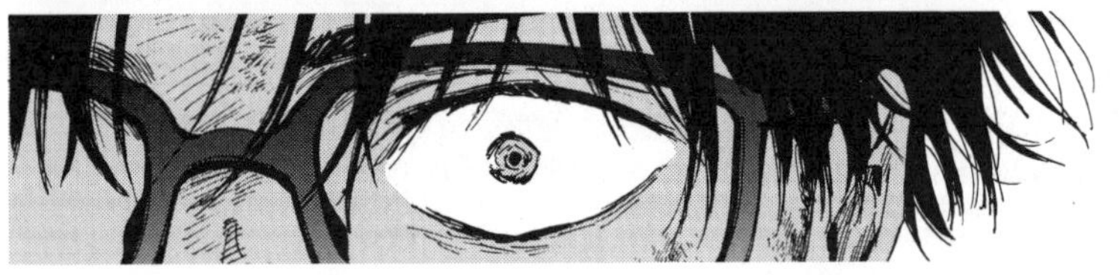

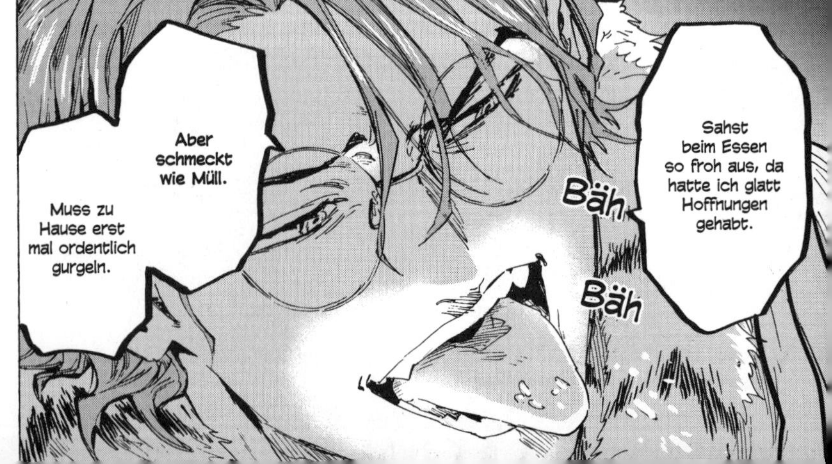

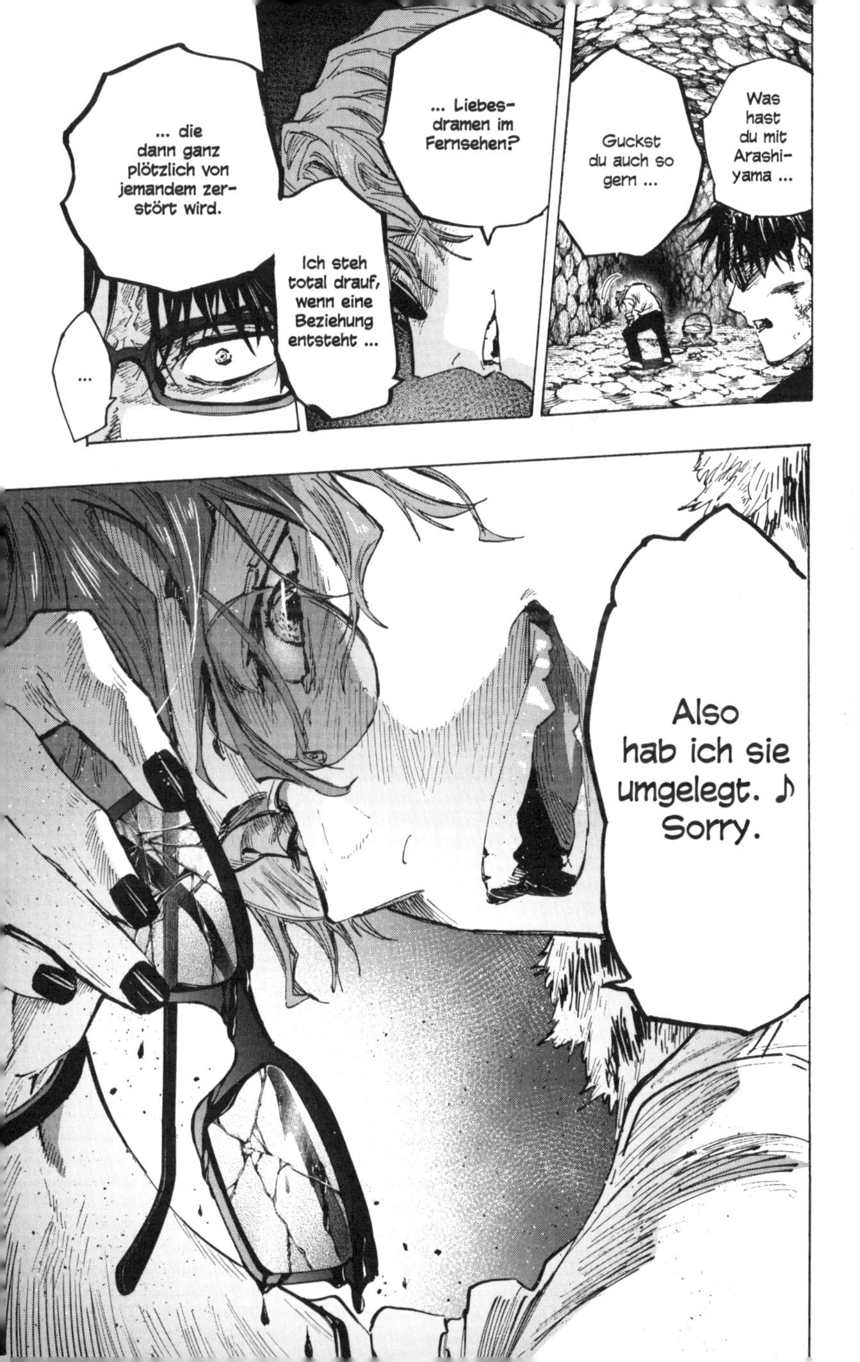

Was hast du mit Arashiyama ...

Guckst du auch so gern ...

... Liebesdramen im Fernsehen?

Ich steh total drauf, wenn eine Beziehung entsteht ...

... die dann ganz plötzlich von jemandem zerstört wird.

...

Also hab ich sie umgelegt. ♪ Sorry.

Ham-Ham-Dungeon

Bringe die Nüsse zu Arashiyama!

Start

Ham!

Ziel

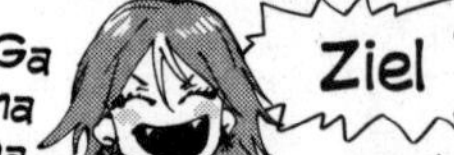

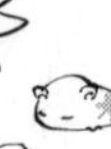
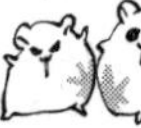
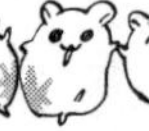
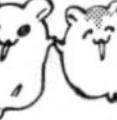
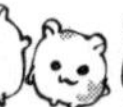
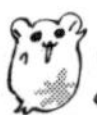
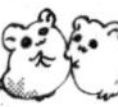
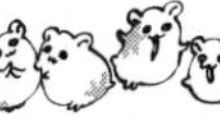

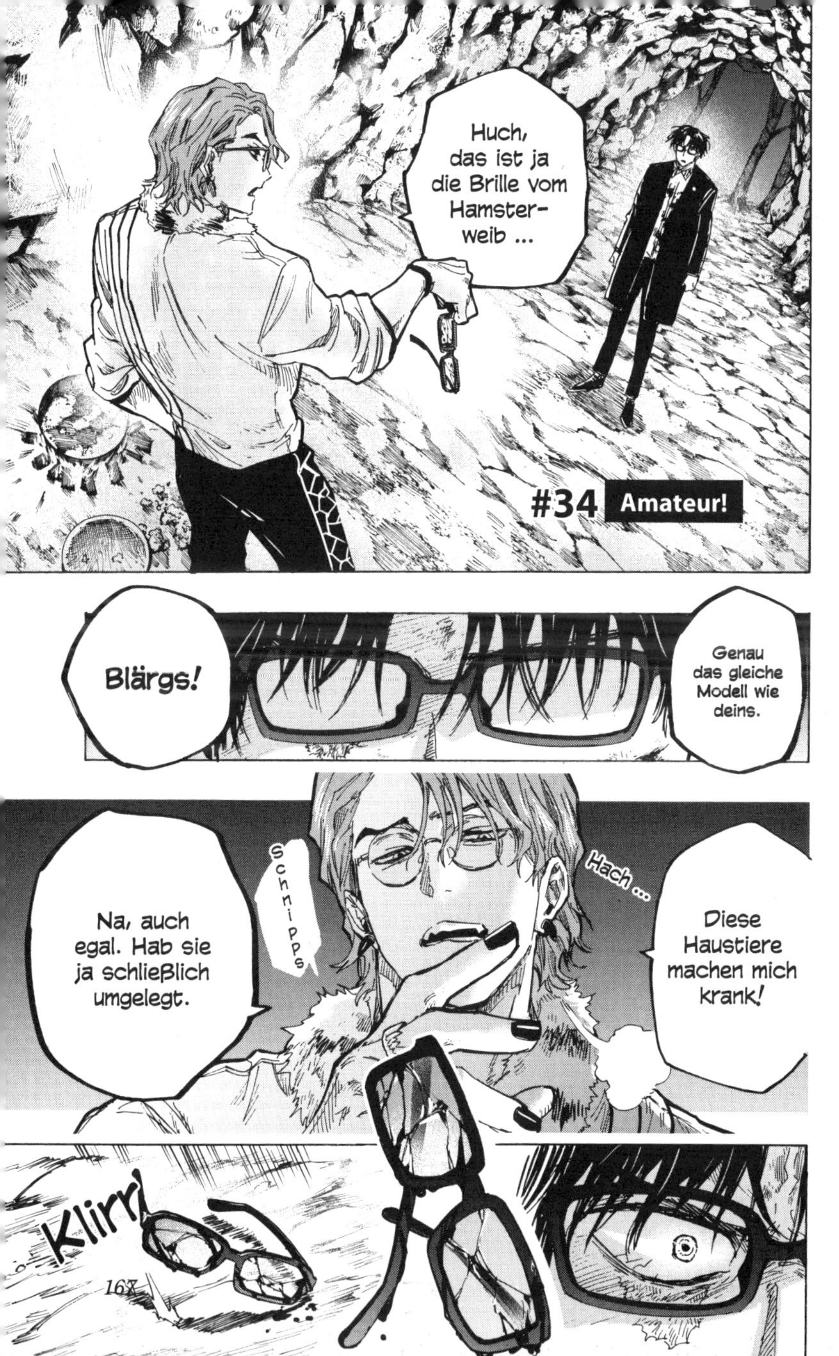
#34 Amateur!
Huch, das ist ja die Brille vom Hamster-weib ...
Genau das gleiche Modell wie deins.
Blärgs!
Hach ...
Diese Haustiere machen mich krank!
Schnipps
Na, auch egal. Hab sie ja schließlich umgelegt.
Klirr!

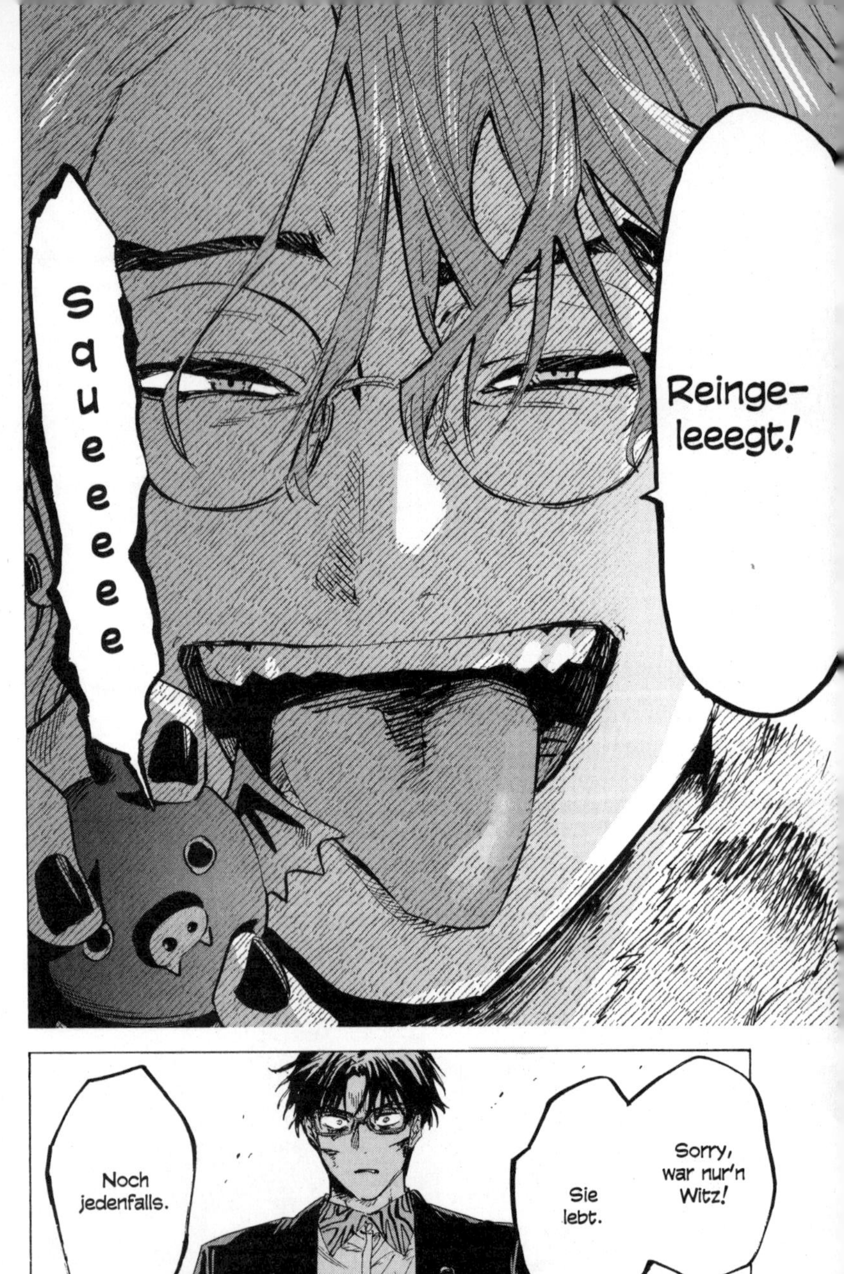
Reinge-leeegt!
Squeeeeee
Sorry, war nur'n Witz!
Sie lebt.
Noch jedenfalls.

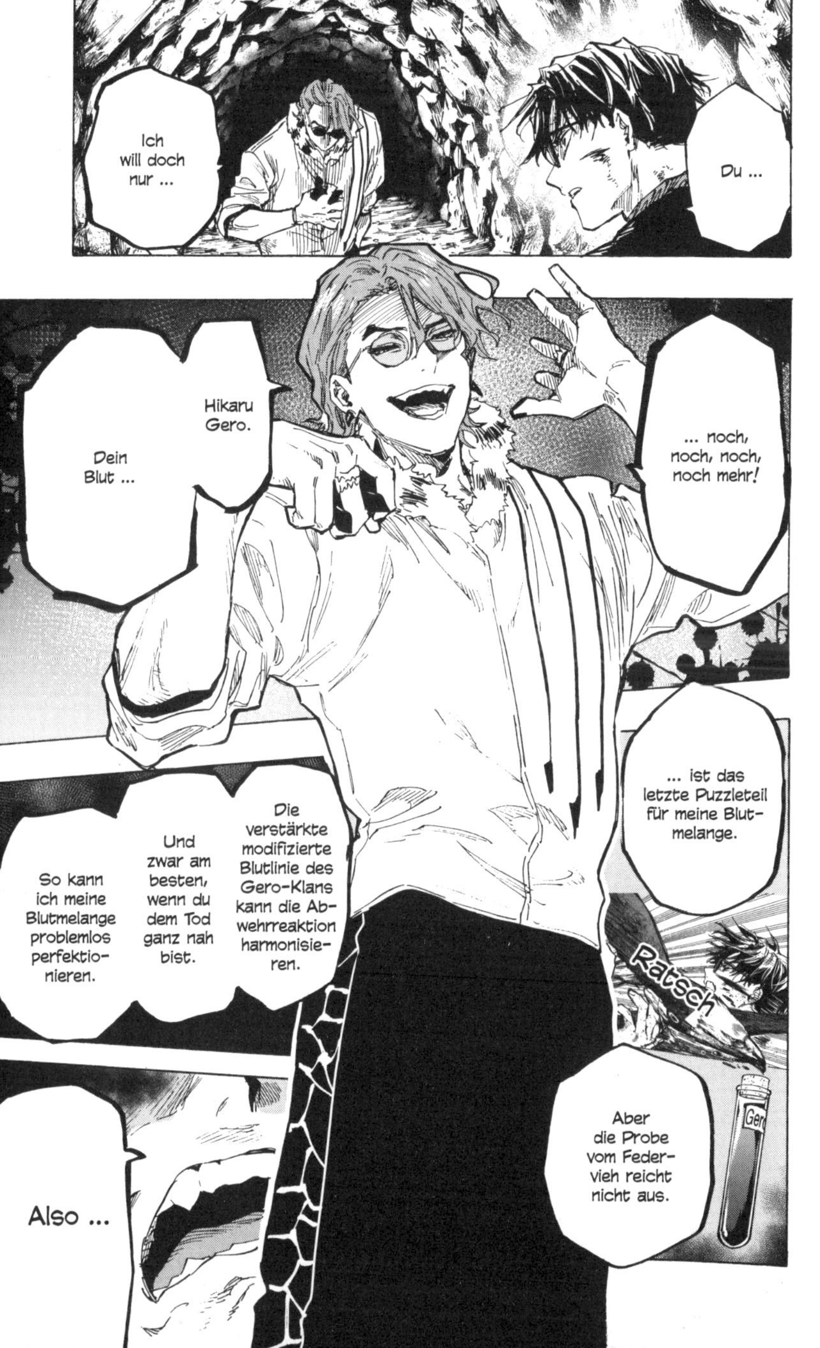
Du ...
Ich will doch nur ...
... noch, noch, noch, noch mehr!
Hikaru Gero.
Dein Blut ...
... ist das letzte Puzzleteil für meine Blut-melange.
Die verstärkte modifizierte Blutlinie des Gero-Klans kann die Ab-wehrreaktion harmonisie-ren.
Und zwar am besten, wenn du dem Tod ganz nah bist.
So kann ich meine Blutmelange problemlos perfektio-nieren.
Ratsch
Ger
Aber die Probe vom Feder-vieh reicht nicht aus.
Also ...

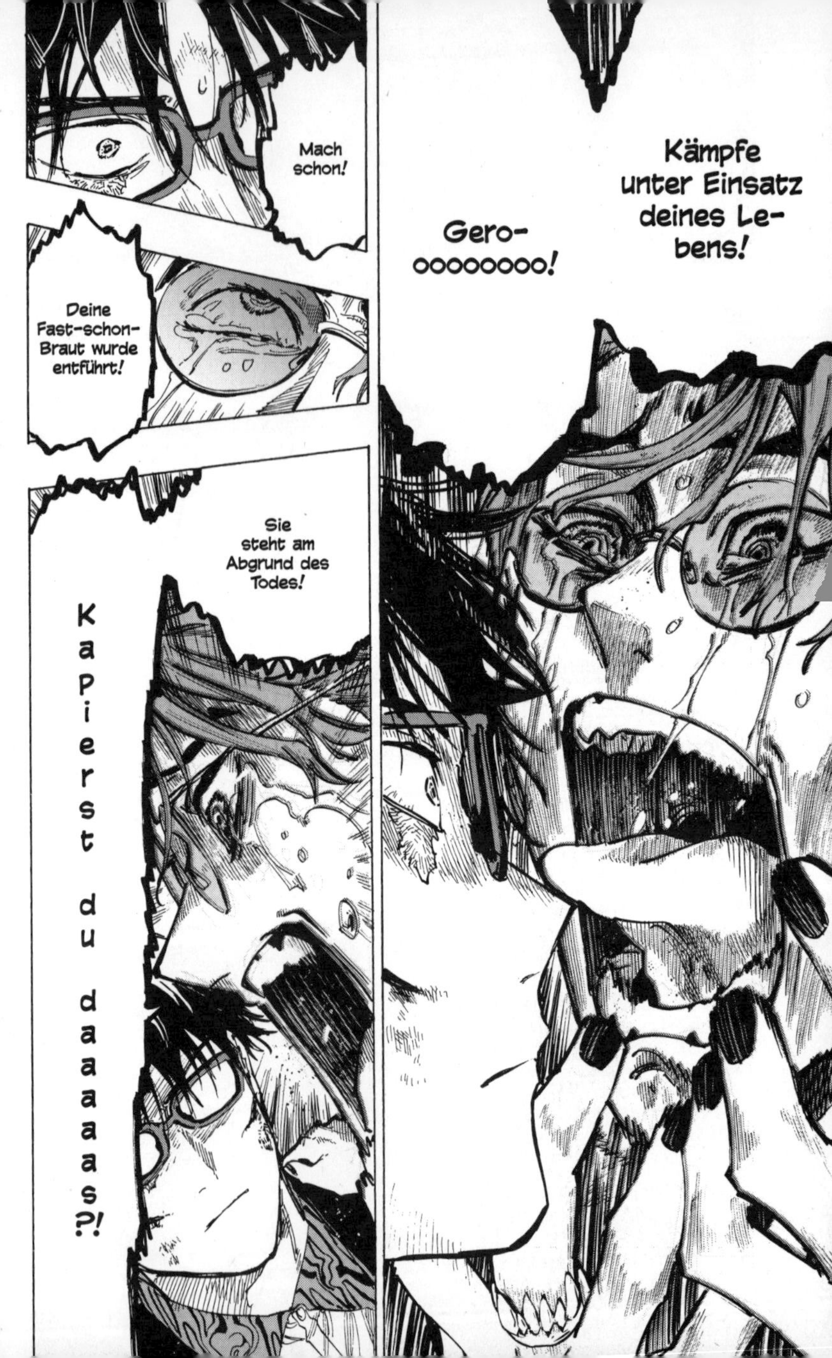
Kämpfe unter Einsatz deines Lebens!
Gero-ooooooooo!
Mach schon!
Deine Fast-schon-Braut wurde entführt!
Sie steht am Abgrund des Todes!
Kapierst du daaaaaas?!

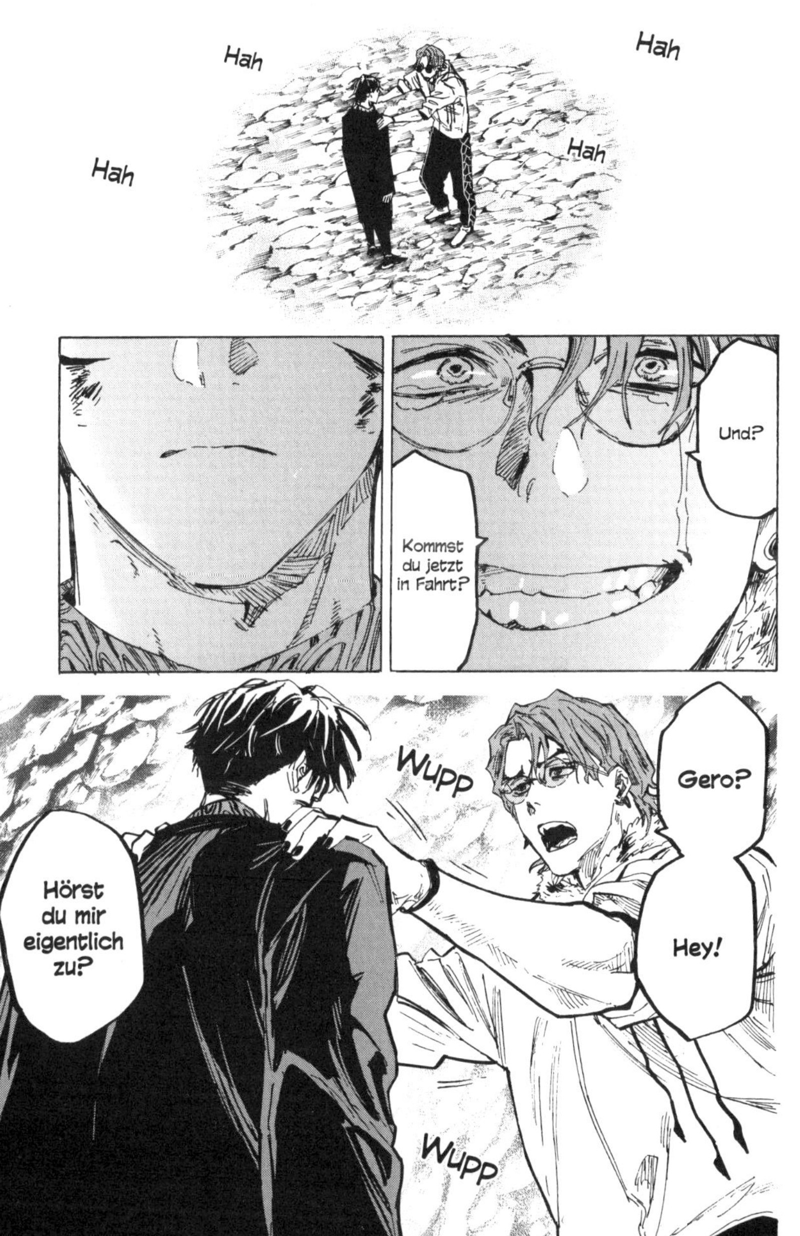
Hah
Hah
Hah
Hah
Und?
Kommst du jetzt in Fahrt?
Gero?
Hey!
Wupp
Hörst du mir eigentlich zu?
Wupp

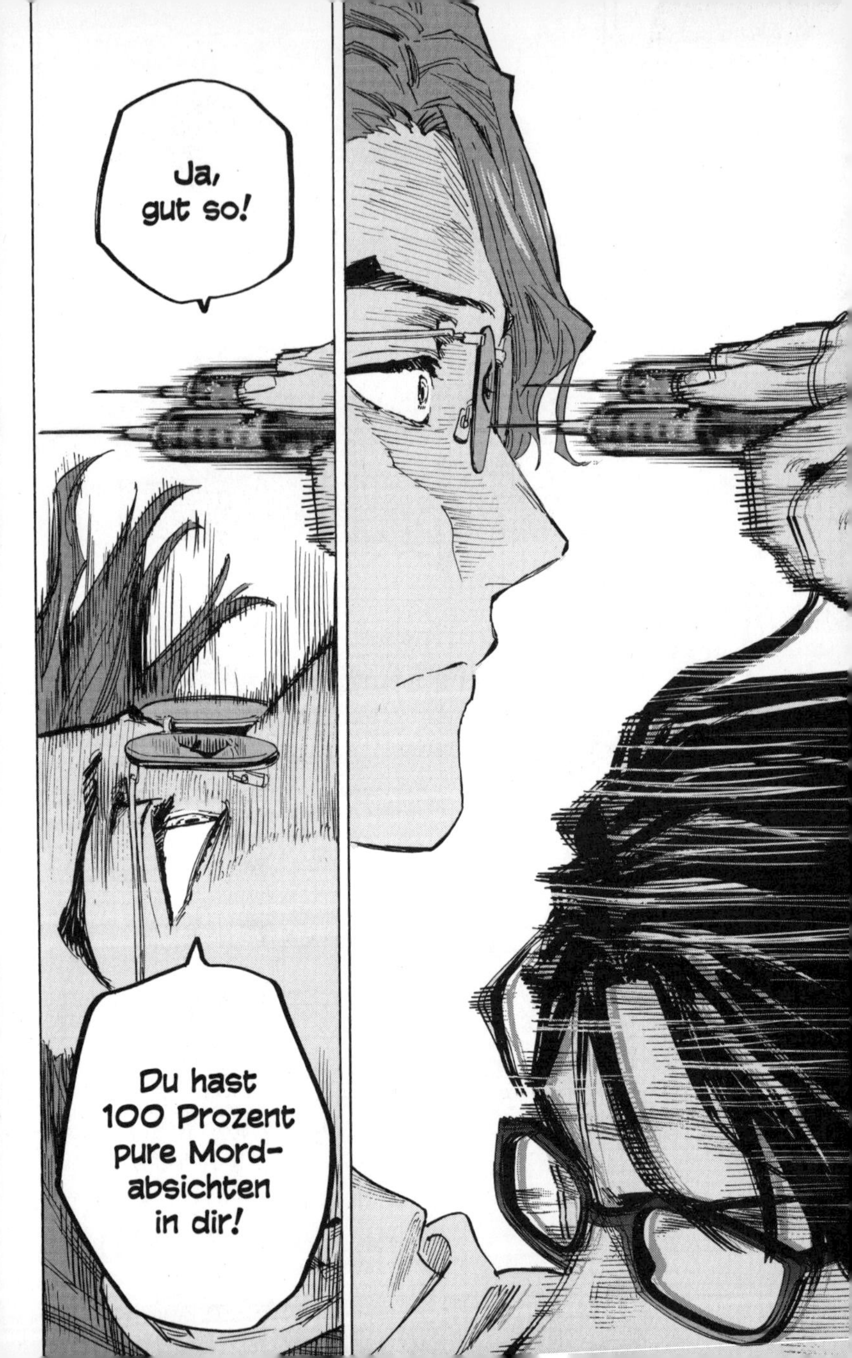
Ja, gut so!
Du hast 100 Prozent pure Mord-absichten in dir!

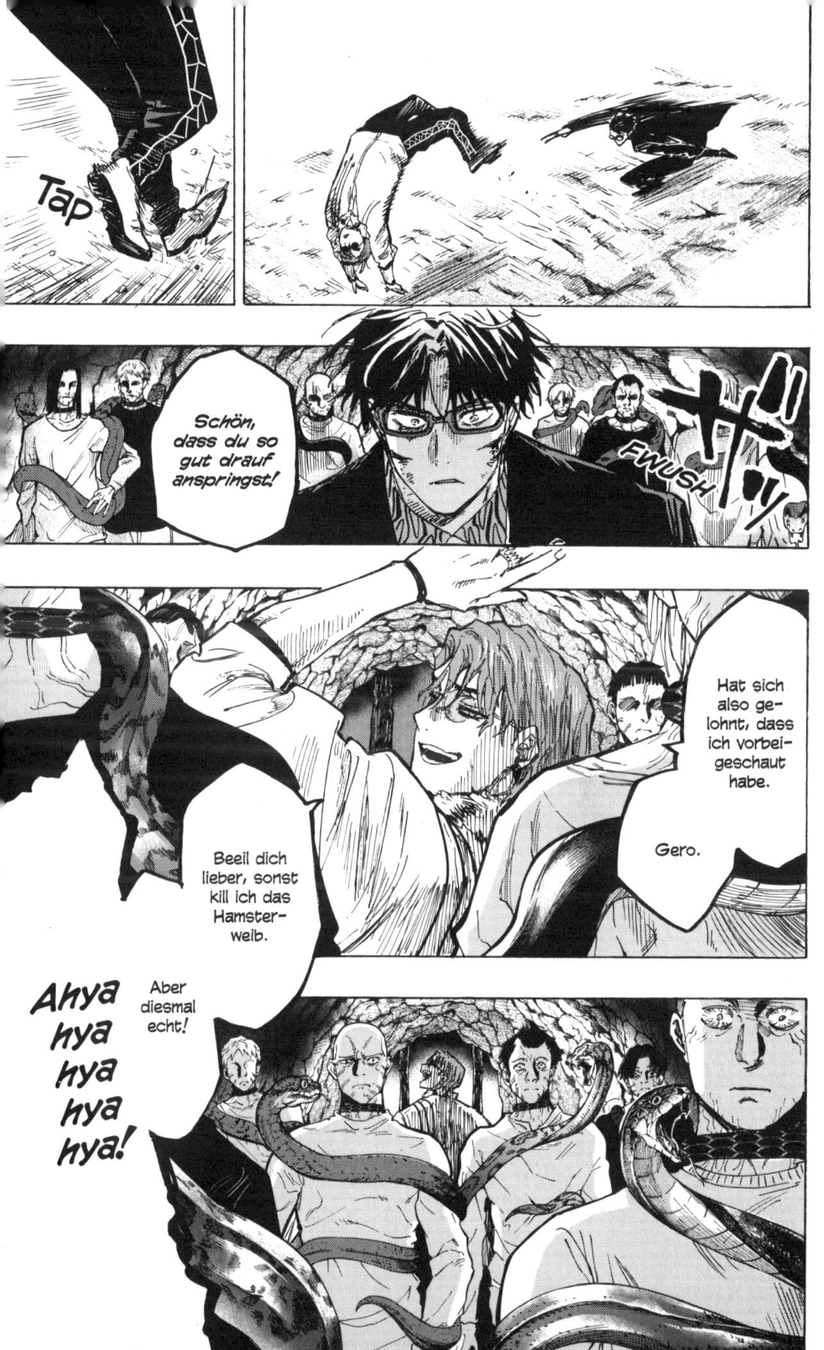
Tap
FWUSH
Schön, dass du so gut drauf anspringst!
Hat sich also gelohnt, dass ich vorbeigeschaut habe.
Gero.
Beeil dich lieber, sonst kill ich das Hamsterweib.
Aber diesmal echt!
Ahya hya hya hya hya!

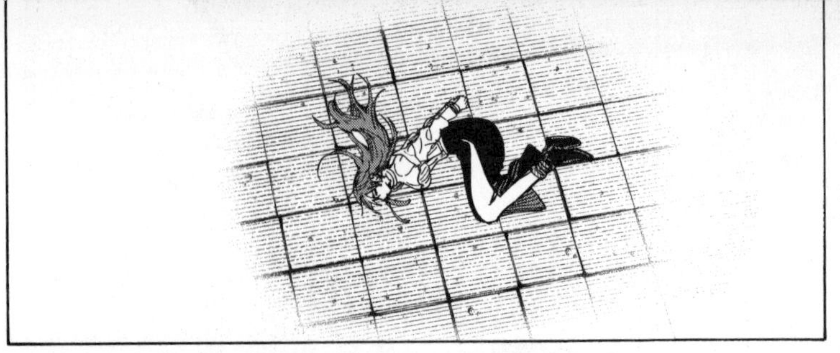

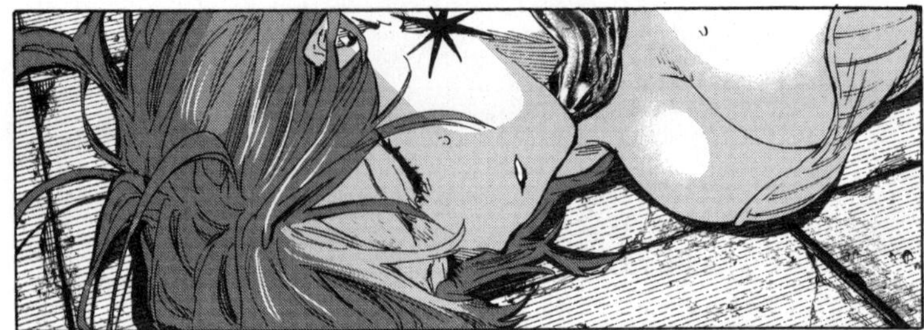

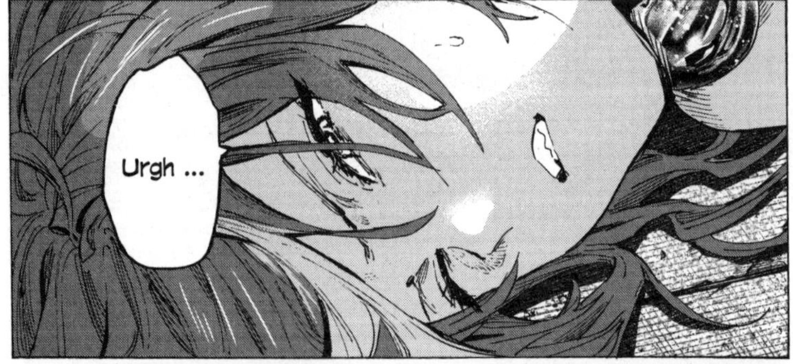
Urgh ...

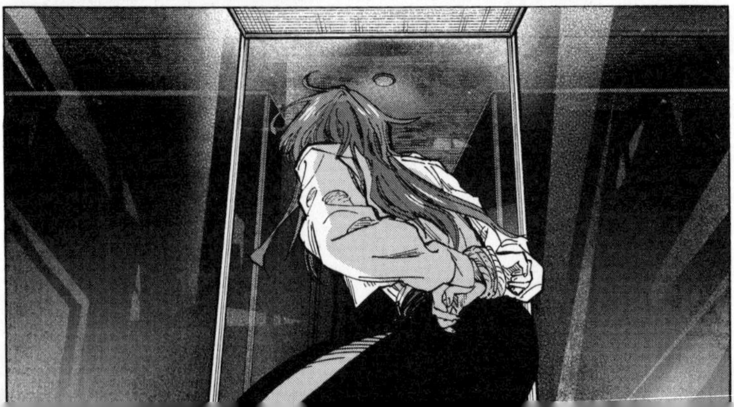

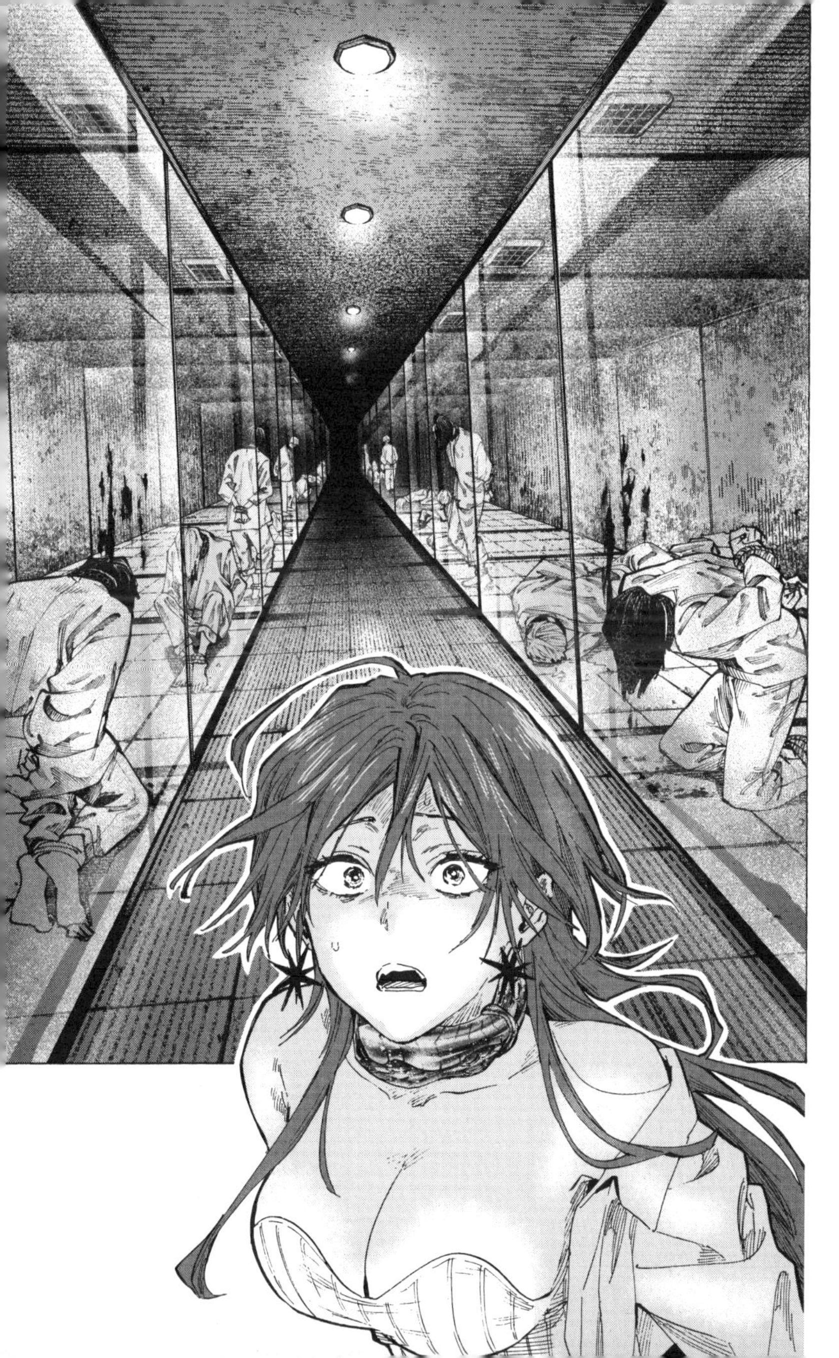

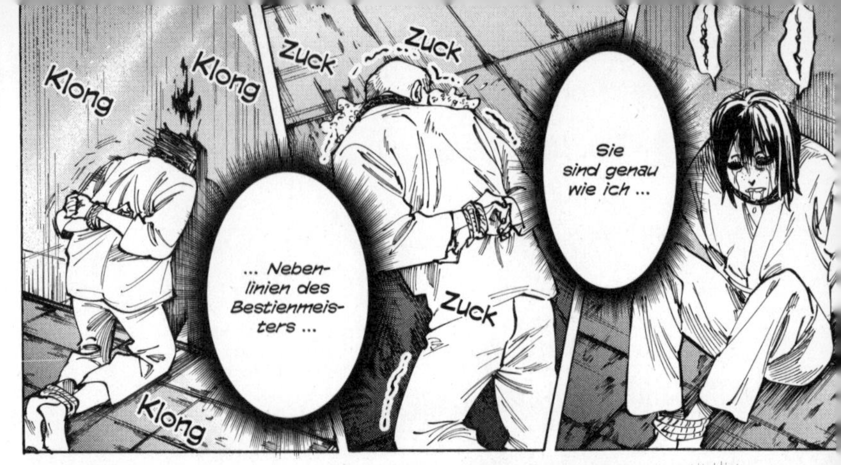
Sie sind genau wie ich ...
Zuck
Zuck
... Nebenlinien des Bestienmeisters ...
Klong
Klong
Zuck
Klong

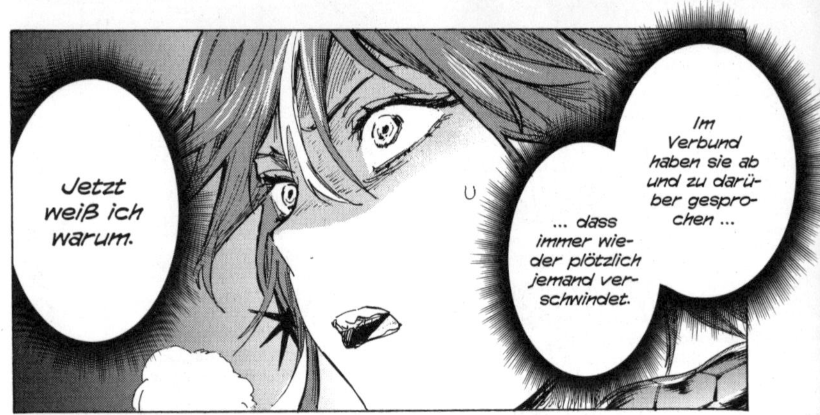
Im Verbund haben sie ab und zu darüber gesprochen ...
... dass immer wieder plötzlich jemand verschwindet.
Jetzt weiß ich warum.

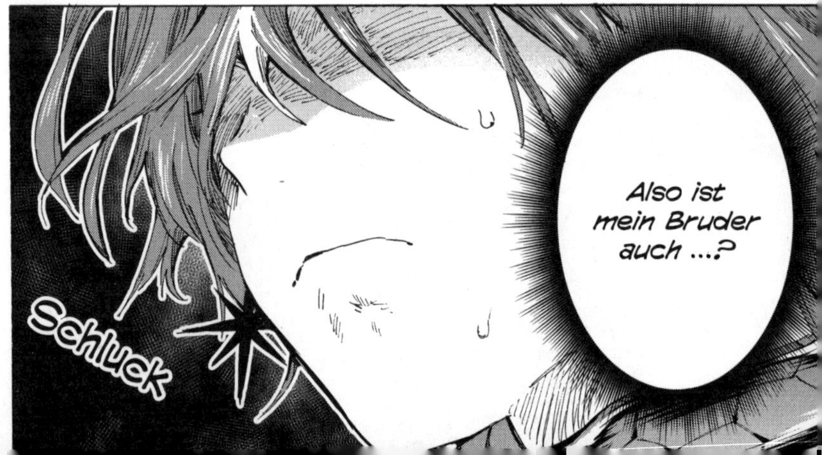
Also ist mein Bruder auch ...?
Schluck

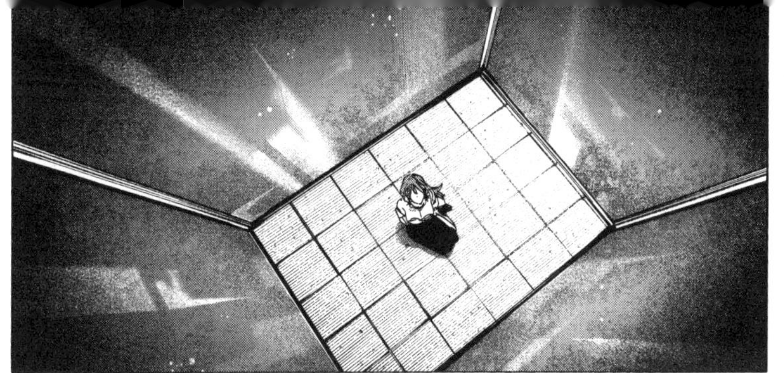

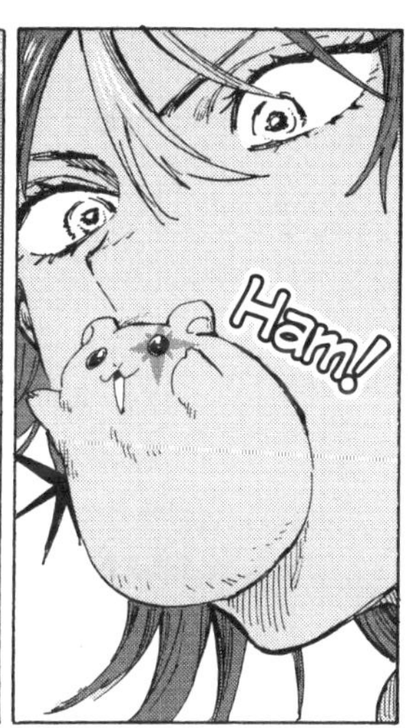
Ham!

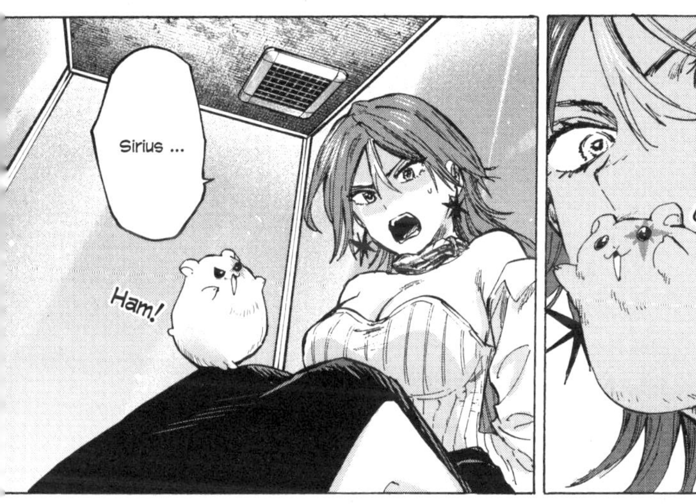
Sirius ...
Ham!

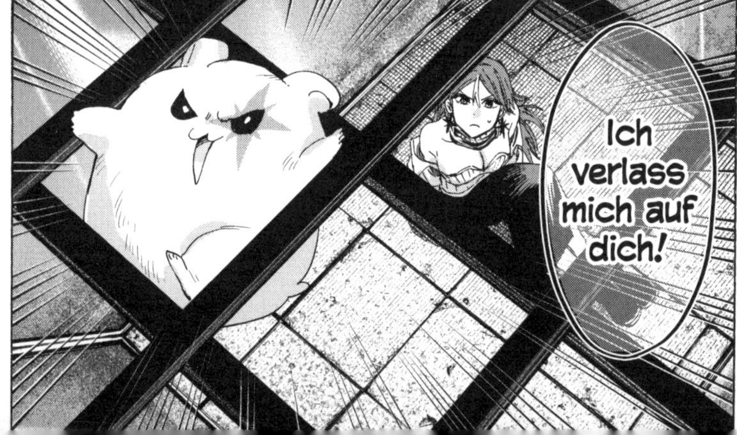
Ich verlass mich auf dich!

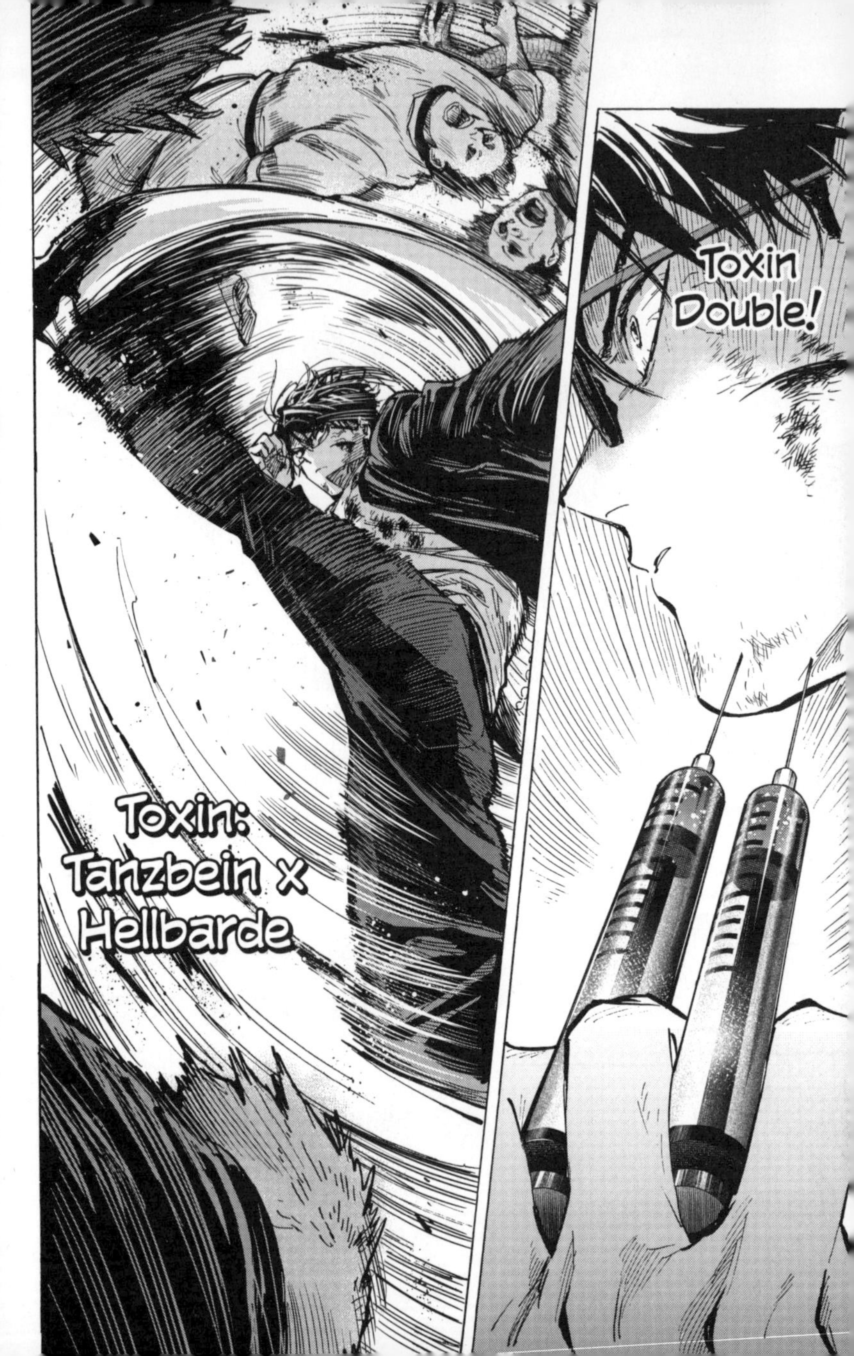
Toxin Double!
Toxin: Tanzbein x Hellbarde

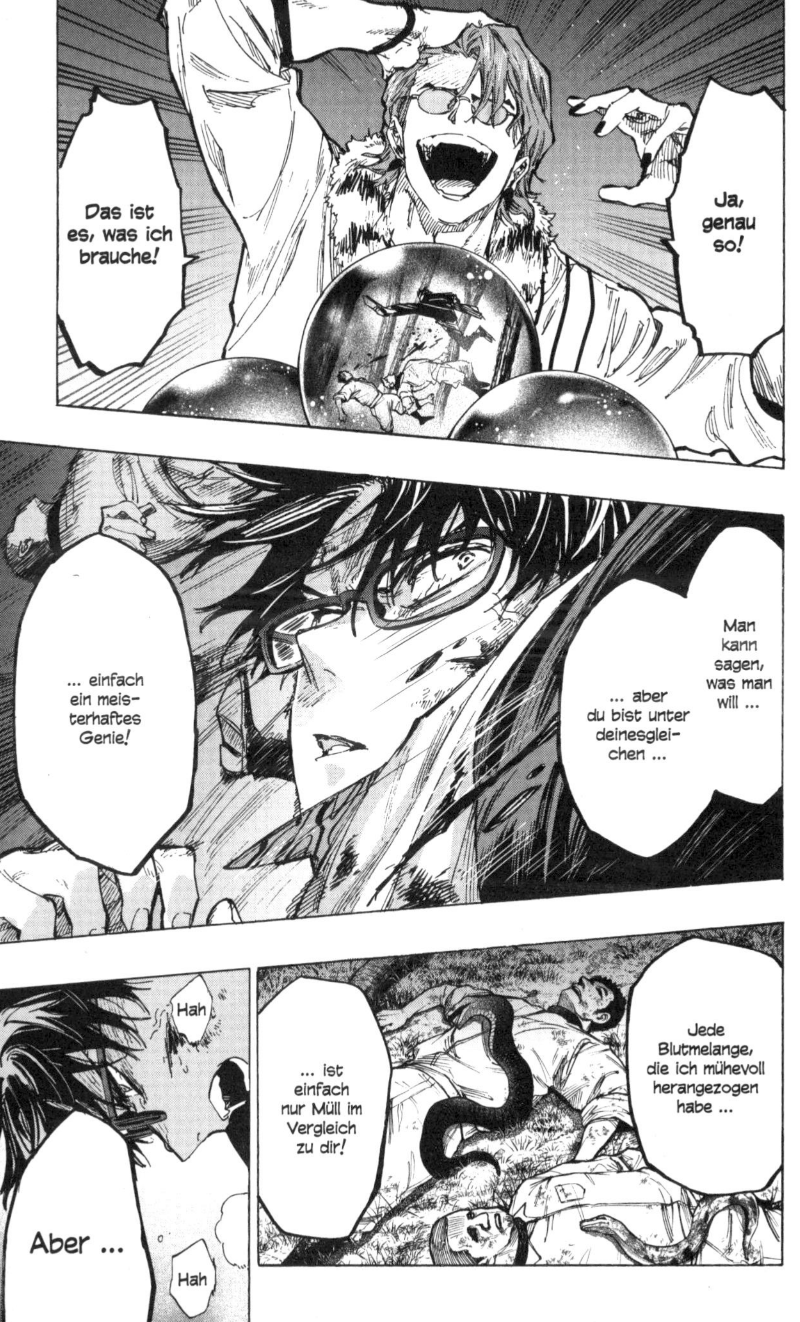
Ja, genau so!
Das ist es, was ich brauche!
Man kann sagen, was man will ...
... aber du bist unter deinesgleichen ...
... einfach ein meisterhaftes Genie!
Jede Blutmelange, die ich mühevoll herangezogen habe ...
... ist einfach nur Müll im Vergleich zu dir!
Hah
Hah
Aber ...

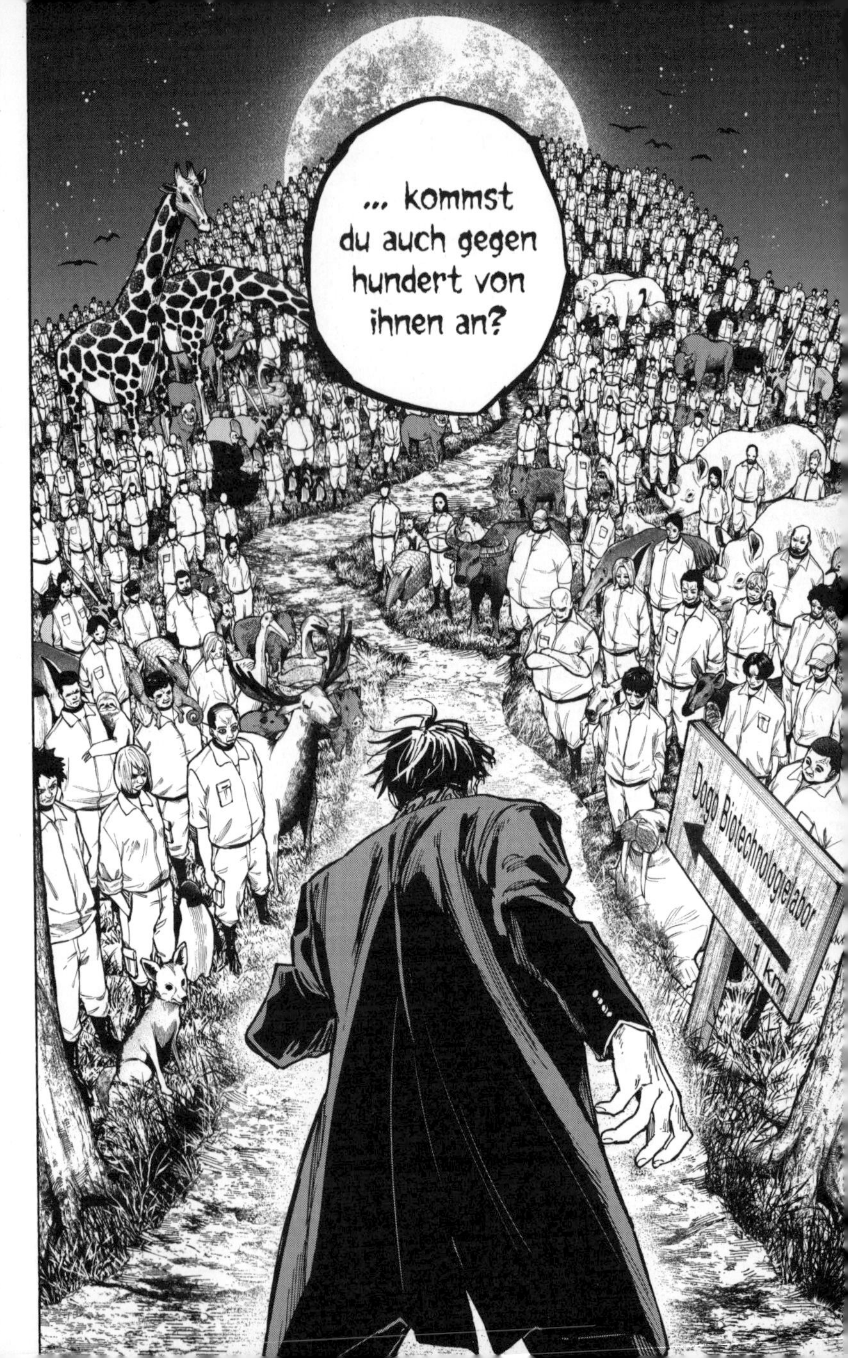
... kommst du auch gegen hundert von ihnen an?
Dogo Biotechnologielabor
1 km

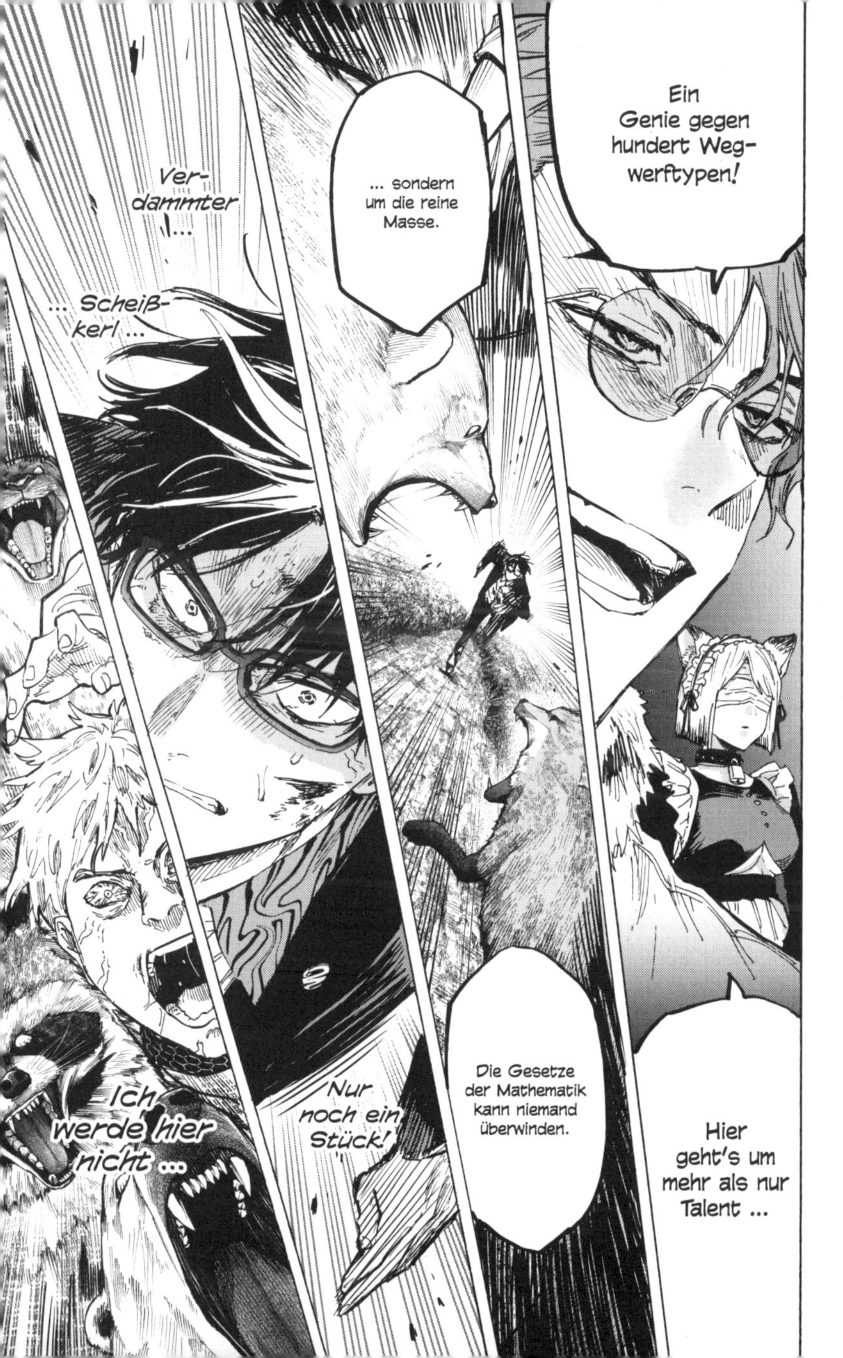

Ein Genie gegen hundert Wegwerftypen!
Hier geht's um mehr als nur Talent ...
... sondern um die reine Masse.
Die Gesetze der Mathematik kann niemand überwinden.
Nur noch ein Stück!
Verdammter ...
... Scheißkerl ...
Ich werde hier nicht ...

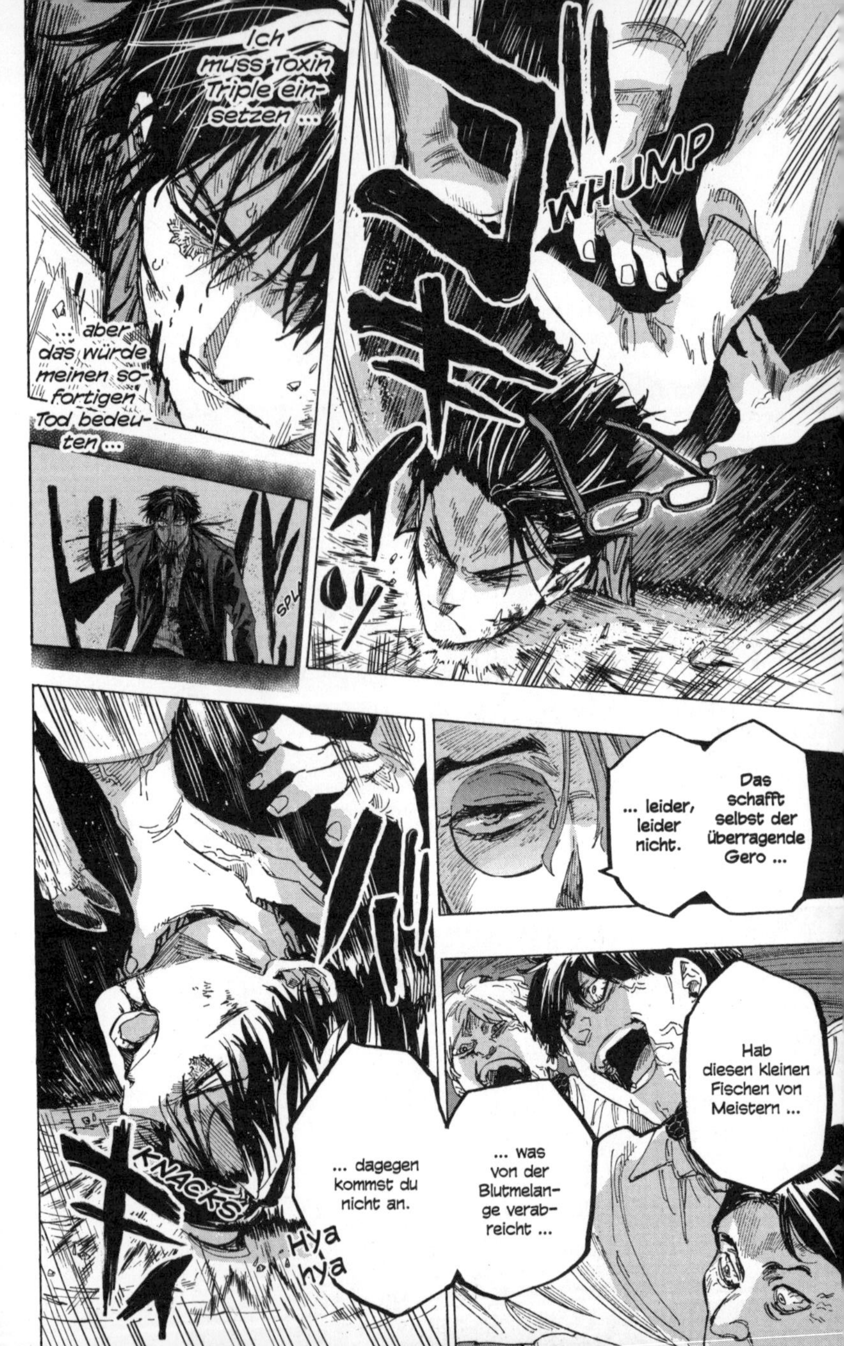
WHUMP
Ich muss Toxin Triple einsetzen ...
... aber das würde meinen sofortigen Tod bedeuten ...
SPLA
Das schafft selbst der überragende Gero ...
... leider, leider nicht.
Hab diesen kleinen Fischen von Meistern ...
... was von der Blutmelange verabreicht ...
... dagegen kommst du nicht an.
Hya hya
KNACKS

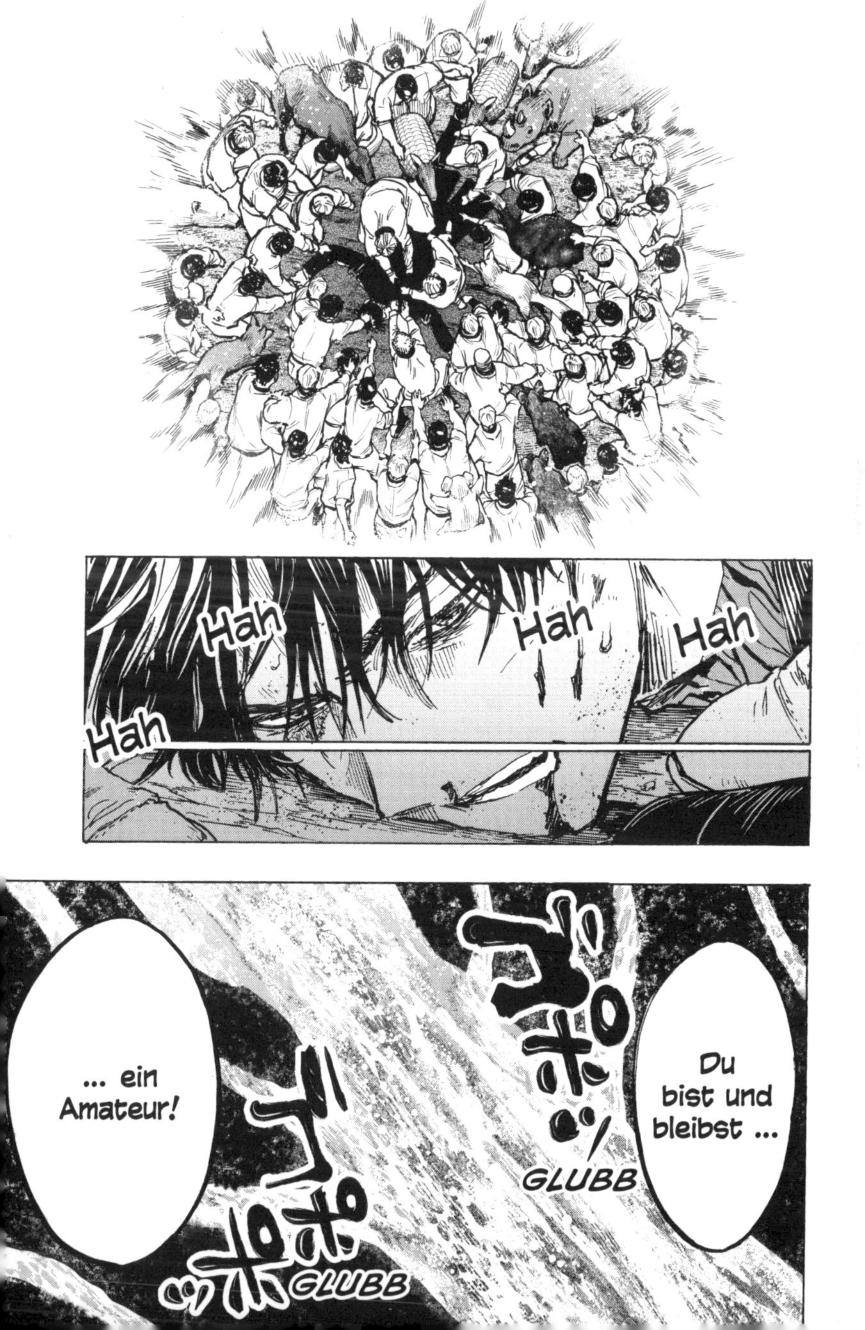

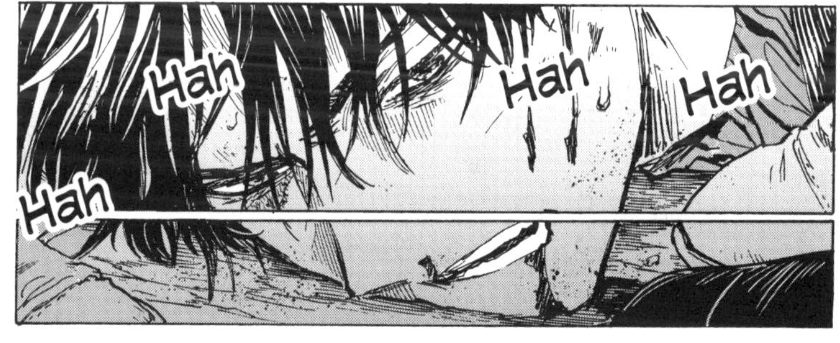
Hah
Hah
Hah
Hah

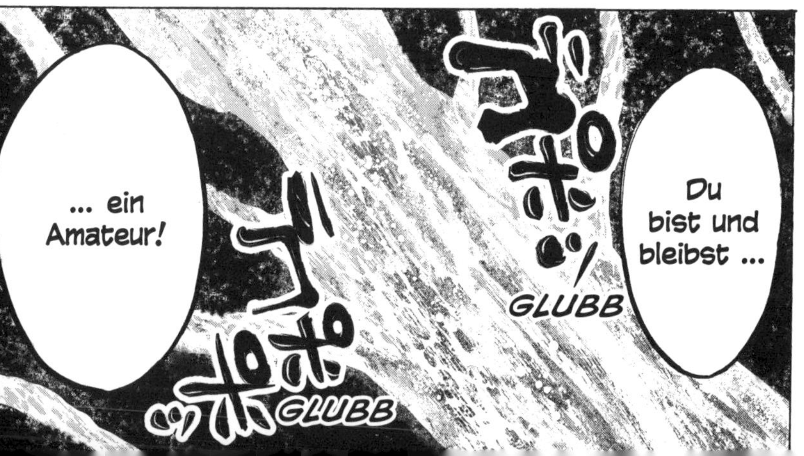
Du bist und bleibst ...
GLUBB
GLUBB
... ein Amateur!

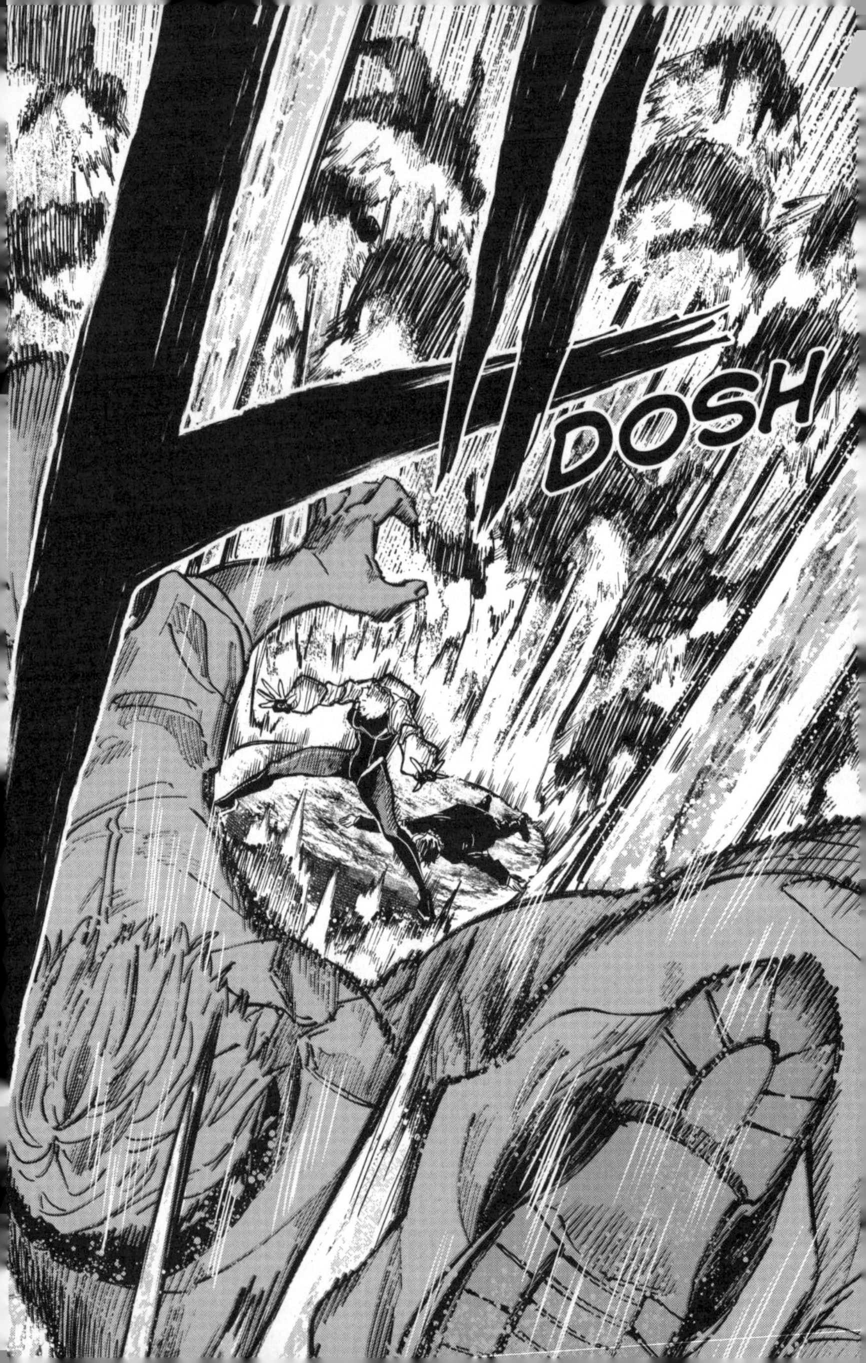
DOSH

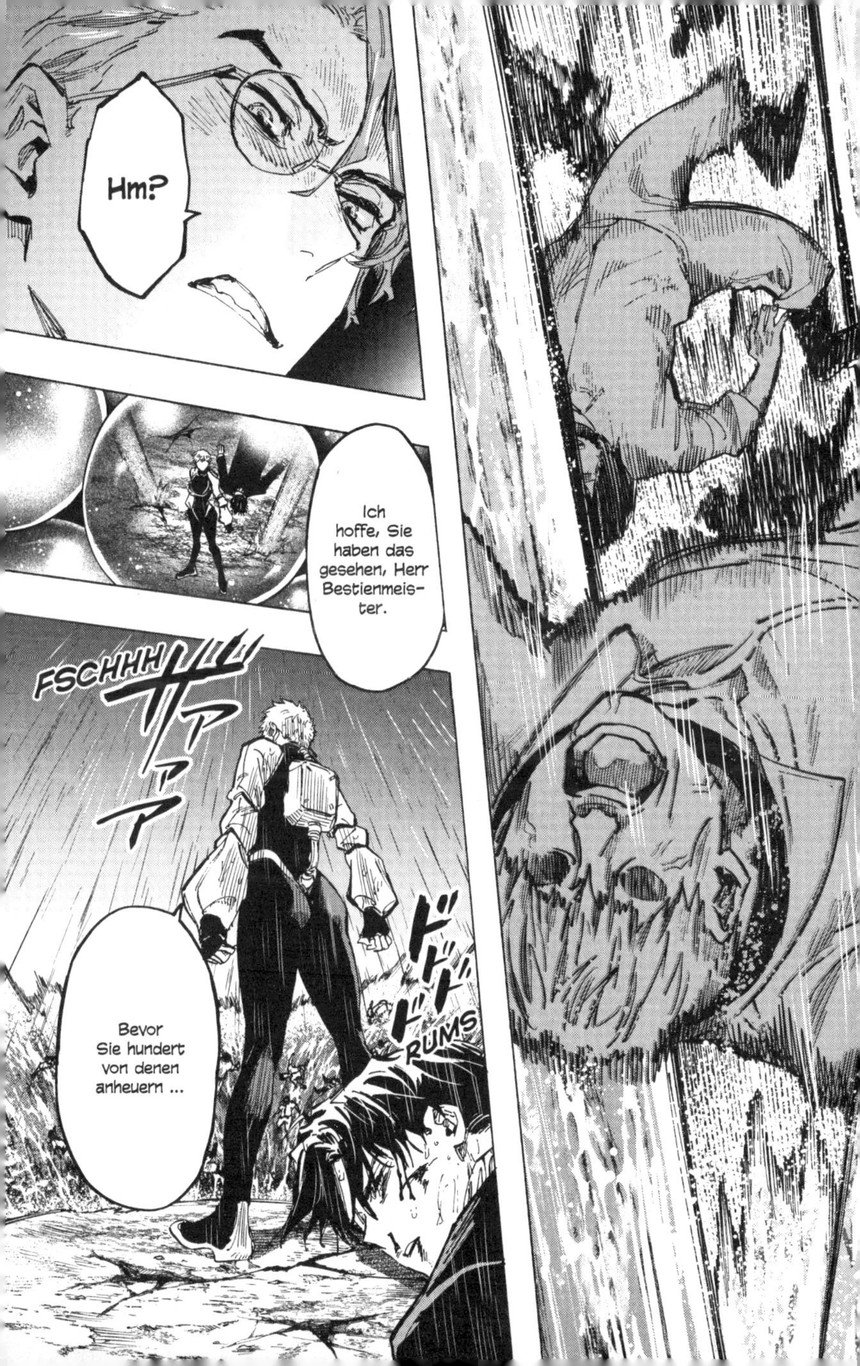
Hm?
Ich hoffe, Sie haben das gesehen, Herr Bestienmeister.
FSCHHH
Bevor Sie hundert von denen anheuern ...
RUMS

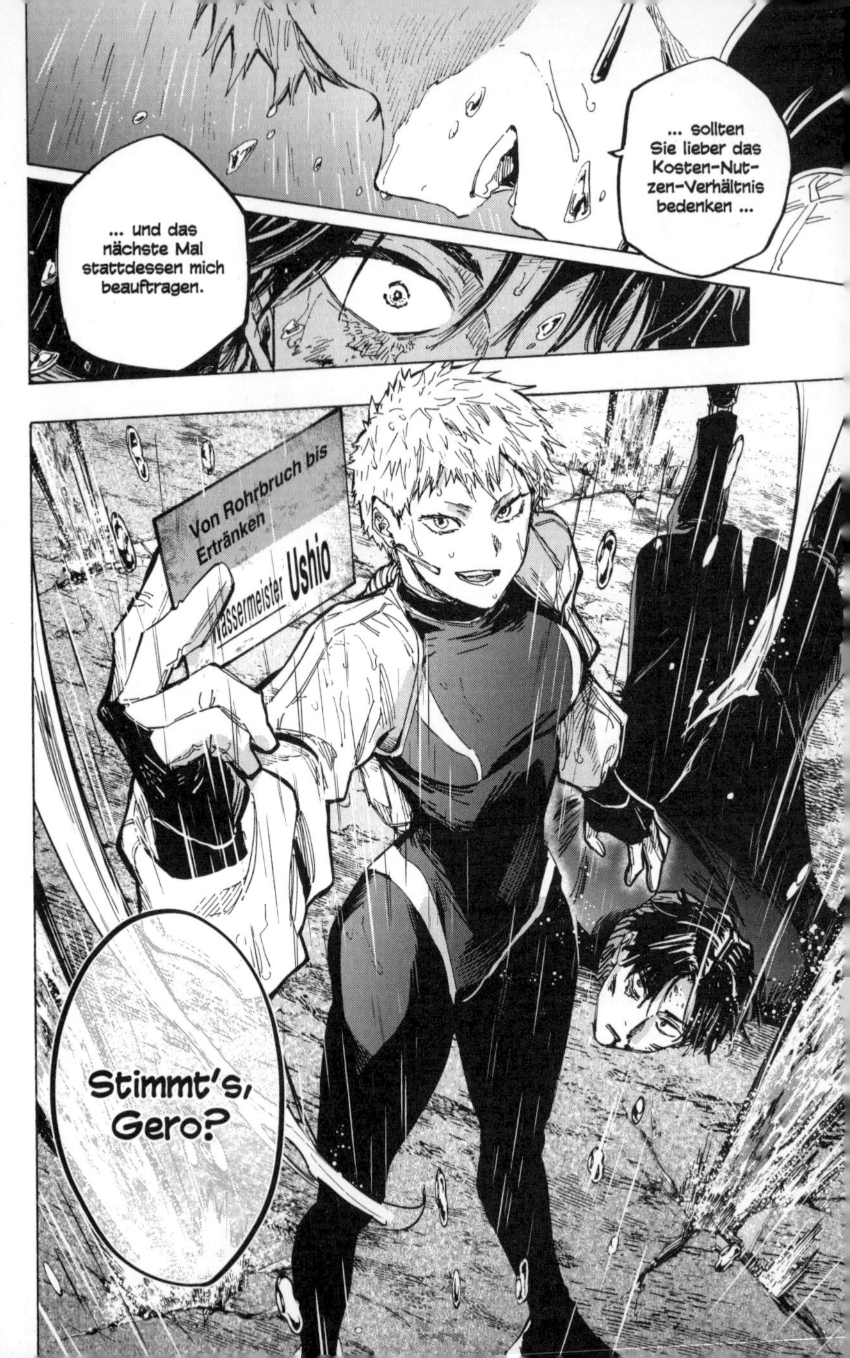
... sollten Sie lieber das Kosten-Nutzen-Verhältnis bedenken ...
... und das nächste Mal stattdessen mich beauftragen.
Von Rohrbruch bis Ertränken
Wassermeister Ushio
Stimmt's, Gero?

Shiori Ureshino 

Bonuskapitel 4

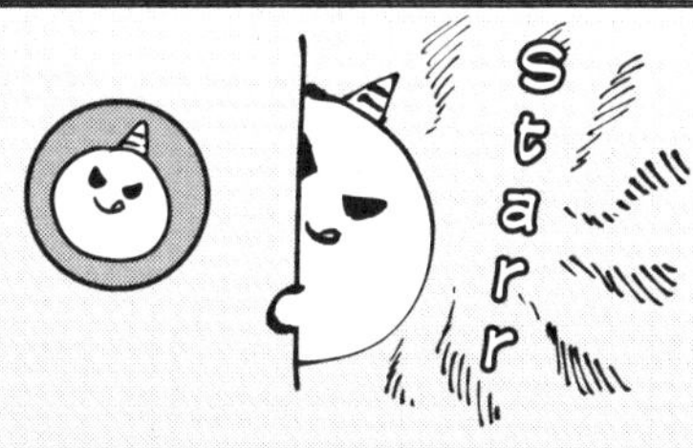

23:17

Lange nicht's von dir gehört, Gero! 23:17

Nächste Woche steigt in der Firma ein Kostümwettbewerb. 23:18

Gelesen 23:19 Bin dabei!

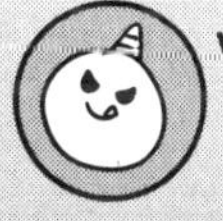

Wollen wir da vielleicht zusammen mitmachen? 23:19

Wow, danke! 23:19

Gelesen 23:20 Danke, dass du mich eingeladen hast.

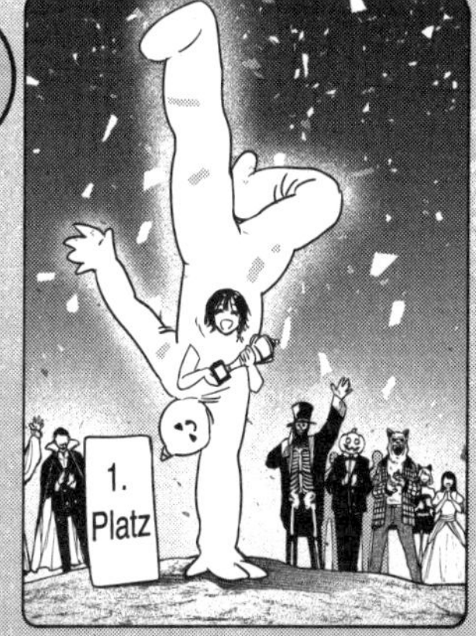

23:23

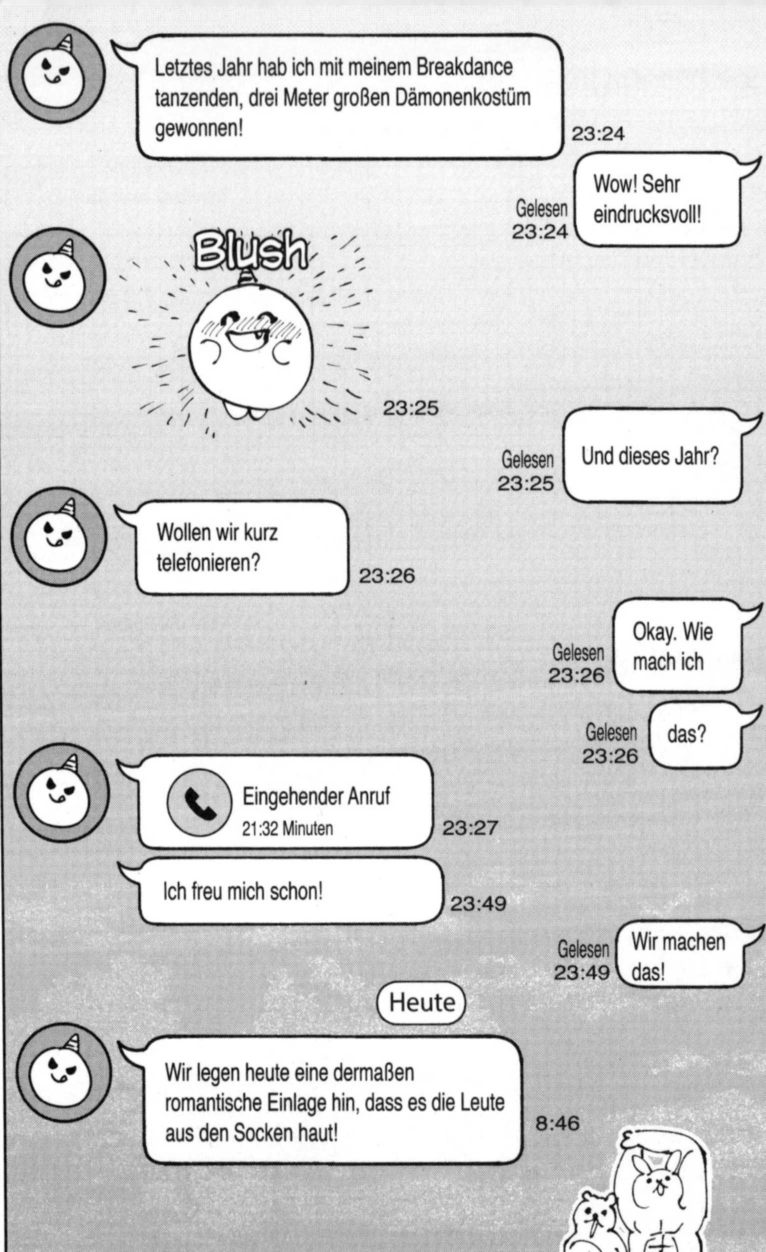
Letztes Jahr hab ich mit meinem Breakdance tanzenden, drei Meter großen Dämonenkostüm gewonnen!
23:24
Gelesen 23:24
Wow! Sehr eindrucksvoll!
Blush
23:25
Gelesen 23:25
Und dieses Jahr?
Wollen wir kurz telefonieren?
23:26
Gelesen 23:26
Okay. Wie mach ich
Gelesen 23:26
das?
Eingehender Anruf
21:32 Minuten
23:27
Ich freu mich schon!
23:49
Gelesen 23:49
Wir machen das!
Heute
Wir legen heute eine dermaßen romantische Einlage hin, dass es die Leute aus den Socken haut!
8:46
Gelesen 8:46

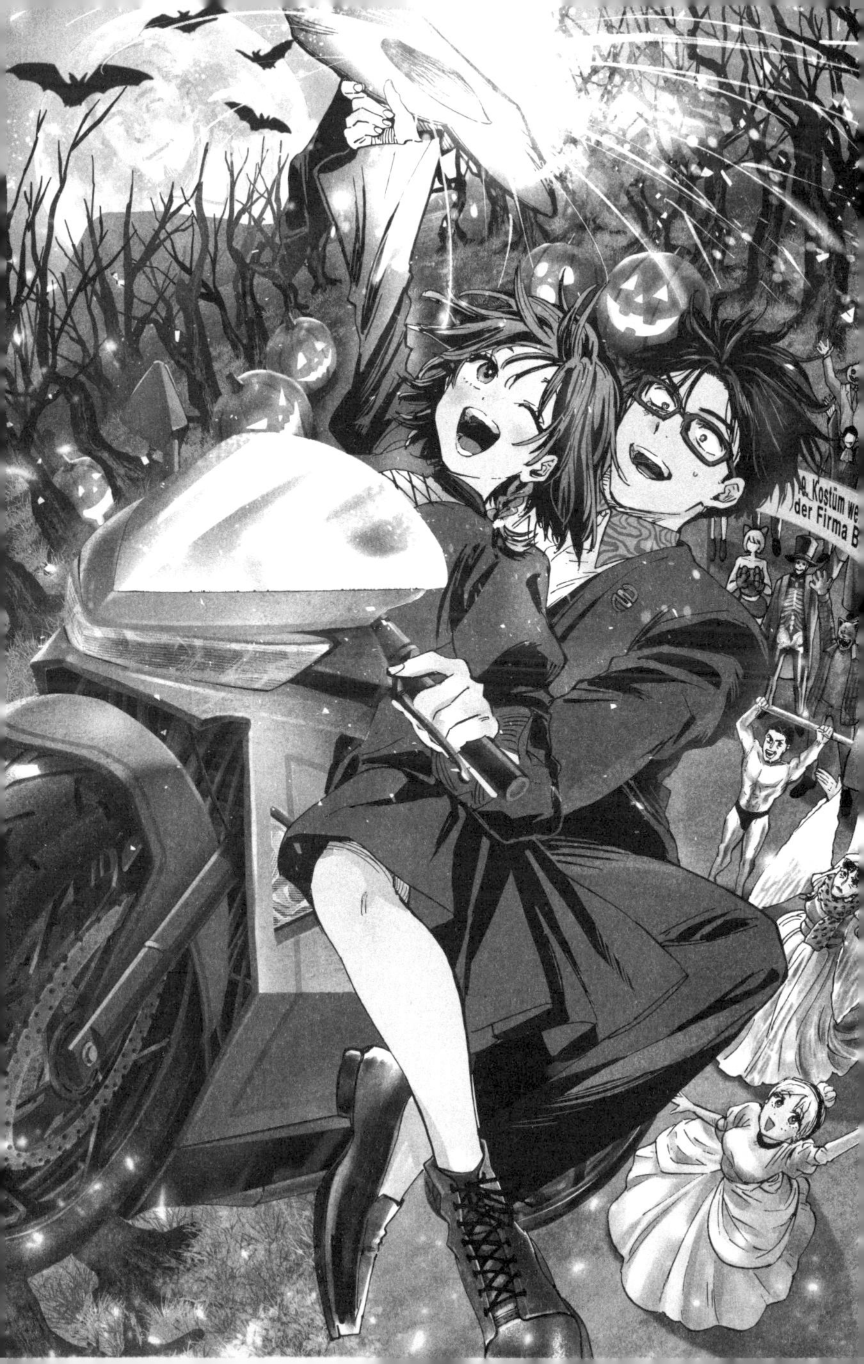
Kostüm we
der Firma B

Bonuskapitel 5

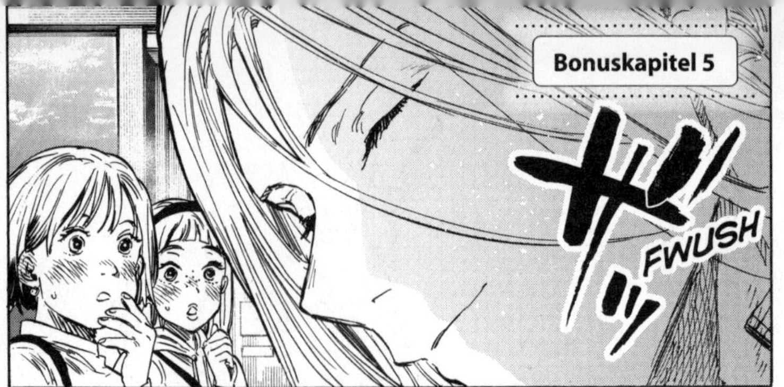

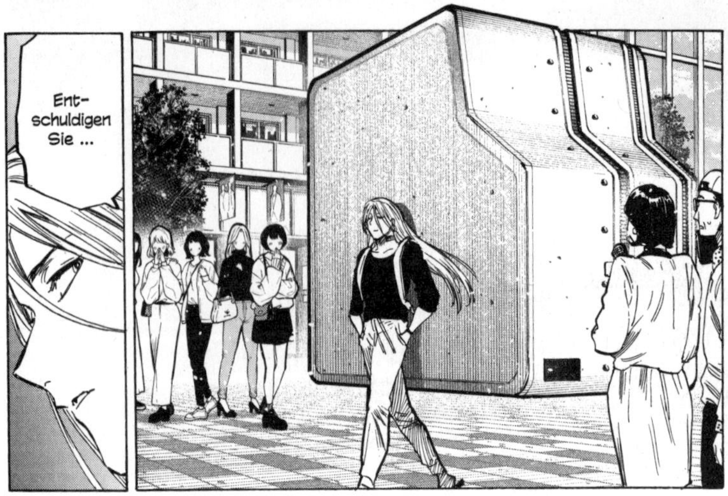

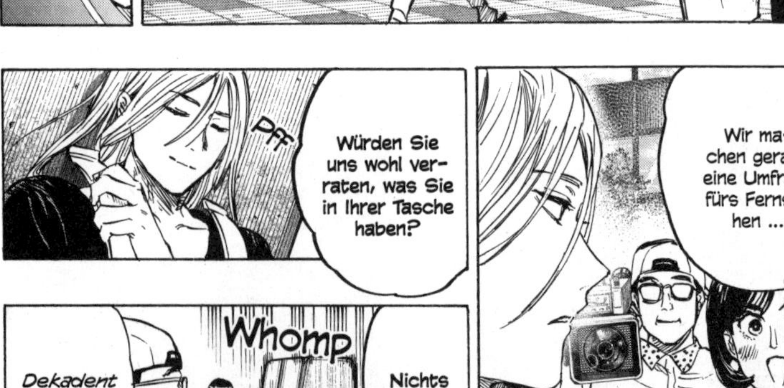

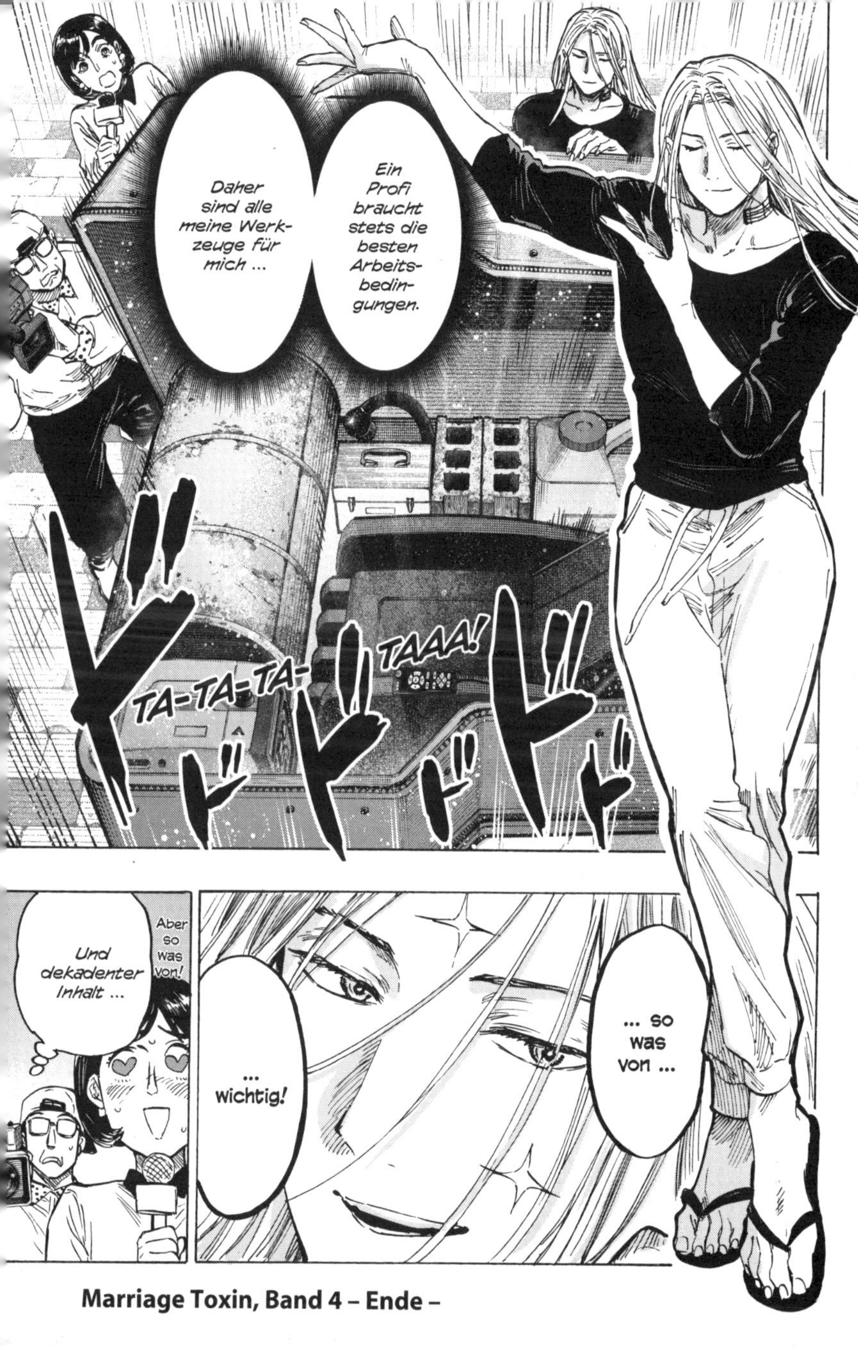

Marriage Toxin, Band 4 – Ende –

SUTOPPU!

Koko wa kono manga no owari dayo.
Hantaigawa kara yomihajimete ne!
Dewa omatase shimashita!
Tanoshii hitotoki wo dozo!

Egmont-Manga-Chiimu

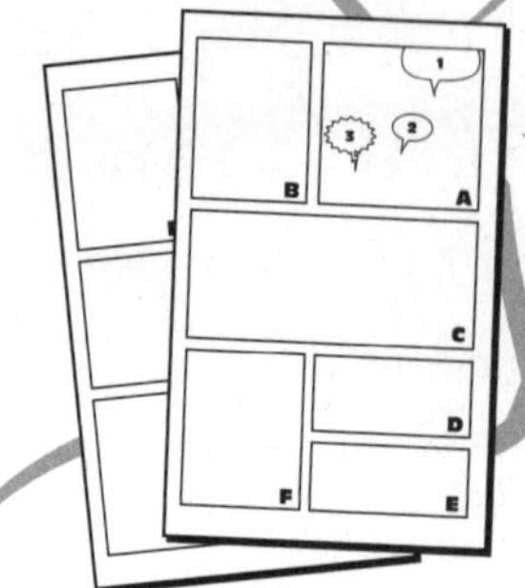

STOPP!

Das ist der Schluss des Mangas.
Fangt bitte am anderen Ende an!
Und nun genug der Vorrede,
viel Spaß beim Lesen!

Euer Egmont-Manga-Team

---

www.egmont-manga.de
Unsere Bücher findest du im
Buch- und Fachhandel und auf

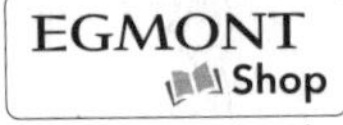

www.egmont-shop.de

„Marriagetoxin" von Joumyaku und Mizuki Yoda
Aus dem Japanischen von Tabea Kamada
Originaltitel: „Marriagetoxin" Vol. 4

Originalausgabe:

MARRIAGETOXIN @ 2022 by Joumyaku, Mizuki Yoda
All rights reserved.

First published in Japan in 2022 by SHUEISHA Inc., Tokyo.
German translation rights in Germany, Austria and German-speaking Switzerland arranged by SHUEISHA Inc. through VME PLB SAS, France.

Deutschsprachige Ausgabe:

© 2024 Egmont Manga

verlegt durch Egmont Verlagsgesellschaften mbH,
Ritterstraße 26, 10969 Berlin.

1. Auflage 2024
Verantwortliche Redakteurin: Manuela Rudolph
Textbearbeitung: Lucia Müther
Gestaltung: Anke Koopmann - Designomicon
Koordination: Angelika Schönhuber
Printed in the EU
ISBN 978-3-7555-0358-3

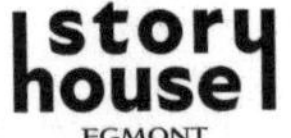

Die Egmont Verlagsgesellschaften gehören als Teil der Egmont-Gruppe zur **Egmont Foundation** – einer gemeinnützigen Stiftung, deren Ziel es ist, die sozialen, kulturellen und gesundheitlichen Lebensumstände von Kindern und Jugendlichen zu verbessern. Weitere ausführliche Informationen zur Egmont Foundation unter **www.egmont.com**